《西安城市史》编委会

主　任

李炳武

副主任

甘　晖　党怀兴　侯甬坚

编　委

（以姓氏笔画为序）

王子今	王双怀	王社教	王学理	尹夏清
尹盛平	田　野	史红帅	吕卓民	朱士光
朱永杰	任云英	刘庆柱	刘淑虎	安介生
孙家洲	李　浩	李令福	李健超	李裕民
李毓芳	杨恒显	肖爱玲	邹　贺	张晓虹
周宏伟	赵世超	荣新江	胡　戟	侯海英
耿占军	徐卫民	郭雪妮	黄留珠	萧正洪
梁克敏	韩光辉

主　编

侯甬坚

陕西师范大学西北历史环境与经济社会发展研究院、
陕西师范大学中国史一流学科建设基金资助出版

"十三五"国家重点图书出版规划项目

国家出版基金项目
NATIONAL PUBLICATION FOUNDATION

陕西出版资金资助项目

主编 侯甬坚

西安城市史

宋金京兆城卷
元奉元城

邹贺
朱永杰 著

陕西师范大学出版总社

图书代号：SK22N1938

图书在版编目（CIP）数据

西安城市史. 宋金京兆城、元奉元城卷 / 邹贺, 朱永杰著；侯甬坚主编. —西安：陕西师范大学出版总社有限公司, 2022.12
"十三五"国家重点图书出版规划项目　国家出版基金项目
ISBN 978-7-5695-2512-0

Ⅰ.①西…　Ⅱ.①邹…②朱…③侯…　Ⅲ.①城市史—西安—宋元时期　Ⅳ.①K294.11

中国版本图书馆CIP数据核字（2021）第197320号

西安城市史·宋金京兆城、元奉元城卷

Xi'an Chengshi Shi · Song-Jin Jingzhao Cheng Yuan Fengyuan Cheng Juan

邹贺　朱永杰　著

出 版 人	刘东风
选题策划	侯海英
责任编辑	赵荣芳　张爱林
责任校对	王　森
出版发行	陕西师范大学出版总社 （西安市长安南路199号　邮编710062）
网　　址	http://www.snupg.com
电　　话	（029）85307864
印　　刷	中煤地西安地图制印有限公司
开　　本	787 mm×1092 mm　1/16
印　　张	26.25
插　　页	2
字　　数	480千
版　　次	2022年12月第1版
印　　次	2022年12月第1次印刷
书　　号	978-7-5695-2512-0
审 图 号	GS（2021）7058号
定　　价	200.00元

读者购书、书店添货或发现印刷装订问题，请与本公司营销部联系、调换。
电话：（029）85307864　85303629　　传真：（029）85303879

目录

绪论 001

第一章 唐末长安"新城"修建及规模 011

第一节 韩建缩城背景及过程 013
一、韩建缩城背景 013
二、韩建缩城事迹考辨 019

第二节 "新城"形制及建筑 025
一、内外双重 025
二、城垣范围 029
三、建筑设施 034

第二章 五代京兆府建制沿革与社会发展 039

第一节 五代京兆府建制沿革 041
一、五代京兆府建制与辖区 041
二、五代京兆府地方长官及其事迹 043
三、五代京兆府城附郭县设置 048

第二节　五代京兆府社会发展·················052
　　一、五代京兆及其周边地区战乱·················052
　　二、五代京兆府社会经济衰颓·················059

第三章　北宋京兆府城布局、建筑及近郊·················065

第一节　北宋京兆府城布局及建筑·················067
　　一、北宋京兆府城布局及建筑设施·················067
　　二、北宋龙首渠疏浚工程及流经路线·················072
第二节　北宋京兆府城周边市镇及交通·················077
　　一、北宋京兆府城周边市镇·················077
　　二、北宋京兆府周边交通·················080
第三节　北宋京兆府城南景物·················086
　　一、从安上门到启夏门·················086
　　二、从启夏门到终南山·················090

第四章　北宋京兆府城城市管理·················095

第一节　北宋京兆府建制沿革·················097
　　一、北宋京兆府职官设置·················097
　　二、北宋京兆府建制沿革·················099
　　三、北宋京兆地方长官及其事迹·················106
第二节　北宋京兆府城管理层级·················118
　　一、"厢"的出现及含义变化·················118
　　二、北宋京兆府城设"厢"质疑·················122

第五章　北宋京兆府社会发展……129

第一节　北宋京兆府社会经济……131
一、北宋京兆府经济恢复……131
二、北宋京兆府手工业发展……134
三、北宋京兆府商业发展……136
四、北宋中后期京兆府社会矛盾及改革……142

第二节　北宋京兆及其周边地区战乱……148
一、张海起义和宋夏战争对京兆及其周边地区的影响……148
二、宋金战争中的京兆及其周边地区……151

第六章　北宋京兆文化成就……159

第一节　关学创立与影响……161
一、张载的学术活动……161
二、蓝田四吕……167

第二节　北宋京兆文化成就……174
一、北宋京兆文学艺术创作……174
二、孔庙、府学和碑林……178
三、北宋京兆教育及科举……185

第七章　金代京兆府城布局、城市管理及社会发展……191

第一节　金代京兆府城布局及特点……193
一、金代京兆府城城内街巷及建筑……193

二、金代京兆府城布局特点……197

第二节　金代京兆府城城市管理……202
　　一、金代京兆府建制沿革……202
　　二、金代京兆地方长官及其事迹……204
　　三、金代京兆府录事司设置及职能……211
　　四、从金承安二年《进士题名记》看京兆府录事司职能……215

第三节　金代京兆府社会发展……223
　　一、金代京兆府社会经济……223
　　二、王喆与全真道创立……231
　　三、蒙金战争中的京兆及其周边地区……236

第八章　元代奉元路城布局及建筑设施……243

第一节　元代奉元城城垣改造……245
　　一、城门开闭的变化……245
　　二、圆形角台的修造……248

第二节　元代奉元路城布局及建筑设施……254
　　一、元代奉元路城内街巷和建筑……254
　　二、元代奉元路城布局及建筑设施的特点……259
　　三、元代龙首渠的疏浚及荒废……261

第三节　元代安西王府存废……265
　　一、创建背景……265
　　二、选址原因……268
　　三、规模布局……272
　　四、废止时间……275

第九章　元代奉元路城城市管理 ………281

第一节　元代奉元路建制沿革与附郭县设置 ………283
一、元代奉元路建制沿革 ………283
二、元代奉元路地方长官及其事迹 ………285
三、元代奉元路城附郭县变化 ………290

第二节　元代奉元路城城市管理制度变化 ………293
一、元代奉元路录事司设置及职能 ………293
二、元代奉元路城周边交通 ………298

第十章　元代奉元路城社会发展 ………305

第一节　元代奉元路城社会经济及战乱 ………307
一、元代奉元路城社会经济 ………307
二、元末奉元及周边地区战乱 ………312

第二节　元代奉元文化成就 ………318
一、"儒师"许衡师承与程朱道学北传 ………318
二、奉元鲁斋书院沿革 ………321
三、元代奉元学者 ………327
四、元代奉元文化设施和诗词创作 ………331

结语 ………337

参考文献 ………365

大事记······379

索引······395

后记······401

Introduction / 001

Chapter 1
The Construction and Scale of "New Chang'an City" at the End of the Tang Dynasty / 011

Section 1　The Background and Process of Downsizing the City by Han Jian / 013
　　　　　　1.The Background of Downsizing the City by Han Jian / 013
　　　　　　2.Downsizing the City by Han Jian:A Research on Deeds / 019
Section 2　The Shape and Buildings of the "New City" / 025
　　　　　　1.Double-Layered inside and outside / 025
　　　　　　2.The Range of the City Wall / 029
　　　　　　3.Building Facilities / 034

Chapter 2
The Administrative Evolution and Social Development of the Jingzhao Prefecture in the Five Dynasties / 039

Section 1　The Administrative Evolution of the Jingzhao Prefecture in the Five Dynasties / 041
　　　　　　1.Establishment and Jurisdiction of the Jingzhao Prefecture in the Five Dynasties / 041
　　　　　　2.The Local Governors and Their Deeds of the Jingzhao Prefecture in the Five Dynasties / 043
　　　　　　3.The Setting of the County Town Affiliated with the Prefectural City of Jingzhao in the Five Dynasties / 048
Section 2　Social Development of the Jingzhao Prefecture in the Five Dynasties / 052
　　　　　　1.The Wars in and around the Jingzhao Prefecture in the Five Dynasties / 052
　　　　　　2.The Social Economy Decline of the Jingzhao Prefecture in the Five Dynasties / 059

Chapter 3
The layout, Buildings and Suburbs of the Jingzhao Prefecture in the Northern Song Dynasty / 065

- Section 1　The Layout and Buildings of the Jingzhao Prefecture in the Northern Song Dynasty / 067
  - 1.The Layout and Building Facilities of the Jingzhao Prefecture in the Northern Song Dynasty / 067
  - 2.Dredging of the Longshou Canal and Its Routes of Flow in the Northern Song Dynasty / 072

- Section 2　The Towns and Transportation around the Jingzhao Prefecture in the Northern Song Dynasty / 077
  - 1.The Towns around the Jingzhao Prefecture in the Northern Song Dynasty / 077
  - 2.The Transportation around the Jingzhao Prefecture in the Northern Song Dynasty / 080

- Section 3　The Scenery of the Southern Part of the Jingzhao Prefecture in the Northern Song Dynasty / 086
  - 1.From the Anshang Gate to the Qixia Gate / 086
  - 2.From the Qixia Gate to the Zhongnan Mountain / 090

Chapter 4
The Urban Management of the Jingzhao Prefecture in the Northern Song Dynasty / 095

- Section 1　The Administrative Evolution of the Jingzhao Prefecture in the Northern Song Dynasty / 097
  - 1.The Official Establishment of the Jingzhao Prefecture in the Northern Song Dynasty / 097
  - 2.The Administrative Evolution of the Jingzhao Prefecture in the Northern Song Dynasty / 099
  - 3.The Local Governors and Their Deeds of the Jingzhao Prefecture in the Northern Song Dynasty / 106

- Section 2　The Management Hierarchy of the Jingzhao Prefecture in the Northern Song Dynasty / 118
  - 1.The Emergence of "Xiang" and Its Changing Meaning / 118

    2.Doubts about "Xiang" of the Jingzhao Prefecture in the Northern Song Dynasty / 122

Chapter 5
The Social Development of the Jingzhao Prefecture in the Northern Song Dynasty / 129

Section 1 Social Economy of the Jingzhao Prefecture in the Northern Song Dynasty / 131
  1.Economy Recovery of the Jingzhao Prefecture in the Northern Song Dynasty / 131
  2.Handicraft Development of the Jingzhao Prefecture in the Northern Song Dynasty / 134
  3.Commercial Development of the Jingzhao Prefecture in the Northern Song Dynasty / 136
  4.Social Contradictions and Reform of the Jingzhao Prefecture in the Middle and Late Northern Song Dynasty / 142

Section 2 The wars in and around the Jingzhao Prefecture in the Northern Song Dynasty / 148
  1.The Influence of Zhang Hai Uprising and the War between the Song and the Xia in Jingzhao Prefecture and Its Affiliated Areas in the Northern Song Dynasty / 148
  2.The Jingzhao Prefecture and Its Affiliated Areas in a State of War between the Song and the Jin Dynasties / 151

Chapter 6
The Cultural Achievements of the Jingzhao Prefecture in the Northern Song Dynasty / 159

Section 1 The Establishment of the School of "Guan" and Its Influence / 161
  1.Zhang Zai's Academic Activities / 161
  2.Four Talented Savants Originated in Lantian with the Identical Surname "Lü" / 167

Section 2 The Cultural Achievements of the Jingzhao Prefecture in the Northern Song Dynasty / 174
  1.The Literary and Artistic Creation of the Jingzhao Prefecture in the Northern Song Dynasty / 174
  2.Confucius Temple,Prefectural School and the Forest of Steles / 178
  3.Education and Imperial Examination of the Jingzhao Prefecture in the Northern Song Dynasty / 185

Chapter 7
The Layout,Urban Management and Social Development of the Jingzhao Prefecture in the Jin Dynasty / 191

    Section 1   The Layout and Characteristics of the Jingzhao Prefecture in the Jin Dynasty / 193
                1.The Streets and Buildings of the Jingzhao Prefecture in the Jin Dynasty / 193
                2.Layout Characteristics of the Jingzhao Prefecture in the Jin Dynasty / 197

    Section 2   The Urban Management of the Jingzhao Prefecture in the Jin Dynasty / 202
                1.The Administrative Evolution of the Jingzhao Prefecture in the Jin Dynasty / 202
                2.The Local Governors and Their Deeds of the Jingzhao Prefecture in the Jin Dynasty / 204
                3.The Setting and Function of the Department of Lu Shi Si(A Department in Charge of Urban Civil Affairs) of the Jingzhao Prefecture in the Jin Dynasty / 211
                4.Scanning the Function of Lu Shi Si of the Jingzhao Prefecture from *The Title Record of Jinshi* in the Cheng'an Two Years,Jin Dynasty / 215

    Section 3   The Social Development of the Jingzhao Prefecture in the Jin Dynasty / 223
                1.Social Economy of the Jingzhao Prefecture in the Jin Dynasty / 223
                2.Wang Zhe and the Foundation of Quanzhen Dao / 231
                3.The Jingzhao Prefecture and Its Affiliated Areas in a State of War between the Jin Dynasty and the Empire of Mongolia / 236

Chapter 8
The Layout and Building Facilities of Fengyuan Road in the Yuan Dynasty / 243

    Section 1   The Reconstruction of the Fengyuan City in the Yuan Dynasty / 245
                1.The Changes of the Opening and Closing of the City Gates / 245
                2.The Construction of the Round Corner Rampart Platform / 248

    Section 2   The Layout and Building Facilities of Fengyuan Road in the Yuan Dynasty / 254
                1.The Streets and Buildings of Fengyuan Road in the Yuan Dynasty / 254
                2.The Characteristics of the Layout and Building Facilities of Fengyuan Road in the Yuan Dynasty / 259
                3.Dredging of the Longshou Canal and Its Dereliction in the Yuan Dynasty / 261

    Section 3   Retention or Abolition of the Imperial Palace of Anxi in the Yuan Dynasty / 265
                1.Establishment Background / 265

    2.Reasons for Location Selection　/ 268
    3.Scale and Layout　/ 272
    4.Annulment Time　/ 275

Chapter 9
The Urban Management of Fengyuan Road in the Yuan Dynasty　/ 281

Section 1 The Administrative Evolution and Attached Counties Settings of Fengyuan Road
    in the Yuan Dynasty　/ 283
    1.The Administrative Evolution of Fengyuan Road in the Yuan Dynasty　/ 283
    2.The Local Governors and Their Deeds of Fengyuan Road in the Yuan Dynasty　/ 285
    3.The Changing of the Attached Counties of Fengyuan Road in the Yuan Dynasty　/ 290

Section 2 The Change of the Urban Management System of Fengyuan Road in the
    Yuan Dynasty　/ 293
    1.The Setting and Function of the Department of Lu Shi Si (A Department in Charge of
     Urban Civil Affairs) of Fengyuan Road in the Yuan Dynasty　/ 293
    2.The Transportation around Fengyuan Road in the Yuan Dynasty　/ 298

Chapter 10
The Social Development of Fengyuan Road in the Yuan Dynasty　/ 305

Section 1 Social Economy and the Wars of Fengyuan Road in the Yuan Dynasty　/ 307
    1.Social Economy of Fengyuan Road in the Yuan Dynasty　/ 307
    2.The Wars in and around Fengyuan Road in the Yuan Dynasty　/ 312

Section 2 The Cultural Achievements of Fengyuan Road in the Yuan Dynasty　/ 318
    1.The Confucian Master Xu Heng and His Educational Pedigree, and Northern Spread of
     Cheng Zhu Taoism　/ 318
    2.The Evolution of Luzhai Academy of Fengyuan Road　/ 321
    3.The Scholars of Fengyuan Road in the Yuan Dynasty　/ 327
    4.The Cultural Facilities and Poetry Creation of Fengyuan Road in the Yuan Dynasty　/ 331

Conclusion　/ 337

References / 365

Chronology / 379

Index / 395

Postscript / 401

插图目录

图 2-1　五代时期后梁、岐、前蜀诸国割据及秦岭南北形势图 / 055

图 3-1　张礼《游城南记》景观文物 / 094

图 4-1　北宋京兆府图 / 102

图 5-1　2017 年西大街古井出土宋代花草纹白釉碗 / 135

图 5-2　2004 年初西安市西大街出土北宋铜钱 / 141

图 5-3　南宋时期秦岭南北军事形势图 / 158

图 6-1　陕西蓝田五里头村吕氏家族墓 M2 吕大临墓出土仿周代石敦及石敦腹壁錾刻铭文 / 173

图 7-1　嘉庆《咸宁县志·金京兆府城图》/ 196

图 7-2　陕西路总帅府知事印 / 209

图 7-3　南山一带安抚使印 / 209

图 7-4　提控之印 / 210

图 7-5　宋金陶塑玩偶"黄胖" / 226

图 7-6　宋金陶塑玩偶 / 227

图 8-1　《长安志图·奉元城图》/ 254

图 8-2　宋元时期龙首渠流经路线 / 264

图 8-3　安西王府遗址位置图 / 269

图 8-4　安西王府平面图 / 274

图 9-1　《长安志图·奉元州县之图》/ 284

图 9-2　《南豆角志》/ 302

图 10-1　元代耀州窑青瓷刻花玉壶春瓶 / 311

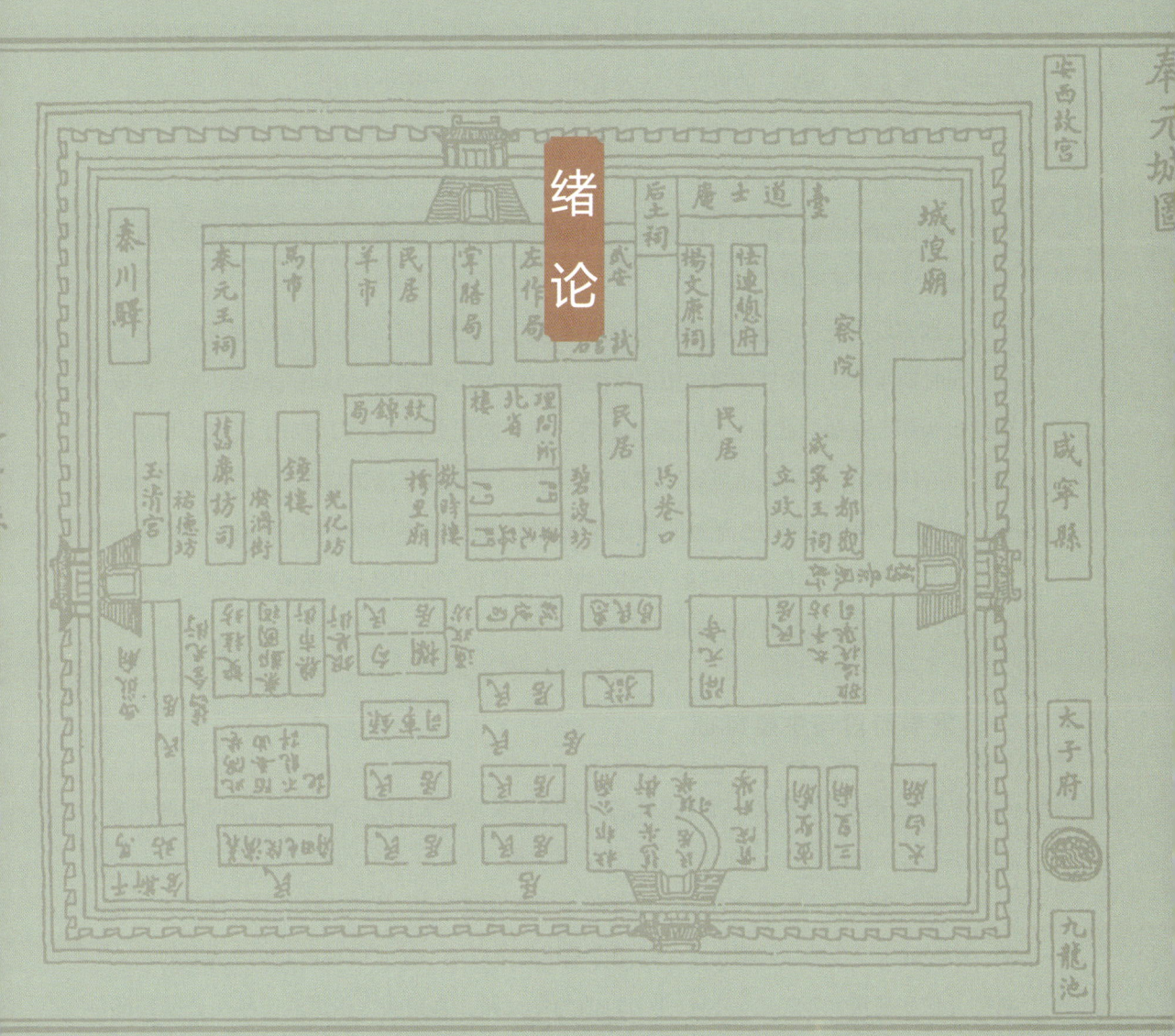

绪论

如果打破朝代的限制，单纯以地理位置和建筑面积来看，那么，有着3100多年建城史的西安城，一共经历了6次涅槃重生，呈现出6种样态：西周"宗周"丰镐、秦咸阳、西汉至北周长安城、隋大兴城暨唐长安城、唐末至明初"新城"、明清西安城。

在经历了作为西汉、唐两个大一统王朝国都的辉煌后，长安城的繁荣被唐末军阀战乱摧毁，蜕变成"新城"的形态，进入五代、宋、金、元历史时期①。

在"后都城时期"，从城市建设和形态看，五代、宋、金、元时期以唐末韩建所建"新城"为地理空间展开的西安是一个历史阶段，以明西安府城为地理空间展开的明、清乃至近代的西安属于另一个历史阶段，而现代西安彻底跨越了城墙的传统观念，进入新的地理空间发展阶段。

《西安城市史·宋金京兆城、元奉元城卷》的主要内容，是分析和论述五代、宋、金、元时期西安城市发展演进的历史特征，即在失去国都地位、城市规模缩小后，西安依然贵为西北重镇的状态、原因及影响等，属于断代史视角下的城市史研究。相对来看，在五代时期，西安基本延续了唐末各项制度，而且由于藩镇割据，西安始终与凤翔府、成都府、河中府等地相颉颃，西北区域重镇的地位并不十分突出。故此，本卷隐去五代时期，将其视为宋金京兆城、元奉元城的准备期，姑以宋金京兆城、元奉元城为研究范围，以期更好地凸显西安的时代特征。

一、发展阶段与主要特征

从历史演进过程来看，韩建重修之"新城"成为此后五代、宋、金、元时期西安城的基本形态，时间长达460余年。在五代后梁太祖开平元年（公元907年），西安从上都京兆府降为大安府；到后唐庄宗同光元年（后梁龙德三年，公元923年），恢复为京兆府；历经北宋、金朝、元朝初年，到元世祖至元十六年（公元1279年），改为安西路；再到元仁宗皇庆元年（公元1312年），改为奉元路；直到明太祖洪武二年（公元1369年），改为西安府。所以，西安在五代、宋、金、元时期，名为大安府16年，名为京兆府356年，名为安西路33年，名为奉元路57年。

就存在时间来看，已经超过了历史上各时期的西安城的存续时间，只比延续至今的

---

① 五代、宋、金、元时期西安有多个名称，本卷一般以"西安"作为这一时期的泛称，在具体史事叙述中，根据朝代，后梁称"大安"，后唐、后晋、后汉、后周、北宋、金称"京兆"，元称"奉元"。

明清西安城存在的时间短。无疑，五代、宋、金、元这样长的时段，是西安城市史上极其重要的发展阶段，势必形成多样的特征，并对后世产生深远影响。

从整个中国城市史发展角度来看，唐、宋城市发展形态呈现出巨大差异，"城市的跨越性发展是唐宋之间社会转型过程中最显眼的现象之一"[①]。早前日本学者内藤湖南的"唐宋变革论"，即唐宋之际社会历史各方面出现一系列转变，在唐宋政治史、经济史、文化史各领域影响甚著，自然也波及城市史。

有诸多学者对唐、宋城市形态转变加以概括和总结，如日本学者加藤繁提出唐代封闭的里坊转变为宋代开放的街市，称为"唐代坊制崩溃说"；英国学者伊懋可（Mark Elvin）提出宋代经济是中国古代社会经济顶点，是一场经济革命，其中包含了城市革命，是为"宋代城市革命说"。以上两说，究其实质，"其中主要倾向就是强调在商品经济的推动下城市不断发展的史实"[②]。与以上两说不同，韩光辉先生从城市管理角度，提出宋、辽时期出现了拥有确定的行政区域和专门行政机构并实行独立行政管理的城市，是为"建制城市说"，具体含义是唐以前朝廷将城市与乡村置于同一管理体系下，宋、辽以后城市管理机构和制度与乡村管理机构和制度相分离。

在唐、宋城市转变的历史发展阶段中，五代、宋、金、元时期的西安城理论上应该与其他城市一样，具备转变的各项时代特征；同时，在具体表现形式上，又呈现出独具特色的非典型性的个体特征。

一般认为，五代、宋、金、元时期西安城最突出的历史特征，是从以前全国政治、经济、文化中心的都城，转变为西北区域重镇。这种转变，是西安与全国几乎所有其他城市都不相同的历史特征（洛阳也在一定程度上具备这个历史特征）。

那么，该如何解析和总结这种历史转变，也就是五代、宋、金、元时期西安城市发展阶段和主要特征？

城市首先是一个地理空间概念。在这样的地理空间里，居民及外来人群进行了一系列活动，进而衍生出了政治、经济、文化等社会因素。宁欣先生认为："城市作为社会的载体，至少应该包括三个空间概念：一是地域空间，诸如城市区划、布局、建筑等；二是社会与政治空间，诸如居民结构、社会结构、社会流动、城市管理制度等；三是精神

[①] 包伟民：《宋代城市研究》，中华书局，2014年，第1页。
[②] 《宋代城市研究》，第391页。

空间，诸如城市文化、城市社会心理、城市观念等。"①基于此，可以将五代、宋、金、元时期西安城市的转变，投射在城市建设、城市管理和城市风貌三个方面。

首先，城市建设方面。唐长安城被藩镇朱温（唐僖宗赐名全忠）下令拆毁，居民被强制迁往洛阳，长安成为一片"丘墟"。韩建受命留守，他"重修子城"，以唐长安城皇城为基础，建成"新城"，规模较唐长安城外郭城缩小为1/16。

原唐长安城中同时容纳有皇帝居所，百官衙署，长安、万年（后改咸宁）县廨，百姓里坊等建筑设施，是一种"大而集中"的城市建设思路。规模缩小后的"新城"，只能转而追求"小而分散"的布局特点，如长安、咸宁县廨被置于城外。这种城市建设思路延续到后代。在蒙古时期，忽必烈受封西安及关中地区，后来忽必烈将该地区转封给嫡三子忙哥剌。忙哥剌统御重兵，在西北地区拥有极大的权力。值得注意的是，由于西安城过小，无法容纳忙哥剌的军队、机构，便在西安城外修筑安西王府。

同时，后世西安城市建设既有对五代、宋、金、元时期西安城市建设硬件设施的继承，比如明清西安城城墙的南面、西面就直接继承了五代、宋、金、元时期的西安城墙，部分遗存今天依然可见，最典型的是西安城墙西南角独特的圆形角台，目前对其具体建造时代尚无定论，但一般认为是在五代、宋、金、元时期；也有对城市建设理念的传递，如官署、市场、民居混杂，这是对唐长安城建筑理念的彻底颠覆。

从城市建设角度看，西安城市规模骤然缩小，加上唐末五代战乱导致人口锐减，已经不能匹配都城的规模，甚至相比同时期部分地方城市的规模犹有不及，但是通过"小而分散"的城市建设理念和实践，依然可以实现各项城市功能的不缺失，基本上具备被历代朝廷定为西北重镇的硬件条件。

其次，城市管理方面，包含经济政策、行政管理等多个方面。从经济角度看，随着政治地位的下降，西安城在农业、经济、人口、环境等各方面都有不同程度的变化乃至衰落。但这一时期西安城内里坊被破坏的直接原因，并不是城市商品经济的发展，而是朱温下达的拆除命令。

至于城市管理制度的变化，缘于唐长安城居民被全部迁走，入驻长安"新城"的是藩镇军队，因而直接采用了军队的相关制度进行城市管理。这些都与一般意义上的唐宋城市转变的内涵有所不同，其中蕴含的历史、政治、军事等原因，非常值得深入发掘和

---

① 宁欣：《唐宋都城社会结构研究——对城市经济与社会的关注》，商务印书馆，2009年，第5页。

参详。

最后，城市风貌方面。五代、宋、金、元时期，西安城市风貌或者说社会风气不同于前代的具体表现之一，简言之就是弃文从武。

最典型的事例是受宋夏战争影响，北宋朝廷在陕西等地推行一系列军政改革，带动了西安乃至陕西地区士风变化，当地士人开始追求立功疆场。北宋与西夏的长年对峙，改变了京兆士人子弟雍容文雅的气质，北宋时对关中士人风气的评价是"大抵夸尚气势，多游侠轻薄之风，甚者好斗轻死"①，其实就是动荡的局势造就了尚武之风。在宋夏战争中，京兆人才纷纷弃文转武，投身军伍，有人提枪上阵，有人出谋划策，意图立功边疆，这与两宋时期右文尚儒的时代风气背道而驰。所谓"关中多豪侠，方边事未宁，不可以常法治之"②。像宋仁宗庆历二年（公元1042年），统率永兴军的郑戬广招关中豪侠之士。朝中有人反对郑戬的计划，批评他帐下多是"浮浪之人"③。显然，一心面壁苦读的书生不可能是浮浪之人，只有意气风发、纵横捭阖的才智之士，才会招致反对派的反感，担上浮浪的恶名。

到北宋末年，陕西军队成为战斗力颇强的劲旅，号称"西兵"。与宋军进行连番生死厮杀的金军将领也承认："中国独西兵可用。"④在南宋朝廷建立过程中，涌现出了著名的"中兴四将"，其中的刘光世（保安军，今陕西志丹）、韩世忠（延安府，今陕西绥德）、张俊（凤翔府成纪，今甘肃天水）三人，皆出自当时的陕西。另外，南宋名将吴玠、吴璘兄弟（德顺军陇干，今甘肃静宁）、刘锜（德顺军，今宁夏隆德）、李显忠（绥德军青涧，今陕西清涧）等人，亦皆出自当时的陕西。陕西士人武功之盛可见一斑。

简而言之，宋金元400年，京兆及其周边地区完成了从日下京师到前线基地的角色转变，在宋夏战争、宋金战争、宋蒙（元）战争中，在军事地理、军队组织、战场调度等方面，都发挥了极其重要的作用。这种尚武精神甚至一直延续到近现代，"关中刀客"的出现，就是这种古风的继承和体现。

此外，对五代、宋、金、元时期西安城市风貌由文向武的转变，还要解释两点：第一，所谓由文转武，不是特指不做文臣只当武将，实际意思是泛指熟悉吏事，投身官

---

① 〔元〕脱脱等：《宋史》卷八七《地理三》，中华书局，1985年，第2170页。
② 〔清〕徐松：《宋会要辑稿》兵一四之一，中华书局，1957年，第6993页。
③ 〔宋〕司马光：《涑水记闻》卷一二，邓广铭、张希清点校，中华书局，1989年，第233页。
④ 〔宋〕徐梦莘：《三朝北盟会编》卷二三"宣和七年十一月二十八日乙未"条，上海古籍出版社，2008年，第167页。

场,出任文职或武职都有可能,而不是追求文人士大夫的闲适出世生活;第二,唐朝以后,南、北方人才数量和质量此消彼长,除了受经济重心南移的大背景影响,也与人口迁移有关。唐朝时重科举取士,地方士族争相迁居到京畿长安,通过行卷、干谒谋取功名。①同理,在开封成为新都城后,各地士子自然会向开封迁移,而非京兆。所以,京兆及陕西进士数量必然减少。

总之,虽然不再是京师都城,难复旧日盛景,但是五代、宋、金、元时期西安城因其地理位置、历史传统,依然是西北地区的中心城市,在军事、商业、交通等方面持续发挥着无可替代的作用。

为了全面细致地论述和剖析五代、宋、金、元时期西安城市发展的历史特征,本卷上承《隋大兴城、唐长安城卷》,展现盛唐风韵在后世的流传、演变,着重描述五代、宋、金、元时期460余年间西安城的发展脉络和变化状况,揭示"后都城时期"的西安在政治、军事、经济、文化等各方面展现出的异于前代的风貌,探讨西安失去都城地位的原因,以及对后世的影响,也就是下接《明清西安城卷》。

二、基本材料与研究条件

研究五代、宋、金、元时期西安城市史,需要充分搜集足够可信的史料典籍、石刻资料及考古文物,掌握论述的必要论据,方能勾勒出这一时期西安城的真实状貌。

本卷的撰写,依托的基本史料包括宋敏求《长安志》、张礼《游城南记》、李好文《长安志图》、骆天骧《类编长安志》,以及嘉靖《陕西通志》、万历《陕西通志》、康熙六年《咸宁县志》、康熙七年《咸宁县志》、康熙《陕西通志》、雍正《陕西通志》、乾隆《西安府志》、嘉庆《咸宁县志》、嘉庆《长安县志》等地方志文献。对于各朝史事,则参详《旧五代史》《新五代史》《宋史》《续资治通鉴长编》《宋会要辑稿》《金史》《元史》《明史》等基本史料。另外,还援引《金石萃编》《户县碑刻》《陕西省考古研究院新入藏墓志》《大唐西市博物馆藏墓志研究》等石刻文献。

不过,有关长安的古籍大多以汉唐长安为论证内容,如程大昌《雍录》、宋敏求《长安志》等。虽然有些古籍涉及五代、宋、金、元长安城的某些情况,但阐释往往比

---

① 参见毛汉光:《中国中古社会史论》第八篇"从士族籍贯迁移看唐代士族之中央化",上海书店出版社,2002年,第234—333页。

较含糊。所以，在初步掌握各种材料后，需运用对比、分析方法，考证其确凿性、可靠性，论述史料记载中含糊不清之处，辨别材料真伪，纠正错谬观点，争取得出有说服力的论述，进而归纳总结出新见解和新观点。

并且，今人在研究西安城市史专题时，会倾向于汉、唐等重要时期，至于同历史时段的城市，则不外乎两宋时期开封、杭州，金、元时期北京等热点。换言之，五代、宋、金、元时期的西安，恰好为中国古代城市史研究图谱中的"灰色地带"。即或有学者就五代、宋、金、元时期的西安城进行专门研究，选题也一般集中于西安城墙以及城市外部形态的演变，且受制于材料，部分结论似乎需要商榷。

目前的研究成果，多为对历史上的西安城市发展进行整体性研究，专著如：马正林《丰镐—长安—西安》（陕西人民出版社，1978年）；武伯纶《西安历史述略》（增订本）（陕西人民出版社，1984年）；史念海《西安历史地图集》（西安地图出版社，1996年）；吴宏岐《西安历史地理研究》（西安地图出版社，2006年）；史红帅、吴宏岐《古都西安·西北重镇西安》（西安出版社，2007年）；贺从容《古都西安》（清华大学出版社，2012年）；张明、路中康《西安通史》第四卷（陕西人民出版社，2016年），其中部分段落涉及五代、宋、金、元时期的西安。另外，要特别提到周宝珠《宋代东京研究》（河南大学出版社，1992年）、韩光辉《宋辽金元建制城市研究》（北京大学出版社，2011年）、包伟民《宋代城市研究》（中华书局，2014年）等著作。以上诸书虽非专门研究五代、宋、金、元时期的西安城市史，但是书中很多观点对本卷写作有直接启发和助益。

如果范围扩大到陕西，军事地理角度的专著如史念海《河山集》四集（陕西师范大学出版社，1991年），地方史角度的专著如杨东晨《陕西古代史》（陕西人民教育出版社，1994年）、秦晖《陕西通史·宋元卷》（陕西师范大学出版社，1997年），思想文化角度的专著如张岂之《陕西通史·思想卷》（陕西师范大学出版社，1997年），经济史角度的专著如田培栋《陕西社会经济史》（三秦出版社，2016年）等，虽与本卷内容相关，但这类著作是就陕西地方史某一专题展开的论述，五代、宋、金、元时期的西安仅仅是其行文论述的题材之一，且往往不是全书的重点。

论文方面，杨德泉长期关注宋代京兆及陕西地区社会经济，撰有系列论文《试谈宋代的长安》《北宋关中社会经济试探》《陕西在宋代的历史地位》等，收入《杨德泉文集》（三秦出版社，1994年）。另外有辛德勇《宋金元时期西安城街巷名称考录》，收入辛德勇《古代交通与地理文献研究》（商务印书馆，2018年），以及吴宏岐《论唐末五代长安城的形制和布局特点》（载《中国历史地理论丛》1999年第2辑）、路远《西安碑林初创时期若干问题的再探讨》（载《文博》1995年第3期）、马得志《西安元代安西王府勘查记》（载《考古》1960年第5期）、夏鼐《元安西王府址和阿拉伯数码幻方》（载《考古》1960年第5期）。还有吴冰《西安旧城街巷名称研究》（西北大学2008年专门史硕士学位论文）、刘晨曦《宋元明清长安地区文化考察研究》（陕西师范大学2016年历史地理学硕士学位论文）等。

本卷作者此前也进行了相关研究，主要成果有朱永杰《五代至元时期西安城市地理的初步研究》（陕西师范大学2002年历史地理学硕士学位论文）；吕卓民、朱永杰合作撰写《五代北宋金元时期的城市变迁》，编入朱士光、吴宏岐《古都西安·西安的历史变迁与发展》（西安出版社，2003年）；还有邹贺《史说长安·宋元卷》（西安出版社，2018年）。这些是本卷撰写的直接积累和基础。

总体来看，古今学者研究西安，往往以西周、秦、西汉至北周、隋、唐、明清为重要时期，而对唐末至元末西安城情况则往往语焉不详，甚或避而不论，鲜见系统论述唐末、五代、宋、金、元时期西安城市史的著述。五代、宋、金、元时期西安城市历史，尚有很多问题值得研究，甚至有些问题已经超出了传统文献材料的范围。这就要求本卷的撰写和论证要结合考古资料以及实地考察，比如西安城墙、西安碑林、龙首渠旧址、元安西王宫旧址等，获得有益的直观认识，以期在探讨争议性问题时，能够提出更多有力的实物证据。

毫无疑问，五代、宋、金、元西安城市历史是整个历史时期西安城市史重要的组成部分，有必要进行考证、探索。弄清这一阶段的情况，既有益于填补对西安城市历史认识的不足，亦可为当前西安城市建设和发展提供历史经验和借鉴。

鉴于此，本书通过收集相关历史资料及总结前人和今人的研究成果，立足史料研究，借鉴考古文物资料，结合城市史的研究理论和方法，对五代、宋、金、元时期西安城市历史基本问题进行系统的梳理。

三、本卷章节结构

本卷以断代史的形式，着力展现五代、宋、金、元时期西安城市的地域空间、社会与政治空间、精神空间。遵循这样的思路，本卷在绪论部分之外，将按照以下次序展开论述：

第一章"唐末长安'新城'修建及规模",论述长安"新城"的诞生背景,澄清韩建修筑"新城"的若干疑问,比如《旧五代史》《新五代史》《资治通鉴》《长安志》《雍录》皆未提及韩建筑城之事,需要从石刻资料中查找证据。在此基础上,进一步考察西安"新城"内外双重城制、城墙范围、建筑设施等信息。

第二章"五代京兆府建制沿革与社会发展",考述五代时期京兆府建制沿革,并分析长安、万年二县衙署置于"新城"城外后附郭县的变化。同时探讨五代时期在战乱的冲击下,京兆及其周边地区社会经济遭遇的发展困境。

第三章"北宋京兆府城布局、建筑及近郊",考述北宋时期京兆城内布局及主要建筑,展示出京兆城中部、城东南是居民聚集区,也是"新城"的商业、文化中心。这种布局的形成,与龙首渠入城渠道密切相关。辨析北宋京兆周边市镇的设置渊源、演变,如唐代莎城镇与北宋义古镇的关系等,并以张礼《游城南记》为基础,还原北宋京兆城南风貌。

第四章"北宋京兆府城城市管理",讨论北宋京兆府职官设置和管理制度,针对北宋出现厢、坊城市管理机构甚至区划的说法,提出质疑:从历史传承、面积大小、人口疏密、传世史料、出土墓志等方面着眼,北宋京兆府城内并没有厢一级建制。

第五章"北宋京兆府社会发展",分析北宋时期京兆社会经济状况,指出在北宋中后期,京兆商业、人口等恢复到全国前列的水准,但是经过宋金、蒙金战争,到元代时西安社会经济只能位于全国中游。同时,隋唐时期城市里坊制度被彻底打破,从传统的行政区、商业区、居民区互相隔离变为混杂融合的全新城市形态。此外,梳理北宋时期发生在京兆及其周边地区的战争,包括争夺京兆的战争和波及京兆的战争两类。值得注意的是,得益于唐代对凤翔府的建设,到五代、宋、金、元时期,关中地区出现了西安—凤翔双城防御体系,凤翔府吸引、分流了相当一部分原本针对西安的攻击,这是关中地区军事地理和形势的新变化。

第六章"北宋京兆文化成就",以北宋时期京兆两大代表性文化成就关学、碑林为主要线索,论述张载的生平事迹和学术思想,包括张载门人代表"蓝田四吕"中的吕大忠、吕大钧、吕大临的事迹和学说,以及《开成石经》《石台孝经》在五代、北宋时随着府学、孔庙在京兆城内的迁移过程。

第七章"金代京兆府城布局、城市管理及社会发展",依据《京兆府提学所帖碑》及其他史料记载,考述金代京兆城内布局及主要建筑基本状况,总结其特点。同时,分析金朝中期以后，随着录事司职能的加强，京兆城区与城外的行政运作出现分离，并影响到后世。论述在宋金、蒙金战争的影响下，金代京兆社会经济的发展状况。介绍金代京兆最重要的文化成就，即王喆创立的全真道。

第八章"元代奉元路城布局及建筑设施"，聚焦于三个方面：一是含光门封闭时间、圆形角台修造原因；二是元代奉元城内建筑分布不规则的原因；三是元代奉元城外重要建筑安西王府的创建、选址、规模及废止。总结旧说，提出新见。

第九章"元代奉元路城城市管理"，考述元代西安城建制从京兆府到安西路再到奉元路的沿革过程，分析长安、咸宁县在元代是否是奉元路附郭县，总结录事司在元代彻底成为路下一级行政建制的过程。

第十章"元代奉元路城社会发展"，讨论元代奉元城社会经济的恢复和发展并分析原因，同时梳理元末奉元城及其周边地区的军阀割据和战乱。结合宋代理学的背景，叙述元代奉元城鲁斋书院的历史。以元代奉元城儒学学者的经历为个案，旁及文士诗人的文学创作和市民文化社会活动，展示这一时期奉元城文化教育成就。

结语部分概括五代、宋、金、元历史时期西安城市建设、管理的基本要素，以及政治、经济、军事、文化等方面的特征，分析西安在五代、宋、金、元时期失去帝都京畿的地位后，政治地位不断弱化、军事作用显著加强的动态变化过程。结合经济重心南移的背景，概括总结西安农业、手工业、商业等社会因素，以及林木、水资源等自然环境因素，在反复的社会动荡中的曲折发展和复杂演变。论述五代、宋、金、元时期的西安在西安城市史中的地位和影响，是从周秦汉唐国都转变为地方城市；在中国城市史中的地位和影响，是从全国政治中心转变为西北地区重镇；在世界城市史中的地位和影响，是从此前两百年间世界最大城市转变为众多规模接近的城市之一。

然后是五代、宋、金、元西安大事记，乃《西安城市史》多卷本的组成部分，以时间为线索，清晰地展现五代、宋、金、元460余年间西安城市政治、经济、文化重大事件，方便读者了解重要史事。

《西安城市史·宋金京兆城、元奉元城卷》成于众手，仓促间草就，疏漏实多。诚惶诚恐，具陈于兹，敬候四方博雅批评指正。

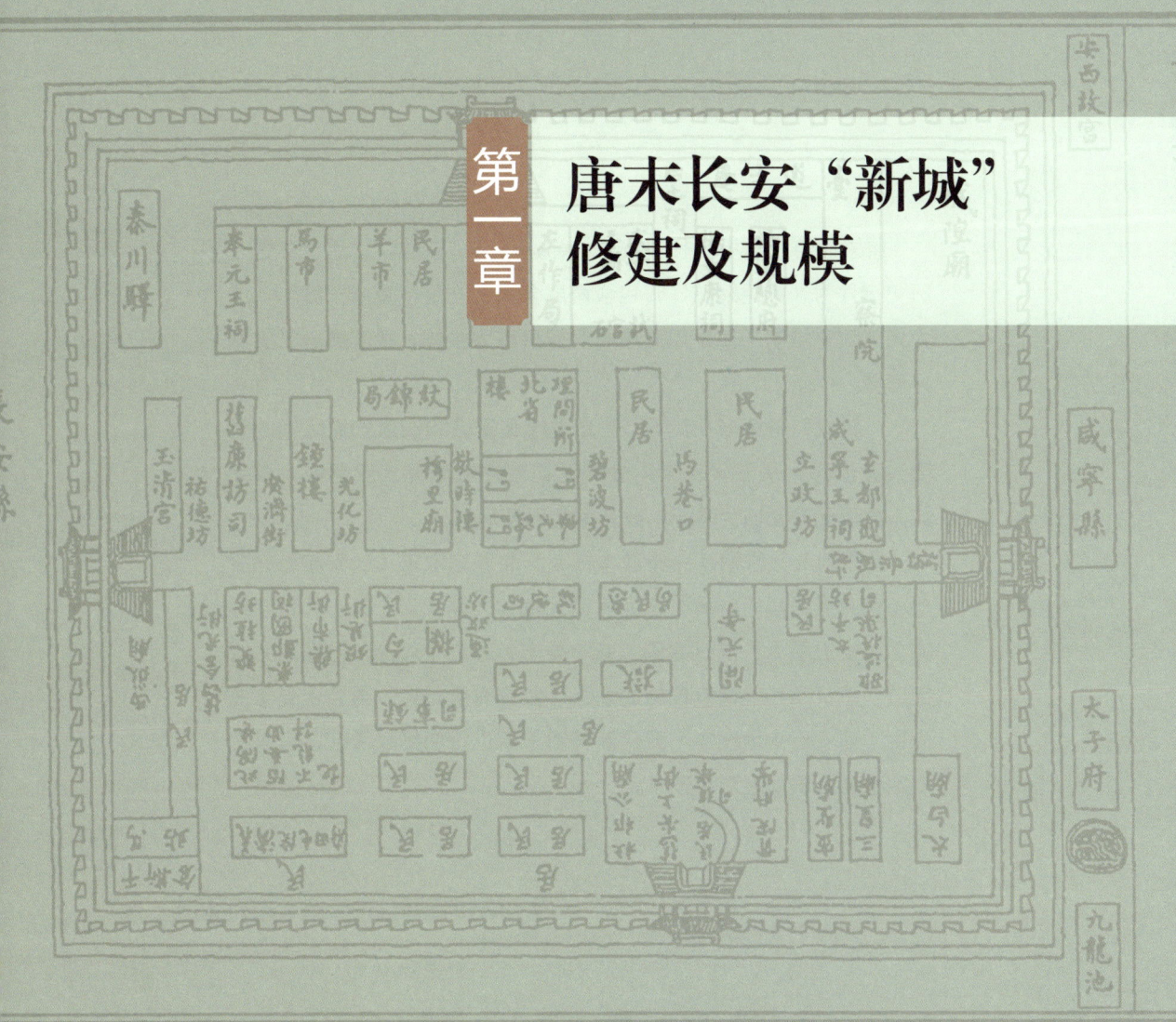

第一章 唐末长安"新城"修建及规模

唐末藩镇朱温拆毁长安城后，韩建修造"新城"，后世称这一历史事件为"韩建缩城"，包含两层含义：一是"重修子城"，成为内外双重城制；二是以原唐长安城皇城为主体，放弃原唐长安城外郭城。

"新城"延续460余年，是介于唐长安城和明西安城之间的重要过渡形态，从五代、宋、金、元初京兆城到元代安西城、奉元城，再以元奉元城为基干，改造为明西安府城。

具体到五代时期京兆城基本样态，北宋宋敏求《长安志》、金代《京兆府提学所帖碑》、元代骆天骧《类编长安志》、元代李好文《长安志图》、清代嘉庆《咸宁县志》等史料对这一时期京兆城街道、建筑及其他建筑设施的名称、位置有所记述，再结合史念海先生《西安历史地图集·五代新城图》所进行的细致考证，可以在一定程度上予以澄清和还原。

第一节
韩建缩城背景及过程

一、韩建缩城背景

　　五代、宋、金、元时期的西安城，也就是唐末韩建所修长安"新城"，其诞生的历史背景，就是藩镇将领朱温下令拆毁唐长安城。唐昭宗天祐元年（公元904年）正月，宣武、宣义、天平、护国四镇节度使朱温勾结宰相崔胤，劫持唐昭宗迁都洛阳，同时迁出长安城居民，"全忠令长安居人按籍迁居"①，还下令毁弃长安宫室官署和百姓房屋，"毁长安宫室百司及民间庐舍，取其材，浮渭沿河而下，长安自此遂丘墟矣"②。这个历史事件的发生象征着隋大兴城、唐长安城的终结。

　　从西安城市历史发展的角度来看，朱温无疑是一个罪人。对于朱温毁城的行为，当时长安官民直接表达了不满，"秦人大骂于路曰：'国贼崔胤，召朱温倾覆社稷，俾我及此，天乎！天乎！'"③后世同样批评不断，所谓"呜呼，天下之恶梁久矣！自后唐以来，皆以为伪也"④。成书于五代后晋的《旧唐书》，痛批朱温"自岐迁洛"的暴行：

　　　　曹操请刑于椒壶，盖迫阴谋；马昭拒命于凌云，窘于见讨。诚知丑迹，得以为词，而全忠所行，止于残忍。况自岐迁洛，天子块然，六军尽斥于秦人，

---

① ［后晋］刘昫等：《旧唐书》卷二〇上《昭宗纪》，中华书局，1975年，第778页。
② ［宋］司马光撰，［元］胡三省注：《资治通鉴》卷二六四，唐昭宗天祐元年正月，中华书局，1956年，第8626页。
③ 《旧唐书》卷二〇上《昭宗纪》，第778页。
④ ［宋］欧阳修：《新五代史》卷二《梁纪第二》，中华书局，1974年，第21页。

四面皆环于汴卒。冕旒如寄,纤芥为疑。①

这段文字的大致意思是:东汉末年,曹操胁迫汉献帝对皇后施以刑罚;三国曹魏末年,司马昭不听王令,被高贵乡公曹髦讨伐。曹操、司马昭都知道自己做得不对,用文辞加以掩饰。然而朱温的所作所为全无避讳,只有残忍。况且从长安迁都洛阳后,唐昭宗被孤立,禁军中的长安旧部被斥退,安插的都是朱温的部下。从此唐朝皇帝的帝位相当于寄存在朱温手里,行动都受到朱温的监控和猜疑。

后世对朱温的行为,往往归因于其残暴失德,如明清之际著名学者王夫之所论:"温固贼也,残杀之心,闻屠戮而心喜,乌合之众,忌胜己而唯恐其不亡。"②实际上,王夫之基于自己的阶级立场,对参加黄巢起义的朱温带有仇视心理。现代学者傅衣凌就分析了朱温在统一北方、发展生产、铲除宦官等方面的贡献。③

在这一点上,宋人的看法较为复杂。北宋初年薛居正等《旧五代史》肯定了朱温的经济政策:"梁祖之开国也,属黄巢大乱之后,以夷门一镇,外严烽候,内辟污莱,厉以耕桑,薄以租赋,士虽苦战,民则乐输,二纪之间,俄成霸业。"④而欧阳修《新五代史》一方面承认后梁的正统地位,"至予论次五代,独不伪梁"⑤;另一方面批评朱温的残暴,"朱梁之恶,最为欧阳公《五代史记》所斥詈"⑥。像司马光《资治通鉴》甚至有意隐去了朱温在治内发展农耕的史事。对朱温的历史评价,并不属于本卷论述的范围,此处从略。需要关注的是,朱温对待唐长安城的态度、政策及其原因。

既然唐长安城被毁弃是长安"新城"诞生的重要背景和前提,那么,就需要缕析朱温为什么要拆毁唐长安城,以及他为什么有权力下这样的命令。

五代后晋史臣在《旧唐书》中分析了唐末局势,"五侯九伯,无非问鼎之徒;四岳十连,皆畜无君之迹"⑦。这里的"五侯九伯"指的是朝中官员,而"四岳十连"指的是藩镇,也就是拆毁唐长安城的事主朱温的身份,同时也是修造"新城"的事主韩建的身份。

在唐朝全盛时期,随着统治区域逐步扩大,为了抵御吐蕃、突厥的侵扰,唐政府在

---

① 《旧唐书》卷二〇下《哀帝纪》,第812页。
② 〔清〕王夫之:《读通鉴论》卷二八《五代上》,中华书局,1975年,第874页。
③ 傅衣凌:《关于朱温的评价》,载《厦门大学学报》(哲学社会科学版)1959年第1期,第81—87页。
④ 〔宋〕薛居正等:《旧五代史》卷一四六《食货志》,中华书局,1976年,第1945页。
⑤ 《新五代史》卷二《梁纪第二》,第21页。
⑥ 〔宋〕洪迈:《容斋随笔·容斋三笔》卷一〇《朱梁轻赋》,中华书局,2005年,第541页。
⑦ 《旧唐书》卷二〇下《哀帝纪》,第812页。

边地设置节度使带兵。后来出于战事的需要，节度使同时兼领财权、民权，职权加重。终于，节度使掌握的军力超过了唐朝朝廷掌握的军力，个别节度使的野心开始膨胀。唐玄宗天宝十四载（公元755年），身兼范阳、平卢、河东三镇节度使的安禄山发动叛乱，即"安史之乱"。战乱持续七年多，到唐代宗宝应二年（广德元年，公元763年）才被完全平定。这期间，唐朝为了分化、对抗安史叛军，将投降朝廷的叛军将领也封为节度使，由此形成了中晚唐时期特有的历史现象——藩镇百年割据。

到9世纪下半叶，唐朝风云激变，"冲天大将军"黄巢揭竿而起，一举攻入长安，称帝建国。可是，在占据长安的两年多时间里，黄巢不思进取，既没有追击外逃四川的唐僖宗，也没有约束军纪，平白给了唐朝各路部队包围长安的时机，军事形势急转直下。由于外援隔绝，黄巢无法坚守，遂率军撤出长安，一路向东，退往河南、山东，最终于唐僖宗中和四年（公元884年）全军覆没，黄巢也身死泰山狼虎谷襄王村。[①]

与黄巢军在长安城下发生激烈交锋的唐军号称"十镇联军"，都是藩镇部队。当时，为了镇压黄巢起义，唐政府在内地大量增设节度使，总共有89处之多，这就加剧了藩镇动乱的局面。

宫室内有宦官弄权，朝堂里有大臣党争，地方上有藩镇割据，在宦官、党争、藩镇多重矛盾冲击下，昔日辉煌的李唐王朝早已千疮百孔、积重难返。在镇压黄巢起义后的10年，"王室日卑，号令不出国门"[②]，如狼似虎的各路藩镇开始自行其是，对唐朝皇权虎视眈眈。先是宦官田令孜与河中（今山西永济）节度使王重荣开战，双方各自纠集同伙，发生"沙苑（在今陕西渭南大荔）之战"，田令孜战败，纵火焚烧皇宫，挟持唐僖宗出逃。

唐昭宗即位后，长安及关中地区周边的较大势力有占据岐州（今陕西宝鸡凤翔）的李茂贞、占据邠州（今陕西咸阳彬州）的王行瑜、占据华州（今陕西渭南华州）的韩建、占据中原地区的朱温、占据兴元（今陕西汉中）及四川地区的王建、占据山西地区的李克用等。

唐昭宗乾宁二年（公元895年），李茂贞的党羽与王行瑜的党羽矛盾激化，双方都想挟持唐昭宗，因此他们在长安城中大打出手，唐昭宗被迫出逃。后来，李克用发兵进攻王行瑜，王行瑜战败被杀，唐昭宗才得以回到长安城中。

---

① 《旧唐书》卷一九下《僖宗纪》，第719页。
② 《资治通鉴》卷二五九，唐昭宗景福二年七月，第8446页。

不久，李茂贞亲自领兵进入长安，唐昭宗再次从长安东南门启夏门奔出，逃往终南山。李茂贞此行只有一个目的：破坏。据《旧唐书》载："宫室廛闬，鞠为灰烬，自中和已来葺构之功，扫地尽矣。"①

李茂贞并不是李唐皇室，他原名宋文通，深州博野（今河北博野）人，参军屯戍岐州。在镇压黄巢起义战争中他累立军功，逐步升迁，被赐国姓李，名茂贞。后来，受命击杀田令孜的同伙凤翔节度使李昌符，后占据关中西部十五州郡，形成一方势力。他狡猾恣横，无耻反复，野心勃勃，在长安及关中地区兴风作浪20多年。

乾宁三年（公元896年）四月，唐昭宗派出军队讨伐李茂贞，被李茂贞打败。唐昭宗一行人马被迫向东行进，投奔华州韩建。

韩建，字佐时，许州（今河南许昌）人，出身于军人家庭，投身蔡州军阀秦宗权，为小校。唐僖宗中和初年，秦宗权派遣部队西进关中，援救唐僖宗，与黄巢军作战，韩建也随军出征。

黄巢军撤出长安后，韩建投效朝廷，升为神策军都校、金吾将军，随后出任潼关防御使兼华州刺史，有了自己的地盘。面对大战之后人口锐减、田宅荒废的境况，韩建"出入闾里，亲问疾苦"②，招徕流民，开垦荒地，几年时间就恢复了当地秩序。

韩建其人很有心计，他虽目不识丁，但是在处理军政事务之余，努力挤出时间学习。他吩咐人给各种日用器皿、家具摆设题写名字，这样他就能随时随地识读文字。功夫不负有心人，韩建累积了实力，官职也得以提升。

去年唐昭宗被李茂贞赶出长安后，韩建曾经乘机上表迎驾。乾宁三年（公元896年）七月，唐昭宗率领百官僚属来到华州。韩建因此得以兼任中书令，充京畿安抚制置等使。此后两年，唐昭宗都待在华州。唐昭宗与左右群臣每每遥望长安，对李茂贞在长安城中的恶行感叹唏嘘，徒呼奈何。

韩建看准时机，自告奋勇揽下了重建长安"大内"的任务，保证在一两年内就能修复大明宫、太极宫等宫室，他对唐昭宗说："臣为陛下修营大内，结信诸侯，一两年间，必期兴复。"③

---

① 《旧唐书》卷二〇上《昭宗纪》，第759页。
② 《旧五代史》卷一五《韩建传》，第203页。
③ 《旧五代史》卷一五《韩建传》，第204页。

于是，唐昭宗便任命韩建兼京兆尹、京城把截使，负责长安宫室的修复工程。韩建随即征发华州百姓，运送物资，修缮宫室。

不过，作为一个军阀，韩建此举并非出于为君王分忧，而是打着重建大内的旗号扩张自己的势力。唐昭宗由于财力、军力有限，便下令要各地藩镇进贡"修宫阙钱"，这笔钱最后都交给韩建"计度"。

与此同时，李茂贞借机上表请罪，承认自己先前的错误，"献钱十五万，助修京阙"。唐昭宗本来还想发兵讨伐李茂贞，可是韩建却暗中阻挠，"韩建左右之，师遂不行"。①李茂贞犯上作乱的罪过，最终不了了之，反而被加封为岐王。

如此一来，韩建既讨好了唐昭宗，又联络了军阀，还动员了人力，而且谋得了财物，真是一举多得。在这一过程中，韩建开始在朝中立威。乾宁四年（公元897年）二月，韩建借口接到密报，称睦王等八王意图谋杀自己，因此囚禁八王，并解散了唐昭宗的两万随驾禁军。"自是天子益微，宿卫之士尽矣。"②八月，韩建杀害了"通王、覃王已下十一王"等唐昭宗亲近的勋贵大臣，③兼同州（今陕西渭南大荔）节度使。下一年，即光化元年（公元898年），太极宫修复工程基本竣工。为了奖赏韩建，唐昭宗将华州升为兴德府，任命韩建为府尹。八月，唐昭宗回到长安。九月，韩建升为太傅，封许国公。

然而韩建实力有限，此时唐朝朝廷最高权力分属宰相崔胤、宦官韩全海。天复元年（公元901年）闰六月，崔胤与韩全海的矛盾爆发。韩全海勾结李茂贞，崔胤则召唤占据汴州（今河南开封）的朱温进兵关中："今不速来，必成罪人，岂惟功为他人所有，且见征讨矣！"④

朱温本来是黄巢部下，后变节投唐。因为他的部队将士作战勇猛，无论是对黄巢军，还是对其他藩镇，屡立战功，朱温得以受封宣武、宣义、天平、护国四镇节度使，以汴州为大本营。此前，朱温击败了河东李克用，成为中原地区实力最强的藩镇。

天复元年十月，唐朝朝廷再次发生动乱。朱温率军来到河中，上表请唐昭宗去洛

---

① 《旧唐书》卷二〇上《昭宗纪》，第760页。
② 《旧五代史》卷一五《韩建传》，第204页。
③ 《旧唐书》卷二〇上《昭宗纪》，第762页。
④ 《资治通鉴》卷二六二，唐昭宗天复元年闰六月，第8556页。

阳。"京城大骇，士民亡窜山谷。是日，百官皆不入朝，阙前寂无人。"①于是，宦官韩全诲抢先行动，挟持唐昭宗奔赴凤翔，韩建也参与了这个行动。

与此同时，朱温领兵七万，来到韩建的地盘同州，韩建手下判官司马邺献城投降。朱温进兵华州，韩建不敢与朱温开战，立刻投降。朱温与韩建原来在军中曾经结拜为兄弟。此时，两人一见面，朱温质问他挟持皇帝的罪过，韩建就推说自己不识字，都是手下人出的主意。朱温还是比较信任他的，也不怪罪，上表改授韩建为许州节度使。

接着，朱温一路进入长安，"宰相帅百官班迎于长乐坡"②，第二天便全军开拔继续向西，随后击破驻守武功的李茂贞部队，进逼凤翔城下。李茂贞不敢迎战，强迫唐昭宗下诏令朱温撤兵。朱温不能抗旨，只得暂时撤兵。

之后，崔胤率领百官来到华州，关中形成了一种对抗态势：李茂贞挟持唐昭宗，朱温掌握百官。双方剑拔弩张，势必要在战场上见真章。

天复二年（公元902年）六月，朱温兵发岐州，李茂贞在虢县（今陕西宝鸡陈仓）迎击，双方交战，朱温获胜。随后，朱温派遣部队，分别攻占陇州（今陕西宝鸡陇县）、陈仓（今陕西宝鸡），对岐州形成南北夹击之势。此后，双方持续交战。九月，李茂贞发动全军进攻，再次大败。朱温围困凤翔的同时，分出部队攻陷李茂贞其他州县，使凤翔成为孤城。十二月，李茂贞致书朱温低头求和。天复三年（公元903年）正月，李茂贞诛杀韩全诲等人，交出唐昭宗，朱温大获全胜。二月，唐昭宗回到长安。朱温诛杀宦官数百人，进封梁王，开始把持朝政，掌控唐朝命运。

朱温平定了关中，但是在他的后方周边——今山东、山西等地区，依然有敌对势力存在，所以朱温不能离开汴州。

天祐元年（公元904年）正月，朱温借口李茂贞威胁长安，胁迫唐昭宗迁都洛阳。在以唐昭宗为首的李唐皇室出发以后，朱温毫不留情地下令拆毁长安城内宫殿楼宇、官署衙门、百姓民居，将木料及其他可用的建筑材料顺渭河运往洛阳，抵作洛阳宫室修缮之用。

此后一个月的时间，长安百姓被朱温的军队驱赶着搬往洛阳，"号哭满路"。在他们身后，"九天阊阖开宫殿，万国衣冠拜冕旒"的长安，被一砖一瓦、一尺一寸地拆散

---

① 《资治通鉴》卷二六二，唐昭宗天复元年十月，第8559页。
② 《资治通鉴》卷二六二，唐昭宗天复元年十一月，第8563页。

打碎，巍峨的太极宫被夷平了，宽阔的"天街"塌陷了，喧闹的坊市荒芜了……隋唐长安三百余年繁华，转眼间荡然无存。作为隋唐两代政治、经济、文化中心的长安城，就此被朱温彻底毁掉。

到处残垣断壁、瓦砾废墟的长安，就留给了深得朱温信任的韩建，史载"（朱温）待建稍异，故优容之"①，让他出任佑国军节度使、京兆尹，留守长安。韩建大幅度缩小城池的规模，改筑"新城"，后世称为"韩建缩城"。

二、韩建缩城事迹考辨

今人在提及唐末长安"新城"时，普遍的观点是：唐昭宗天祐元年（公元904年），军阀朱温下令拆除宫殿官署、坊市民居，并将城内居民迁走。这导致在唐昭宗东迁之后，佑国军节度使韩建再想恢复唐长安城之前的规模，难度过大。一方面长安城中建筑被拆毁殆尽；另一方面战乱频繁，韩建没有余力组织大规模的重建工程。所以，他主持的重建工程的设计思路是放弃原外郭城和宫城，重新改筑皇城，作为新城城邑。经过韩建改修后的城邑，就是"新城"。

马正林先生所撰《丰镐—长安—西安》记载："唐末，长安城屡遭破坏，城大人少……。匡国节度使韩建为了军事上的需要，就不得不把长安城加以缩小。"②问题是马正林先生在自己的著述中，对于韩建官职的描述存在前后不一的情况，出现了好几种称谓。先是在《丰镐—长安—西安》中记述韩建为匡国节度使。接着在《中国六大古都》一书中，马正林先生所撰写的"西安"这一章节中，提及韩建时又用了"佑国节度使"，并自注"佑国军节度使韩建（韩的官衔亦称匡国、匡国军、佑国、镇国军节度使）"③。显然，马正林先生认为，韩建所任官职是佑国节度使，又称匡国节度使、匡国军节度使、镇国军节度使。

一般唐代节度使全称为某某军节度使，行文时往往把"军"字省略，如佑国军节度使简写作佑国节度使。故此，马正林先生的论述实际上存在的问题是：韩建在修治新城时的官职是匡国军节度使、佑国军节度使，还是镇国军节度使？

---

① 《旧五代史》卷一五《韩建传》，第205页。
② 马正林：《丰镐—长安—西安》，陕西人民出版社，1978年，第89页。
③ 陈桥驿主编：《中国六大古都》，中国青年出版社，1983年，第106页。

古籍中对于天祐年间韩建修治新城时的职位，记载不一，所以今人在叙述此事时，一直没有得出一个定论。像齐佩芝《西安城墙》："唐末昭宗天佑（按：原文作'佑'，应为'祐'）元年（公元九〇四年），驻守长安的匡国军节度使韩建为了便于防守，放弃了破烂的外廓城和宫城，只把原皇城加以修固"。①还有《陕西风物志》的记述："公元九〇四年，驻防长安的匡国军节度使韩建为了军事上的需要，放弃外郭城和宫城，重修子城（皇城）。"②《西安通史》载："驻守长安的匡国军节度使韩建，着手收拾长安城的一片废市荒街。……因此韩建放弃了宫城和外郭城，在原皇城的基础上修建新城，即是五代至宋元时期的长安城。"③

梳理《旧五代史》《新五代史》《续资治通鉴》《长安志图》等史料中的记载，皆认为韩建营造新城时任佑国军节度使。唐末韩建的任职履历是：唐昭宗乾宁四年（公元897年）"冬十月癸卯朔，以华州节度使韩建兼同州刺史、匡国军节度使"④。四年后，天复元年（公元901年）十一月，朱温西进关中，讨伐李茂贞，韩建投降，朱温表奏韩建继续任许州节度使。⑤天祐元年，韩建改任佑国军节度使，"昭宗东迁，以建为佑国军节度使、京兆尹"⑥。也就是说，从乾宁四年到天复元年，韩建任华州节度使，兼同州刺史、匡国军节度使；天复元年十一月到天祐元年，任许州节度使；天祐元年到天祐三年，任佑国军节度使兼京兆尹；天祐三年调任平卢军节度使。

其中，关于佑国军节度使，根据《新五代史·职方考》的记载："雍州，唐故上都，昭宗迁洛，废为佑国军。"⑦此处"废为佑国军"或有歧义，实际意思是唐昭宗迁都洛阳，京师长安降为雍州，同时将原洛阳节镇佑国军迁往雍州。这详见于《资治通鉴》所载，唐昭宗天祐元年三月"全忠奏以长安为佑国军"。具体含义是唐僖宗光启三年（公元887年），在洛阳始建佑国军，天祐元年三月，将佑国军移至长安。见于胡三省注："光启三年，置佑国军节度于洛阳。今迁都洛阳，故徙佑国军于长安。"⑧还有

---

① 齐佩芝：《西安城墙》，载《文史知识》1981年第2辑，第11页。
② 王家广主编：《陕西风物志》，陕西人民出版社，1985年，第135页。
③ 张明、路中康：《西安通史》第四卷，陕西人民出版社，2016年，第21页。
④ 《旧唐书》卷二〇上《昭宗纪》，第763页。
⑤ 《旧五代史》卷一五《韩建传》，第205页。
⑥ 《旧五代史》卷一五《韩建传》，第205页。
⑦ 《新五代史》卷六〇《职方考》，第737页。
⑧ 《资治通鉴》卷二六四，唐昭宗天祐元年三月，第8629页。

司马光《考异》的说法："按河南府先已为佑国军，今京兆府乃与同名者。盖车驾既在河南，则无用军额，故移其名于京兆耳。"①可见韩建就是在此时被任命为佑国军节度使的，并兼任京兆尹，直至天祐三年改任平卢军节度使为止。因此，综合以上文献记载，可以断定，在天祐元年，韩建的确担任佑国军节度使之职。

那么，匡国节度使和镇国节度使之名由何而来？

韩建任匡国节度使，见于明万历《陕西通志》载："西安府城，即隋唐京城也。天祐元年昭宗幸洛阳，匡国节度使韩建改筑，约其制，谓之新城。宋金元皆因之。"②还有明清之际顾炎武《肇域志》载："至唐天祐元年，昭宗幸洛阳，匡国军节度使韩建改筑，约其制为今城。"③之后，清康熙七年（公元1668年）《咸宁县志》④、清康熙《陕西通志》⑤、清雍正《陕西通志》⑥皆因袭明万历《陕西通志》旧文。比较而言，这些明清地方志的产生时代较晚，因此准确性和可信度不如前述《旧五代史》等史料。

近代吴廷燮《唐方镇年表》一书中，记载韩建担任镇国军节度使，是在唐僖宗光启三年（公元885年）到唐昭宗天复元年（公元901年）。出任匡国节度使，是在唐昭宗乾宁四年（公元897年）至天复元年（公元901年）之间。据《全唐文》卷七九一所收崔涓撰《赐许国公韩建铁券文》载："维光化元年岁次戊午九月戊辰朔八日乙亥，皇帝若曰：'咨尔宣力兴复功臣、镇国匡国等军节度、管内观察处置、修葺宫阙同州长春宫等使、开府仪同三司、守太傅兼中书令、兴德尹、使持节同州诸军事兼同州刺史、上柱国、许国公、食邑四千户食实封一百户韩建。'"其中"兴德"即华州升兴德府，"唐复置华州，垂拱元年，改为太州，寻复旧。或为华阴郡，镇国军节度"⑦。也就是说，镇国军为华州军名，匡国军为同州军名。这是韩建最初的官职，在他投降朱温后，就不再兼任了。

朱温入关中后，以韩建为许州节度使。据《太平寰宇记》所载："（许州）本忠武

---

① 《资治通鉴》卷二六四，唐昭宗天祐元年三月，第8629页。
② 〔明〕李思孝、汪道亨：《陕西通志》卷一○《城池·西安府》，明万历三十九年（公元1611年）刻本，国家图书馆藏，第3册，第1页a。
③ 〔清〕顾炎武：《肇域志·陕西》，谭其骧、王文楚等点校，上海古籍出版社，2004年，第1256页。
④ 〔清〕黄家鼎：《咸宁县志》卷二《建置·城池》，清康熙七年（公元1668年）刻本，国家图书馆藏，第2册，第2页a。
⑤ 〔清〕贾汉复：《陕西通志》卷五《城池·西安府》，清康熙六年、七年（公元1667、1668年）刻本，国家图书馆藏，第5册，第1页b。
⑥ 〔清〕刘于义：《陕西通志》卷一四《城池·西安府》，清雍正十三年（公元1735年）刻本，国家图书馆藏，第15册，第1页a。
⑦ 〔元〕马端临：《文献通考》卷三二二《舆地考八·古雍州》，中华书局，1986年，第2530页。

军节度，梁开平二年改为匡国军。唐同光元年复旧。至皇朝因之。"①可知，唐代忠武军节度使驻节许州（今河南许昌），后梁开平二年（公元908年）改为匡国军节度使，后唐同光元年（公元923年）改回忠武军节度使。所以，韩建卸任镇国军（华州）、匡国军（同州）节度使之后，在天复元年（公元901年）十一月到天祐元年（公元904年）间，转任忠武军节度使（许州）。

问题是忠武军在后梁时一度改名匡国军，根据《旧五代史·韩建传》《资治通鉴》的记载来看，韩建在唐昭宗天祐三年（公元907年）离开长安，卸任佑国军节度使，调任平卢军节度使（青州）。三年后，在后梁太祖开平四年（公元910年）三月，"四年三月，除匡国军节度使、陈许蔡观察使"②，也就是第二次出任匡国军节度使（许州），直至乾化二年（公元912年）六月，韩建遇害身亡。韩建在同州、许州两次担任匡国军节度使，且两次来到许州的经历，非常容易引起混淆。

总之，综合以上史料所载，可以得知：在唐昭宗天祐元年，韩建任佑国军节度使兼京兆尹，着手废弃唐长安城外郭城，在旧皇城的基础上改筑"新城"时，已经卸任忠武军节度使（许州），且尚未第二次出任匡国节度使（许州）。所以，明万历《陕西通志》、清康熙《陕西通志》、清雍正《陕西通志》等方志所述都不准确，不可采信。不当将韩建在此前所任之镇国军（华州）、匡国军（同州）、忠武军（许州）节度使与此后所任之匡国军（许州）节度使混淆。

对于佑国军节度使韩建改筑皇城、修造"新城"这一观点，实际上是以元代骆天骧《类编长安志》和李好文《长安志图》二书为据的。《类编长安志》载："唐帝东迁，城郭萧条。许公韩建去宫城，又去外郭城，重修子城，城外古迹移于内。"③《长安志图》载："新城。唐天祐元年，匡国节度使韩建筑。时朱全忠迁昭宗于洛，毁长安宫室百司及民庐舍，长安遂墟。建遂去宫城，又去外郭城，重修子城。"④

然而，《类编长安志》是《长安志》的补缀之作，为何要忽略时代更早的《长安志》等史料，却引述《类编长安志》之言呢？恰恰是因为宋代关中地理专著宋敏求《长安志》、程大昌《雍录》等书，都没有提及韩建重修新城一事。更加令人感到蹊跷的

---

① 〔宋〕乐史：《太平寰宇记》卷七《河南道七·许州》，王文楚等点校，中华书局，2007年，第125页。
② 《旧五代史》卷一五《韩建传》，第205页。
③ 〔元〕骆天骧：《类编长安志》卷二《京城·隋唐》，黄永年点校，三秦出版社，2006年，第45页。
④ 〔元〕李好文：《长安志图》卷上，辛德勇、郎洁点校，三秦出版社，2013年，第20页。

是，《旧五代史》《新五代史》《资治通鉴》等史书，都只记述了唐昭宗东迁时韩建的官职，却没有提及韩建重建新城之事。如《旧五代史·韩建传》所载："昭宗东迁，以建为佑国军节度使、京兆尹。"①又如《新五代史·职方考》所载："雍州，唐故上都，昭宗迁洛，废为佑国军。"②还有《资治通鉴》所载：在天祐三年（公元906年）六月，"朱全忠以长安邻于邠、岐，数有战争，奏徙佑国节度使韩建于淄青，以淄青节度使长社王重师为佑国节度使"③。即韩建在长安任职到天祐三年，后转任平卢军节度使（也称淄青节度使），就此离开京兆，接替他的是大将王重师。

疑问就此产生：韩建重修新城一事，为何在宋代史著中不见提及，而元代史著中却记载详细？是史家失载，还是本无修城之事？可见，关于韩建改筑新城的问题，仍有继续探讨的必要。

首先，按照成书时代先后，骆天骧《类编长安志》在前，李好文《长安志图》在后。而且《类编长安志》在记述前揭韩建"重修子城"一段话时，标注出处是《新说》④，即《骆氏新说》，也就是骆天骧自己的著述。由此可知，李好文也是引述骆天骧的观点。

骆天骧本是金、元之际西安人，与金末关中士人交游，"仆家本长安，幼从乡先生游，兵后关中前进士硕儒故老，犹存百人"，多能询问故事，"其周、秦、汉、唐遗址，无不登览，或谈故事，或诵诗文，仆每从行，故得耳闻目睹，每有阙疑，再三请问"。元初修建安西王府，骆天骧担任安西王相的顾问，"王相兼营司大使赵□以仆长安旧人，相从遍访周、秦、汉、唐故宫废苑，遗踪故迹"。⑤其说或有渊源，不似凭空妄言。

其次，从碑刻资料中可以找到韩建重修西安城的痕迹。比如北宋初年刘从乂撰有两通碑文，分别为《重修文宣王庙记》和《重修开元寺行廊功德碑并序》。《重修文宣王庙记》叙述的是永兴军节度使王彦超重修孔庙之事，碑文中记"天祐甲子岁，太尉许国□公时为居守，才务葺修，遂移太学并石经于此"⑥，此处"太尉许国□公"，虽然缺

---

① 《旧五代史》卷一五《韩建传》，第205页。
② 《新五代史》卷六〇《职方考》，第737页。
③ 《资治通鉴》卷二六五，唐昭宗天祐三年六月，第8659页。
④ 《类编长安志》卷二《京城·隋唐》，第45页。
⑤ 《类编长安志·骆引》，第1—2页。
⑥ 〔宋〕刘从乂：《重修文宣王庙记》，见〔清〕王昶辑：《金石萃编》卷一二三《宋一》，国家图书馆藏李慈铭校注清嘉庆十年（公元1805年）经训堂刻本，第9页a—12页a；高峡主编，李林娜、王原茵、王其祎副主编：《西安碑林全集》卷二五《碑刻·重修文宣王庙记》，广东经济出版社、海天出版社，1999年，第2502—2503页。

一字，但可以确定是韩建。先是在光化元年（公元898年），韩建因为重修大内受封许国公。而天祐元年，韩建正在长安"居守"。至于唐朝国子监——孔庙在其中——原来位置在务本坊，也就是皇城之外的外郭城中。故此句意为：天祐元年，韩建在长安时，开始修葺文宣王庙，将国子监（太学）、《开成石经》迁移到新址。

《重修开元寺行廊功德碑》比《重修文宣王庙记》碑晚一年，刻成于建隆四年（公元963年，当年十一月改元乾德），其中记载："天祐甲子岁，华州连帅许国韩公建，迁为居守，重务域民，既香刹之新崇，列宝坊之旧号。阅今存之院额，皆昔废之寺名，当其制度权舆，经营草创。"①依然在陈述韩建从华州转任长安后重修开元寺之事。

据《长安志》载，开元寺建于隋文帝开皇四年（公元584年），本名光明寺。武则天时改名大云寺，唐玄宗时再改开元寺。原来位置是外郭城"怀远坊东南隅"，唐武宗会昌灭佛时被废弃。韩建"经营草创"，在皇城内重修。

所以，以上两碑都记述了原本位于唐长安城外郭城中的两处建筑被移到了皇城之内。据《类编长安志》载：韩建重修新城时，"城外古迹移于内"②，即移入皇城。刘从义所述，虽未直接记叙韩建重修新城，但迁移孔庙、开元寺之举，正与韩建弃外郭城修皇城一事契合，都可以佐证韩建的确在天祐元年重修新城的史实。

综上所述，骆天骧《类编长安志》中所载韩建在天祐元年主持"重修子城"一事，可与北宋初年《重修文宣王庙记》《重修开元寺行廊功德碑》碑文相互印证。而《旧五代史》《新五代史》《续资治通鉴》等史籍对此史实未加详述，不可据以否定韩建重修新城的史实。

---

① 〔宋〕刘从义：《重修开元寺行廊功德碑并序》，见《金石萃编》卷一二三《宋一》，第14页a—20页a。
② 《类编长安志》卷二《京城·隋唐》，第45页。

第二节
"新城"形制及建筑

一、内外双重

《长安志图》记韩建所造新城形制时记道:"城之制,内外二重。"①言新城的城垣有内外两重。那么,"二重"到底指的是哪两重?是宫城与皇城,还是皇城与外郭城?还是其他城制?这引起了许多争议。

先是马正林先生认为"两重"指皇城与外郭城:"只留皇城,不留宫城,是由于皇城面积稍大,废弃宫城以后,宫城与外郭城还可以作为皇城的外围,使皇城成为城中之城,更为安全。"②这意味着韩建修复了皇城、外郭城。

然而此说并不符合《类编长安志》的记载:"黄巢寇长安,焚毁宫室逮尽。许公韩建弃旧城,去郭城,因子城筑今京兆府。"③还有《长安志图》所载:"建遂去宫城,又去外郭城,重修子城。"④这两处都提到"去郭城",自然是放弃外郭城。而此处的"子城"指旧唐长安城皇城。简单来说,韩建是在唐长安城皇城基础上,重修新城。

所谓"宫城""皇城""外郭城"皆是唐长安城城墙,详见于《西安城市史·隋大兴城、唐长安城卷》。简而言之,中国古代面积最大的都城唐长安城,有宫城、皇城、外郭城三部分,外郭城东西长度达到9721米,南北长度达到8651.7米,周长36.7千米,

---

① 《长安志图》卷上,第20页。
② 《丰镐—长安—西安》,第89页。
③ 《类编长安志》卷一《杂著·总叙》,第3页。
④ 《长安志图》卷上,第20页。

面积84平方千米①。唐长安城外郭城，就是包括了108坊②的一般意义上的唐长安城。在这座唐长安城北部中央的位置，坐落着皇帝的居所、百官的官厅：宫城、皇城。宫城与皇城的关系，就相当于一个两进的院子，皇城在南，为第一进；宫城居北，为第二进。整个院子的东西长度为2820.3米；第一进的皇城，南北长1843.6米，周长9.2千米；第二进的宫城，南北长1492米，周长8.6千米③。此外，宫城毗邻唐长安城北城墙，外面就是龙首原，为皇家园林"禁苑"。唐高宗龙朔三年（公元663年），扩建位于龙首原的永安宫，更名为大明宫。此后，唐长安城的政治中心由太极宫转移到大明宫。

问题在于韩建在天祐元年（公元904年）任佑国军节度使兼京兆尹，到天祐三年（公元906年）转任平卢军节度使，就此离开长安赴青州（今山东潍坊青州）任职。从天祐元年到天祐三年两年多的时间，他是否有足够的时间完成重建工程？

武伯纶先生在论述此事时，言辞较为谨慎："不论《长安志图》一书的真伪如何，韩建确有改筑长安城的事情。但由《旧五代史》记载韩建在长安任节度使仅只数月时间，即依《续资治通鉴》实际亦不过两年稍多（天祐元年三月到三年六月）。在此兵马仓皇之中，韩建似不可能作大规模的建筑。所谓'去宫城，又去外郭城，重修子城'，不知正确应作何种解释。"④他既肯定韩建改建长安城为实事，但又认为由于时间原因，韩建不可能做大规模的改建。

这种困惑其实指出了韩建缩城的关键：因为外郭城面积太大，韩建无力承担如此规模的工程。而且按照常理来说，经过多年战乱，当时长安城一片凋敝，剩余居民不多，早已经住不满原来108坊的区域。韩建若是以外郭城作为皇城的外围，只能分散兵力，既然兵力、财力不足，只能集中防守。所以，他选择将原本是唐朝百官公卿活动区域的皇城改筑为"新城"，以作为普通老百姓的居所。

武伯纶先生分析"内外二重"的含义是："元奉元城正是内外两重城墙，说明唐代的皇城原来就是两道城墙。在这两道城中间，可能驻有士兵以保护皇城的安全。"⑤肯定

---

① 张永禄：《隋唐长安城的规划布局与其设计思想》，载《西北大学学报》（自然科学版）2014年第4期，第675页。
② 关于隋大兴城、唐长安城外郭城里坊数，有108、109、110等多种说法，参见辛德勇：《隋唐两京丛考》上篇《西京·大兴城的坊数及其变化和城东南隅诸坊》，三秦出版社，1991年，第17—23页。其中108坊之说流传最广，成为唐长安城里坊的代称，本书姑从此说。
③ 中国科学院考古研究所西安唐城发掘队：《唐代长安城考古纪略》，载《考古》1963年第11期，第597—598页。
④ 武伯纶编著：《西安历史述略》（增订本），陕西人民出版社，1984年，第282页。
⑤ 《西安历史述略》，第283页。

元奉元城为两道城墙，进而推测唐皇城也有两道城墙，意即韩建修复了皇城两道城墙。

但是此说难以找到文献方面的证据，且与现今考古发掘资料不相符合。实际上，从《奉元城图》可以发现，图中外郭城的"两道城墙"乃是夸张性的绘法。据吴宏岐先生研究："四面城门横跨'两道城墙'正说明只有一道城墙。古代城墙皆有一定宽度，上面可并行多辆马车，内外两侧皆有女墙，图中所绘的正是这个情况。"[①]此说很有见地。因这种绘法跟《长安志图》卷上《城南名胜古迹图》中的"奉元城""汉古城"和"杜城"绘法一致。所以，以"双重之制"为中间驻有士兵的"两道城墙"的看法，很难令人信服。

若直接按字面理解，《长安志图》所谓"去宫城，又去外郭城"，保留下来的自然是皇城，又"重修子城"，就是重新修造子城，子城不是指城墙，而是指城内小城。这样就形成了内重子城、外重皇城的"内外二重"。

按照古代城郭营造理念，所谓"鲧筑城以卫君，造郭以居人"[②]，由此建造成多重城垣，"内为之城，城外为之郭"[③]。这一点有诸多史料记载和考古发现可兹佐证。例如汉代长安城，分为内外两重城垣。还有在十六国时期，各地纷纷修建两重或三重城垣的城郭[④]。至于唐长安城的三重城垣，正是这种城建思想的继承和体现。

根据辛德勇、吴宏岐等先生的研究：内重子城就是京兆府或佑国军所在的衙城[⑤]。得出这一结论的主要依据，是西安碑林博物馆藏金章宗明昌五年（公元1194年）《京兆府提学所帖碑》，碑文中提到金代京兆府城中的18条街名，其中有"子城厢正街"[⑥]。从名字推测，"子城厢"之名，应是继承自宋代京兆府城，含义就是京兆府衙署所处的子城。

据李好文《长安志图·奉元城图》显示，由韩建督修的新城延续而来的元代奉元路

---

① 吴宏岐：《论唐末五代长安城的形制和布局特点》，载《中国历史地理论丛》1999年第2辑，第148页。
② 〔宋〕李昉等：《太平御览》卷一九三《居处部二一》，王晓天、钟隆林校点，河北教育出版社，1994年，第808页。
③ 〔唐〕房玄龄注，〔明〕刘绩补注：《管子》卷一八《度地第五十七》，刘晓艺校点，上海古籍出版社，2015年，第371页。
④ 史念海、史先智：《论十六国和南北朝时期长安城中的小城、子城和皇城》，载《中国历史地理论丛》1997年第1辑，第1—13页。
⑤ 辛德勇：《有关唐末至明初西安城的几个基本问题》，载《陕西师大学报》（哲学社会科学版）1990年第1期，第26—27页；吴宏岐：《论唐末五代长安城的形制和布局特点》，载《中国历史地理论丛》1999年第2辑，第149—150页。
⑥ 〔清〕陆增祥：《八琼室金石补正》卷一二六《金四·京兆府提学所帖碑》，文物出版社，1985年，第886—894页；《西安碑林全集》卷二九《碑刻·京兆府提学所帖》，第2906—2931页；国家图书馆善本金石组：《辽金元石刻文献全编》，北京图书馆出版社，2003年，第55—57页。

城，正是内外双重之制，内城衙城的形态、规模、位置的描述清晰可辨，印证了衙城即子城的形态。衙城总体呈南北长、东西窄的长方形，为三进院落，最北侧的第三进院落的东侧为理问所，中间为陕西行中书省治所，西侧为飞云楼。最南侧第一进院落南墙正中为"奉元路门"。

问题在于第二进院落。在文渊阁《四库全书》所收《长安志图·奉元城图》中，第二进院落东西对称也各标一"门"①。吴宏岐先生等认为这是在"奉元路门"东西侧各开一门，意即第一进院落有东、中、西三门。而现存最早的明成化本《长安志图·奉元城图》则是在衙城第二进院落标注"明门"，武伯纶先生即认为此图为是②。但是，吴宏岐先生认为武伯纶先生将原图中的东侧繁体"門"字误读为"明"字，开门方向亦不明确。此则是吴宏岐先生之误，未看到明成化本《长安志图·奉元城图》，而误解了武伯纶先生。

目前尚无法确定文渊阁《四库全书》本《长安志图》与明成化本《长安志图》于此处标注文字，孰是孰非。好在不影响吴宏岐先生的分析：因为《奉元城图》中其他坊庙寺局等建筑设施，都没有与门有关的符号或文字注记，唯独此处标注"门"，这一情况正好说明了子城（衙城）的存在和独特结构③。

再检清嘉庆《咸宁县志》所载："其子城厢则为钟楼东西街以北地。"④认为子城厢街就是京兆府署南街，呈东西走向。韩建选择原来尚书省的位置，修建了"子城"的府衙，也就是现在西大街以北、原西安市政府大院以南、北院门大街以东、北大街以西这一区域，亦即不仅占有原唐长安皇城中的尚书省的东部，而且还包括了其北临的左骁卫和左武卫的旧址。

《京兆府提学所帖碑》还提到"南子院街"，所谓子院、子城，都是指院中小院、城中小城。唐末战乱频繁，各地州城为保护官长安全，都修筑府衙城墙。这一时期，各军事重镇中的衙城，别名为子城或牙城，"古者军行有牙，尊者所在。后人因以所治为衙，曰牙城，即衙城也"⑤。子城和牙城都是两重城垣之下的城制形式，比如徐州城墙有罗城、子城，"罗城，外大城也。子城，内小城也"⑥。又如兖州城有罗城、子城，

---

① 《长安志图》卷上《奉元城图》，第22—23页。
② 《西安历史述略》，第284页。
③ 吴宏岐：《论唐末五代长安城的形制和布局特点》，载《中国历史地理论丛》1999年第2辑，第153页。
④ 〔清〕陆耀遹、董祐诚等：嘉庆《咸宁县志》卷四《历代疆域水道城郭名胜图下·金京兆府城图》，凤凰出版社，2007年，影印民国二十五年（公元1936年）铅印本，第70页。
⑤ 《资治通鉴》卷二六六，后梁太祖开平元年正月，胡三省注，第8667页。
⑥ 《资治通鉴》卷二五一，唐懿宗咸通九年十月，第8127页。

《旧五代史》载："初，郡遣细人诈为鬻油者，觇究城内虚实及出入之所，视罗城下一水窦可以引众而入，遂志之。郡乃告师范，请步兵五百，宵自水窦衔枚而入，一夕而定，军城晏然，市民无扰。案《金华子》云：郡入据子城，甲兵精锐，城内人皆束手，莫敢旅拒。加以州将悍，人情不附，郡因而抚治，民皆安堵。"①以及潞州有子城②，越州、宣州、泽州、魏州、郓州等城都有牙城③。

特别值得注意的是，根据吴廷燮《唐方镇年表》的记载，在唐僖宗光启三年（公元887年）到唐昭宗天复元年（公元901年）之间，韩建任镇国军节度使，治所位于华州。而唐昭宗在乾宁三年（公元896年）七月，"驻跸华州，以衙城为行宫"④，显示当时华州就有衙城，从时间上来说，很有可能是韩建在任期间建造的。所以唐末韩建将长安城由三重城垣改为两重，以京兆府衙城为内重城垣，与当时的城郭建设理念和实际需要十分吻合。

所以子城即衙城，跟外层城垣共同构成了"内外二重"的城制，殆无可疑。

至于"外重"自然就是原来皇城，原来皇城东面北门延熹门、西面北门安福门、正南门朱雀门都被封闭。北门承天门改为玄武门。这样共开五座城门：北门玄武门，东门景风门，西门顺义门，南面西门含光门、东门安上门。

总之，韩建在重建京兆时，按照自己在华州修衙城的经验，结合毁弃后长安城的实际状况，修造京兆府衙城，即子城，与皇城形成"内外二重"。"内外二重"并不是指皇城和外郭城，也不是指皇城两道城墙在夹墙内驻兵的形制，而是指内重的衙城和外重的皇城。

二、城垣范围

既然韩建主持营造的新城是由唐长安城皇城旧基改建而成的，那么，新城城垣的范围和总体规模，应该与旧皇城一致。据《唐六典》《新唐书·地理志》《长安志》等文献记载，唐代的皇城也被称为子城，东西长5里115步，南北宽3里140步，周围17里150

---

① 《旧五代史》卷二三《刘郡传》，第308页。
② 《资治通鉴》卷二七二，后唐庄宗同光元年十二月，第9032页。
③ 《资治通鉴》卷二六〇，唐昭宗乾宁三年五月，第8608页；卷二六六，后梁太祖开平元年正月，第8787页；卷二六六，后梁太祖开平二年五月，第8815页；卷二六八，后梁太祖乾化二年七月，第8880页；卷二七二，后唐庄宗同光元年闰四月，第9007页。
④ 《旧唐书》卷二〇上《昭宗纪》，第759页。

步。按照《夏侯阳算经》引唐《杂令》中5尺为1步、360步为1里换算，且唐代常用1尺约合现代30.6厘米①，可知，唐皇城周长约为9593.1米。

现代考古实测唐皇城东西长2820.3米，南北宽1843.6米②，就平面结构来看，呈东西长、南北短的矩形结构。其周长9327.8米，建筑面积大约是5.2平方千米，约占整个长安城的1/16。所以其面积也就是原唐长安城的1/16，新城的城市规模较唐长安城而言，已大为缩减。

这正好与明末清初学者顾炎武的观点相互印证。顾炎武通过对比唐代与宋代以下朝代建筑，指出唐代建筑规模偏大，宋以后建筑规模越来越小："予见天下州之为唐旧治者，其城郭必皆宽广，街道必皆正直；廨舍之为唐旧创者，其基址必皆弘敞。宋以下所置，时弥近者制弥陋。"③

也就是说，从天祐元年（公元904年）三月到天祐三年（公元906年），韩建任佑国军节度使兼京兆尹大约历时两年，在缩小建筑规模的前提下，具备改筑新城的客观条件。

另外，韩建之所以能够完成重建新城的工程，还与他此前有重修太极宫的经验有关。早在唐昭宗乾宁二年（公元895年）七月，韩建受命修复被李茂贞破坏的宫室，"臣为陛下修营大内，结信诸侯，一二年间，必期兴复"④。乾宁三年（公元896年）九月，"以镇国军节度使韩建检校太尉，兼中书令，充修复宫阙、京畿制置、催促诸道纲运等使"，同年十一月，"以韩建兼领京兆尹、京城把截使"。⑤这一年，韩建负责督役辇运，"复治大明宫"⑥。实际上修复的是太极宫，工程持续了21个月，到光化元年（公元898年）八月，工程结束，唐昭宗回到长安。

韩建在城市建设方面的能力，还得到朱温的肯定。后梁开平二年（公元908年），韩建又被任命为"建昌宫使"⑦，督建洛阳宫阙，这也从侧面佐证了韩建具有修城的能力。

韩建废弃外郭城，也使新城城制发生变化：原来外郭城108坊，东属万年县（唐玄宗时改称咸宁，唐肃宗时改回），西属长安县，万年县县治在宣阳坊"东南

---

① 丘光明、邱隆、杨平：《中国科学技术史：度量衡卷》，科学出版社，2001年，第331页。
② 中国科学院考古研究所西安唐城发掘队：《唐代长安城考古纪略》，载《考古》1963年第11期，第598页。
③ 〔清〕顾炎武：《日知录》卷一二《馆舍》，严文儒、戴扬本校点，上海古籍出版社，2012年，第503页。
④ 《旧五代史》卷一五《韩建传》，第204页。
⑤ 《旧唐书》卷二〇上《昭宗纪》，第760页。
⑥ 《旧五代史》卷一五《韩建传》，第204页。
⑦ 《旧五代史》卷一五《韩建传》，第205页。

隅"①，在东市以西、皇城东南；长安县县治在"长寿坊西南隅"②，在西市以南、皇城西南。现在这两县该置于何处？

韩建将原在长安城外郭城内的长安、万年县衙署规划到新城之外，"东、西又有小城二，以为长安、咸宁县治所"③，推测就是原来宣阳坊、长寿坊坊墙的改建。这样一来，在新城南侧出现两座小城，就是长安、万年两县治所。那么，为什么长安、万年两县治所会被韩建移于新城之外？

目前主要有两种看法。第一种是武伯纶先生的观点，他认为，"因为城的范围缩小，所以长安、咸宁两县都留在了城外"④。第二种看法来自吴宏岐先生，他认为唐末新城的东西两侧筑造长安、万年小城，是出于军事防御上的考虑，"即将原来设置于唐长安城外城郭内长寿坊的长安县和宣阳坊的万年县分别移置到新城的东西两侧，并各建一座小城，作为长安、万年这两个县的治所。这样，唐末五代时期的京兆府城与长安、万年的县城就形成了母子城的独特结构形态，更增强了城市的防御能力"⑤。吴宏岐先生还举证"韩建出于防守上的需要，对原长安皇城的城门数量做了大幅调整，由原来的7座城门变成了5座城门"⑥。也就是说，韩建对于新城的军事防御体系有通盘的考虑，包括封闭城门、东西筑小城等。

对这两种看法，有学者提出质疑：首先，所谓唐末新城的面积过小，只是纵向比较原来唐长安城的面积而言，如果横向比较当时全国其他城市的面积，则未必过小，既然如此，其他府州附郭县应该也迁往城外，然而事实上并没有。其次，韩建是否有必要专门为军事防御而兴建东、西小城？也就是说，所谓"母子城"是否真的能起到增强军事防御的作用？⑦

上述质疑，或可商榷。对于第一个质疑，唐末其他城市没有经过像长安城这样的重建，没有从大到小的变化过程，自然就没有必要迁出。而且武伯纶先生所谓"城的范

---

① 〔清〕徐松撰，李健超增订：《增订唐两京城坊考》（修订版）卷三《西京·外郭城》，三秦出版社，2006年，第91页。
② 〔唐〕李吉甫撰：《元和郡县图志》卷一《关内道一·京兆府》，贺次君点校，中华书局，1983年，第4页。
③ 《长安志图》卷上，第20页。
④ 《西安历史述略》，第282页。按，武氏此处用一"留"字，似是误认为长安、咸宁二县的治所在改建时并未有迁移，只是因改建后长安城的范围内缩而留在城外。
⑤ 吴宏岐：《西安历史地理研究》，西安地图出版社，2006年，第296页。
⑥ 《西安历史地理研究》，第297页。
⑦ 宋亮：《城市与政区：元代附郭县相关问题研究》，陕西师范大学硕士学位论文，2018年，第10—12页。

围"，除了字面意义上的"地理面积"之外，还有"行政辖区"的意思。出于现实角度的考量，新城范围过小，长安、万年两处县廨若移入新城，就与各自辖区脱离了，以致无法实现有效治理。

至于第二个质疑，依然有牵强之嫌。因为在历史上"母子城"或类似的城市军事防御体系比比皆是，比如著名的襄阳、樊城，甚至在蒙金战争中，京兆、凤翔还构成了更大范围内的"母子城"。

故此，武伯纶、吴宏岐两位先生的看法，应该都是韩建在新城之外筑东、西小城（即长安、万年县治）的理由。严格来说，韩建修筑新城，实际上包含了新城、长安、万年三城。当然，一般意义上的唐以后五代、宋、金、元时期的西安，仅指新城。

韩建主持营造的新城城垣范围，在史籍中多有记载，在五代、宋、金、元时期变化不大。宋敏求在《长安志》中记道："天祐元年，昭宗东迁于洛，降为佑（按：原文作'祐'）国军。梁开平元年，改府曰大安。二年，改军曰永平。后唐同光元年，复为西京，府曰京兆。晋天福元年，改军曰晋昌……。汉乾祐元年，改军曰永兴，其府名皆仍旧，皇朝因之。"①仅及五代、宋时期西安城行政建制的变化情况，未记载韩建所筑新城的变迁。而《类编长安志》中也无五代新城修缮的记载。清康熙《陕西通志》、清雍正《陕西通志》也都认为宋、金、元时西安城的修建都是承袭韩建所筑的新城："天祐元年匡国军节度使韩建改筑，约其制谓之新城，宋金元皆因之。"②像清代毕沅《关中胜迹图志》等也承袭此说，所以普遍认为自韩建筑新城，直至元末，城垣规模并无明显变化。

实际上，宋、元两代都有修整城墙的记录。第一次是北宋时，宋仁宗庆历元年（公元1041年）六月，范雍"完永兴城"③。不过此举遭到朝廷反对。第二次在元代，元顺帝至正十一年（公元1351年），朵尔直班"乃修筑奉元城垒"④。据资料推测这些都只是修补城墙，而非延长城墙、拓展城区。

到明太祖洪武三年（公元1370年），明朝用8年时间，大规模整修、改造、扩建西安府城。按《明太祖实录》"洪武六年秋七月"条所载："陕西城池已役军士开拓东大

---

① 〔宋〕宋敏求：《长安志》卷一《总叙》，辛德勇、郎洁点校，三秦出版社，2013年，第122页。
② 〔清〕贾汉复：《陕西通志》卷五《城池·西安府》，康熙六年至七年（公元1667—1668年）刻本，第5册，第1页b；〔清〕刘于义：《陕西通志》卷一四《城池·西安府》，雍正十三年（公元1735年）刻本，第15册，第1页a。
③ 《宋史》卷二八八《范雍传》，第9679页。
④ 〔明〕宋濂等：《元史》卷一三九《朵儿直班传》，中华书局，1976年，第3359页。

城五百三十二丈,南接旧城四百三十六丈。今欲再拓北大城一千一百五十七丈七尺,而军力不足。西安之民耕获已毕,乞令助筑为便。中书省以闻。上命俟来年农隙兴筑,仍命中书考形势,规制为图以示之,使按图增筑,无令过制,以劳人力。"①由上可知明太祖洪武三年,在韩建所造新城基础上向东扩建,到洪武六年,再次向北拓展。

而清代西安城因袭的正是明代改筑后的西安府城,因此,清代西安城的范围要大过唐末韩建建造的新城。不过,与通常认为的明、清西安城垣范围不同,清嘉庆《咸宁县志》却认为清代西安城的范围跟韩建所建造的新城范围一致,也就是与五代、宋、金、元时代城垣一样:"按宋城即天祐元年韩建所筑,今城因之……。今城西南两面皆附唐皇城,而北不及宫城,东至尽皇城东第二街。显德二年《永兴军牒》在城寺院已有资圣寺(资圣寺在今通化坊,据《长安志》唐崇仁坊地),则天祐元年筑新城时已越皇城而东与今城无异。"②并且,这段记叙还认为早在天祐元年韩建修筑新城之时,城垣范围已经越过唐长安城皇城。

嘉庆《咸宁县志》认定"自宋以后,城制并同今城"的依据主要在于"显德二年《永兴军牒》在城寺院已有资圣寺",意思是:五代后周时的西安城中有资圣寺,而清代西安城东南隅通化坊——也就是"唐崇仁坊地"是如今资圣寺的所在,这表示清西安城东南隅通化坊就在五代后周时西安城范围内。

那么,五代西安城是否包括清西安城东南隅通化坊,也就是五代西安城与清西安城城垣范围是否重合?

查阅《长安志》等史料发现,五代、宋、金、元时期,西安城有两个资圣寺。第一个位于唐长安城崇仁坊,"坊东南隅资圣寺。(本太尉赵国公长孙无忌宅。龙朔三年,为文德皇后追福,立为尼寺。咸亨四年,改为僧寺。长安三年七月,火焚之,灰中得经数部,不损一字。百姓施舍,数日之间,所获巨万,遂营造如故)"③。唐长安城崇仁坊位于皇城东南门景风门外,也就是外郭城中。

第二个位于景风街南,"在景风街南。旧名兴国院,金国改资圣院"④。辛德勇先生通过反复论证后发现,五代后周时西安城中有开元寺,寺中有兴国院,到金、元时,

---

① 《钞本明实录》第一册《明太祖实录》卷八三"洪武六年七月",线装书局,2005年,第400页。
② 嘉庆《咸宁县志》卷四《历代疆域水道城郭名胜图下·宋京兆府城图》,第69—70页。
③ 《长安志》卷八《唐京城二》,第276页。
④ 《类编长安志》卷五《寺观·寺》,第134页。

兴国院改名为资圣院，别称为资圣寺。①景风街，也叫景风门街，就是唐长安城皇城东门景风门内东西走向的大街。无疑，此处资圣院位于皇城，也就是韩建所造新城之内。

资圣寺在外郭城，资圣院在皇城。那么，显德二年（公元955年）《永兴军牒》中的"资圣寺"，到底是指哪一个？对此，吴宏岐先生的观点是：显德二年《永兴军牒》中的"资圣寺"实乃位于原唐长安城皇城内的"资圣院"②，也就是位于韩建所筑新城之中。推测可能是韩建将原在外郭城的资圣寺匾额、佛像、经卷、僧众等迁入了皇城内开元寺，也就是一寺二匾。

由此说来，清嘉庆《咸宁县志》误将景风街由后周兴国院改名而来的"资圣院"认为是外郭城崇仁坊"资圣寺"，自然也就不能佐证韩建改筑新城与清代西安城城垣范围一样。

总之，清嘉庆《咸宁县志》的说法与其他众多史籍的记载相异，可以确定，到明初才再次对西安城进行大规模拓建，这才打造出了今天西安城墙的原型。除西、南两面仍然按照韩建新城规模外，北、东两面则向外拓展了约1/4。据康熙七年（公元1668年）《咸宁县志》载，其规模四至为"周四十里，高三丈，壕深二丈，阔八丈，门四，东长乐、西安定、南永宁、北安远"③。由此计算可知，唐末韩建所建新城，历经五代、宋、金、元各代，其规模不及明、清西安城的3/4。

所以，韩建缩城后的长安"新城"，在五代、宋、金、元460多年时间里，城垣规模既比唐代之时的长安城小，也不及明代以后西安城的规模。唐长安城昔日荣光一去不返。

三、建筑设施

唐长安城建筑宏伟壮丽，布局整齐，规制严谨，全城由内而外分为宫城、皇城、外郭城三个部分。皇城是唐朝政府各机构衙署所在地，有七门，南三门：含光门、朱雀门、安上门；东两门：景风门、延喜门；西两门：顺义门、安福门。皇城内东西向七条大街，南北向五条大街。

唐末韩建缩城时，封闭皇城五座城门是出于军事防御的考虑，像正南朱雀门，开

---

① 辛德勇：《宋金元时期西安城街巷名称考录》，见辛德勇：《古代交通与地理文献研究》，中华书局，1996年，第207—215页。
② 吴宏岐：《论唐末五代长安城的形制和布局特点》，载《中国历史地理论丛》1999年第2辑，第156页。
③〔清〕黄家鼎：《咸宁县志》卷二《建置·城池》，康熙七年（公元1668年）刻本，国家图书馆藏，第2册，第2a页；陕西师范大学地理系编：《西安市地理志》，陕西人民出版社，1988年，第263页。

五门，门宽40米，显然不利于派兵守卫。与此同时，封闭朱雀门，使得五代时期西安城的五个城门非对称开设，导致城内布局不太规整，也改变了唐长安城皇城原本的交通布局。

本来皇城的南北中轴线就是正南朱雀门到正北承天门（宫城南门），名为承天门街，也就是皇城内通向宫城的大街，即韩愈诗中所谓的"天街"："天街小雨润如酥，草色遥看近却无。最是一年春好处，绝胜烟柳满皇都。"①

承天门街、安上门街和含光门街这三条南北向的街道，均沿用原唐长安城皇城的旧街道，但已不如原来交通方便。封锁承天门街南口朱雀门使得中轴线的南段已经没有了意义，并且由于安上门街和含光门街的北端长乐门和永安门也未开启，城内南北方向的交通都受到了重大影响。

同时，因为原来的东、西二市已废，韩建根据《周礼》"南朝北市"的理念，选择在城北地区设置北市。而南面西门含光门仅保留一条门道，只有南面东门安上门能够通马车，商旅必须在进入东南安上门后，在东面景风门、西面顺义门之间的东西大街上转西，再折向北。

景风街可以追溯至唐长安城。皇城东门景风门与西门顺义门东西相对。景风门和顺义门之间的大街，东西贯穿全城，此街东段称景风街，西段在元代称指挥街，形成东西向的中轴线。景风门遗址在今西安炭市街口偏东位置，顺义门和今西安明城墙西门重合。景风街一直是唐长安城的重要街区。在景风门以内，街北由东往西是军器监、光禄寺、都水监，街南依次是左藏外库院、少府监等中央部门。

这样一来，韩建重修后的城内交通线路包括南北向的含光门街、安上门街、承天门街，东西向大街则有景风门、顺义门之间的景风街，还有景风街以南草场街和景风街以北的东西向大街，以及新城北墙内横街。此后，安上门逐渐成了入城的交通要道，以至于明代重修西安城，干脆以安上门为正南门，并改名为永宁门。也就是说，将唐长安城原本的中轴线生生向东移动，改以东南安上门为基准，且一直沿用到今天。

除了以上南北、东西大街，五代时西安城中还有一些普通街道，如菜市街、通城巷等②。这时街巷名称有一个明显的特点，即出现了与商业、市场有关的街名，如菜

---

① 〔唐〕韩愈：《韩愈全集》卷一二《早春呈水部张十八员外二首》，钱仲联、马茂元校点，上海古籍出版社，1997年，第113页。
② 《金石萃编》卷一二一《五代三·周·（后周广顺三年）广慈禅院残牒附后晋天福四年买地券》，第7页a—8页b。

市街。

今依据史念海先生主编的《西安历史地图集·五代新城图》①，参照《类编长安志》等史料，将五代时西安城内建筑设施通过列表显示如下：

表1-1 五代京兆城内建筑设施分布

位置	建筑设施名称	备注
承天门街东、安上门街西、景风街北	府衙、文庙、府学	
府衙以西，隔承天门街与府衙相对	樗里庙	又作"秦樗里公庙"
樗里庙以南，承天门街西	迎祥观	
樗里庙以北	真武庙	又作"北极真武庙"，金代改玉虚观
真武庙以北	北市	
景风街南、草场街北	开元寺、兴国院	兴国院，《西安历史地图集》作"资圣院"，实为金代改名
景风街北	仁王院	
草场街南	太庙院、香城寺、菜市、草场、现圣侯庙	
草场街南、承天门街东、安上门街西	天宁寺、杜岐公庙	天宁寺，《西安历史地图集》作"天宁观" 杜岐公庙，《西安历史地图集》作"杜祁公庙"
含光门街西、城西南隅	大社坛	
含光门街西、城西北隅	秦川驿	

除了上表中所列建筑，史念海先生在《西安历史地图集》中还提到府库、凉榭、胜果寺、西台尼寺、经塔院、清凉建福禅院等无法确定位置的建筑。考虑到天祐元年（公元904年）朱温下令拆毁唐长安城，可以认为皇城中原有唐代建筑基本无存，故史念海先生认为："唐代建筑保存下来的只有大雁塔和小雁塔等。"②意即以上建筑皆为韩建或五代时新建。

韩建重修新城时，或改建原唐代建筑，如："太平兴国寺。在府东街。《旧图经》曰：'本唐紫微宫，天祐初为寺。'按《西京记》：'承天门南为皇城，乃左右春坊

---

① 史念海主编：《西安历史地图集》，西安地图出版社，1996年，第108页。
② 《西安历史地图集》，第109页。

与东宫重明门之地。'"① 只是"太平兴国寺"当为北宋时寺名,唐末五代时当另有寺名。

或将城外部分建筑移入城内新建,如杜佑祠,宋敏求《长安志》称之为"唐杜相公祠",建于唐懿宗咸通六年(公元865年),"在古城启夏门内道东,去县八里"②。骆天骧《类编长安志》则云"杜祁公庙",建于咸通八年(公元867年),原来在启夏门外的外郭城中,韩建将其迁至安上门街西,"今人呼为嵇康庙"③。此处记载有误,唐杜佑受封"岐国公",非"祁国公"。

还有现圣侯庙,当为"显圣侯",唐代避中宗李显讳,改"显"为"现"。原本在唐长安城外郭城东门春明门外,韩建将其移至新城东南隅,元代呼为太白庙。

确定是五代时所建者,有香城寺,为五代后晋思远禅师所建,后周显德年间(公元954—959年),赐额"广福禅院"。依《京兆府香城善感禅院新井记》所载,到宋仁宗之时,赐名为"善感",因而改名为善感禅院,但是当时人仍然称之为"香城"④。元代毁于火灾。

问题是还有部分唐代建筑,如迎祥观,创建于唐景龙二年(公元708年),原名景龙观。开元二十九年(公元741年),迎终南山老子像于此,因而改名迎祥观。宋代沿袭,到元朝改名为灵应宫,明朝改回迎祥观⑤。以及仁王院,本为荐福寺下院,到元代,只存《临坛大戒荐福寺德律师碑》。这些建筑是否为韩建或五代时重建?还是其仅剩残垣遗址,保留着旧名?史书并无确载。像开元寺,据元仁宗延祐六年(公元1319年)刻《大开元寺兴致》碑文所载,唐玄宗开元二十八年(公元740年)(又说当为开元二十六年),唐玄宗与胜光法师在延庆殿对论"佛恩",唐玄宗深受触动,"乃誓为佛之弟子,可于天下之州府各置开元寺一所"⑥。宋太祖建隆四年(公元963年,当年十一月改元乾德),中书令王彦超重修开元寺,位置在今西安市东大街。金末战乱摧毁大半建筑,"至元辛卯"⑦,即元世祖至元二十八年(公元1291年)重建。所以严格来说,开元寺在五代时应该只有遗址,到北宋初年才得以重建。类似的情况还有真武庙、

---

① 《长安志》卷一一《县一·万年》,第372—373页。
② 《长安志》卷一一《县一·万年》,第373页。
③ 《类编长安志》卷五《庙祠·庙》,第150页。
④ 《西安碑林全集》卷二八《碑刻·善感院新井记》,第2812—2813页。
⑤ 〔清〕毕沅:《关中胜迹图志》卷七《西安府·古迹·寺观》,张沛校点,三秦出版社,2004年,第250页。
⑥ 《西安碑林全集》卷三〇《碑刻·善感院新井记》,第3003页。
⑦ 《类编长安志》卷五《寺观·寺》,第132页。

榑里庙、天宁寺等唐代建筑，此处不再一一列举。

吴宏岐先生分析《西安历史地图集·元奉元路城图》，指出五代时西安城中北部、东南部分布的建筑设施最多，这种布局造成明代向东部、北部扩建城区。[①]此说有一定道理，但是尚未回答一个关键问题：为什么五代时西安新城建筑设施会集中于中北部、东南部？

如果不考虑西安新城中府库、凉榭等尚未确定位置的建筑，那么，可以推想应该有两点原因促成西安新城的中北部、东南部发展较快：

一是韩建"重修子城"即衙城位于承天门街东，无疑这里就是西安新城的中心，人口、物资自然会逐渐向这里集中。

二是西安新城南面只有东门安上门能通车，大型建筑材料都要从此经过，相对来说西安新城西部距离较远，自然发展较慢。

[①] 吴宏岐：《论唐末五代长安城的形制和布局特点》，载《中国历史地理论丛》1999年第2辑，第159页。

第二章 五代京兆府建制沿革与社会发展

与唐代相比，五代时期京兆城城市发展的最大特征是打破了坊墙制度，商业市场与居民区加快融合。五代时京兆城内有北市、菜市、草场三个商业市场。经过此后宋、金、元各代发展，西安城的人口、商业、手工业及其相关建筑设施，一方面在王朝更迭之际因为战乱破坏而出现短暂萧条，另一方面也在王朝统治稳定后得以恢复并渐趋繁荣。

从五代后梁开始，西安失去了都城的地位，进而使其行政地位、辖区面积、基层单位数量都较唐代大为减少。而且，由于岐王李茂贞、前蜀王建、晋王李克用父子等势力与后梁对峙，西安及其周边地区战乱频发。到五代后汉时，这里又爆发大规模藩镇叛乱。动荡的局势使得人口急剧减少，社会生产生活遭受重创，形成恶性循环。

简单来说，五代时期非但没有扭转唐末以来西安地区政治、经济、文化各方面呈现出来的倒退趋势，反而使得破坏政治稳定、经济活跃、文化繁荣的不利因素有增无减，毫无疑问，这是西安城市历史进程中的低谷时期。

第一节
五代京兆府建制沿革

一、五代京兆府建制与辖区

随着唐朝覆亡，后梁开平元年（公元907年）四月，朱温在毁弃了唐长安城之后，还褫夺了长安的首都之号，将其从京兆府降格为大安府，以长安县为大安县、万年县为大年县。嗣后，又将京兆府节镇佑国军改为永平军。

据北宋宋敏求《长安志》载，佑国军改名永平军的时间，是在后梁开平二年（公元908年）："梁开平元年，改府曰大安。二年，改军曰永平。后唐同光元年，复为西京，府曰京兆。"①元代骆天骧《类编长安志》亦记为："梁开平元年，改府曰大安。二年，改军曰永平。"②此说恐误，检《旧五代史·刘鄩传》所载，开平三年（公元909年）夏，后梁太祖朱温命刘鄩讨伐刘知俊，"太祖以鄩为佑国、同州军两使留后，寻改佑国军为永平军，以鄩为节度使、检校司徒，行大安尹、金州管内观察使"③。而刘知俊背叛后梁，时在"六月庚戌……是月，知俊奔凤翔"④。综上可知，佑国军改名永平军，当在开平三年七月⑤。

后梁末帝龙德三年、后唐庄宗同光元年（公元923年），占据山西地区的晋王李克用之子李存勖称帝，建立后唐。十月，攻灭后梁，定都洛阳。十一月，废永平军，复以大安府为西京京兆府，大安县改回长安县，大年县改回万年县。

---

① 《长安志》卷一《总叙》，第122页。
② 《类编长安志》卷一《杂著·总叙》，第3页。
③ 《旧五代史》卷二三《刘鄩传》，第309—310页。
④ 《旧五代史》卷四《后梁太祖纪》，第69—70页。
⑤ 《西安历史地图集·五代新城图》："开平三年（公元909年）七月七日，改佑国军为永平军。"第109页。

后晋天福三年（公元938年）十月，在京兆府设置晋昌军。关于京兆府设置晋昌军的时间，宋敏求《长安志》、骆天骧《类编长安志》皆记为"晋天福元年，改军曰晋昌"①。然而，《旧五代史》记此事发生在天福三年十月庚辰，后晋高祖石敬瑭升汴州为东京开封府，改原东都洛阳为西京，改原西京京兆府为晋昌军，"其雍京改为晋昌军，留守改为节度观察使，依旧为京兆府，列在七府之上"②。此说当是，宋敏求《长安志》、骆天骧《类编长安志》所载不确。

后汉乾祐元年（公元948年）三月十七日，改晋昌军为永兴军。后周建立后，沿用永兴军之名。至此，五代时期西安先后出现了佑国军、永平军、晋昌军、永兴军四个军号。

从唐代京兆府到后梁大安府，再到后唐、后晋、后汉、后周京兆府，在名称变化的同时，辖县数量及辖境也发生了一系列变动。据《旧唐书·地理志》载，唐代京兆府"天宝领县二十三"③，即万年、长安、蓝田、渭南、昭应、三原、富平、栎阳、咸阳、高陵、泾阳、醴泉、云阳、兴平、鄠县、武功、好畤、盩厔（今作周至）、奉先、奉天、华原、美原、同官。另外一度将商州安业县改名乾元县，隶京兆，后又划回。

经过唐末、五代政区调整，相继有九县被划出，包括：华原、富平、三原、云阳、同官、美原六县归耀州，奉天归乾州，渭南归华州，盩厔先归乾州后归凤翔府。还有武功、醴泉、好畤三县被割出，又划回京兆。

据李晓杰先生《中国行政区划通史·五代十国卷》总结，在五代后梁建立时，开平元年（公元907年），大安府辖境范围缩小为大安、万年、昭应、渭南、蓝田、鄠县、兴平、咸阳、泾阳、云阳、三原、高陵、富平、同官、栎阳、奉先共16县。到五代后周显德六年（公元959年），京兆府领有长安、万年、昭应、蓝田、鄠县、兴平、咸阳、泾阳、高陵、栎阳、奉先、武功、醴泉、好畤、乾祐（后汉时乾元县改名划入）共15县。

其中，属于今西安市区县范围内的有长安（大安）、万年（大年）、昭应、蓝田、高陵、栎阳、鄠县、盩厔八县。除盩厔外，一直属于京兆府辖区。只不过在唐末五代的战祸中，西安及周边地区沦为战场，人口数量大幅下降，其所辖地方基层组织也随之减少。统计宋敏求《长安志》所载，五代时京兆府以上八县共有51乡，较唐代时所辖218

---

① 《长安志》卷一《总叙》，第122页；《类编长安志》卷一《杂著·总叙》，第3页。
② 《旧五代史》卷七七《后晋高祖纪》，第1020页；《西安历史地图集·五代新城图》，第108页。
③ 《旧唐书》卷三八《地理志》，第1396页。

乡大幅减少（见表2-1）：

表2-1　五代京兆府各县辖乡

县名	乡名
万年（大年）	洪固、龙首、薄陵、东陵、少陵、白鹿、苑东
长安（大安）	义阳、同洛、丰邑、善政、苑西、华林
高陵	仁义、奉君、闰国、修真、上原
昭应	旌儒、润渭、会德
鄠县	扈亭、黄阳、太平、珍藏、宜善
蓝田	奉道、玉山、卢珍、白鹿
盩厔	望仙、书台、永泉、仙檀、五柞、长城、仙果、神就、睦教、凤泉、阳化、丰邑、仙游、迁善、长阳、司竹、□□
栎阳	清州、五陵、永丰、宁远

二、五代京兆府地方长官及其事迹

唐昭宗于天祐元年（公元904年）从上都京兆府迁都河南府（今河南洛阳）后，在京兆府置佑国军节镇①。韩建出任佑国军节度使、京兆尹，成为京兆地区最高军政长官。

韩建在任期间，最重要的贡献在于"重修子城"（即衙城），在原唐长安城皇城基础上重修长安"新城"，并将长安、万年县治置于城外，形成三城并立的布局，奠定了此后460余年西安城的基本样貌。

除了筑城，韩建还将原唐长安城外郭城中的寺庙、石碑、古迹搬入新城。受限于史料，无法确知实际搬迁情况，推测除了正常搬迁重建外，可能也包括仅仅将外郭城中寺庙匾额放置于新城城内寺庙，出现了类似于一寺两名的特殊现象。

唐哀帝天祐三年（公元906年）六月，韩建与平卢军节度使王重师互换节镇，王重师成为新一任佑国军节度使、京兆尹。韩建则来到青州（今山东潍坊青州），任淄青节度使。此后其部将张厚叛乱，韩建被杀害于府衙之中，时年58岁。

---

① 朱玉龙编著：《五代十国方镇年表》，中华书局，1997年，第13—22页。

后梁太祖开平元年（公元907年）四月，改京兆府为大安府，故王重师又成为佑国军节度使、大安府尹。他就此成为五代、宋、金、元时期西安地区第一任地方长官。

王重师是颍州长社（今河南许昌）人，体力过人，沉默大度，处置事务随机应变，擅长挥剑舞槊，是名冠一时的名将。他追随朱温20余年，转战山东、河南、河北等地，深得军心，战功卓著。王重师被授予佑国军节度使的同时，还被加授同中书门下平章事，这显示出后梁朝廷对关中地区的重视。

王重师在大安府期间，"数年治戎恤民，颇有威惠"①。王重师是否继续修筑长安"新城"，史籍阙载。因为凤翔李茂贞、前蜀王建与后梁交恶，在开平二年（公元908年）、三年（公元909年），双方多次交战。

时至后梁太祖开平三年五月，"佑国节度使王重师镇长安数年，帝在河中，怒其贡奉不时；己巳，召重师入朝，以左龙虎统军刘捍为佑国留后"②。所谓"贡奉不时"，可能是由于大安府此时人户不足，赋税有限。最关键的问题是王重师统兵征战，声望过高，引起后梁太祖朱温（即位后改名晃）的疑忌。"开平中，（王重师）为刘捍所构，太祖深疑之，然未有以发其事。"③

刘捍是朱温的近臣，"捍便习宾赞，善于将迎，自司宾局及征讨四出，必预其间，虽无决战争锋之绩，而承命奔走，数扬命令，勤干莅职，以至崇显焉"④。据《资治通鉴》载："刘捍至长安，王重师不为礼，捍潜之于帝，云重师潜与邠、岐通。甲申，贬重师溪州刺史，寻赐自尽，夷其族。"⑤刘捍举报王重师与李茂贞私下往来，究竟是因为王重师与刘捍的矛盾，还是刘捍秉承朱温的意思，已经无从得知。王重师蒙冤被贬，不久便被赐死。

刘捍接替他出任佑国军节度使留后。所谓节度使留后原本是唐代遥领节度使而不到节镇赴任时的官名，后来被藩镇私自设立，成为正式任命节度使前的过渡官职。刘捍就此成为大安府第二任地方长官。

此时，身在同州（今陕西渭南大荔）的匡国军节度使刘知俊亦为后梁大将，与王重

---

① 《旧五代史》卷一九《王重师传》，第258页。
② 《资治通鉴》卷二六七，后梁太祖开平三年五月，第8709页。
③ 《旧五代史》卷一九《王重师传》，第258页。
④ 《旧五代史》卷二〇《刘捍传》，第272页。
⑤ 《资治通鉴》卷二六七，后梁太祖开平三年五月，第8710页。

师并肩作战，"知俊功益高，太祖性多猜忌，屡杀诸将，王重师无罪见杀，知俊益惧，不自安"①。朱温召刘知俊入朝，刘知俊心中疑惧，便向凤翔李茂贞投降，暗中买通刘捍部将，抓捕刘捍，押送凤翔，刘捍随即被处死。刘知俊进驻大安府。

朱温获知刘知俊叛变，派遣大将杨师厚、刘鄩、牛存节等进攻关中，刘鄩攻破大安府。刘知俊投奔李茂贞。值得注意的是，刘知俊并未在大安府与刘鄩决战，推测可能是因为大安府城防设施不完备。

后梁太祖开平三年（公元909年）六月，朱温下诏改佑国军为永平军，刘鄩出任永平军节度使、大安尹②，职责未变。当时，凤翔李茂贞威胁大安，军事形势紧张。刘鄩的幕僚尹玉羽建议，将原唐长安城外郭城务本坊的《开成石经》迁入新城。"鄩方备岐军之侵轶，谓此非急务。"③尹玉羽说敌军接近大安府城，可能将石碑砸碎，作为炮石攻城。于是刘鄩才同意将《开成石经》移入城内，这是对西安历史文化极其重要的贡献。

与王重师、刘知俊不同，刘鄩深受后梁朝廷信任，"是时，西鄙未宁，密迩寇境，鄩练兵抚众，独当一面"④。事实上，他既是后梁国土西陲重镇大安府的地方长官，也是后梁军抵御凤翔李茂贞、前蜀王建的前线军事主帅。

刘鄩在大安府主政直到后梁末帝乾化四年（公元914年），二月，康怀英接替刘鄩出任永平军节度使、大安尹。四月，刘鄩奉诏入朝，任开封尹。

康怀英是后梁勇将，朱温称赞他："卿位居上将，勇冠三军，向来破敌摧锋，动无遗悔。"⑤康怀英原名康怀贞，为避后梁末帝讳而改名怀英。康怀英曾经大败于刘知俊，不过此时凤翔李茂贞和前蜀王建交恶，所以大安府反倒相对安定。康怀英在任期间，"家财甚厚"⑥，无甚突出功绩。

后梁末帝贞明四年（公元918年），康怀英卒于任上。六月，张筠接任。张筠出身于商贾之家，早年以"言貌辩秀"受到朱温任用，并非建功疆场的武将，甚至在面对晋王李存勖进攻时，弃城不战而退，与王重师、刘鄩、康怀英截然不同。

张筠到任后，霸占了康怀英的家产，又盗掘原唐长安城宫城地下埋藏的金银，"复

---

① 《新五代史》卷四四《刘知俊传》，第480页。
② 《旧五代史》卷二三《刘鄩传》，第310页。
③ 《西安碑林全集》卷二八《碑刻·新移石经记》，第2823—2824页。
④ 《旧五代史》卷二三《刘鄩传》，第310页。
⑤ 《旧五代史》卷二三《康怀英传》，第316页。
⑥ 《旧五代史》卷九〇《张筠传》，第1182页。

于大内掘地，继获金玉"①。当时耀州藩镇温韬盗掘唐陵，有泾阳镇将侯莫威跟随温韬作案。张筠以温韬叛降李茂贞为借口，杀掉侯莫威，籍没其家产，获利巨万。

不过，张筠对待百姓十分宽和，出行遇到贫民则分给衣食，"境内除省赋外，未尝聚敛，遂致百姓不挠，十年小康，秦民怀惠，呼为'佛子'"②。此处"十年小康"并非确指，张筠在后梁末帝贞明四年（公元918年）到任，在后唐庄宗同光元年（后梁龙德三年，公元923年）归顺后唐，改任西都留守、京兆尹。到同光三年（公元925年）随李继岌、郭崇韬伐蜀。

后唐庄宗同光四年（公元926年，当年四月，后唐明宗李嗣源称帝，改元天成）四月，国灭投降的前蜀后主王衍在京兆秦川驿被杀，张筠乘机霸占王衍财货，私藏于京兆家中。

张筠随军南下后依然保留西京留守的官职，其弟张镆权知西京留守事，处理京兆府政务，不过很快被调往沂州。接着后唐朝廷任命张遵诲出任西京副留守、知留守事。所以，在张筠之后，张遵诲才是京兆地方长官。

到后唐明宗天成二年（公元927年），张筠再次被任命为西京留守。不过，当张筠从兴元府（今陕西汉中）北上抵达京兆后，张遵诲拒绝放其入城。实际上后唐朝廷是以调动为借口，变相处罚张筠。张筠只能转往洛阳，就此赋闲。在后晋高祖天福二年（公元937年），张筠上书请求归居京兆，显示出他在京兆之地依然置有产业。

在凤翔、前蜀相继归顺后唐后，后唐的西部威胁消失，京兆的战略地位和作用下降。张遵诲始终未获封节度使。后唐明宗天成四年（公元929年），张遵诲入朝，索自通接替。

此后，索自通、王思同、李从珂相继出任西京留守。后唐明宗长兴元年（公元930年），相继发生杨彦温占据河中府驱逐李从珂，孟知祥、董璋在两川起兵叛乱等事件，索自通、王思同都曾率军出战，至于其在京兆城内的政务举措却未见记述。

后唐明宗长兴二年（公元931年）六月，李从珂任西京留守、京兆尹。后唐明宗长兴三年（公元932年）七月，李从珂转任凤翔节度使。王思同复职。到后唐闵帝应顺元年（公元934年，当年四月李从珂继位，改元清泰），李从珂在凤翔起兵，宣布清君

---

① 《旧五代史》卷九〇《张筠传》，第1182页。
② 《旧五代史》卷九〇《张筠传》，第1182页。

侧，讨伐朝中奸佞。王思同受命率军进攻凤翔，不过王思同部将被李从珂策反，王思同被擒杀。

后唐末帝清泰元年（公元934年）五月，安重霸接任西京留守。当时京兆有个习俗，地方官设酒食招待治下百姓，讨借财物，称作"捣蒜"。安重霸来京兆也这样做，被京兆百姓称为"捣蒜老"①。到清泰二年（公元935年）二月，李周接任。李周，字通理，"所至无苛政，人皆乐之"②。虽然经历了石敬瑭起兵称帝的朝政动荡，但李周在京兆一直留任到后晋高祖天福三年（公元938年）。当年十月，改西京留守为晋昌军节度使，以安审琦为晋昌军节度使、京兆尹。安审琦为沙陀人，治理地方"严而不残，威而不暴"③，在京兆任职到后晋高祖天福七年（公元942年）三月。六月，对后晋建立有大功的桑维翰出任晋昌军节度使。不到一年，后晋出帝天福八年（公元943年）三月，桑维翰入朝，很快取得朝政大权。

接替桑维翰任职京兆的是赵莹。当时京兆发生蝗灾，赵莹规定辖区内居民捕捉一斗蝗虫，发给粟米一斗，使京兆饥民获得救济。后晋出帝开运元年（公元944年）四月，赵莹调往华州，"以谨厚见称"的安彦威接任晋昌军节度使，"岁饥，彦威开仓廪赈饥，有犯法者皆宽贷。民免于流散，彦威之力也"④。

由于与契丹关系恶化，后晋出帝开运三年（公元946年）正月，调安彦威北上，赵在礼接任。赵在礼热衷敛财，在宋州（今河南商丘）时所为不法，百姓深受其苦，奉调京兆后，宋州百姓称"眼中拔钉子"，赵在礼大怒，强留宋州一年，征收"拔钉钱"百万。"在礼历十余镇，善治生殖货，积财巨万，两京及所莅藩镇，皆邸店罗列。"⑤赵在礼敛财所得，或用于行贿结交，或用于崇信佛教。他到任后京兆百姓自然也要受其盘剥。当年十二月，契丹耶律德光攻入后晋京城开封，后晋出帝投降。接着，德光改命张彦超为晋昌军节度使，召赵在礼入朝。赵在礼心中忧惧，在途中自缢。

下一年二月，刘知远称帝，改当年为天福十二年（公元947年）。在契丹北撤后，六月，刘知远进入开封，建立后汉。晋昌军节度使张彦超归顺后汉，调往鄜州。七月，

---

① 《旧五代史》卷六一《安重霸传》，第820页。
② 《旧五代史》卷九一《李周传》，第1204页。
③ 《旧五代史》卷一二三《安审琦传》，第1615页。
④ 《旧五代史》卷九一《安彦威传》，第1210页。
⑤ 《旧五代史》卷九〇《赵在礼传》，第1178页。

以赵匡赞接替。赵匡赞在京兆期间，发生一系列战乱，最终导致赵思绾占据京兆作乱（详见于后文，此处从略）。后汉隐帝乾祐元年（公元948年）三月，改晋昌军为永兴军，刘铢、王守恩、郭从义相继被任命为永兴军节度使，不过只有郭从义在后汉隐帝乾祐二年（公元949年）七月讨平赵思绾后真正进入京兆就职。

此后，郭威称帝，后周建立。在后周太祖广顺元年（公元951年）八月，李洪信接替郭从义。经过赵思绾之乱后，京兆城中居民万余人，"而本城军不满千"①。李洪信是后汉宗室亲眷，对后周君臣心怀忧惧。后周太祖广顺二年（公元952年），后周大将王峻突然加派禁军千余人屯驻京兆。李洪信不敢久待，自请入朝。三月，以翟光邺权知永兴军府事。十月，翟光邺病卒，袁鏖接任。

到后周太祖显德元年（公元954年）正月，袁鏊奉调延州（今陕西延安），王仁镐出任永兴军节度使。王仁镐治理地方多有仁政，不过他在京兆只有半年时间。当年七月，刘词任永兴军节度使、京兆尹。后周世宗显德二年（公元955年）十二月，刘词卒。过了六个月，后周显德三年（公元956年）六月，王彦超就任永兴军节度使，这是王彦超第一次出镇京兆，到后周世宗显德六年（公元959年）六月离任。八月，李洪义接任。数月后，禁军大将赵匡胤在开封建立了新的北宋王朝。

三、五代京兆府城附郭县设置

"附郭"，也作"倚郭"，是中国古代行政区划专门用语，指县衙与其上级州、府、省等治所衙署同处于一城之内，也可以理解为府、州、省等治所没有独立的城池，而是在所辖某县城中设立衙署。附郭县就是与上级政府同处一城的县，附郭县与上级州、府等对该城及其周边区域进行共治，又在一定程度上呈现出上级州、府将该城从附郭县辖区中切割出去的状态。附郭县的辖区，可能与上级州、府辖区重合，也可能与上级州、府辖区平行。当然，上级州、府与附郭县不完全以城壁为界，距离城池较近的城外区域，往往作为上级州、府辖区的延伸，而不是附郭县辖区。

典型者如唐代长安城"一城四用"，既是首都，也是周边23个县的上级政府京兆府治所，而在这23县之中的长安、万年2县，以长安城内南北向朱雀大街为界，大街以

---

① 《旧五代史》卷一三〇《王峻传》，第1713页。

东54坊属长安县，大街以西54坊属万年县。长安城同时作为京兆府、长安县、万年县3个地方行政区划的治所——当然，还是唐朝的"治所"即首都——这种状况就称为"附郭"，长安县和万年县就是"附郭县"。

在隋唐以前，秦代设内史管辖关中地区40余县。汉代分为左、右内史，又设主爵中尉，到汉武帝时改为京兆尹、左冯翊、右扶风，形成"三辅"之制，衙署都在长安城中，不过其辖区涵盖关中地区，可以认为是特殊形式的附郭，当然，并不是附郭县。

中国历史上的附郭县一直存在到清朝灭亡。民国时期，废除清代的府，原附郭县辖区，或者改设为"市"或"地区"，或者成为新设"市"或"地区"的下辖县。也就是民国以后，附郭县辖区被分割出来，原来附郭的部分（也就是城壁以内及其近郊）改设为市或地区，非附郭的附郭县辖区依然为县。

比如在1913年，民国政府改清朝西安府为关中道，下辖长安等关中地区41个县。1914年，将附郭县咸宁、长安合并为长安县。1927年，从长安县中分出长安城及其近郊区域，设立西安市。1930年，撤销西安市，归入长安县。1933年恢复西安市。此后还有撤销和恢复，但是从西汉开始的左冯翊、右扶风同处长安一城的局面被彻底改变。

在历史上，先有长安县，后有汉长安城。刘邦称帝建汉后，依旧都栎阳。到汉高帝五年（公元前202年），于原秦朝杜县渭水南岸长安乡置长安县，定为国都。最初只建成长乐宫、未央宫，没有城墙。汉高帝七年（公元前200年），自栎阳迁都长安城，到汉惠帝时开始修筑城墙，"高祖七年都此，自是置城邑，其后营缮益广"①。经过考古勘测，城池面积约为36平方公里②，此外，还有小城、外城。王莽篡汉后，更名"常安"，东汉时恢复旧名长安。到东汉末年，董卓部将李傕等作乱，"围长安。城峻不可攻"③，显示出城墙规模之巨。汉长安城毁于南北朝时战乱，到北魏太武帝延和三年（公元434年），重修小城。此后，到隋朝建立，兴建新都大兴城，汉长安城被废。

至于万年县，迟至南北朝北周明帝二年（公元558年）才出现，系从长安县中分离出来。

---

① 〔清〕顾祖禹：《读史方舆纪要》卷五三《陕西二·西安府上》，贺次君、施和金点校，中华书局，2005年，第2515页。
② 董鸿闻、刘起鹤、周建勋等：《汉长安城遗址测绘研究获得的新信息》，载《考古与文物》2000年第5期，第39页。
③ 〔南朝宋〕刘晔撰，〔唐〕李贤等注：《后汉书》卷七二《董卓传》，中华书局，1965年，第2333页。

问题是，无法确定在两汉、魏晋南北朝时期，长安县、万年县衙署是否在长安城中。据《周书》所载，北周明帝二年（公元558年）："分长安为万年县，并治京城。"①意为长安县、万年县共同治理长安城及其周边地区。而《北史》则记为："分长安为万年县，并居京城。"②意为长安县、万年县衙署都在长安城中。那么，"并治京城"和"并居京城"，当以哪条记载为准？

一般认为，《北史》成书于《周书》之后，系参考《周书》等史料编纂而成，当以《周书》记载更早。另外，《北史》所谓"并居京城"，有长安县治已然在京城之中的含义，但是，长安县治在什么时代迁入长安城中？史籍依然阙载。所以，更为稳妥的结论，应该以《周书》记载可信，即目前只能认为在北周明帝时，从长安县中分出万年县，共治长安城，但尚不能确定两县为长安城的附郭县。

隋朝修筑新都大兴城之后，将长安、万年两县衙署迁入城中，正式成为附郭县。长安县在隋唐两代未更名，县治位于长寿坊。唐高宗乾封元年（公元666年），分出乾封县，县治位于怀直坊，为唐长安城又一附郭县。到武则天长安三年（公元703年），与长安县重新合并，直到唐长安城被毁弃。后梁太祖开平元年（公元907年），改长安县为大安县，在韩建所筑新城西侧小城内设置衙署。后唐庄宗同光元年（公元923年），又改回长安县，以后历代一直沿袭长安县之名未变。

长安县辖区较为稳定，主要的变化体现在金朝中后期录事司与长安县等并列，主管京兆城内公务，可以看成是长安县辖区部分缩减。到元世祖忽必烈至元年间（公元1264—1294年），正式将城内范围定为录事司辖区。

万年县名称、辖区变化相较长安县更为频繁。先是在隋代改名大兴县，唐朝时改回万年县，衙署设在宣阳坊。同样在唐高宗乾封元年，分置明堂县，治所设在永乐坊。武则天长安三年（公元703年），与万年县合并。唐玄宗天宝七载（公元748年），改名咸宁县。咸宁与长安在词义上形成对称。唐肃宗乾元元年（公元758年），恢复万年县之名。

朱温篡唐后，五代后梁太祖开平元年（公元907年），改名大年，衙署迁入新城东侧小城，与长安县分居新城两侧。在后唐庄宗攻灭后梁之后，改回万年县之名。此后沿

---

① 〔唐〕令狐德棻等：《周书》卷四《明帝纪》，中华书局，1971年，第55页。
② 〔唐〕李延寿：《北史》卷九《周世宗纪》，中华书局，1974年，第335页。

用200多年，到北宋徽宗宣和七年（公元1125年），更名为樊川县。到宋高宗绍兴十六年（金熙宗皇统六年，公元1146年），南宋割让金州丰阳县、洋州乾祐县给金朝，金熙宗将乾祐县并入樊川县，县辖区扩大。金世宗大定二十一年（公元1181年），再次改名为咸宁县。元世祖忽必烈至元年间（公元1264—1294年），城内公务划归录事司，咸宁县、长安县、录事司并列。

如前所述，五代、北宋时期，长安县和万年县（北宋末为樊川县）除了各自辖区，还对京兆府城民政分而治之，其中，北宋时设厢界、厢巡等机构，负责城内防火治安。到了金代，设置录事司，其职能从刑狱治安扩大到民政，到金代中后期至元代，城内民政属录事司，城外归长安县、咸宁县[①]。至于城外辖区，沿袭的是唐代制度，县下设乡，在乡之下，根据承担徭役的状况，或者设村、里，或者设坊，或者设保。目前认为，像宋代乡村基层机构里、村等，以及元代的社，更多体现为一种职役，不是行政区划，不能按照现代行政村的概念予以理解[②]。

[①] 关于北宋、金、元时期厢巡、录事司等城市管理机构的职责，详见第四章"北宋京兆府城城市管理"、第七章"金代京兆府城布局、城市管理及社会发展"、第九章"元代奉元路城市管理"。
[②] 刁培俊：《20世纪宋朝职役制度研究的回顾与展望》，载《宋史研究通讯》2004年第1期，第14页；谭景玉：《宋代乡村组织研究》，山东大学出版社，2010年。

第二节
五代京兆府社会发展

一、五代京兆及其周边地区战乱

天祐元年（公元904年），覆雨翻云的朱温，胁迫唐昭宗迁都洛阳，在此后3年多的时间里，加快了篡唐的步伐。他制造"白马驿之祸"，杀尽唐朝朝臣，甚至还先后杀害了唐昭宗、唐哀帝两位皇帝。

天祐四年（公元907年）四月，56岁的朱温自立为君，建立后梁，改元开平，定都开封。唐朝末代皇帝李柷被贬为济阴王，转年被杀。

唐朝289年国祚，至此终结。中国古代又一个分裂时代——五代乱世由此开启。随着唐朝覆亡，朱温在毁弃了唐长安城的躯体之后，又褫夺了长安的首都之号，从京兆府降格为大安府，佑国军改名永平军。

一时之间天下大乱，在占据中原地区的朱温之外，还有占据山西地区的晋王李克用、占据关中西部的岐王李茂贞、占据兴元府及四川地区的蜀王王建等藩镇，他们与朱温争夺长安及关中地区乃至天下霸权。

其中实力最强的首推李克用，李克用是忻州神武川（今山西朔州应县）沙陀族人，勇猛善战。其父朱邪赤心被唐懿宗赐名李国昌，后来不听唐朝调令，遭到唐军驱逐。黄巢起义爆发后，唐朝重新起用李克用统领沙陀军，李克用实力得以恢复并壮大。

唐僖宗中和四年（公元884年），李克用行军路过汴州（今河南开封），朱温在馆驿设宴招待。进入夜间，朱温部下士兵杀出，放火焚烧馆驿。突然天降大雨，李克用侥幸逃脱，从城门缒下，回到部队。事后，李克用向唐僖宗告状说朱温谋害自己，被唐僖宗劝和。但李克用从此与朱温结下了一生的仇恨。

同样在公元907年，蜀王王建因为不服朱温，自己也紧跟着登基称帝，建立前蜀。王建是唐许州舞阳（今河南舞阳）人，忠武军军校出身，作为"忠武八都"之一西入关中，与黄巢军作战。王建曾与朱温正面交锋，并获得了胜利。接着，王建随军入川迎接唐僖宗，与韩建等人一同划归神策军。其间，王建被大宦官田令孜收为义子，从此宿卫唐僖宗左右。

此后田令孜与王重荣之间爆发战事，王建一直追随唐僖宗。田令孜战败后，为了躲避唐僖宗责怪，自请赴西川监军，王建就任利州（今四川广元）刺史。从此，王建伙同东川节度使顾彦朗，与西川节度使陈敬瑄争斗多年，最终攻占成都，杀掉陈敬瑄和田令孜，成为西川节度使。

相比于实力强劲的李克用、天高地远的王建，岐王李茂贞力量有限，又与后梁所占有的长安及关中东部地区直接接壤，李茂贞便虚张声势，坚持沿用唐朝年号，拒绝承认后梁。他主动联络晋王李克用、蜀王王建，一起对抗后梁。

王建的女儿嫁给了李茂贞的侄子，两家修好。如此一来，原本作为唐朝京畿重地的西安及关中地区，到此时却成了朱温与李茂贞对峙的前线。涅槃重生的大安，依然难逃战乱的威胁。

开平二年（公元908年）五月，李茂贞在王建、李克用配合下，发兵5万攻打大安府。后梁王重师、刘知俊在乾县大败李茂贞。开平三年（公元909年）四月，刘知俊攻克李茂贞的丹州、延州。关中地区有王重师、刘知俊坐镇，虽然李茂贞屡屡进攻，但是后梁始终处于优势。

问题是，本来就猜忌多疑的朱温当上皇帝后越来越不信任部下，与领兵在外的将领逐渐心生隔阂。身处大安府的王重师，有一次擅自派遣部下出击岐州，引得朱温震怒，在他人的挑拨之下，朱温竟然下令处死了王重师。

此举引起身在同州的匡国军节度使刘知俊的不安。开平三年五月，朱温召刘知俊入朝，刘知俊害怕遭到猜忌陷害，便转而投降李茂贞，发兵攻占华州、潼关，又带领军队进入大安，捕杀接替王重师的刘捍。

后梁太祖朱温任命山南东道节度使、弘农郡王杨师厚为主将，刘鄩为先锋，一举攻下潼关，进兵大安，接着朱温也来到陕州督战。

杨师厚亲自指挥攻打大安,他集结部队,佯攻东门景风门,暗中派出部队穿过城南,进攻西门顺义门。这支奇兵偷袭得手,从西门进城。刘知俊兵败逃跑,杨师厚重夺长安。

此后,后梁、岐、晋在今陕北、宁夏等地多次交锋,双方互有胜负。而大安城,即长安,始终掌握在后梁手中。

后梁乾化二年(公元912年)六月,后梁太祖朱温被第三子朱友珪弑杀,后梁政局动乱。

此后,长安及关中地区成了前蜀王建与李茂贞交战的战场。早前由于王建之女与李茂贞的侄子婚后关系不睦,王建便接回了自己的女儿,李茂贞大怒,发兵攻打前蜀,前蜀军初战告负。王建亲自出征,才打退岐军。现在后梁衰落,王建接连三次出兵攻打李茂贞,双方僵持不下,形成对峙局面。最后由于雨雪后勤等问题,前蜀军罢兵撤回。后梁末帝贞明四年、前蜀光天元年(公元918年),王建病逝,后主王衍即位。

后梁末帝龙德三年、后唐庄宗同光元年(公元923年),李克用之子李存勖称帝,建立后唐,十月,攻灭后梁,定都洛阳,重改大安为西京京兆府,他就是后唐庄宗。

同光二年(公元924年),李茂贞上表称臣归附,关中之地尽归后唐。下一年,后唐庄宗派遣大将郭崇韬统兵10万,讨伐前蜀。后唐大军经岐州,出大散关,郭崇韬发出豪言:"朝廷兴师十万,已入此中,倘不成功,安有归路?"①最终消灭前蜀。后唐兵威之盛,一时无两。

短短2年后,后唐发生内乱,李克用养子李嗣源与后唐庄宗开战,后唐庄宗死于乱军,李嗣源即位为后唐明宗。后唐明宗在位七年(公元926—933年),政局稳定,"粗为小康"②。只是后唐西川节度使孟知祥势力浸大,对抗后唐,吞并东川。后唐明宗长兴四年(公元933年)二月,下诏封孟知祥为蜀王、东西川节度使。待后唐明宗去世,不到20年时间,变乱迭生:后唐闵帝应顺元年(公元934年)闰正月,孟知祥在成都称帝,建立后蜀;同年四月,后唐明宗养子李从珂叛乱称帝;刚过3年,后唐明宗女婿石敬瑭建立后晋;10年后,后晋出帝开运三年(公元946年)十二月,契丹南下攻灭后晋;2个月后,后晋河东节度使刘知远建立后汉……其间,长安在后晋时为晋昌军,在

---

① 《旧五代史》卷五七《郭崇韬传》,第769页。
② 《旧五代史》卷四四《后唐明宗纪》,第610页。

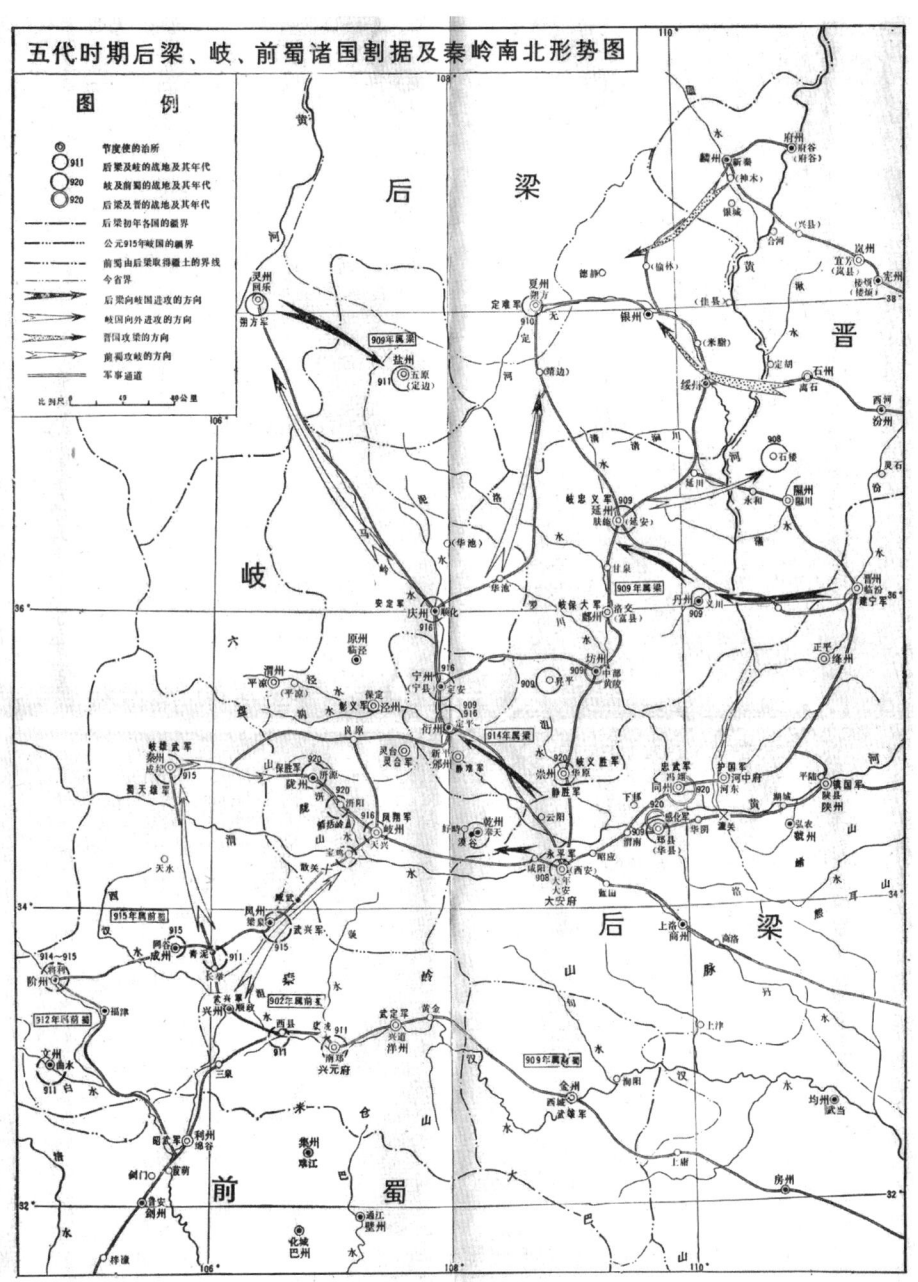

图 2-1 五代时期后梁、岐、前蜀诸国割据及秦岭南北形势图

（选自史念海：《河山集》四集，陕西师范大学出版社，1991年，第71页）

后汉时为永兴军，京兆府之名未变。

后晋亡于契丹，当时雄武节度使何重建不接受契丹命令，率秦（今甘肃天水）、阶（今甘肃陇南武都）、成（今甘肃成县）三州投降后蜀。后蜀趁机派兵北上，攻占了凤

州等地，对京兆及其周边地区虎视眈眈。

契丹撤兵北返后，刘知远建立后汉，改当年为天福十二年（公元947年），任命赵匡赞为晋昌军节度使，进驻京兆。赵匡赞是契丹重臣赵延寿之子，对后汉政权心存隔阂。当年十月，赵匡赞向后蜀献表归降。十二月，后蜀出动5万兵马，兵分两路，东路军开赴京兆接应赵匡赞，西路军扑向凤翔。凤翔节度使侯益随即向后蜀请降。一时间，京兆及关中地区战云密布。

后汉高祖刘知远于乾祐元年（公元948年）正月下诏派遣王景崇率军前往关中抵抗后蜀，并密令王景崇监察赵匡赞、侯益，若他们真心投降后蜀，可以先斩后奏。赵匡赞听闻王景崇率军前来，又改变主意，投降后汉，赶在王景崇到达前离开京兆入朝。

二月，王景崇进入京兆城，得知后蜀东路军已经穿过子午谷，行将进抵京兆城下。他立刻率领自己的部队及赵匡赞旧部，主动出击，在子午谷击溃后蜀东路军，"于大散关大败蜀军，俘斩三千人"①。

此时，后蜀西路军因为前线将领意见分歧，"谋不相叶"②，在凤翔停滞不前。侯益见后汉军在子午谷一战中获胜，也关闭城门，拒绝后蜀。后蜀西路军失去斗志，趁夜撤军。随后，王景崇调集关中各地军马，追击至大散关，再败后蜀军。

但是，京兆及关中地区形势并未就此稳定。一则王景崇仍在调兵遣将，监督防范侯益；二则乾祐元年正月二十七日，后汉高祖刘知远病逝，皇子刘承祐继位，就是后汉隐帝；三则河中府的护国节度使李守贞在三月自立为秦王，出兵控制了战略要地潼关。

李守贞在后晋时已经贵为天平节度使，曾经投靠契丹，帮助辽太宗耶律德光南下灭晋。后汉高祖刘知远起事后，李守贞才投靠刘知远，但是心存不轨，"完城郭，缮甲兵，昼夜不息"③。他打算利用18岁的后汉隐帝新君登基、政局变动的机会，攫取更大的政治权力。

不久，侯益摆脱王景崇监视，来到东京，通过行贿，得到朝臣推荐，赢得后汉隐帝的提拔和任用。此举引起王景崇内心不安，既担心侯益搬弄是非，又怨恨后汉隐帝赏罚不公。

---

① 《旧五代史》卷一〇一《后汉隐帝纪》，第1344页。
② 《旧五代史》卷七四《张虔钊传》，第974页。
③ 《旧五代史》卷一〇九《李守贞传》，第1439页。

这时，后汉朝廷征召赵匡赞旧部入京，军校赵思绾等担心受到朝廷追责，王景崇便唆使赵思绾抗拒调动。赵思绾乘机冲进京兆城，发动民夫修葺城垣，加筑楼堞，招募士卒，意图以京兆为基地，对抗后汉。他又联络河中府的李守贞表示依附，被李守贞任命为晋昌军节度使。

后汉朝廷察觉关中地区的异变，重新委任永兴军、凤翔节度使，并将王景崇调往邠州。四月，王景崇拒绝离开凤翔，调集士卒备战，向后蜀投降。

于是，河中李守贞为盟主，凤翔王景崇、永兴赵思绾响应，宣称"三镇连衡"。这场叛乱引起后汉朝野上下极大震动，"关辅大扰，朝廷日有征发，群情忧惴"①。时隔三个月，关中战事再起。

后汉朝廷先后派遣郭从义、王峻进攻京兆，赵晖进攻凤翔，常思、白文珂进攻河中，并占领了潼关、同州等地。问题是郭从义、王峻二人不睦，"惟郭从义、王峻置栅近长安，而二人相恶如水火，自春徂秋，皆相仗莫肯攻战"②。眼见京兆城防设施经过赵思绾加固修整，已经十分完善，又成为一座易守难攻的坚城，二人都不想出动自己的部队攻城作战，以免伤亡惨重，便宜了对方。两支后汉军都在京兆城外按兵不动，只是挖掘壕沟、树立栅栏，围而不打。

关中形势胶着，迫使后汉隐帝调整策略，派遣枢密使郭威为统帅，率领兵马西进关中，平叛戡乱。郭威抵达关中后，与众将分析战局，认为对赵思绾、李守贞、王景崇应该分化包围，各个击破，并确定了主攻河中李守贞的战略。郭威提出："守贞向畏高祖，不敢鸱张；以我辈崛起太原，事功未著，有轻我心，故敢反耳。正宜静以制之。"③

八月，郭威来到河中，并不立刻进攻，他自己在城东立寨，命令常思在城南、白文珂在城西立寨，又调动民夫两万人修筑土墙连垒。其部下认为李守贞已经穷途末路，可以一战而胜，不用大费周章。郭威听从朝中威望很高的重臣冯道的意见，认为李守贞素有威望，必须先消耗其士气。此后，李守贞不断派兵出城，攻击土垒。郭威也不迎战，只是埋头修补。李守贞不断出击，每战总有损伤，士气日渐低落。"久

---

① 《旧五代史》卷一〇七《史弘肇传》，第1404页。
② 《资治通鉴》卷二八八，后汉高祖乾祐元年八月，第9396页。
③ 《资治通鉴》卷二八八，后汉高祖乾祐元年八月，第9398页。

之，城中兵食俱尽。"①

九月，后蜀增援王景崇的部队抵达大散关。赵晖派遣部将率领部队发动突袭，击退进犯的后蜀军。十月，赵晖设计，伪装成后蜀军诱骗王景崇出城会合，在法门寺以西设伏，围歼王景崇部队两千余人。王景崇逃回凤翔，闭门不战。此后，后蜀又两次出动援军与后汉军交战，互有胜负，但不敢孤军深入，未能攻入凤翔。到乾祐二年（公元949年）正月，后蜀第三次增援部队退守兴元（今陕西汉中），从此再未出动。凤翔外援断绝，成为孤城。

乾祐二年五月，河中城中的后蜀将领周光逊及李守贞部下千余人出城投降，显示出河中城中军心已乱。

后汉军对河中、京兆的围困依然在持续。其间，京兆城内粮食告罄，赵思绾其人残忍好杀，索性下令杀人而食。他每次宴犒士兵，竟然要杀数百人分食。赵思绾曾经取活人胆，就酒吞食，他甚至对部下士兵说："食胆至千，则勇无敌矣。"②据《太平广记》载："贼臣赵思绾自倡乱至败，凡食人肝六十六，无非面剖而胠之。至食欲尽，犹宛转叫呼，而戮者人亦一二万。"③京兆城内士庶百姓惨遭劫难，比战乱更甚。

到乾祐二年七月初，赵思绾无力再战，穷途末路之下，派人出城乞降，京兆城重归后汉。后汉朝廷调任赵思绾出任镇国军留后，但是，赵思绾留居城内推迟赴任，似乎别有打算。郭从义、王峻向郭威请示后，入城招待赵思绾宴饮，趁机埋伏士兵将赵思绾及其部属擒获，随即处斩。

同样在七月，收复京兆后不久，郭威见时机成熟，整修攻城器具，四面发兵进攻，攻下河中外城。李守贞抵挡不住，与妻子儿女一起自焚而死。

在河中、京兆被相继平定后，凤翔彻底失去了反败为胜的可能，但是王景崇拒不投降，直到十二月，全家投火自尽。三镇叛乱至此告终。

这次战乱，耗时长，伤亡多，使京兆居民在不到50年的时间里，继朱温毁弃长安城的暴行后，再遭重创。战后1年，后汉隐帝派使臣来京兆等地掩埋遗骸，发现已经有当地僧人收拾了战毙、饿死的军民20万，想来实际伤亡人数必然更多。这场战争之残酷程

---

① 《新五代史》卷一一《后周纪第十一》，第110页。
② 《新五代史》卷五三《赵思绾传》，第606页。
③ 〔宋〕李昉等编：《太平广记》卷二六九《酷暴三·赵思绾》，中华书局，1961年，第2114页。

度可见一斑。

分析起来，郭威之所以要策划这场旷日持久的消耗战，大量征发动员人力、物力和财力，目的除了消灭三镇军阀，可能还为了消耗关中地区的有生力量，防止再有野心家占据城池，割地自立。

果然，此战之后10年，关中地区再无杀伐征战。后郭威建立后周，改元广顺（公元951年）。三年后，显德元年（公元954年）后周世宗柴荣即位，推行改革，关中地区百姓终于有了一个相对稳定的社会环境。原本属于后蜀的秦（今甘肃天水）、阶（今甘肃陇南武都）、成（今甘肃成县）、凤（今陕西宝鸡凤州镇）四州，因为不满后蜀统治，反而自发地投向了后周。京兆及其周边地区在历经70年战乱后，总算迎来了休养生息的机会。

二、五代京兆府社会经济衰颓

在历史上，西安及其周边地区所在的渭河平原长期被周、秦、汉、唐等王朝定为国都，从社会经济的角度看，这一地区自然环境得天独厚，资源丰富，历来是西北地区乃至全国农业最发达、人口最稠密、经济最繁荣的地区。即便经过唐末五代战乱，依然"有铜、盐、金铁之产，丝、枲、林木之饶，其民慕农桑，好稼穑。鄠、杜、南山，土地膏沃，二渠灌溉，兼有其利"[①]。北宋张礼在《游城南记》中述及北宋中期京兆府城南遍布竹林。这表示至少到宋代中期，关中地区气温依然较高，适合竹子生长，同时也显示出植被覆盖状况良好。所以，"厥田上上，鄠杜之间，号称陆海"[②]。

而且，自古以来关中地区民风淳朴，生活在这片土地上的人吃苦耐劳，正如南宋学者朱熹所描述的他印象中的陕西风土人情："雍州土厚水深，其民厚重质直，无郑卫骄惰淫靡之习。以善导之，则易以兴起而笃于仁义；以猛驱之，则其强毅果敢之资亦足以强兵力农而成富强之业，非山东诸侯所及也。"[③]

此时自然条件没有显著恶化，劳动生产技术和工具没有飞速提升，京兆府城及其周边市镇的农业、手工业状况较前代，尤其是唐代，甚至与同一时期的中原、江南地区相

---

① 《宋史》卷八七《地理三》，第2170页。
② 〔宋〕欧阳忞：《舆地广记》卷一《禹贡九州》，中华书局，1985年，第6页。
③ 〔宋〕朱熹集注：《诗集传》卷六《秦·无衣》，上海古籍出版社，1980年，第79页。

比，有所退步或居于劣势，原因何在？

按照马克思的观点："这并不妨碍相同的经济基础——按主要条件来说相同——可以由于无数不同的经验的事实、自然条件、种族关系、各种从外部发生作用的历史影响等等，而在现象上显示出无穷无尽的变异和程度的差别。"①聚焦五代、北宋时期京兆府城及其周边市镇表现出来的"无穷无尽的变异和程度的差别"，其中重要的因素，包括政治分裂、战乱频发、劳动力减少、交通中断等。

据杜佑《通典》载，唐京兆府户、口数分别是："户三十三万四千六百七十，口九十二万三十一。"②唐朝后期尤其是五代时期持续数十年的兵戈扰攘，造成生灵涂炭、物力耗损。到北宋初年，宋太宗太平兴国五年（公元980年），关中地区永兴军路的户数减少到26万多户，在全国15路中，排在第10位；在北方各路中，仅仅高于陕西西部的秦凤路。而京兆府城中，"仅数万家"③。按照宋敏求《长安志》记载的数据，京兆府下辖13县总户数为"户五万二千七百二十"④，按平均每户5口人计算，总人口数为263600人，平均每县人口数为2万多人。

人口锐减的原因有三。第一个原因是政治动荡。汉唐时期，长安关中地区人口户数庞大，部分原因在于长安关中贵为天子脚下首善之区，朝廷动用政治力量，强制将外地富户、劳力迁入长安关中，这些外来人口除了直接增加长安关中地区人口数量，还带来了大量资金物资，加速了长安关中地区经济发展。

然而，在唐昭宗天祐元年（公元904年），军阀朱温借口李茂贞威胁长安，强迫唐昭宗迁都洛阳，"全忠令长安居人按籍迁居，彻屋木，自渭浮河而下，连甍号哭，月余不息。秦人大骂于路曰：'国贼崔胤，召朱温倾覆社稷，俾我及此，天乎！天乎！'"⑤长安城为之一空。

从唐朝后期尤其是五代后梁开始，历代王朝的统治中心转移出了长安关中，逐步向东，落脚到洛阳、开封，长安关中地区也随之失去了外来人口和资源的大规模涌入，往昔宏廓辉煌的"汉唐规模"，转眼成为明日黄花，被人遗忘殆尽。

---

① ［德］马克思：《资本论》第3卷，见马克思、恩格斯：《马克思恩格斯全集》第25卷，人民出版社，1974年，第892页。
② ［唐］杜佑：《通典》卷一七三《州郡三·古雍州上·京兆府》，中华书局，1984年，第916页。
③ 《西安碑林全集》卷二八《碑刻·善感院新井记》，第2812—2822页。
④ 《长安志》卷一《管县》，第136页。
⑤ 《旧唐书》卷二〇上《昭宗纪》，第778页。

第二个原因是战乱。唐僖宗广明元年（公元880年），黄巢起义军攻入长安，当时诗人韦庄正在城中，在动荡中辗转求生。中和三年（公元883年），韦庄来到洛阳，将所见所感写成长诗《秦妇吟》，描述长安城内的景象："长安寂寂今何有？废市荒街麦苗秀。采樵斫尽杏园花，修寨诛残御沟柳。华轩绣毂皆销散，甲第朱门无一半。含元殿上狐兔行，花萼楼前荆棘满。昔时繁盛皆埋没，举目凄凉无故物。内库烧为锦绣灰，天街踏尽公卿骨！"长安城外则是："明朝晓至三峰路，百万人家无一户。破落田园但有蒿，摧残竹树皆无主。"①这首诗中"百万人家无一户"之语，虽非确指，但也反映出唐末长安城内外的残破。

当然，从唐末到宋初百余年时间里，也有相对稳定的时期，给京兆府城及其周边地区带来一定的生机，农业、手工业、商业各方面稍见起色。但是，短暂的稳定之后，总有战乱再起。更有甚者，在五代后汉乾祐二年（公元949年），赵思绾占据京兆发动叛乱，当时京兆城中有人口10余万，待后汉军平定叛乱后，城中竟然仅剩万余人，"始思绾入城，丁口仅十余万，及开城，惟余万人而已，其饿殍之数可知矣"②。

可见，从唐末开始，关中地区各方势力间混战不断，长安多次遭受洗劫，导致整个社会经济在更长时间里持续低迷。不仅是经济，整个社会都陷入失序的状态。

第三个原因是灾荒。灾荒有自然原因，也有人为原因。史载北宋建立20余年后，在宋太宗太平兴国年间（公元976—983年），"先是，关、陇贫民多流亡入蕃部，乙亥，诏所在长吏设法诱之，令复业"③。宋太宗至道三年（公元997年），宋军北上进攻党项李继迁，身在前线的大臣张鉴在奏章中描述了当时的情景："关辅之民，数年以来，并有科役，畜产荡尽，室庐顿空。"④这指的是前一年宋军"护送刍粟四十万于灵州"被李继迁劫掠一事。显然，这批粮秣来自陕西之地。只不过史籍中未标示这批"刍粟四十万"的单位是斛还是石。按照宋真宗景德二年（公元1005年）的规定，"陕西转运司每年认定马料三十万石"⑤，即每年在陕西需征收马料"三十万石"。清

---

① 〔五代〕韦庄著，聂安福笺注：《韦庄集笺注》，上海古籍出版社，2002年，第315页。
② 《旧五代史》卷一〇九《赵思绾传》，第1444页。
③ 〔宋〕李焘：《续资治通鉴长编》卷二四，宋太宗太平兴国八年五月乙亥，中华书局，1992年，第546页。
④ 《宋史》卷二七七《张鉴传》，第9416页。
⑤ 〔宋〕张方平：《张方平集》卷二三《论事·论京师军储事》，郑涵点校，中州古籍出版社，2000年，第351页。

代赵翼认为："盖古时十斗为斛，一斛即是一石。后世五斗为斛，而两斛之数十斗，则仍沿一石之旧名耳。按苇航《纪谈》：宋韩彦古为户部尚书，孝宗问曰：'十石米有多少？'对曰：'万合、千升、百斗、廿斛。'然则五斗为一斛，宋时已然。"①推知，至道二年（公元996年）征收的"刍粟四十万"，大约相当于陕西1年的马料税额，甚至更多。

无法控制的是自然灾害。即便是所谓国泰民安的时期，自然灾害依然会给社会经济造成巨大破坏。如宋仁宗庆历三年（公元1043年）夏，陕西发生旱灾，身在宋夏战争前线的范仲淹、韩琦上奏："臣等窃见陕西永兴军、同耀华州、陕府等处，今夏灾旱，得雨最晚。民间秋稼，甚无所望。官中仓廪，亦无积贮。若不作擘画，即百姓大段流移，殍亡者觿。"②当时就有不少饥民为食所迫，啸聚山高林密的商洛山区，与官府对抗。

唐末、五代以来，京兆居民或死于军阀混战，或亡于灾荒无粮，四处流散之后，又撂荒了耕地，使农业遭到非常严重的破坏。粮食减产迫使贫民逃离家乡，导致城内外劳动力骤减。如此形成恶性循环，社会经济难以平稳运转。

除了人口减少，还有诸多阻碍商业进步的关键因素。军阀割据、乱兵劫掠导致各地交通中断，粮食财货成为战略物资，很难安全输送周转，势必导致物价疯涨，无法进行正常的商品流通。中国古代在交通要道设置关隘，除了军事防御的作用之外，在平时主要用于征税。除了关隘，还会另行设置针对特殊商品的专门收税点，例如五代后唐时，湖南茶叶贩运至开封需要经过六七处收税点。见于后唐明宗天成元年（公元926年）四月即位制书："省司及诸府置税茶场院，自湖南至京六七处纳税，以致商旅不通，及州使置杂税务交下烦碎，宜定合税物色名目，商旅即许收税，不得邀难百姓。"③虽然京兆及其周边地区不产茶叶，但是陕南产茶，既然茶叶的运输成本在增加，那么日常饮用的茶叶价格自然也会提高。

问题是在五代时期，各地藩镇自行征税，很少上缴朝廷。朝廷有时会另行征税，导致商贩、顾客多次缴税。薛平拴先生以盐税为例分析，后晋高祖天福年间（公元936—

---

① 〔清〕赵翼：《陔余丛考》卷三〇《石》，商务印书馆，1957年，第627页。
② 〔宋〕范仲淹：《范文正公政府奏议》卷上《治体·奏乞救济陕西饥民》，见范仲淹：《范仲淹全集》，李勇先、王贵苓校点，四川大学出版社，2002年，第542页。
③ 〔宋〕王钦若等编纂：《册府元龟》卷九二《帝王部·赦宥十一》，周勋初等校订，凤凰出版社，2006年，第1019页。

942年），每年征缴盐税17万贯，但是百姓走私贩盐，所以朝廷将民户分五等，每等户纳盐税200文到1贯，"然后任人逐便兴贩"①。很快盐商蜂拥贩盐，而盐商本来要交税，"往来盐货悉税之，过税每斤七文，住税每斤十文"②。"过税"即转运食盐的商贩缴的税，每斤7文；"住税"指盐商就地贩卖或运到城中交给店铺，每斤交纳10文税钱。盐商、居民都要缴税，"盖欲绝兴贩，归利于官。场院粜盐虽多，人户盐钱又不放免，民甚苦之"③。并且市场盐价暴跌，"俄而盐货顿贱，去出盐远处州县，每斤不过二十文，近处不过一十文"④，最终导致朝廷的损失。

后晋进行盐税改革的目的，就是控制甚至减少民间贩盐，"盖欲绝其兴贩归利于官也"⑤。实际上是贯彻自古以来的禁榷制度，也就是朝廷对盐、酒、茶等物资实行垄断。后周时继续提高盐税税额，"不便商贩，蕃人汉户，求利艰难"⑥。

薛平拴先生认为："为了增加财政收入，五代时各个王朝往往实行极为严酷的专卖制度，获利最丰厚、市场最广泛的盐、茶、酒、铁等商品皆实行专卖。"⑦此说或可进一步完善，因为中国古代禁榷（也就是专卖制度）是西汉以降历代王朝普遍实行的政策，尤其是对盐、茶、酒、铁等生活必需品。在五代之前，唐代即是如此，"大抵有唐之御天下也，有两税焉，有盐铁焉，有漕运焉，有仓廪焉，有杂税焉"⑧。在五代之后，北宋依然如此。因此，禁榷本身不能算是阻碍社会经济发展的弊政。

五代时期禁榷的弊端，在于藩镇自行其是，朝廷聚敛牟利，除了盐、酒、茶、铁之外，禁榷物资很多，例如岐王李茂贞曾经"榷油"⑨。另外，还有醋、绫锦、酒曲、牛皮等。同时，立法苛峻，像后汉时规定民间贩售私盐，"不计斤两多少，并处极刑"⑩。后周时稍有松弛，但没有废止极刑，"凡犯五斤已上者处死，煎咸盐犯一斤已上者处死"⑪。

---

① 《旧五代史》卷一四六《食货志》，第1951页。
② 《旧五代史》卷一四六《食货志》，第1951页。
③ 《文献通考》卷一五《征榷考二·盐铁》，第154页。
④ 《旧五代史》卷一四六《食货志》，第1951页。
⑤ 《旧五代史》卷八一《后晋少帝纪》，第1073页。
⑥ 《旧五代史》卷一四六《食货志》，第1952页。
⑦ 薛平拴：《五代宋元时期古都长安商业的兴衰演变》，载《中国历史地理论丛》2004年第1辑，第60页。
⑧ 《旧唐书》卷四八《食货志》，第2088页。
⑨ 《新五代史》卷四〇《李茂贞传》，第432页。
⑩ 《旧五代史》卷一一二《后周太祖纪》，第1484页。
⑪ 《旧五代史》卷一四六《食货志》，第1952页。

重税和酷刑限制了商品的流通，打击了商人的积极性，挤压了民间商业资本的活动空间，不利于社会经济的健康发展，更对自然资源有限、农业生产不发达的地区有着无法估量的消极影响。所以，后唐明宗长兴元年（公元930年）九月，有百姓上书陈情："天下商税处多，不繇旧时。关市制度，以此倍扰农商。亦请减除奸弊。"①

在限制民间商业的同时，禁榷制度客观上造就了官僚、权贵、巨贾操纵市场经营的局面，而一旦朝廷军政局势动荡，对这些人监管不力，必然导致腐败的滋生。这直接伤害了普通百姓和中小商人的利益，民心尽失，最终摧毁了王朝的经济基础，刺激地方军阀对中央朝廷产生对抗心理。

---

① 《册府元龟》卷五〇四《邦计部·关市》，第5735页。

第二章 北宋京兆府城布局、建筑及近郊

就今天西安市的范围来看，宋代建筑甚至遗址都已经无处可觅①，要了解北宋京兆城及其周边地区的真实面貌，并非一件易事。北宋京兆府城延续五代时旧城形制，城内中部和东南部建筑设施较多，京兆府衙、永兴军治所位置跟唐末五代时一样，仍处于城中心位置；而府学从城中心向东南迁移，最终搬到城东南隅。这表示北宋京兆府城形成了中部为政治中心、东部是文化中心的布局。同时，北宋京兆城内寺、庙、观数量较多，且分布不规则。

相比于城区，古代史料中对西安城市近郊地区发展变化情况的记载始终零散且稀少。因为城郊不是地方行政、经济、文化活动的中心，资源会向城区集中，而地方政治、经济、文化精英往往只在城郊做短暂停留，留下的记录自然不多。虽然难以全面复原北宋时期京兆府城近郊景物的全貌，但是通过总结、归纳和分析，尝试摘选这一时期城郊景物风情的代表性元素予以论述，具体包括两个方面：其一，五代北宋时期，西安附郭县长安、万年下辖重要市镇的历史渊源；其二，张礼《游城南记》所描述的北宋京兆府城南的人文、自然风貌。

---

① 陕西省考古研究院隋唐考古研究部：《陕西南北朝隋唐及宋元明清考古五十年综述》，载《考古与文物》2008年第6期，第181—183页。

第一节
北宋京兆府城布局及建筑

一、北宋京兆府城布局及建筑设施

翻检史料所见，北宋时修筑西安城的记录只有一次，是在庆历元年（公元1041年）六月，范雍知永兴军，为了防备西夏军队南下进攻京兆，"完永兴城"。所谓"完"即完善、完葺，整修城墙的意思。可是有人上奏朝廷认为此举不当，宋仁宗下诏停止工程。范雍藏匿诏书，督促加快进度。庆历二年（公元1042年）闰九月，西夏军队长驱直入，兵抵泾河北岸，威胁关中，"而永兴独不忧寇"[①]。范雍这次修整城墙只有一年时间，且未得到朝廷许可，推测只是对城墙加以修补，不可能有扩建城墙、拓展城区之举。故北宋京兆府城还是沿袭韩建所筑新城。以下根据《长安志》《类编长安志》《金石萃编》等书，考证北宋京兆城街道及一些建筑设施的分布情况。

北宋京兆府城内有三纵四横共7条交通干道，南北向3条街道从东向西依次是安上街、原承天门街、含光街。含光街南通含光门，安上街则南至安上门，此两门跟五代时一样，北面没有开门。中间一条街是北宋京兆城南北轴线，由玄武门直通城外，南面朱雀门依然封闭。

东西向4条街道从北到南依次是：第一条街九曜街（东段），第二条街衙后街（中段），第三条街景风街（东段），第四条街草场街（东段）、水池街（中段）。

其中第三条街连接顺义门和景风门，是东西向主要干线，也是北宋京兆城的东西轴线。从第四条街分为草场街（东段）、水池街（中段）推测，景风街只是东段街道的名字，推测西段应该叫顺义街，或元代指挥街就得名于北宋。

[①]《宋史》卷二八八《范雍传》，第9678页。

另外，吕卓民先生等学者指出："据宋敏求《长安志》所载，北宋时京兆府城另有'府东街'、'府西街'两条南北街和'府城西北街''府城北街'等东西街。"①然而未能具体指出其所在位置。

检《长安志》原文，"府东街"的相关记载为："太平兴国寺。在府东街。《旧图经》曰：'本唐紫微宫，天祐初为寺。'按《西京记》：'承天门南为皇城，乃左右春坊与东宫重明门之地。'"②在《西安历史地图集·北宋京兆府城图》中，太平兴国寺在城东北隅，九曜街北、安上街延长线东，意味着这条南北大街上，府东街是北段，安上街是南段。

而"府西街"的相关记载有："安平公庙在府西街，隋宇文恺封安平公。文帝开皇中迁都城，实恺之功，故庙食存焉。"③在《西安历史地图集·北宋京兆府城图》中，安平公祠堂在原承天门西，这意味着府西街是原承天门街北段的名字。

至于开元观"在府城西北街"④和雍侯庙"在府城北街"⑤两处，尚难以确定位置。不过，吕卓民先生等学者所谓"'府城西北街''府城北街'等东西街"之语，似乎缺乏根据。比如南北向含光街延长线，也有可能是府城北街。

北宋京兆城西南隅有毗邻城墙、南北向的西城巷。东北隅则有北城巷，东南隅有南城巷，这两条城巷都是东西向的。这意味着五代西安城北城墙内横街已经被改造为北城巷，这是人口增加、建筑向城墙扩展的反映。

综上可见，北宋京兆府城的交通状况与五代时相似，由于其北面仅开放玄武门，交通条件不如南面，而景风门、顺义门、含光门、安上门之间相连的街道的交通则较为畅通。同时，北宋京兆城城墙与建筑之间形成了一些城巷，这成了北宋京兆城城市建设的一个特色。

北宋京兆城城内寺、观、庙、院数量庞大，名称繁多，并且布局不甚规则，其分布情况可通过下表来显示：

---

① 朱士光、吴宏岐主编：《西安的历史变迁与发展》，西安出版社，2003年，第379页。
② 《长安志》卷一一《县一·万年》，第372—373页。
③ 《长安志》卷一二《县二·长安》，第396页。
④ 《长安志》卷一二《县二·长安》，第394页。
⑤ 《长安志》卷一二《县二·长安》，第395页。

表 3-1　北宋京兆城内建筑设施分布

方　位	建筑设施名称	备　注
府东街西、府西街东、衙后街南、景风街北	京兆府衙署、永兴军路衙署	
府西街西、含光街延长线东	天宁寺	《类编长安志》："在指挥东街北。"
	樗里庙、安平公祠堂	
衙后街北	种太尉宅	
樗里庙以北	北极真武庙	五代建筑
府东街东、景风街北	仁王院	五代建筑
安上街西	杜岐公庙	五代建筑
北极真武庙以北	庆寿寺	
府城北街（？）西	祐德观	
景风街南、安上街东、草场街北	开元寺	建隆四年、乾德元年（公元963年）《重修开元寺行廊功德碑》
	兴国院	兴国院为开元寺的廊院
	福昌宝塔院	北宋建筑
城东南隅、安上街东、草场街南	善感禅院、龙泉院	
	太白现圣侯院	金为延祥观，元称太白庙
	张中孚宅	张中孚宅后为钱监，金为利用仓
	京兆府学、文庙	府学由府衙迁此，北有南北向府学道通草场街；文庙即宣圣庙
水池街南、含光街东	香严禅院	建于北宋
	崇圣禅院	俗称经塔寺
含光街西、顺义街（？）南	广教禅寺	《类编长安志》："宋时修建……至辛卯，兵火焚尽。"①
	开福寺	建于北宋
城东北隅、九曜街北、府东街东	太平兴国寺、郑余庆庙	
	城隍庙	金时称延祥观，元时仍称城隍庙
城西北隅	秦川驿	
	西五台	雍正《陕西通志·祠祀》引总督鄂海《碑记》："基于唐，创于宋。"
	安众禅院	俗称西禅院

续表

方　位	建筑设施名称	备　注
种太尉宅以北	神农皇帝祠	赐改永昌庙观
安众禅院以南	祐德观	元代改为玉清宫
含光街东、水池街北	妙果尼寺	旧称西台寺，北宋开宝中改名

注：

① 见朱士光、吴宏岐主编的《西安的历史变迁与发展》中，第380页作"至元辛卯"，误。按，此处"至辛卯"，当指金哀宗正大八年（公元1231年），非元世祖至元二十八年（公元1291年）。

北宋京兆府城同样有不少前代建筑，如五代时建香城寺，北宋改称善感禅院。善感禅院住持智海德高望重，"尝患院之旧井卤不可用。一日，领其徒于中门之外，东北之隅以卜井地。恪诚再拜，祈佛冥加。果得甘泉，感沸清冷"①。僧徒、官客因井水苦咸，向智海禅师请愿另造新井，于院中掘新井，水质甘美。侯可遂撰成《京兆府香城善感禅院新井记》以记之。新井除供应院内所需之外，也允许邻近居民前去汲用。善感院开凿新井，每日能以好的浴室、膳食供予僧徒、宾客约百人，实为造福众生之举。

还有化觉巷清真寺，该寺始建于唐玄宗天宝元年（公元742年），原名清修寺。据唐代王鉷所撰《创建清真寺碑记》记载："及隋开皇中，其教遂入于中华，流□散漫于天下。"②由此可知，伊斯兰教是在隋文帝时传入中国的。而西安城中清真寺的兴建，大抵在伊斯兰教传入后150年，只是因种种原因，屡建屡毁。北宋时建清修寺，见于明世宗嘉靖二年（公元1523年）刘序撰《重修清净寺碑》的记载："乃至赵宋时，建清修寺于陕西鼓楼西北隅。"③不过，宋代所修清真寺今已不存，今寺为明洪武年间修建，历经明、清两代扩建，现存建筑主要是清代建筑，亦有明代遗构。因其位于化觉巷内，故名化觉巷清真大寺，又因其位于西安大学习巷清真大寺以东，也叫东大寺。

至于北宋京兆府城新建建筑，有与北宋名相寇准相关的建筑：寇莱公宅、安众禅院、寇莱公祠。三者是从大到小的关系，"有莱公宅，中有山池、熙熙台。后为寺，号

---

① 〔宋〕慧观：《海公寿塔记》，见《金石萃编》卷一三七《宋十五》，第31页a。
② 〔唐〕王鉷：《创建清真寺碑记》，见周绍良总主编：《全唐文新编》卷三四六，吉林文史出版社，2000年，第3961—3962页。
③ 〔明〕刘序：《重修清净寺碑》，见胡丹辑考：《明代宦官史料长编》卷二，凤凰出版社，2014年，第108—109页。

安众禅院，中有莱公祠堂"[①]。即寇准旧宅的园圃后来为安众禅院。据《类编长安志》载："本寇莱公花圃熙熙亭，后舍为寺。中有莱公祠堂，前立诗刻。俗呼西禅院。"[②] 禅院中设有寇莱公祠。

另外，安上街也有寇准祠堂，名为竹林大王祠，或称竹林庙。据《类编长安志》载："宋寇莱公贬死雷州，丧还，过荆南公安县，民怀公德，以竹插地，挂纸为祭，焚之。后生笋成林，民以为神，因立公祠，目其竹曰相公竹，其祠号竹林大王。传来长安，于安上街立庙。"[③]

史料所见，北宋建筑设施位置不清者，还有府城北街雍侯庙，无法确定具体位置。旧址在今西安市南大街。

另有城外建筑，如荐福寺，唐睿宗文明元年（公元684年）为唐高宗献福而建，故名献福寺，武则天天授元年（公元690年）改为荐福寺。原在唐长安城外郭城开化坊，唐末遭兵祸破坏，后南迁于原外郭城安仁坊小雁塔所在的塔院里，即今西安市南门外友谊西路。荐福寺经宋、金、元、明、清历代重修，民国初年再遭兵难。新中国成立后经全面整修，存有唐代建筑小雁塔，以及北宋政和时碑记和金代所铸大钟一口，还有大雄宝殿、藏经楼、慈氏阁、白衣阁、钟楼、鼓楼等。

根据上表所示，北宋京兆城建筑设施布局有如下特征：首先，京兆府衙的位置跟五代时一样，其距永兴军治所颇近，表明政治中心的位置较之唐末五代未有变化，仍处于城之中心；其次，五代时府学位于城中心，北宋时向东南迁移，处于城之东南隅，这表示北宋时京兆城的文化中心有一个向东南迁移的过程；再次，北宋京兆城的中部和东南部建筑设施较多，此与中部为政治中心、东部是文化中心有必然联系；最后，北宋京兆城内寺、庙、观数量较多，且分布不规则。

背后的原因，除了五代时安上门作为交通要道的因素依然未变之外，还有一个重要因素，就是宋真宗大中祥符七年（公元1014年），为了解决城内井水苦咸的问题，知永兴军陈尧咨修复了龙首渠渠道，并引浐水从东城墙入城。浐水水渠经草场街至安上街、府东街，一直向北。显然，城东水源丰富，自然会吸引更多居民、设施、物资向城东部转移。

[①]《类编长安志》卷四《堂宅亭园·宅》，第115页。
[②]《类编长安志》卷五《寺观·寺》，第133页。
[③]《类编长安志》卷五《庙祠·庙》，第152页。

二、北宋龙首渠疏浚工程及流经路线

水利设施是城市中不可或缺的基础设施，在五代、宋、金、元时期，西安城居民饮用水供给主要依靠龙首渠。目前关于此渠的研究集中于唐、明、清三代，对五代、宋、金、元时期此渠兴废情况的研究成果较少①。故有必要将龙首渠在五代、宋、金、元时期开浚、壅塞、流向等情况重加梳理，以期对龙首渠的研究有所补益。

有学者认为："龙首渠。一名浐水渠。《汉书》曰：'穿渠得龙骨，故名龙首渠。'"这段文字转录自宋敏求《长安志》②，并被骆天骧《类编长安志》因袭，实际上并不准确，宋敏求误将西汉龙首渠与隋唐以后的浐水渠混为一谈。在历史上，龙首渠前后共有三条：最早的龙首渠开挖于汉武帝在位时，从今陕西澄城引洛水，到今陕西大荔。因为河渠流经之处土质松软，故采取地下河的形式，称为井渠。据《史记·河渠书》载："穿渠得龙骨，故名曰龙首渠。作之十余岁，渠颇通，犹未得其饶。"③由上推测因地下河道出现塌方，水流被堵塞，导致灌溉效果不佳，后世遂废。

此后，在北朝北周时，"武帝保定二年正月，初于蒲州开河渠，同州开龙首渠，以广溉灌"④。意即北周武帝保定二年（公元562年），在今陕西大荔又开挖龙首渠，从名字推测，可能是恢复西汉河渠旧址。因史料不足，难以断言。

到了隋初，从大兴城东南引浐水开渠，引水入大兴城，借用西汉龙首渠的名字，因为此渠源出于浐水，故又名浐水渠。五代、宋、金、元时期京兆城龙首渠正是这条新龙首渠的延续。

据宋初乐史《太平寰宇记》所载："龙首渠，一名浐水渠，在永嘉坊。隋开皇初，自东南龙首堰下支分至长乐坡西北，分为二渠入苑。"⑤此言龙首渠得名于大兴城东南龙首堰。令人困惑的是，在宋敏求《长安志》中，既称为龙首堰："自东南龙首堰下支分浐水，北流至长乐坡。"⑥又称为马头埪："自县界龙首乡马头埪堰浐水入此渠，西流由府城东过，入长安县界。"⑦所谓马头埪，在《晋书》中记为马头原："（苻）

---

① 朱永杰：《五代至元时期西安城市地理的初步研究》，陕西师范大学硕士学位论文，2002年，第30—39页；李令福：《关中水利开发与环境》，人民出版社，2004年，第272—276页。
② 《长安志》卷一一《县一·万年》，第367页；《类编长安志》卷六《泉渠·龙首渠》，第180页。
③ 〔汉〕司马迁：《史记》卷二九《河渠书》，中华书局，1982年，第1412页。
④ 〔唐〕魏徵等：《隋书》卷二四《食货志》，中华书局，1973年，第680页。
⑤ 《太平寰宇记》卷二五《关西道一·雍州一》，第532页。
⑥ 《长安志》卷九《唐京城三》，第304页。
⑦ 《长安志》卷一一《县一·万年》，第367页。

登去曲牢繁川，次于马头原。"①"苌与登战，败于马头原，收众复战。"②指前秦苻登与后秦姚苌交战之事。显然，南北朝时此处原名马头原，因而在隋唐时称马头控更符合史实。至于龙首堰，应该是在北宋时，乐史、宋敏求不见马头原之名，故从龙首渠附会而来。明清之际学者顾祖禹分析，隋唐时期龙首渠得名的原因是："以渠近龙首原而名。"③此说或是。怀疑《太平寰宇记》所谓"龙首堰"实为"龙首原"之误。尚无证据，姑存一说。

对于隋龙首渠的开凿时间，《长安志》中有两种说法。一是开皇二年（公元582年）："《两京道里记》曰：'隋开皇二年，引水北流入苑。渠在长乐坡上。'"④二是开皇三年（公元583年）："隋开皇三年开，自东南龙首堰下支分浐水，北流至长乐坡，西北分为二渠，东渠北流入苑，西渠屈而西南流，经通化门南，西流入城，经此坊（按：指永嘉坊），又西南流，经兴庆宫，又西流，经胜业坊、崇仁坊、景龙观，又西入皇城，经少府监南，屈而北流，又经都水监、太仆寺。内坊之西，又北流入城。"⑤综合这两段文字可知，在开皇二年开龙首渠入城北禁苑，开皇三年从长乐坡引龙首渠水入通化门。通化门即隋大兴城、唐长安城外郭城东墙北门。龙首渠由此分为两条：开皇二年所开为东渠，开皇三年所开为西渠。

到唐代又开凿出多条支渠，有一条支渠注入兴庆池，"《景龙文馆记》：'在隆庆坊。本是平地，垂拱后因雨水流潦成小池……。后因分龙首渠水灌之，日以滋广。'"⑥还有一条注入兴庆池西边的放生池。此前史红帅、吴宏岐先生认为："龙首西渠在唐时分为三支，其中入皇城者仅一支，流注兴庆池、放生池的两支，皆在唐皇城之外。"⑦实际上，还有第四条支渠，开通于唐德宗贞元十三年（公元797年）四月，文献载："辛巳，引龙首渠水自通化门入，至太清宫前。"⑧太清宫位于大宁坊，在通化门里自东向西第二坊，在永嘉坊西北。就是说，隋代龙首渠进通化门流向西南永嘉坊，唐德宗时开渠引水流向西北大宁坊。

相比《长安志》对龙首渠流经路线的叙述，《类编长安志》的叙述更为简略："隋

---

① 〔唐〕房玄龄等：《晋书》卷一一五《苻登载记》，中华书局，1974年，第2952页。
② 《晋书》卷一一六《姚苌载记》，第2970页。
③ 《读史方舆纪要》卷五三《陕西二·西安府上》，第2521页。
④ 《长安志》卷一一《县一·万年》，第367页。
⑤ 《长安志》卷九《唐京城三》，第304—305页。
⑥ 《类编长安志》卷三《池沼·唐·兴庆池》，第84页。
⑦ 史红帅、吴宏岐：《西北重镇西安》，西安出版社，2007年，第184页。
⑧ 《旧唐书》卷一三《德宗纪下》，第385—386页。

开皇三年，自府城东南三十里马头埪堰浐水西北流，至陈秋桥，枝分为二渠，一北流，经常乐坡西北，灌凝碧、积翠，西北入大明宫后，灌太液池。五季后渠涸。"①此处指出在五代时期，龙首渠干涸。

有学者认为干涸的是东渠："即龙首渠东渠已干涸。此东渠干涸时间持续较长，至宋时其又曾被修复。"②言下之意，西渠并未干涸，此言有误。因为如果干涸的是东渠，而西渠有水，那么北宋时期就没有必要重新开凿龙首渠了。

实际上，宋真宗大中祥符七年（公元1014年）九月，龙图直学士知永兴军府事陈尧咨为满足京兆城内居民的饮水需要，亲自考察城东龙首渠，"亲自相度府城东二里已来有水一条，名曰龙首渠"③。所谓"府城东二里"，原本是唐长安城皇城东侧到外郭城东墙通化门与春明门之间的区域，有6坊，唐玄宗时将兴庆坊改为兴庆宫。北边自皇城向东依次是永兴坊、安兴坊、永嘉坊，南边自皇城向西依次是崇仁坊、胜业坊、兴庆宫。按唐制，每坊南北550步，东西650步，而1里等于280步，1步约等于1.5米，所以从皇城——也就是北宋新城——向东2里，约560步，大约是崇仁坊的位置，这是唐代龙首渠西渠进外郭城后流经的位置，意味着北宋京兆府城东龙首渠旧渠道并未全线断流，干涸的只是唐代龙首西渠流入原唐长安城皇城的部分。

于是，陈尧咨主持实施疏通西渠工程。陈尧咨是宋真宗咸平三年（公元1000年）状元，"尤资治剧之才"④。他疏浚龙首渠的事迹受到朝廷嘉奖，详见《赐陈尧咨敕》，陈尧咨亲自书写刻碑，收入清代王昶《金石萃编》。

据碑文所载，陈尧咨疏浚龙首西渠的原因是，"永兴军城（里）井泉大半咸苦，居民不能得甜水吃用"⑤。其实，西安城水质咸苦的痼疾由来已久，隋文帝营建新都大兴城的原因之一，就是汉长安城"水皆咸卤，不甚宜人"⑥。然而隋唐长安城水质依然不佳，郭声波先生认为隋唐之际长安居民饮用水主要来自水井，对渠水利用不多⑦。李健超先生进一步指出：大约从唐玄宗天宝末期，也就是8世纪中期以后，已经出现井水污

---

① 《类编长安志》卷六《泉渠·渠·龙首渠》，第180页。
② 朱永杰：《五代至元时期西安城市地理的初步研究》，陕西师范大学硕士学位论文，2002年，第30页。
③ 《金石萃编》卷一三〇《宋八·赐陈尧咨敕》，第8页b。
④ 《金石萃编》卷一三〇《宋八·赐陈尧咨敕》，第9页a。
⑤ 《金石萃编》卷一三〇《宋八·赐陈尧咨敕》，第8页b。
⑥ 《隋书》卷七八《艺术传·庾季才》，第1766页。
⑦ 郭声波：《隋唐长安的水利》，见史念海主编：《唐史论丛》第四辑，三秦出版社，1988年，第268—286页。

染的问题，并延及后世。①北宋初期依然"长安地斥卤，无甘泉"②。到明代初年也未见好转，据《明太祖实录》载："开西安府甜水渠。初西安城中皆咸卤，水不可饮。"③

龙首渠"其水清泠甘甜"④，因为其水源除了浐水，还有秦岭大义峪水。清代乾隆年间，毕沅编纂《关中胜迹图志》述及龙首渠水源："其经流之大者，如西安省城，东有龙首，西有永济（按：即明代通济渠），两渠同出于大义谷第一脉之水。龙首由小义、太乙二谷之间北行，又转而东，由咸宁东长乐门入城。"⑤这表示龙首渠发源于秦岭大义峪第一脉之水。翻检清嘉庆《咸宁县志·长安志水道图》可见：大义峪共流出三脉水，第一脉水向东北流经鸣犊镇，转向北流经马头崆，与浐水合流。另外两脉水向西北流，第二脉流入清代西安府城，第三脉一直向北。所以龙首渠水源实有浐水、大义峪水两种。

问题是清嘉庆《咸宁县志》同时也记载道："龙首渠……自县界龙首乡马头崆，堰浐水入此渠。"⑥附注："按龙首渠起马头崆，而今渠起留公。"⑦意思是清代龙首渠起自马头崆东南的留公村，那么宋、元时期龙首渠起自马头崆还是留公村呢？黄盛璋先生分析说："隋唐龙首渠引浐水处在马头崆，有龙渠堰，而明清龙首渠则有两源……一是自留公分浐水北流，引水处远在马头崆之南。"⑧此处言及隋唐、明清龙首渠水源，却未提及宋、元时期。

骆天骧《类编长安志》载："〔龙首堰〕在灞川马头崆。堰浐水入龙首渠。"⑨元朝时，马头崆应该还是龙首渠的源头。再者，如果在宋、元时期，龙首渠的源头已经南移到留公村，就表示水量在减少，但是从陈尧咨所述分析，北宋时龙首渠水量并未减少，只是渠道堵塞，那么龙首渠的源头就没有理由南移。

北宋时龙首渠水量充沛，"只将五七十人开一小渠，引注入城，四散于街市，居民

---

① 李健超：《汉唐长安城明清西安城地下水的污染》，见李健超：《汉唐两京及丝绸之路历史地理论集》，三秦出版社，2007年，第44—53页。
② 《宋史》卷二八四《陈尧咨传》，第9588页。
③ 《钞本明实录》第一册《明太祖实录》卷一二八《洪武十二年十二月》，第547页。
④ 《金石萃编》卷一三〇《宋八·赐陈尧咨敕》，第8页b。
⑤ 《关中胜迹图志》卷三《西安府·大川水利》，第74页。
⑥ 嘉庆《咸宁县志》卷二《历代疆域水道城郭宫室名胜图上》，第43页。
⑦ 嘉庆《咸宁县志》卷二《历代疆域水道城郭宫室名胜图上》，第43页。
⑧ 黄盛璋：《西安城市发展中的给水问题以及今后水源的利用与开发》，载《地理学报》1958年第4期，第406-426页。
⑨ 《类编长安志》卷九《胜游·灞川·龙首堰》，第273页。

门前流过"①。这段话揭示出一条信息：陈尧咨只发动了"五七十人"，必然是利用了唐朝旧水渠，不可能重新开挖新水渠。而北宋京兆城相当于唐长安城皇城，原本龙首西渠四条支渠中，只有一支流入皇城。所以陈尧咨应该就是重新挖开了唐朝时的旧水渠，所以能够"潜导迅流，直贯城闉"②。

据清嘉庆《咸宁县志·长安志水道图》所示，北宋龙首渠从京兆城东门景风门以南流入城内，沿草场街向西流，沿着安上街折向北流，流经开元寺后继续向北，流经九曜街、太平兴国寺、北城巷等处，注入城壕。

不过，《赐陈尧咨敕》中记载："刾龙首之清渠，实汉京之旧迹，克修废坠。"③其在肯定陈尧咨修复"废坠"的同时，却认为修复的是"汉京之旧迹"，显然与事实不符。骆天骧在《类编长安志》中引述此文，作"实唐京兆之旧迹"④。这有两种可能：一是此处"汉京"是唐长安的代指，骆天骧误改；二是王昶录文有误，当为"唐京兆"。

另外，清代毕沅也认为北宋时陈尧咨修复了龙首西渠"故道"："隋唐分东、西二渠，宋止修西渠故道，东渠堙废。"⑤不过，东渠是否被陈尧咨"填废"，并没有史料证据。笔者推测是因大明宫已废，没有必要再引龙首东渠水入禁苑，即便不人工填废，也会荒废淤塞。

---

① 《金石萃编》卷一三〇《宋八·赐陈尧咨敕》，第8页b。
② 《金石萃编》卷一三〇《宋八·赐陈尧咨敕》，第9页a。
③ 《金石萃编》卷一三〇《宋八·赐陈尧咨敕》，第9页a。
④ 《类编长安志》卷六《泉渠·渠·龙首渠》，第180页。
⑤ 《关中胜迹图志》卷三《西安府·大川水利》，第78页。

第二节
北宋京兆府城周边市镇及交通

一、北宋京兆府城周边市镇

按照人类社会发展的规律，农耕经济发展，人口聚集形成村落，随着生产力提高、人口增多，村落规模扩大，直到出现城市。而介于城市和村落之间的就是城镇。早在西周初年，周文王、武王在沣河两岸营建丰、镐二京，周边地区必定出现一些自然村落。因为周人经济以农耕为主，习惯于定居，并逐步扩大开垦面积，增加人口数量。

比如镐京东面的重要城邑杜城，《诗经·大雅·韩奕》中描述了韩侯入京朝觐周宣王，周宣王派显父出镐京迎接："韩侯出祖，出宿于屠。显父饯之。"依据程俊英先生的译注："屠：地名。即鄠县之杜陵，在今陕西省西安东。"[1]意思是显父将韩侯安置在杜城，大约就是现在西安市长安区郭杜东北的杜城村，反映了西周时期在丰、镐二京以外出现了新城邑。

在中国古代，长安城虽地处关中平原内陆地区，但农业生产基础良好，物产丰富多样，人口资源充足，占据着重要的交通区位，所以城郊市镇不仅数量增加较快，类型多样，而且市场商品化程度也有快速提升。尤其是在汉长安城、唐长安城建造起来后，作为运输中转站和物资补给源，长安周边出现了鳞次栉比、星罗棋布的街道、城镇，为支撑这座城市的正常运转立下了汗马功劳。市镇人口繁荣和商品经济的兴盛也使城郊聚落景观发生了很大变化。

城镇是在都城等中心城市之外形成的居民聚集区，根据其规模、属性的差别，城镇也有不同的类别，其中人口较多、面积较大，兼具政治、经济、文化属性的城镇就是

---

[1] 程俊英：《诗经译注》，上海古籍出版社，2012年，第311页。

县。县是中国古代王朝设置的最基层的地方行政机构，有朝廷任命的县令、县丞、县尉等官员，设立衙署、监狱、学校等行政、司法、教育设施，并且县治所在地基本都修建有城墙，甚至产生了所谓"皇权不下县"的说法，指的是朝廷不再任命县以下乡、村级官员[①]。

在魏晋南北朝时出现了军镇，也就是军队驻扎，承担防御、屯田等职能的城镇，比如北魏在前期国都平城以北设置的"六镇"。军镇规模可大可小，其分布主要集中于交通要道。特别是在分裂时期，如五代、北宋初年，沿秦岭北麓山口交通要道设置的镇都以军事防御作为主要功能，即便伴随着物资运输活动，也是从属于军队驻扎、调动等活动，而非纯粹的商业贸易。史红帅先生认为：从明代中后期到清代，基于社会经济的发展，西安周边原本作为"军镇"的区域，商贸交流中心的功能逐渐加强，此前的"军镇"转变为"市镇"，成为以商贸功能为主的新兴市镇。[②]

当然，在历史上，西安周边官府设置的城镇并不都是军镇。本来唐代以来，在城外交通要道就有草市，如沧州"置归化县于福城草市"[③]，还有德州归化县"有灌家口草市一所"[④]，这些都是乡村百姓售卖商品的集市。到了宋代，商业更加繁荣，商业贸易完全突破城中坊市，扩展到周边城镇、乡村，草市逐渐固定，发展成为新的人口聚集区。宋代在此基础上设置了不少新的市镇。李令福先生分析指出："市镇或称集镇，是固定的商品生产与交易场所，是比镇还要小一些的居民聚落，多数市镇没有官方委派的监官，市镇的规模一般小于镇，在一个县域内市镇的数量通常不止一个，一般来说比建制镇要多。"[⑤]一般来说，市镇比县规模小、等级低，除了个别具有军事意义的市镇，普遍没有城池。如果市镇商品交易活跃，人员密集，朝廷甚至会将县治移往该处，如宋仁宗嘉祐元年（公元1056年）八月，"冀州言本州堂阳县人户稀少，而新河镇交易所会，既徙令佐治新河"[⑥]。

据《资治通鉴》记载，唐昭宗乾宁二年（公元895年），李茂贞、王行瑜等藩镇作乱，唐昭宗出逃："出启夏门，趣南山，宿莎城镇。"胡三省注："莎城镇，在长安城

---

① 费孝通：《基层行政的僵化》，见费孝通：《乡土重建》，岳麓书社，2012年，第35—44页。
② 史红帅：《西安城郊古镇的分布与形态》，载《西安晚报》2010年10月10日第11版。
③ 《旧唐书》卷一六《穆宗纪》，第489页。
④ 〔宋〕王溥：《唐会要》卷七一《州县改置下·河北道》，中华书局，1955年，第1264页。
⑤ 李令福：《北宋关中小城镇的发展及其类型与分布》，载《中国历史地理论丛》2004年第4辑，第103页。
⑥ 《宋会要辑稿》方域一二之一八，第7528页。

南，近郊之地也。"①这表示唐长安城近郊有一处市镇名为莎城镇。

唐昭宗一行的路线是："出启夏门，憩于华严寺，以候内人继至。其日晚，幸莎城镇。京师士庶从幸者数十万，比至南山谷口，喝死者三之一。"②辛德勇先生认为："莎城镇与谷口当为一地。"③此说或可商榷，因为《旧唐书·昭宗纪》记唐昭宗从启夏门出长安后，途中在华严寺休息，"其日晚，幸莎城镇"。意思是唐昭宗晚间到达莎城镇。《新唐书·杨复恭传》亦载："帝惧，暮出莎城。"④时间也是晚间时分。而"比至南山谷口，喝死者三之一"的意思是到南山谷口时中暑者有三分之一。显然，夜间不可能中暑。这意味着唐昭宗晚上到莎城镇休息后，再继续上路，白天到南山谷口。所以，莎城镇和南山谷口应为两处不同地点。

辛德勇先生推测南山谷口就是莎城镇，因而得出"莎城镇应即义谷镇本名"⑤。义谷为长安城东南的终南山谷之一，今名大峪谷、大义谷、大峪口，谷中有河名义谷水。北周武帝保定二年（公元562年）曾对其加以拓凿，目的是向长安城运送终南山木材。所谓"义谷镇"，即北宋所设义古镇，既然莎城镇不是南山谷口，那么莎城镇自然也不是义古镇。而且，北宋宋敏求《长安志》中将莎城镇、义古镇并列，并未提及二者有渊源。

宋代义古镇"在县东南八十里。东南至乾祐县及金、商等州，西南有路至兴元府"⑥。元代又将义谷道开通到金州（今陕西安康）。明代在此设常德里，属西安右卫，因有尹姓人家聚居，得名尹家卫。雍正《陕西通志》、嘉庆《咸宁县志》和民国《咸宁长安两县续志》均记为尹家卫，后世谐音为"引驾回"，即今西安市长安区引镇。

按照《元丰九域志》所记，北宋时，京兆府城郊长安县、万年县市镇数量增加到6处：长安县有"子午一镇"，万年县有"城东、城南、鸣犊、义谷、灞桥五镇"。⑦在《中国历史地图集·宋永兴军路图（政和元年，公元1111年）》中，标注有城郊灞桥、鸣犊、义谷、子午四镇。然而，《元丰九域志》所载并不周全，比如《长安志》中记载万

---

① 《资治通鉴》卷二六〇，唐昭宗乾宁二年七月，第8472页。
② 《旧唐书》卷二〇上《昭宗纪》，第754页。
③ 辛德勇：《隋唐时期长安附近的陆路交通——汉唐长安交通地理研究之二》，载《中国历史地理论丛》1988年第4辑，第145—171页。
④ 〔宋〕欧阳修、宋祁：《新唐书》卷二〇八《宦者传·刘季述》，中华书局，1975年，第5893页。
⑤ 辛德勇：《隋唐时期长安附近的陆路交通——汉唐长安交通地理研究之二》，载《中国历史地理论丛》1988年第4辑，第145—171页。
⑥ 《长安志》卷一一《县一·万年》，第362页。
⑦ 〔宋〕王存：《元丰九域志》卷三《陕西路·永兴军路》，王文楚、魏嵩山点校，中华书局，1984年，第104页。

年县尚有渭桥镇①，长安县还有杜角镇、秦杜镇等。到金代，《金史·地理志》记载长安县、咸宁县3镇：长安县有子午镇，咸宁县有鸣犊、乾祐两镇②。而《中国历史地图集·金京兆府路图》中标注出灞桥、鸣犊、子午3镇。元朝将子午镇改为子午里、鸣犊镇改为鸣犊里，翻检《元大一统志》《元史》等史料，未发现西安周边市镇的记载，且《中国历史地图集·元时期陕西行省图（至顺元年，公元1330年）》中也未标注元代奉元城郊市镇。明代沿袭子午里等名称，但也混用子午镇。到清代初年，才恢复子午镇之名。

二、北宋京兆府周边交通

北宋京兆府周边交通主要有四个方向：向东通向东京开封府，向南通向巴蜀，向西通向陇西，向北通向延州。由于丝绸之路已经中断，所以就全国范围来看，北宋京兆府周边最重要的交通，就是东、南、北三条交通线。

早在宋太祖建隆三年（公元962年）正月就曾下诏修复洛阳到京兆间的道路，"太祖建隆三年正月九日，诏西京修古道险隘处，东自洛之巩，西抵陕之湖城，悉命治之，以为坦路"③。意思是修筑从洛阳巩义县到陕州湖城县之间的道路，一方面保障东京开封—西京河南府—潼关—京兆之间的道路通畅，实现物资、人员来往畅通；另一方面是为了准备以后向后蜀用兵，满足军需运输。

北宋时期，从京兆府到开封的陆路交通，可以沿着驿道一路向东。如果是官员或举人，还能领取朝廷发放的公券，可以在沿途馆驿食宿和租用车辆马匹。大致的路线是：从京兆启程向东，先进入华州地界，依次经过渭南、郑县、潼关；然后来到陕州，迎面来到阌县，接着是虢州、陕县，过了陕县就出了永兴军路地界，进入京西北路了；在京西北路第一站是渑池，然后是新安，第三站是西京河南府（也就是洛阳），再过了巩县就是郑州；来到了京畿路，过中牟，最后就是东京开封府。

道路修补与开凿同样重要，既包括对旧有路段进行维护和修缮，也包括重新规划交通路线。比如宋神宗熙宁五年（公元1072年）九月，华州少华山前阜头山山崩，导致道路中断，"熙宁五年九月丙寅，华州少华山前阜头峰越八盘岭及谷，摧陷于石子坡。东西五里，南北十里，溃散坟裂，涌起堆阜，各高数丈，长若堤岸。至陷居民六社，凡数

---

① 《长安志》卷一一《县一·万年》，第358页；《长安志》卷一二《县二·长安》，第383页。
② 〔元〕脱脱等：《金史》卷二六《地理志下·京兆府路》，中华书局，1975年，第641页。
③ 《宋会要辑稿》方域一〇之一，第7474页。

百户，林木、庐舍亦无存者"①。这次前阜头山山崩危害面积达东西五里、南北十里，对驿道造成直接破坏，行人只得改道而行。

当然，东京开封并不是终点，还能继续向东、向南、向北等各方向行进。宋高宗绍兴八年（公元1138年）年底，宋、金第一次绍兴和议达成，主要内容包括：南宋向金称臣，南宋皇帝赵构接受金朝册立；金与南宋以淮河中流为界，向西延长线到大散关（陕西宝鸡西南），南属宋，北属金；南宋每年向金纳贡银25万两、绢25万匹等。至此长达10余年宋金战争告一段落，双方保持以秦岭、淮河为界的南北对峙局面。

绍兴九年（公元1139年）四月，宋高宗派遣签书枢密院事楼炤去陕西视察，秘书少监郑刚中随行。一行人从南宋行在临安（今浙江杭州）出发，一路来到凤翔府，事后郑刚中写成《西征道里记》记述其事。据文中记载，众人进入陕西境内后一直沿驿道西行，于当年六月十六日来到阌乡、湖城两县。其中湖城县已经在宋神宗熙宁四年（公元1071年）并入灵宝县，此处郑刚中应该是使用旧称。接着，来到潼关东的关东店，穿过潼关，又经过潼关西的关西店，来到华阴县，到了西岳庙。然后到达华县敷水店、赤水镇，临潼县新丰镇。

据郑刚中记述，他们在六月二十三日抵达灞桥，"灞水涨，不进，是日，知永兴军节制诸路军马张中孚渡轻舟来迎"②。因为灞水涨水，导致灞桥被淹没，只能乘船。

建在灞河之上的灞桥，自古以来就是从关中京兆向东通往中原地区的交通要道。灞河在西周时名滋水，春秋时秦穆公向东称霸，改名霸水，后世称灞河。《史记》载王翦伐楚，"始皇自送至灞上"③。这表示当时灞河上已经有桥梁。从西汉长安城东门霸城门向东，在灞河修有木桥。此桥毁于王莽篡汉时期，重建后改名长存村桥。到隋文帝开皇三年（公元583年），在灞河上修造石桥。根据嘉庆《咸宁县志》所载，当时还设有驿站，因而形成集市。唐中宗时在隋代石桥以南又造新桥，成为当时送别之所。北宋于万年县东部灞河东岸设灞桥镇，"〔灞桥镇〕在咸宁县东二十五里"④。此镇即得名于灞河石桥。

宋哲宗元祐二年（公元1087年），韩缜知永兴军府事，他主持过石桥修缮工程。韩

---

① 《宋史》卷六七《五行志·土》，第1488页。
② 〔宋〕郑刚中：《西征道里记》，中华书局，1985年，第7页。
③ 《史记》卷七三《王翦列传》，第2340页。
④ 《类编长安志》卷七《镇聚·镇》，第201页。

缜字玉汝，出身于官宦之家，"缜外事庄重，所至以严称"①。韩缜采取严苛手段，督促民夫按工期修桥，然而修桥的石料却运送缓慢，下属和工匠都很畏惧，就想到了京兆城中的碑刻，"元祐中，韩丞相玉汝帅长安，修石桥，督责甚峻。村民急于应期，率皆磨石刻以代之，前人之碑尽矣。说者，谓石刻之一厄会也"②。韩缜虽然主持了修缮灞桥的工程，但是他为了赶工期，指使、纵容下属磨平京兆碑石，这是继宋仁宗时姜遵破坏石刻后，对西安历史文物的又一次蓄意破坏。

1994年，在灞桥镇柳巷村村北灞河河道中，发掘出一座隋唐灞桥遗址，桥身已毁，桥墩深埋地面两米以下。经考古研究发现，这是座石拱桥，在宋代经过重修，延续到元代。尤其是在桥墩下的泥沙中出土的一块石材，是把石碑表面磨平，抹去原来的碑文改凿而成的，这与文献记载相呼应，佐证了这座石桥就是韩缜在任时主持修缮的那座石桥③。该遗址于1996年被列为全国重点文物保护单位。

不过，北宋时浐河、灞河水势较大，灞河石桥往往被淹没，未能起到作用。例如宋徽宗宣和元年（公元1119年）五月，有大臣上书描述灞河的交通情况："永兴军界浐水河并灞海，每经大雨，山水合并，两河泛涨，别无桥路。及水势稍息，往往病涉，多伤人命。"④这表示灞河涨水时，仍然需要渡船摆渡。宋高宗绍兴九年（公元1139年）六月，楼炤、郑刚中就遇到了这样的问题，只能乘船过灞河。

楼炤、郑刚中一行人过了灞河，在六月二十四日抵达京兆府城，"二十四日至灞桥镇、浐水长乐坡，宿永兴军"⑤。楼炤、郑刚中在京兆城中处理事务，留居十余日，七月八日继续西行，来到咸阳县，由咸阳桥过渭河。七月九日宿兴平县，行经马跑泉、高店。七月十一日，行经杏林店、逻店，宿扶风县。七月十二日，行经东新店、龙尾坡，宿岐山县。七月十三日，行经任官村、横水店，来到凤翔府。可见，宋代京兆东、西两个方向的驿路，其行经地点和唐代时基本一样。

京兆东北方向的道路，可以通向河东即今山西地区。具体路线是：从京兆向东北，从东渭桥过渭水，行经高陵、栎阳；或者从华阴县东北渡过渭水，行经延祥镇、新市镇、朝邑县。这两条路线都可到达关中东北部重镇同州冯翊县（今陕西大荔县）。

---

① 《宋史》卷三一五《韩缜传》，第10311页。
② 〔宋〕吴曾：《能改斋漫录》卷一二《记事·石刻厄会》，上海古籍出版社，1979年，第349页。
③ 薛桥：《西安发现隋代灞河古桥遗址》，载《中国科技史料》1994年第3期，第65页。
④ 《宋会要辑稿》方域一三之二七，第7543页。
⑤ 《西征道里记》，第7页。

同州向北、东北、东三个方向都有通道。首先，同州向北衔接黄龙山的道路，主要用于行军作战。其次，同州向东北经过郃阳可到达韩城，在韩城禹门口渡过黄河到达龙门，就能直通河东路。在宋夏战争期间，从河东路征调的粮食等物资，就是从禹门口转往韩城，行经神道岭运往丹州宜川或延安。最后，同州向东行，行经朝邑县、河中府，到达解州解县。严格来说，这条路依然在北宋陕西地界以内。当盐州（今陕西定边）的青盐被禁后，这条道路就是运送解州池盐到关中、陇东、陕北等地的必经之路，无数盐商在这条路上往来贩运。

同州周边沿黄河通向河东的几条道路具有重要的军事战略意义。为了守卫这些道路，政府在北边修筑有龙门关，东边有蒲津关，南边则有潼关。自古以来潼关便是进入关中的要道，守备最严。从中原而来的军队，如果不想正面强攻潼关，可以穿过潼关东侧的黄巷坂（唐代称为潼关路，在阌乡县西北25里）。然而，这条潼关路通向另一处险塞函谷关，过关的难度有增无减。《元和郡县图志》引东晋戴祚撰《西征记》载：

> 函谷关城，路在谷中，深险如函，故以为名。其中劣通，东西十五里，绝岸壁立，崖上柏林荫谷中，殆不见日。关去长安四百里。日入则闭，鸡鸣则开，秦法也。东自崤山，西至潼津，通名函谷，号曰天险，所谓"秦得百二也"。①

所以宋金战争、蒙金战争期间，进攻方多选择从潼关以北绕行的方案。如金朝大将娄室进攻关中，他的行军路线是从洛阳迂回行进到韩城对岸，在冬季河面冰冻的时节，在夏阳渡附近渡过黄河，从而一举攻下同州、华州等地。还有蒙古大将木华黎以及第二代大汗窝阔台汗，也是避开潼关，从蒲津关进攻。可见，同州的交通通道对于京兆及其周边地区有极其重要的经济、军事及政治意义。

与京兆东北方向交通路线稍有不同，京兆向南、向北的路线似乎主要体现其经济作用。据《宋史·地理志》载，陕西"有铜、盐、金铁之产，丝、枲、林木之饶，其民慕农桑，好稼穑"②，其中所谓"林木之饶"，主要是指秦岭和秦州等地的竹木资源。

秦岭、秦州等地的竹木，先由陆路运送到渭河岸边，然后走水路从渭河转入黄河，再转入汴河，一直送到东京开封。早在宋太祖时期，就在汴河岸边置竹木务，负责存贮从陕西、河东运来的木材，"太祖置竹木务于汴上，市竹木于秦晋，由河入汴，有卒

---

① 《元和郡县图志》卷六《河南道二》，第158—159页。
② 《宋史》卷八七《地理三》，第2170页。

千五百人"①。木材是必需的建筑材料,除了开封,地方州县营造桥梁等基础设施,也会上奏请求去陕西采伐木材,至于民间需求量更是巨大,所以利润丰厚。因此北宋很早就设置了负责采伐、运输、贩售木材的专门官员和机构。宋太宗时,有张平在陕西负责开采木材,"太宗即位,召补右班殿直,监市木秦、陇,平悉更新制,建都务,计水陆之费,以春秋二时联巨筏,自渭达河,历砥柱以集于京。期岁之间,良材山积。太宗嘉其功,迁供奉官、监阳平都木务兼造船场"②。后来还有高防,开发秦州木材,"初,秦州西北夕阳镇连接山谷,材木所出,夏人久擅其利。尚书右丞高防知秦州,建议置采造务,辟地数百里,筑堡要害,募卒三百人为戍。自渭而北,夏人有之;自渭而南,秦州有之。岁获大木万章,给京师"③。

官府采运木材,获利丰厚,引起贪财牟利的官员插手木材行业,也有胆大包天之人通过行贿官员来插手。宋太祖的亲信重臣赵普就因私自贩售木材,差点被宋太祖免职。在宋太宗太平兴国五年(公元980年),王仁赡举报朝中贵戚私自贩售木材,诈称奉旨免税,谋取私利,"五年,仁赡廉得近臣戚里遣人市竹木秦、陇间,联巨筏至京师,所过关渡,矫称制免算;既至,厚结有司,悉官市之,倍收其直"④。

习惯上认为,京兆向北的道路,主要用途是在宋夏战争时向前线运送军队、物资,如宋太宗时,定难军李继迁起兵反宋后,"诸将讨李继迁,关辅转饷逾瀚海,多失亡"⑤。实际上,这条道路有着更加重要的作用,就是运输生活必需品之一——盐。

北宋朝廷对盐的生产和消费区域进行了硬性规定:"旧制,河南、河北、曹、濮以西,秦、凤以东,皆食解盐;益、梓、利、夔四路皆食井盐;河东食土盐;自余皆食海盐。"⑥然而,四川益州路、利州路井盐产量不足,无法满足实际需求,所以北宋朝廷也允许盐商运送解盐和盐州(今陕西定边)青盐,经京兆南下,运送到兴元府、洋县等地贩售。

盐州出产的青盐物美价廉,最受关中、巴蜀民众欢迎。当盐州属北宋时,北宋便以青盐、红盐为筹码,迫使陕北党项等部族归附。然而,盐州后来为李继迁所有,青盐、

---

① 〔宋〕陈师道:《后山谈丛》卷六《太祖置竹木务事材场》,李伟国点校,中华书局,2007年,第77页。
② 《宋史》卷二七六《张平传》,第9405页。
③ 〔清〕吴广成撰,龚世俊、胡玉冰、陈广恩等校证:《西夏书事校证》卷三《宋太祖建隆三年至乾德元年(962—963)》,甘肃文化出版社,1995年,第31页。
④ 《宋史》卷二五七《王仁赡传》,第8957页。
⑤ 《宋史》卷三〇一《马元方传》,第9986页。
⑥ 《涑水记闻》卷一五,第302—303页。

红盐成为李继迁与北宋交易的重要产品，以之换取北宋布帛、粮食、茶叶等。

北宋为了打击盐州青盐，防止财物流向李继迁，下诏禁止番盐输入陕西，并规定关陕、巴蜀盐商转而去贩售安邑、解县的池盐。问题是关陇、巴蜀居民不乐意食用池盐，于是出现走私者，冒险去盐州贩运青盐。如此一来，出现双输的局面：一方面李继迁无法用青盐换取粮食等物品，部民生活艰难；另一方面北宋盐贩将青盐运往中原地区，谋取更大利润，而京兆、兴元等地居民依然吃不到青盐，"乃诏自陕以西有敢私市者，皆抵死，募告者差定其罪。行之数月，犯者益众。戎人乏食，相率寇边，屠小康堡。内属万余帐亦叛。商人贩两池盐少利，多取他径出唐、邓、襄、汝间邀善价，吏不能禁。关、陇民无盐以食，境上骚扰"[1]。宋太宗无奈只得开禁。到元昊称帝以后，北宋再次禁止盐州青盐输入。元昊被迫向北宋请求"岁卖青盐十万石"[2]，这是宋夏最终达成议和的一个重要因素。

在正常情况下，关陕盐商持北宋官府所发盐引，从京兆北上盐州，贩运青盐至关陇、巴蜀等地。在北宋禁止盐州青盐的时期，盐商仍拿着盐引，走京兆东北方向，去安邑、解池贩运池盐到关陇及汉中、洋州一带。事实上，北宋"以禁断番盐为边界要策"，党项默许甚至鼓励盐商进入盐州，通过走私运出青盐。所以，不论是否禁青盐，北宋时京兆向北、向东北、向南的各条道路上，除了贩运茶叶等物资外，青盐、池盐的运输始终不绝于路。

---

[1] 《宋史》卷二七七《郑文宝传》，第9426页。
[2] 《宋史》卷二九五《孙甫传》，第9840页。

第三节
北宋京兆府城南景物

一、从安上门到启夏门

因为北宋京兆府城是唐末韩建在唐长安皇城基础上重筑的新城，所以京兆城南就相当于唐长安城外郭城到终南山这一片区域。这片区域山青水绿，景色优美，自古所谓长安九原、八水，其中的四原、六水都在城南。

这四原分别是白鹿原、神禾原、乐游原和少陵原，从终南山延伸出来，向西北一直到达渭河南岸。这四原并不陡峭，地势平整开阔，非常适合游览，像乐游原就是因为汉宣帝来此游玩而得名的，而白鹿原则是汉代上林苑所在地。

在四原旁边，流淌着6条河流。所谓"八水绕长安"，其中从终南山流出的沣、涝、潏、滈、浐、灞6条河流，从白鹿原、神禾原、乐游原和少陵原旁经过，向北或西北方向注入渭河。远处是巍峨的终南山，脚下是开阔的黄土原，身旁是清冷的河水，绿水映青山，青山托白云，白云衬蓝天，唐代诗人白居易写有《朝回游城南》诗，单表这里的美景，其中四句曰："水竹夹小径，萦回绕川岗。仰看晚山色，俯弄秋泉光。"①难怪城南成为文人骚客、贵戚富豪、高僧隐士修建园林别业、寺庙道观的首选之地。

宋哲宗元祐元年（公元1086年）"季春戊申"，张礼和友人陈明微出京兆东南门安上门，至"闰月十六"返回京兆西南门含光门。经曹尔琴先生考证："季春戊申"是闰二月二十日，故"闰月十六"可能记载有误，"十六"当作"廿六"，即闰月二十六日②。所以，《游城南记》就是张礼记述闰二月二十日到二十六日7天时间游历京兆城南

---

① 〔唐〕白居易著，朱金城笺校：《白居易集笺校》，上海古籍出版社，1988年，第356页。
② 曹尔琴：《张礼和〈游城南记〉》，载《中国历史地理论丛》1990年第3辑，第81页。

的游记。

　　张礼，字茂中，北宋两浙西路（今浙江西部）人。他出游京兆城南的时代，距离唐朝灭亡已经有200年了，无论是自然环境还是人文景观，都已经发生巨大变化，宫室墙垣沦为残垣断壁，河道小径变成泥淖菜地。张礼一路走来，留心古迹存废，他发现，"有闻其名而失其地者"，比如唐代诗人杜甫《陪郑广文游何将军山林十首》《重过何氏五首》等共15首诗中写到的"何将军山林"，张礼却"寻所谓何将军山林，而不可见"①；"有具其名得其地而不知其所以者"②，比如启夏门是唐长安城外郭城东南门，张礼却误认为是皇城东南门；"有见于近世而未著于前代者"③，比如五代后周皇甫元位于赵村的庄园，好一派沧桑巨变。

　　张礼和陈明微的游历可以分成三段：第一段是从京兆东南门安上门出发，经过原来的唐长安城外郭城，到达原唐长安城外郭城东南门启夏门；第二段是出启夏门，一路向南，到达终南山下，之后返程，回到原唐长安城正南门明德门，进入外郭城；第三段继续向北走，进入京兆西南门含光门回到京兆城。

　　张礼及友人的第一段旅程，是从安上门到启夏门。张礼、陈明微从安上门出发南行。东南安上门、西南含光门，是韩建改筑新城时的设计，原来的正南门朱雀门已被封闭。到明代初年彻底重修城墙，安上门被定为正南门，改名永宁门。现代考古发掘已经确定，今日西安明城墙的南门就是京兆东南门安上门。

　　张礼及友人出安上门以后，路西侧是兴道坊，东侧是务本坊。在原唐长安城中，务本坊的东边是平康坊。平康坊的东边，就是大名鼎鼎的东市，因此这一地区在原唐长安城中肯定是繁华所在。实际上，后世学者研究发现，当时大约90%的唐长安城居民，居住在从西边延平门到东边延兴门大街北侧的坊里。当然，张礼经过时，这里早就盛况不再，只有草市，也就是乡间集市。显然，二坊及其周边地区已经从原来的闹市区变成了乡间村落。

　　张礼及友人过了务本坊继续向南，进入位于原唐长安城安仁坊的圣容院，参观这里的荐福寺塔。圣容院就是唐代荐福寺，荐福寺塔就是小雁塔。文明元年（公元684年）三月，唐睿宗将襄城公主宅院改为大献福寺，为去世百天的唐高宗献福。到武则天天授元年（公元690年），更名荐福寺，"文明元年，高宗崩后百日，立为大献福寺，度僧二百人以实之。天授元年，改为荐福寺。中宗即位，大加营饰。自神龙以后，翻译佛经，并

---

① 〔宋〕张礼撰，史念海、曹尔琴校注：《游城南记校注》，三秦出版社，2006年，第111—112页。
② 《游城南记校注》，第173页。
③ 《游城南记校注》，第173页。

于此寺"①。其匾额更是武则天亲书,"天后飞白书额"②。荐福寺是唐代长安城中戏曲杂剧表演场所之一,"长安戏场多集于慈恩,小者在青龙,其次荐福、永寿"③。

不过,张礼及友人匆匆一瞥便离去,想是荐福寺塔已经残破。再过100多年,到金朝末年,蒙古大军南下,北方陷入战乱,金哀宗正大八年(公元1231年),此塔"废荡殆尽",只剩塔砖。今天的西安博物院内的小雁塔,是经明清两代多次修缮而来的。

张礼及友人出圣容院再向南走,来到了永乐坊和崇业坊,参观古草场坡。然后向东南,进入晋昌坊,来到慈恩寺,登上大雁塔,读唐人留题。张礼在书中记述雁塔得名缘由:"《天竺记》达榇国有迦叶佛伽蓝,穿石山作塔五层,最下一层作雁形,谓之雁塔,盖此意也。"④

慈恩寺建于隋代,原名无漏寺,唐太宗贞观二十二年(公元648年)整修后,改名慈恩寺。大雁塔是高僧玄奘在唐高宗永徽三年(公元652年)主持修建的,最初为五层。武则天长安年间(公元701—704年)重建为十层,"长安中摧倒,天后及王公施钱,重加营建至十层"⑤。大雁塔气势巍峨,深受唐代文人墨客钟爱,他们创作了大量关于大雁塔的作品。如著名诗人岑参的《与高适薛据同登慈恩寺浮图》:

> 塔势如涌出,孤高耸天宫。
> 登临出世界,磴道盘虚空。
> 突兀压神州,峥嵘如鬼工。
> 四角碍白日,七层摩苍穹。
> 下窥指高鸟,俯听闻惊风。
> 连山若波涛,奔凑似朝东。
> 青槐夹驰道,宫馆何玲珑。
> 秋色从西来,苍然满关中。
> 五陵北原上,万古青濛濛。
> 净理了可悟,胜因夙所宗。
> 誓将挂冠去,觉道资无穷。⑥

---

① 《增订唐两京城坊考》(修订版)卷二《西京·外郭城》,第47页。
② 〔唐〕张彦远:《历代名画记》卷三《记西京外州寺观画壁》,周晓薇校点,辽宁教育出版社,2001年,第31页。
③ 〔宋〕钱易:《南部新书》戊,尚成校点,上海古籍出版社,2012年,第41页。
④ 《游城南记校注》,第23页。
⑤ 《游城南记校注》,第23页。
⑥ 〔唐〕岑参著,陈铁民、侯忠义校注:《岑参集校注》,上海古籍出版社,1981年,第101—102页。

慈恩寺、大雁塔所在区域，就属于唐代著名风景区曲江池了。曲江池因为水池形状弯曲而得名。从秦代开始这里就是风景区，秦代修有宜春苑，汉代修有乐游苑。到唐代，它被纳入长安城外郭城中，又引水灌注，扩大了曲江池的面积。唐玄宗时再次凿池蓄水，形成周长7里的池塘。在唐代，1里等于280步，1步约等于1.5米，换算下来，唐代曲江池的周长约为2940米。

曲江池风景优美，"花卉环周，烟水明媚"[1]。曲江池西边是慈恩寺、杏园，北边是青龙寺，南边是芙蓉园、紫云楼，东北则是另一著名景点乐游原。因此曲江池及其周边形成了一组建筑群构成的系列景观，是唐代长安城君臣百姓、男女老少最重要的休闲娱乐场所。"何处春辉好，偏宜在雍州。花明夹城道，柳暗曲江头。"[2]每到中和节（二月初一）、上巳节（三月初三），曲江池畔士女云集，"盛于中和上巳之节，彩幄翠帱，匝于堤岸；鲜车健马，比肩击毂"[3]。游曲江、赏牡丹是当时一桩风流雅事，而赏牡丹必定要去慈恩寺，看寺中名贵品种。

当然，万般风雅、千种得意，总还是比不过金榜题名。在唐代，考中进士的人，或者才情高，或者抱负大，或者吃苦多，或者后门硬……总之都背负了压力，经受了考验。所谓"唐人最重进士科"[4]，进士出身，位极人臣，这是唐代社会中上阶层读书人心中的完美理想。及第后，可谓扬眉吐气。正如黄滔《放榜日》诗句："吾唐取士最堪夸，仙榜标名出曙霞。"[5]

按照习惯，唐代读书人同榜科举得中后，也会聚集曲江，凭风把盏，独领一时风骚。本来，曲江宴饮是唐朝官府安慰落第贡士们的宴会，后来不办了，考中者就自发地跑去欢聚，或者去曲江亭，名为曲江会；或者去杏园，叫作探花宴。为了助兴和邀名，宴会上还会推出最年少的两个人，骑快马在长安城中寻访名花。而在新科进士们举行曲江宴的时候，长安城里的老百姓甚至官僚们出于好奇和敬佩，也聚集到曲江。当时真可谓全城出动，商旅云集，"先期设幕江边，是以商贩皆以奇货丽物陈列，豪客、园户争以名花布道"[6]。这就是诗人孟郊《登科后》诗中的名句"春风得意马蹄疾，一日看尽长安花"的由来。

---

[1]〔唐〕康骈：《剧谈录》卷下《曲江》，古典文学出版社，1958年，第57页。
[2]〔唐〕沈亚之：《春色满皇州》，见沈德潜选注：《唐诗别裁集》卷五《五言长律》，上海古籍出版社，2013年，第588页。
[3]《剧谈录》卷下《曲江》，第57页。
[4]〔清〕王士禛：《香祖笔记》卷一一，湛之点校，上海古籍出版社，1982年，第219页。
[5]陕西省地方志办公室编纂：《历代咏陕诗词曲集成·古代部分上》，三秦出版社，2007年，第1053页。
[6]《关中胜迹图志》卷六《西安府·古迹·苑囿第宅》，第206页。按：毕沅谓这段文字引自北宋宋敏求《春明退朝录》，误，当是出自明代冯时可《蓬窗续录》。

宴饮之后，同榜进士们再转往慈恩寺，在大雁塔下题名，意即要把自己的名字刻入石碑流传后世，尽享当世风流，领受朝野嘉誉。面对如此殊荣，27岁的诗人白居易也禁不住自我感叹："慈恩塔下题名处，十七人中最少年。"①

遗憾的是，大雁塔遭遇了唐末兵灾，只存七层。张礼认为，五代后唐明宗长兴年间（公元930—933年），西京留守安重霸进行了修缮，"长兴中，西京留守安重霸再修之，判官王仁裕为之记"。②此后长安居民争相来此游玩，"每岁春时，游者道路相属"③，但是根据《旧五代史·安重霸传》所记"清泰初，移授西京留守、京兆尹"④，则二者必有一误。在宋神宗熙宁年间（公元1068—1077年），大雁塔发生火灾，损毁较重，"而游人自此衰矣"⑤。但是大火也烧掉了安重霸整修时的涂抹，"而砖始露焉。唐人墨迹，于是毕见，今孟郊、舒元舆之类尚存，至其他不闻于后世者，盖不可胜数也"⑥。张礼、陈明微读的正是唐代孟郊等人的雁塔题名。

张礼在塔上眺望四周，只见人去楼空、美景难再，"倚塔，下瞰曲江宫殿，乐游燕喜之地，皆为野草，不觉有《黍离》《麦秀》之感"⑦。早在唐文宗大和年间（公元827—835年），"曲江宫殿废十之九"⑧，甚至慈恩寺也在金哀宗正大年间（公元1224—1231年）被毁。大雁塔就成了西安市内唯一一处保留至今的唐代建筑——虽然小雁塔塔身是明清所修，但小雁塔底座下的地宫是唐代建筑。

张礼及友人一路去了乐游原、青龙寺、杏园和芙蓉园。可惜，"今遗址尚多存者"，著名的曲江本有泉眼，从汉代即出水成流，到张礼游时成了"已塞之泉"，⑨更增添了几分凄凉之感。

二、从启夏门到终南山

张礼及友人的第二段旅程，是从启夏门到终南山。再向南走，出启夏门就彻底出城，进入郊外。韩建放弃了唐长安城的外郭城，但不代表外郭城已经消失，至少张礼还

---

① 〔五代〕王定保撰，姜汉椿校注：《唐摭言校注》卷三《慈恩寺题名游赏赋咏杂记》，上海社会科学院出版社，2002年，第81页。
② 《游城南记校注》，第23页。
③ 《游城南记校注》，第23页。
④ 《旧五代史》卷六一《安重霸传》，第819页。
⑤ 《游城南记校注》，第23页。
⑥ 《游城南记校注》，第23页。
⑦ 《游城南记校注》，第42页。
⑧ 《游城南记校注》，第43页。
⑨ 《游城南记校注》，第43页。

经过了启夏门，不过已经残破不堪。到明代万历年间（公元1573—1619年），关中文士赵崡到西安时，已经见不到启夏门了。

进入城南郊外后，实际行程比外郭城内要远得多，见到的文物古迹也更多。在樊川一带，也就是今天西安市长安区韦曲、杜曲、少陵原等地，有唐代杜氏、韦氏两大家族的庄园，所谓"韦曲樊川雨半晴，竹庄花院遍题名"。到宋代，这里依然分布着不少达官贵人、僧侣道士的庄园、寺观。这些园林造景山水结合，动静相宜，是唐宋以来追求"诗情画意"的园林设计理念的典型反映。当时，不少官僚贵族兼具文人画家的身份，他们追求悠闲雅逸的审美意趣，自建园林或参与造园，将他们的生活思想，以及文人山水画意境熔铸于园林的布局和造景中，影响了此后历代园林设计和建造。

张礼及友人出游时，正直暖春，城南到处草木荣华，风光冶丽。张礼出启夏门，先到唐天坛圜丘，过杜光村、仇家庄、赵村等地，夜宿牛头寺。再上路，沿清明渠到韦曲，寻何将军山林不着，夜宿申店（今陕西西安长安韦曲街道）。转天拜会韦氏后裔韦宗礼，游览了他的庄园会景堂，"韦氏，名宗礼，字中伯，世为下杜人。盖唐相之裔……。中伯博学好古，葺治园亭，奇花异卉，中莫不有，日与宾客宴游。朝奉郎白序题其堂曰会景。中伯圃中有对金竹，其状与对青相似。长安有此竹者，惟处士苏季明、张思道与中伯三家而已"①。此处苏季明指的是张载弟子苏昞。与张礼同时代的张舜民也赞誉此地说："相其地乃古之宜春苑也，今谓之韦曲。自汉、唐已来，诸韦居之，与后周逍遥公晒书台，唐杜岐公、韩退之旧业，郑都官之园池邻里，篱落垠堮皆在。人云李太白尝居此也。仰终南之云物，俯潏水之清湍。乔林隐天，修竹蔽日。真天下之奇处，关中之绝景也。"②

从韦氏会景堂再往东十里，就是少陵原上的杜曲。有唐岐国公杜佑的别墅，"亭馆林池，为城南之最"。宋神宗熙宁年间，归张载门人侍御史范育所有，"中有溪柳、岩轩、江阁、圃堂、林馆，故又谓之五居"③。司马光的七言律诗《送白都官归长安》也提到在杜曲的闲适生活：

> 丈夫那肯浪低眉，薄宦空添鬓里丝。
> 泸水归来山浩荡，都门辞去菊离披。
> 黄鸡白酒五陵乐，杜曲樊川九谷宜。

---

① 《游城南记校注》，第121—122页。
② 《长安志图》卷中《图志杂说·水磨赋》，第61页。
③ 《游城南记校注》，第129页。

复见夫君行直道，崆峒气俗未应衰。①

出范育庄园，继续向东，是华严宗祖庭华严寺，位于少陵原山坡上，"下瞰终南之胜，雾岩、玉案、圭峰、紫阁，粲在目前，不待足履而尽也"②。华严寺旁又有东阁，为草堂别院，内有真如塔，视野尤胜华严寺。此前，杨文秀先生认为东阁位于华严寺中："（华严）寺内'有东阁，为登眺游胜之所'。"③此说误，按照《长安志》的记载，唐代华严寺有真如塔。但是到宋代，张礼所见为："真如塔在焉。谓之东阁，以西有华严寺故也。今为草堂别院。"④意思是真如塔所在院落为东阁，在华严寺东边，是草堂别院。也就是说，真如塔所在的东阁已经从华严寺中分割出来。

出了东阁，来到澄襟院，"院引北岩泉水，架竹落庭，注石盆中，莹澈可挹，使人不觉顿忘俗意"⑤。澄襟院东侧是元医的庭院，"元医世为樊川人。其居北倚高坡，泉声泠泠，竹阴相接。圃中植花，穴洞岩间，架阁池上，茂林修竹，与之隐映，真有幽胜之趣"⑥。

在这周围，张礼及友人还游览了香积寺、延兴寺、兴教寺、夏侯村白氏林泉、韦赵村附近塔院等。有的零落破败，比如净土宗祖庭香积寺，"塔砖中裂，院中荒凉，人鲜游者"。延兴寺"断碑遗址，瓦砾遍地"。有的香火鼎盛，比如法相宗祖庭兴教寺，"殿宇法制，精密庄严"。张礼在寺内见到玄奘及其弟子窥基、圆测的舍利塔：三藏玄奘塔（本名大遍觉塔）、慈恩塔和西明塔。他们还登上了宋神宗元丰年间（公元1078—1085年）新建的玉峰轩，远眺翠华山玉案峰。

值得注意的是，这些寺庙庭院普遍种植竹林，如韦赵村附近的塔院，"修竹乔林，森结参天，池台废基颇多，不知在唐为谁氏业"。有的以山泉草木错落搭配取胜，如延兴寺"竹木森蔚，泉流清浅，景胜元医之居"。有的以规模广大、建筑多样为特色，如夏侯村白氏林泉，"庄有挥金堂、顺年堂、疑梦室、醉吟庵、翠屏阁、寒泉亭、辛夷亭、桂岩亭"⑦。

---

① 〔宋〕司马光：《司马光集》卷一三《律诗八·送白都官归长安》，李文泽、霞绍晖校点，四川大学出版社，2010年，第417页。
② 《游城南记校注》，第131页。
③ 杨文秀：《略谈唐宋时期长安南郊的园林景观——读张礼〈游城南记〉》，载《唐都学刊》1990年第4期，第58—63页。
④ 《游城南记校注》，第140页。
⑤ 《游城南记校注》，第140—141页。
⑥ 《游城南记校注》，第141页。
⑦ 《游城南记校注》，第141—142页。

接着他们上神禾原，游览皇甫村涂山寺、乾湫，"望翠微百塔"，眺望终南山翠微寺。张礼与友人相约继续游览南五台，"而与仆夫负行李者相失"，改在御宿川王渠饮酒，当夜留宿申店，"醉还申店，几夜半矣"。①

第二天他们再次启程，依次游览唐裴相国郊居（时为沈思之居）和幽州庄李氏林亭。张礼饶有兴致地进行了品评，他认为唐裴相国郊居为"樊川之亚"，而幽州庄李氏林亭"过沈庄"，景致最佳："林泉之胜，亦樊川之亚。今为鄱阳沈思之居。又南行三里至幽州庄李氏林亭。李氏，燕人也，故以幽州名。泉竹之盛，过沈庄矣。"②

之后继续向南，张礼及友人终于来到终南山脚下的炭谷。张礼认为炭谷当为太乙谷，理由可能是"谷前太乙观"。另说炭谷是灵母谷，见于《太平广记》引唐代陆长源《辩疑志》云："长安城南四十里，有灵母谷，呼为炭谷。"③不过，宋敏求《长安志》记为："炭谷。在县南六十里。"④或许陆长源以唐长安城为标记，宋敏求以宋京兆府为标记，故而出现"四十里"与"六十里"的差异。

入谷登览途中，张礼及友人看到石壁上的司马光隶书："登山有道，徐行则不困。择平稳之地而置足则不跌。人莫不知之，鲜能慎。"⑤当是司马光在宋神宗熙宁三年（公元1070年）到熙宁四年（公元1071年）间，以端明殿学士知永兴军府事，游览终南山时有感时局而发。

很有可能司马光从京兆府出城，游览路线与张礼及友人的路线相同。甚至到了1923年，康有为来西安，农历十月与郑维翰等人游终南，郑维翰《游终南樊川记》中记录的路线也与张礼的路线相同："西南行，过神禾原数里，路分为二，一至王曲镇，一至子午谷，由前路南行，过皇甫村，下原入王曲。再傍滈水而南，稻田连畦，依稀江乡，即御宿川，汉上林苑也，武帝尝幸此……数里，至王曲镇城隍庙……再南十里抵留村……入山，步曲磴而上（为终南山之南五台山）。"⑥

终南山风景壮丽，历代文人雅士吟诵不绝，像唐太宗《望终南山》："重峦俯渭水，碧嶂插遥天。"南五台、翠微寺等自然、人文景观保留至今。张礼及友人游兴正

---

① 《游城南记校注》，第154页。
② 《游城南记校注》，第163页。
③ 《太平广记》卷二八九《妖妄二·双圣灯》，第2299页。
④ 《长安志》卷一一《县一·万年》，第363页。
⑤ 《游城南记校注》，第163—164页。
⑥ 单演义、单元庄：《康有为在西安》，陕西人民出版社，1990年，第132页。

酣，"自谷口穿云渡水，蹑乱石，冒悬崖，行十余里，数峰耸削"①。正待拾级而上，山中遇雨，登山有险，张礼及友人只能怅然而归。当天投宿韦宗礼的会景堂，转天返抵京兆府城明德门。

张礼及友人的第三段旅程，是从明德门到含光门。唐长安城从内到外，分别是宫城正南门承天门、皇城正南门朱雀门、外郭城正南门明德门。明德门遗址在今天西安南郊杨家村以南。张礼及友人进入明德门后，从南向北，一路直行，经过延祚、光行、道德、永达四坊，来到崇业坊，参观这里的玄都观，不过此时只剩下了"遗基"。崇业坊以东是靖善坊，有大兴善寺，不过这一区域人迹罕至，"虽时有居者，烟火不接，耕垦种植，阡陌相连"②。崇业坊以北是安业坊，这里有唐昌观。

这次，张礼及友人没有走东南门安上门进京兆，而是走西南门含光门，遗址在今天西安市碑林区甜水井街南口西安城墙南墙下。

7天的行程至此结束，张礼及友人在南郊一路经过的城郭、坊市、村落有50多处，还有原、河、湖30多处，以及园林、别墅、寺观40多处，其他类的比如墓葬、祠堂、碑刻不一而足。此外，他们还寻访到120多位人物。这一趟行程，对张礼来说，不仅是休闲旅游，更是文物考古。他事后写成的《游城南记》，也为后世了解北宋中期京兆长安的真实面貌提供了珍贵的第一手史料。（见图3-1）

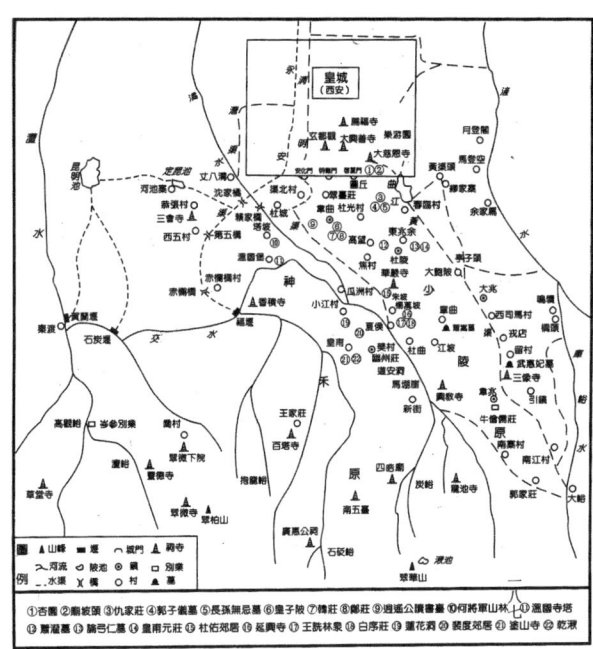

图 3-1 张礼《游城南记》景观文物
（选自张礼撰，史念海、曹尔琴校注：《游城南记校注》，
三秦出版社，2006年，第189页）

---

① 《游城南记校注》，第163页。
② 《长安志》卷七《唐京城·外郭城》，第260页。

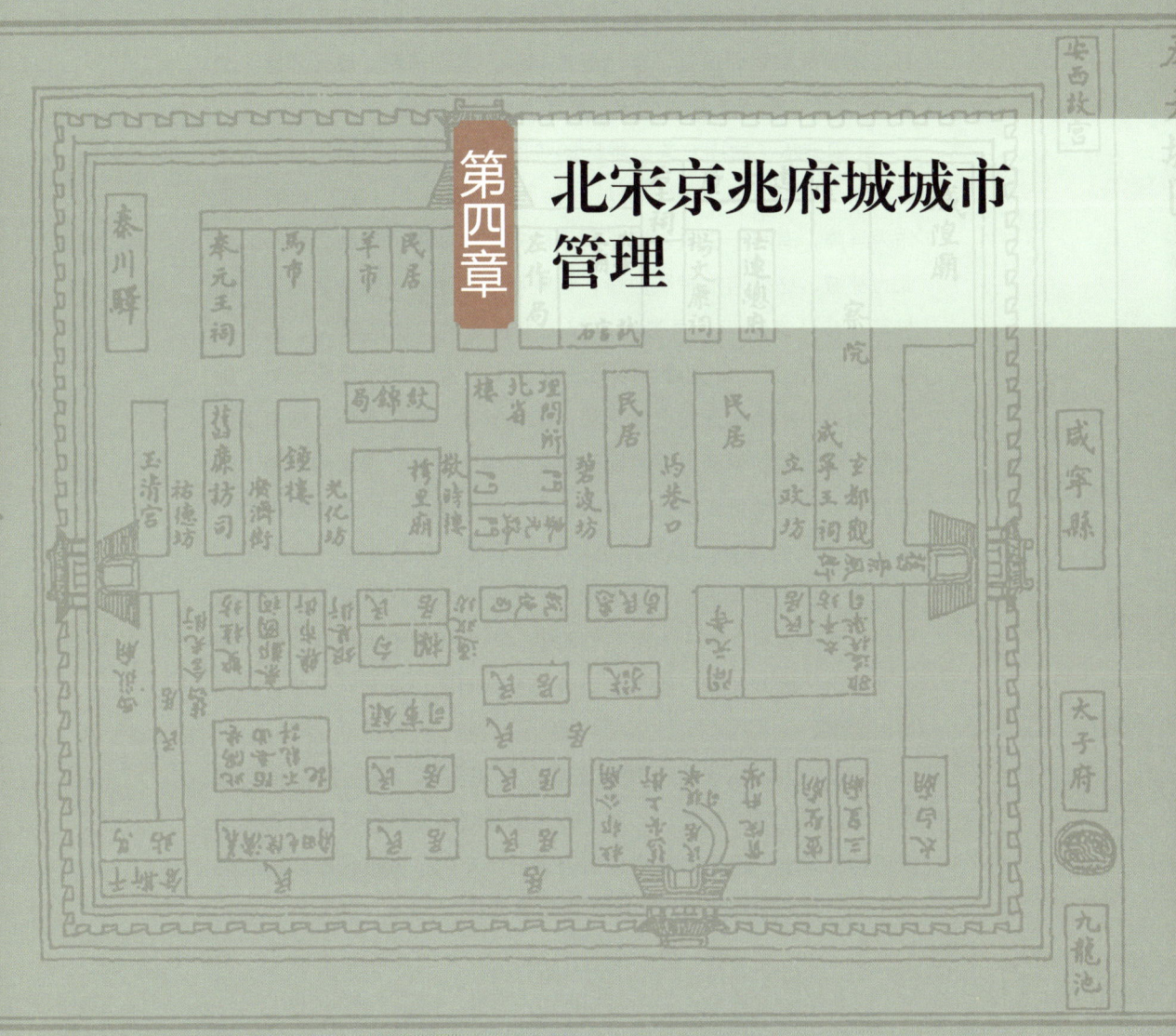

第四章 北宋京兆府城城市管理

五代后周显德六年（公元959年），奋发有为的后周世宗柴荣英年早逝，嗣君恭帝柴宗训年仅7岁，后周政局出现动荡。下一年正月，禁军将领赵匡胤发动"陈桥驿兵变"，于初四日率兵返回开封，逼恭帝柴宗训退位，自己登基称帝，建立宋朝，改元建隆（公元960年），历史上称为北宋，赵匡胤就是宋太祖。

北宋继承了后周对关中地区的统治，西安也依然沿用京兆府之名。宋太祖赵匡胤考虑到都城开封周边地势平坦，缺少山岭河流作为屏障，有利于进攻，而不利于防守，是所谓"四战之地"，以此为都城，必须增加军队数量，这就增加了朝廷负担。因此赵匡胤想第一步迁都洛阳，再最终定都关中长安："迁洛未久，又当迁雍。"[1]可是这一计划遭到以晋王赵光义为首的部分臣僚反对，他们认为关中从隋代开始已然乏粮，粮食歉收、漕运不便，空有山河之险，难以供养朝廷上下。而开封坐拥沟通黄河、淮河的汴河，漕运便利，有粮则可以养兵。宋太祖赵匡胤思虑再三，无奈地采纳了赵光义等人的意见。但是他仍然心有不甘，叹息着说："不出百年，天下民力殚矣。"[2]这显示出京兆在宋太祖赵匡胤心中的特殊地位。到宋太祖之弟宋太宗在位时期，着力强化中央朝廷权威，推行文官出任地方长贰、建立监司等一系列制度，京兆府城职官建制得以定型。

一般认为，从唐代开始，左右金吾将军用"厢"泛指长安城左、右两半区域，此后，"厢"衍生出管理城内特定区域的防火治安机构的意思。但是，这个词是否进一步产生了城市行政区划的含义——尤其是在京兆城内——还需要深入探讨。

---

[1] 〔宋〕王称：《东都事略》卷二八《李怀忠传》，孙言诚、崔国光点校，齐鲁书社，2000年，第227页。
[2] 〔宋〕邵伯温：《邵氏闻见录》卷七，王根林校点，上海古籍出版社，2012年，第40页。

第一节
北宋京兆府建制沿革

一、北宋京兆府职官设置

北宋初，承袭唐、五代旧制，设京府二处：东京开封府、西京河南府；次府九处：京兆、太原、成都、凤翔、河中、江陵、兴元、真定、大名。京兆府辖长安、万年、鄠县、蓝田、咸阳、醴泉、泾阳、栎阳、高陵、兴平、昭应、武功、乾祐、奉先、好畤15县，后世有所增减，如醴泉、武功设醴州。到北宋末年，辖长安、樊川（原万年，宣和七年改）、鄠县、蓝田、咸阳、泾阳、栎阳、高陵、兴平、临潼（原昭应，大中祥符八年改）、乾祐、终南12县，及清平军、铜钱监、铁钱监。

所谓府，就是人口较多、地位重要的特殊的州。北宋京兆府，州名为雍州，府名为京兆，军额为永兴（还有无实际意义的郡名京兆郡）。北宋京兆府辖区内最高军政、民政长官，按照官员身份，分为雍州牧、京兆尹、知府三种。宋代出任过雍州牧者，只有宋真宗之兄楚王元佐一人。南宋孝宗子魏王恺虽被任命为永兴、成德军节度使和雍州牧，但无法赴任，实际是在明州（今浙江宁波）就职。如果是京兆尹，在北宋初年，一般是永兴军节度使兼京兆尹。至于知府的全称，南宋洪迈记作"而守臣以'知永兴军府事兼京兆府路安抚使'结衔"[①]，即官员身份达不到节度使。据《宋史·地理志》载："京兆府，京兆郡，永兴军节度。本次府，大观元年升大都督府。旧领永兴军路安抚使。宣和二年，诏永兴军守臣等衔不用军额，称京兆府。"[②]意思是在宋徽宗宣和二年

[①] 《容斋随笔》卷四《府名军额》，第48页。
[②] 《宋史》卷八七《地理三》，第2147页。

（公元1120年），京兆地方官结衔不再称永兴军，改为"知京兆府事"。以上称谓，实际上就是不同等级的官员来京兆之地任职，官职称谓不同（按宋代官制，严格来说是差遣名不同）。

京兆地方官的职能，包括守境安民、征缴税赋、发展农桑、统计户口、受理诉讼、教化百姓、举行祭祀、监察属官等，也就是主管京兆府一地军、政、财、法各方面事务。这是维持地方稳定、实现社会发展、协调朝廷与地方之间关系的重要中级行政建制。

为了规避晚唐五代时期武将把持地方军权、政权、财权酿成分裂割据的局面，北宋对地方府州县官的任命进行了一系列改革，以期分化地方官的事权，加强中央集权。比如从朝廷选派文官出任地方知府、知州等。同时，在府州之上，设路作为转运使、提点刑狱等监司的监察区，分别从财政、司法领域监督地方行政。此外，还设置通判，作为知府、知州的副职，凡府州公文必须两人合署才能生效。

通判全称是通判某州（军府）事，创立于五代，本来只在大府州设置，宋真宗、仁宗时推行到全国府州。京兆府通判与知府的职权范围大致重合，为了限制知府权力，通判对一些专门事项，如军需供应等，拥有处置权。另外，京兆府通判掌管京兆府军资库，也就是负责京兆府税赋民财的金库。

京兆府知府、通判的属官，以判官居首，职责是协助知府、通判处理具体政务，并且在知府、通判缺任时暂代职务。

判官之下是推官，推官除了与判官一起辅佐知府、通判处理政务，还承担司法复审的职责，直接负责复审京兆府司录参军处理的司法判决，以及京兆府所辖各县判决的案件。

因为京兆府为永兴军节度使节镇，所以还设有掌书记，由进士出身者担任，负责协助永兴军节度使处理公牍行文。

判官、推官、掌书记在晚唐五代时为藩镇节度使幕职官，到北宋时改由朝廷选派任命，主要职责也由协助藩镇节度使处理军政变为协助知府和通判处理民政。幕职官的办事机构，称为都厅或签厅。

除了幕职官，京兆府还有司录参军、司理参军、法曹参军、户曹参军等曹官，这些原本是唐代州刺史的属官，后来被幕职官侵夺实权，地位压低，办事机构称为府院。京兆府司录参军是曹官之首，掌府院庶务，"纠诸曹稽违"[①]，也就是纠察其他曹官。宋代司法审判实行鞫谳分司的审判制度，由司法参军审讯问案，司理参军判决定罪。户曹参军负责户籍税赋、仓库出纳。

北宋建立后，抽调地方藩镇精兵强将补充到京师开封禁军中，留在地方的称为厢兵。京兆府地方兵主要是厢兵和民兵，他们承担京兆府辖区内各种官府杂役及官营作坊的工程劳作，这与以往朝代调动百姓徭役大有不同。京兆府厢兵及中央派到京兆驻扎的禁军，主要由地方武官都监、监押统辖。不过宋夏战争以后，北宋实行将兵法，都监、监押不再是统兵官，职位形同虚设。

在唐代，长安、万年两县以附郭县的形式存在，但是在五代、宋时期被隔离到京兆城之外。这种新的变化，使得京兆城内区域在一定程度上脱离了长安、万年县，反而更接近于京兆府直辖区域。这样的京兆府城管理牵涉宋代城市的一系列新变化。

二、北宋京兆府建制沿革

乐史《太平寰宇记》中记载北宋京兆府辖境范围是："州境：东西三百一十里。南北四百七十里。"[②]比较有趣的是，《太平寰宇记》描述京兆的"四至"时，记载京兆至东京开封府、西京河南府（洛阳）的距离分别为："东至东京一千二百七十里，东至西京八百五十里。"[③]这与《长安志》[④]中数据一致。而《元和郡县图志》记载唐长安到东都洛阳的距离为"东至东都八百三十五里"[⑤]。王存《元丰九域志》则载京兆到开封距离为"一千二百五十里"[⑥]。即是说，《太平寰宇记》《长安志》所记京兆到洛阳的距离，比《元和郡县图志》所记里数多15里；京兆到开封的距离，比《元丰九域志》所记里数多20里。出现不同记载数据的最主要原因在于府界变化，一方面，北宋京兆府较唐京兆府缩小，另一方面，北宋开封府较唐汴州扩大。

宋代府、州的设置与唐代类似，府是地方区域的核心州，或皇帝巡幸、居住过的

---

① 《宋史》卷一六七《职官志七·幕职官》，第3976页。
② 《太平寰宇记》卷二五《关西道一·雍州一》，第518页。
③ 《太平寰宇记》卷二五《关西道一·雍州一》，第518页。
④ 《长安志》卷一《四至》，第126页。
⑤ 《元和郡县图志》卷一《关内道一·京兆府》，第3页。
⑥ 《元丰九域志》卷三《陕西路·永兴军路》，第103页。

地方。比较特殊的是宋代新设置的行政区划军、监。其中军就是唐代的军镇，本设在边远地区，管军不管民，到五代时期兼管民政、土地。监是五代时朝廷设置专管矿冶、铸钱、养马、制盐等专门行业的机构。到北宋时，军、监也成为地方行政区划单位，分为两种：领县的军、监与府、州同级，而地位稍低；不领县的军、监与县同级，隶属于府、州。

北宋初期，京兆府仅为次府，治所在长安县，永兴军节度使节镇，宋徽宗大观元年（公元1107年）升为大都督府。

北宋初年，京兆府实领长安、万年、鄠县、蓝田、咸阳、醴泉、泾阳、栎阳、高陵、兴平、昭应、武功、乾祐、奉先、好畤15县。

据《太平寰宇记》载，宋太宗太平兴国年间（公元976—983年）京兆府领13县：长安、万年、鄠县、蓝田、咸阳、醴泉、泾阳、栎阳、高陵、兴平、昭应、武功、乾祐。

又据《元丰九域志》载，到宋神宗熙宁八年（公元1075年）以后，京兆府领14县：长安、万年、鄠县、蓝田、咸阳、醴泉、泾阳、栎阳、高陵、兴平、临潼（原昭应）、武功、乾祐、奉天；二监：铜钱监、铁钱监。

到宋徽宗宣和末年，京兆府领12县：长安、樊川（原万年）、鄠县、蓝田、咸阳、泾阳、栎阳、高陵、兴平、临潼（原昭应）、乾祐、终南（清平军）；二监：铜钱监、铁钱监。

北宋京兆府所辖各县，位于今西安市范围内的有长安、万年（樊川）、临潼、蓝田、高陵、栎阳、鄠县、终南（清平军）8县。此外，凤翔府所辖盩厔县亦属于今西安市范围。

长安县，为次赤县，唐五代旧县，设有1镇6乡，分别为子午镇、善政乡、苑西乡、义阳乡、华林乡、同洛乡和丰邑乡。长安县所辖区域大约覆盖今西安市莲湖区全区和雁塔区、碑林区、未央区、长安区西部，以及今陕西安康宁陕县东北部，有沣水、潏水、渭水流经该县。

万年（樊川）县，亦为次赤县，唐五代旧县，宋徽宗宣和七年（公元1125年）因城南的樊川（位于神禾原与少陵原之间的平原）而改名。有4镇7乡，分别为义谷镇、鸣犊镇、霸桥镇、渭桥镇、少陵乡、东陵乡、薄陵乡、白鹿乡、龙首乡、苑东乡、洪固乡①。万年县所辖区域大约包括今西安市新城区、灞桥区所有区域，未央区、碑林区、雁塔区、长安区东部，境内有灞水、浐水。

临潼县，为次畿县，唐五代时旧名昭应，宋真宗大中祥符八年（公元1015年）为避玉清昭应宫名，"以临、潼二水环县左右，故名临潼"②。设有1镇3乡，分别为零口镇、润渭乡、旌儒乡、会德乡。临潼县所辖区域大约包括今西安市临潼区渭河以南部分，境内有骊山、庆山、渭水、戏水、酋谷水。

鄠县，属次畿县，唐五代旧县，设有2镇5乡，分别为秦渡镇、甘河镇、太平乡、扈亭乡、宜善乡、珍藏乡、蓣阳乡。鄠县所辖区域大约包括今西安市鄠邑区界河、凤凰山以东地区，渭水、沣水流经该县，从终南山谷流出的渼水汇入渼陂湖，是关中一处著名自然人文景观。

蓝田县，为次畿县，唐五代旧县，设有2镇4乡，分别为堠子镇、焦戴镇、玉山乡、卢陵乡、秦道乡、白鹿乡。蓝田县所辖区域大约相当于今西安市蓝田县，灞水流经该县，境内有蓝田山、横岭，县东南有始设于秦代的蓝田关，县西南有秦岭库谷道（即库峪）。

栎阳县，为次畿县，唐五代旧县，设有2镇4乡，分别为栎阳镇、粟邑镇、永丰乡、五陵乡、宁远乡、清州乡。栎阳县所辖区域大约包括今西安市临潼区渭河以北地区及西安市阎良区，流经该县的河流有渭水、沮水，境内有清泉陂。

高陵县，为次畿县，唐五代旧县，设有3镇5乡，分别为毗沙镇、高陵镇、渭桥镇、闻国乡、仁义乡、修真乡、上原乡、奉君乡。高陵县所辖区域大约为今西安市高陵区，有泾水、渭水和白渠流经该县。

终南县，北宋新设，原为盩厔县清平镇，宋徽宗大观初年升为不领县的清平军，后改终南县，由清平军使兼知终南县。辖区大约为今西安市鄠邑区界河、凤凰山以西，以及今西安市周至县东部、安康市宁陕县北部。

以下咸阳、兴平、泾阳、乾祐四县，不在今西安市所辖区县范围内：

---

① 《陕西省志·行政建置志》（陕西省地方志编纂委员会编，三秦出版社，1992年，第443页）认为万年县辖有莎城镇，此说误，莎城镇为唐代市镇，北宋京兆无莎城镇。《长安志》卷一一《县一·万年》："莎城镇……今废。"第358页。

② 〔清〕史传远：《临潼县志》卷一《地理》，西安含章书局，1922年，第2页a。

咸阳县，属次畿县，唐五代旧县，设有1镇5乡，分别为中桥镇、龙首乡①、河南乡、安业乡、平原乡、奉贤乡。咸阳县所辖区域大约包括今咸阳市秦都区、渭城区，有沣水、渭水流经该县。

兴平县，属次畿县，唐五代旧县，辖有6乡，即文渭乡、耿祠乡、崇节乡、被化乡（在城下）、保安乡、零保乡。兴平县所辖区域大约相当于今陕西咸阳兴平市，有渭水流经该县，另外，兴平县境内还有一条建于西汉的成国渠，唐代称渭白渠。

泾阳县，属次畿县，唐五代旧县，设有1镇6乡，分别为临泾镇、会仙乡、河池乡、

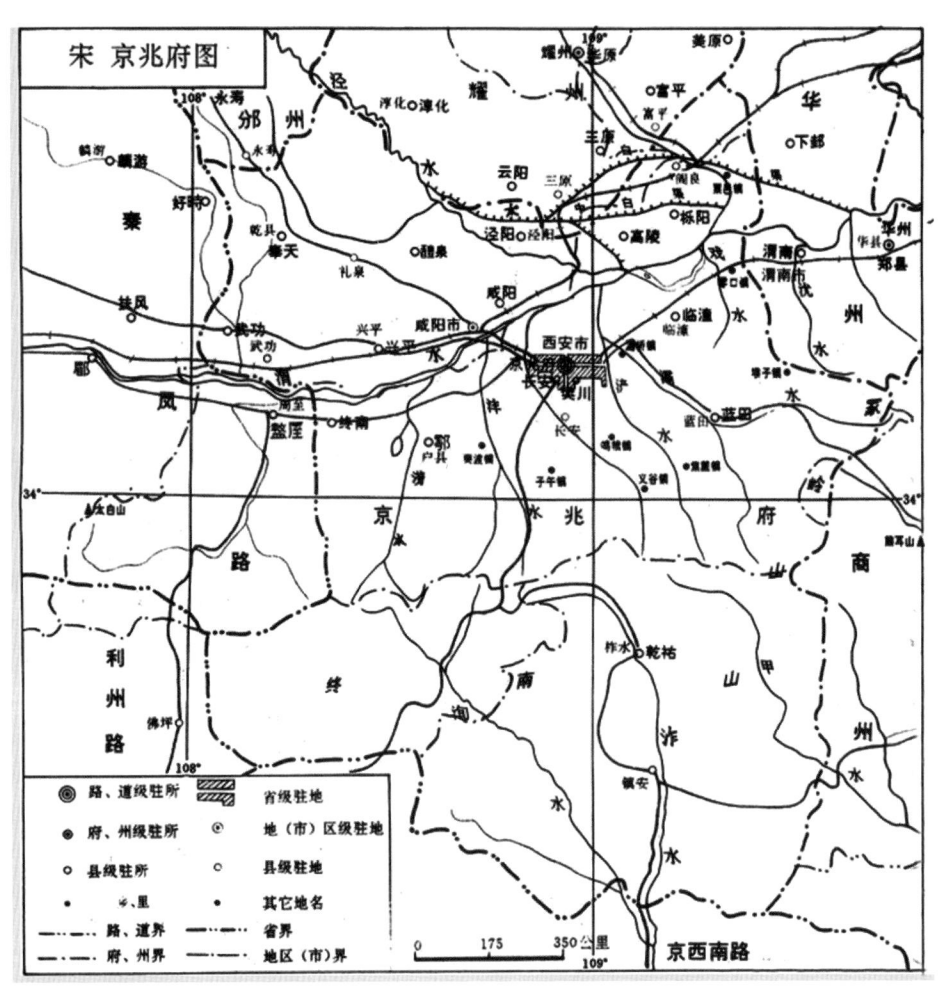

图 4-1 北宋京兆府图

（选自西安市地方志编纂委员会编：《西安市志》卷一《总类》，西安出版社，1996年，第232页）

---

① 咸阳县龙首乡、万年县龙首乡，两乡同名。

端宁乡、广吉乡、宜善乡、永顺乡。泾阳县所辖区域大约为今陕西咸阳泾阳县南部，有泾水、白渠流经该县。

乾祐县，属次畿县，五代后汉时设，设有1镇5乡，分别为归安镇、大和乡、小和乡、左绵乡、乾祐乡、平定乡。乾祐县所辖区域大约包括今陕西商洛柞水县与镇安县，流经该县的河流有柞水、旬河。

宋代县下设里，后改为管，再改为都。同时，乡始终存在，不过，乡并不是基层行政机构或行政区划，而是出于财政管理的需要而设置的特殊区划，乡与里的辖区有时独立，有时重叠。有学者认为，宋代的乡是在唐代两税法的影响下，逐步演变为管理赋税征收的专业区划，作为单纯的财政建制而存在。[①] 其实宋代乡的设置与宋代新出现的路有相似的思路，都是随着社会发展，地方管理职能分离的产物。（见表4-1）

表 4-1　北宋京兆府乡里数

县名	乡数		里数
	太平兴国（公元 976—983 年）《太平寰宇记》	熙宁（公元 1068—1077 年）《长安志》《元丰九域志》	
万年（樊川）	7	7	2
长安	6	6	6
咸阳	5	5	5
兴平	6	6	
临潼（昭应）	3	3	
鄠县	5	5	5
蓝田	4	4	4
栎阳	4	4	4
泾阳	6	6	6
高陵	5	5	
乾祐	5	15	
总计	56	66	32

---

① 王棣：《宋代乡里两级制度质疑》，载《历史研究》1999年第4期，第112页。

在府、州、军、监以上，就是路。北宋建立以后，经过宋太祖、太宗两代皇帝的努力，南北割据政权陆续灭亡，除后晋石敬瑭割让给契丹的燕云十六州以外，北宋基本完成了统一。宋太宗在位时，一方面吸取唐代后期藩镇集地方军、财、政大权于一身所形成割据分裂局面的教训，另一方面又要避免皇帝大权独揽，事必躬亲，使得各级地方官员行政僵化和滞后，缺乏弹性和力度，于是在地方设置监司，包括：转运司（简称漕司），负责财赋、民政；提点刑狱司（简称宪司），负责民间刑狱和官员考核。同时，北宋将唐代的道改为路，作为监司辖区的名称。除监司外，还设有安抚司（简称帅司），负责地方军务。

三个机构权责有别，辖区彼此交错，又不完全一致。北宋的监司路既是州以上一级行政区划，又不具备对抗朝廷的权限，从而规避了监司一级官员势力坐大的可能，同时还保证了监司以下州府军县可以直接上达天聪。

其中，转运司的辖区最有代表性。"国初罢节镇统支郡，以转运使领诸路事，其分合未有定制。"①宋太宗至道三年（公元997年），将转运使辖区确定为15路：京东、京西、河北、河东、陕西、淮南、江南、荆湖南、荆湖北、两浙、福建、西川、峡西、广南东、广南西。

这是陕西作为正式的地方行政区划，第一次出现在中国历史上，从唐代关西道进化为一个全新的样态。当时，陕西路的辖境十分展阔，"东尽崤、函，西包汧、陇，南连商洛，北控萧关"②。东边包含河南西部，北边包含宁夏南部，西边包含甘肃、青海部分地区，关中、陕南商洛、陕北延安等地区都囊括其中，奠定了今日陕西的雏形。

之所以得名陕西，最早源于陕州（今河南三门峡陕州区），"自陕而东者，周公主之；自陕而西者，召公主之"③，说的是东周时，周天子领地以陕为界，分属周公、召公所有。

陕是形声字，左形旁"阝（阜）"，右声旁"夾"。其中，阜指山岭高地，而夾的意思是"盗窃怀物也。从亦，有所持。俗谓蔽人俾夹是也"④，也就是随身怀藏。所

---

① 《续资治通鉴长编》卷四二，宋太宗至道三年十二月戊午，第901页。
② 《读史方舆纪要》卷七《历代州域形势七·宋上》，第298页。
③ 〔汉〕何休注，〔唐〕徐彦疏：《春秋公羊传注疏》隐公五年，见《十三经注疏》，上海古籍出版社，1997年，第2207页。
④ 〔汉〕许慎撰，〔宋〕徐铉等校：《说文解字》卷一〇下《亦部》，上海古籍出版社，2007年，第509页。

以"陕"字的本义就是山阜怀持（的地方）。《后汉书》谓陕地"有陕陌"[①]，陌即小路，大约因其地两山相对，中有通道，如同两山怀持小路而得名。

在历史上，"陕西"得名很早，但始终没有确定地域范围，可以泛称陕州以西，也可以具体指潼关以西关中地区，甚至还被南朝人挪用，称呼荆州、扬州为"二陕"，荆州就是"陕西"。直到北宋才正式将这一名称定为行政区划，标示出了地理范围，沿用至今。

为了整顿军备，北宋朝廷在陕西设置了5个安抚司，分管永兴军路、鄜延路、环庆路、秦凤路、泾原路，于是就有了"陕西五路"的说法。北宋庆历四年（公元1044年），宋夏签订"庆历和议"，陕西战事稍歇。到了熙宁元年（公元1068年），20岁的宋神宗登基，雄心勃勃，对内发起"熙丰变法"，对外再启宋夏战端。宋神宗先是命王韶经略今甘肃南部地区，完成对西夏的包围。王韶不辱使命，取得熙、河六州之地，于是就在安抚司的陕西五路之外，新设熙河路，就有了安抚司的陕西六路。其间，又将转运司的陕西路一分为二，东部为永兴军路转运司，治所仍在京兆府，西部为秦凤路转运司，治所在秦州（今甘肃天水），成为转运司的陕西二路。同时，还有提点刑狱司的陕西二路，永兴军路提点刑狱司治所在河中府，秦凤路提点刑狱司治所在凤翔府。也就是说，到这时候，原本的陕西路反倒消失了。

出于宋夏战争的实际需要，北宋将安抚司陕西五路及后来的安抚司陕西六路转为常态化。本该由转运使过问的民政，也由安抚使兼领，这样路治所在州知州兼安抚使，"统制军旅"，同时又出现军政合一的现象，有权管理"一路兵民之事"，特别是陕西的安抚使还可以临时决断，事后再向朝廷汇报，所谓"便宜行事"。也就是说，北宋在立国后，大力加强朝廷威严，收地方兵权、财权、法权，唯独在陕西（另外，河北是宋辽前线，也设置有缘边安抚司）又开始放权。

另外需要特别指出的是，有学者认为，"陕西的主要地区入宋时属关西道的雍州，宋末则属陕西六路中的永兴军路——全国唯一以'军'为名的路级行政区"，并且"长安自唐末以来久为'军'治，先后设过佑国军（唐末）、永兴军（梁）、晋昌军（晋）和永兴军（汉、周、宋）。但升军为路则惟见于宋"。[②] 这段论述的问题，在于将北宋

[①]《后汉书》卷一〇九《郡国一》，第3401页。
[②] 秦晖：《陕西通史·宋元卷》，陕西师范大学出版社，1997年，第9页。

地方平级于"州"的区划"军"①与节镇混淆。换句话说，"永兴军"之"军"，为节镇军额，不是地方行政区划的"军"，因此不存在"升军为路"的情况。

永兴军作为节镇军额，始于唐朝末年。唐昭宗东迁后，在长安设佑国军节度使，后来五代后梁为了防备凤翔李茂贞，沿袭其制改名永平军。后唐一度废除节镇，到后晋时又设晋昌军，后汉定名永兴军，后周、北宋沿袭。变化出现在宋夏战争中，北宋将永兴军节镇的名称用在安抚司路上，以及后来的转运司路、提点刑狱司路上。但也不是"全国唯一以'军'为名的路级行政区"，当时还有横海军路、宁边军路等。至于宋代"路"是否是"行政区"，同样需要细分，不能一概而论。

三、北宋京兆地方长官及其事迹

后周世宗柴荣在位时，"应机决策，出人意表。又勤于为治，百司簿籍，过目无所忘，发奸擿伏，聪察如神"②。他推行改革，提振国势，开启了四海统一进程。然而天不假年，显德六年（公元959年），奋发有为的后周世宗柴荣英年早逝，嗣君恭帝柴宗训年仅7岁，后周政局出现动荡。下一年正月，禁军将领赵匡胤发动"陈桥驿兵变"，于初四日率兵返回开封，逼恭帝柴宗训退位，自己登基称帝，建立宋朝，改元建隆（公元960年），历史上称为北宋。赵匡胤就是宋太祖，这一年他虚岁34岁。

北宋继承了后周对京兆府及关中地区的统治，后周最后一任京兆府地方官永兴军节度使、京兆尹李洪义留任。接着，王彦超从凤翔调回京兆。王彦超早年随后唐魏王李继岌伐前蜀，遂留凤翔，到后唐天雄节度使石敬瑭伐蜀时，再次被征召，因此十分熟悉川陕形势，"性温和恭谨，能礼下士"③。

宋太祖建隆三年（公元962年）刘从义所撰《重修文宣王庙记》显示，王彦超这次来京兆重修了孔庙：

重修文宣王庙记

观察判官朝散大夫检校尚书工部员外郎兼殿中侍御史刘从义撰

（上缺）昭吉书并篆额

---

① 李昌宪：《中国行政区划通史·宋西夏卷》，复旦大学出版社，2007年，第102页。
② 《资治通鉴》卷二九四，后周世宗显德六年六月，第9602页。
③ 《宋史》卷二五五《王彦超传》，第8910页。

昔在先王，法龟图而画卦；降于中古，效鸟迹而成文。吉凶生而爻象兴，仁义起□□□□□□□□所以察鬼神之情状，穷天地之变通，考往知来，钩深索隐，则物无遁形矣。是知典坟者，所以复父子之孝慈，正君臣□□法，立言垂范，与士作程，则人知所措矣。非规矩则不能定方圆之用，非准绳则不能质曲直之疑，宪章开八政之源，名教挈五常之器，必由是也，何其盛□。故得国有庠，乡有校，党有序，家有塾。虽设教不伦，其归一揆。譬乎贞筠劲挺，假□羽以滋深；美璞珍奇，成琮璜而益贵。然后□仲尼之道，揭而行之，与日月以俱悬；仲尼之德，推而广之，与江河而同润。辅相皇王之大业，天纵多能；弥纶宇宙之全功，日彰圣绩。其于遗风余烈，贲古辉今，□□复书。昔唐之季也，大盗寻戈，权臣窃命。地维绝纽，八銮迁□于东周；天邑成墟，三辅悉奔于南雍。天祐甲子岁，太尉许国□公时为居守，才务葺修，遂移太学并石经于此。露往霜来，彫墙半圮，尘封薜驳，塑像全隳。属吾道之有归，见斯文之不坠，我太师令公禀岳秀川灵之英概，负虎眉犀额之雄标，张智勇以经邦，立诚明而驭下。鸣钟沸鼓，辛勤讨伐之勋；揽辔登车，慷慨澄清之志。皇帝辟统之明年也，念汉五陵之豪族桀骜轻浮，秦四塞之要冲椎埋剽掠，将祛故态，每念难材。阃外牙璋，方思宿将；关中管钥，荐委通贤。一角来而上应玉绳，九苞鸣而动谐金奏。仰分忧寄，旁奉政条，投惠而民怀，发奸而吏慑。申明狱讼，引决如神，劝课耕桑，服勤务本。令出而随如注壑，化行而速若置邮。加以铃阁晓开，剧谈名理；玳筵夜洽，高会英儒。一日因谒灵祠，顾谓宾佐曰："厚禄高官，咸称弟子；隳垣坏宇，孰念宗师？岂□□务通方，不资于国耶？致功成利，无益于民耶？"观风吏敛祍而对曰："昔者仲尼生于周之末世，事于鲁之乱邦，长幼失宜，冠婚亡序。繇是删《诗》《书》而定《礼》《乐》，赞《易象》而修《春秋》，扶世导民，劳形役智。卑栖下位则席不暇温，历聘诸侯则车无停响。斥于齐而逐于宋，厄于卫而困于陈，每屈己以救时，欲化风而成俗。昭王厚礼，固轻千社之封，矧寸禄乎？灵公奇待，不顾万钟之粟，矧束修乎？孟轲所谓'生人已来，未有如夫子者也'。功如是，德如是，岂无益于民乎？岂无资于国乎？"我太师令公取制度之规，以模黉舍；量经营之费，遂出俸财。霞张梦奠之楹，粉耀藏书之壁，增华崇丽，眩目惊心。青璪丹梁，见廊庑轩墀之洁；藻扃黼帐，有豆笾庋桜之仪。莫不赋采挥毫，参灵运思。尧身禹状，□神凛凛以如生；月角山庭，画像莘莘而在列。介珪华衮，享王爵于高封；八簋三牲，遵国章于常祀。工徒告毕，庙貌斯严。英旂□□之贤，瞻之如市；挹让周旋之教，靡若从风。里间焜耀于搢绅，文雅阐扬于洙泗。从义功亏摛契，才类编苫，叙美图芳，俾刊贞琰，□□课拙，强扣庸音。时大宋建隆三年八月二十五日记。

推诚奉义翊戴功臣永兴军节度管内观察处置等使特进检校太师兼中书令行京兆尹上柱国琅琊郡开国公食邑四千五百户实封一千三百户王彦超

安仁祚刻字①

碑文中"皇帝辟统之明年也"一句，表示王彦超是在宋太祖建隆二年（公元961年）接替李洪义的。至于碑文赞颂王彦超"投惠而民怀，发奸而吏慑。申明狱讼，引决如神，劝课耕桑，服勤务本。令出而随如注壑，化行而速若置邮"等语，或许是刘从义夸张的套话。

王彦超在宋太祖乾德二年（公元964年）再次调往凤翔，接替他的是吴廷祚。吴廷祚长期任开封、洛阳留守，官至枢密使，属于朝中高官。他在京兆任职7年之久，到宋太祖开宝四年（公元971年）三月入朝，是五代以来在京兆任职最久的地方官。

在吴廷祚之后，赵匡胤三弟赵光美、次子赵德昭先后出任永兴军节度使、京兆尹。皇亲国戚出镇地方，这反映了北宋朝廷对京兆地区的重视。此时已经是北宋第二位皇帝宋太宗在位时期，为了革除唐末五代藩镇割据的弊病，开始大量任命文官出知地方，其官职也不再是永兴军节度使、京兆尹，而是知永兴军府事②。比如参与过制定《宋刑统》的奚屿、长期在财务部门任职的魏羽等。

当然，也不是所有官员都能胜任。宋太宗雍熙四年（公元987年）二月，范杲因为家贫，上表请求出任地方官，于是被派往京兆，"杲视事逾年，境内不治……移知寿州"③。范杲治理京兆不力，宋太宗改派柴禹锡接任。柴禹锡在沧州等地"在任勤于政治"④，被多地民众上书表彰。可以想见，柴禹锡必然会纠正范杲的失误，稳定京兆

---

① 〔宋〕刘从义：《重修文宣王庙记》，见《金石萃编》卷一二三《宋一》，第9页a—12页a；《西安碑林全集》卷二五《碑刻·重修文宣王庙记》，第2502—2503页。
② 李之亮：《宋川陕大郡守臣易替考》，巴蜀书社，2001年，第235—266页。
③ 《宋史》卷二四九《范杲传》，第8798页。
④ 《宋史》卷二六八《柴禹锡传》，第9222页。

秩序。

当时，终南山隐士种放名声渐起，他是洛阳人，父亲调到京兆长安县任官，全家遂居京兆。种放少有文采，却无意科举，其父去世后，他与母亲隐居终南山豹林谷，授徒讲学。早在宋太宗淳化三年（公元992年），陕西路转运使宋惟干便向朝廷推荐他。宋太宗召他入朝，但是他称病拒绝，与母亲躲入深山中。宋太宗认为他品格高尚，"上喜其高节，诏令京兆府岁时存问，以钱三万赐之，不夺其志"①。所以，柴禹锡及其后任王显、张齐贤等都接触过种放。

其中名臣张齐贤对种放的学识操守非常推崇，在宋真宗咸平四年（公元1001年）、咸平五年（公元1002年）两次向宋真宗推荐，种放这才应诏来到开封。宋真宗询问民政边事，种放只回答一句："明王之治，爱民而已，惟徐而化之。"②其他问题一概谦让不答。颇令人意外的是，宋真宗对种放大加封赏，种放就此成了"帝友"。

实际上，这一时期，在陕北定难军，党项李继迁正在与宋军交锋，京兆并不是完全太平无虞。大将田重进在宋太宗淳化四年（公元993年）任永兴军节度使、京兆尹，防备李继迁。淳化五年（公元994年），他被调往前线延州（今陕西延安），后来又还镇京兆。时至宋真宗咸平四年（公元1001年），又有大将王超被调往京兆。当年闰十二月，朝廷派遣康延英"率禁军步骑五千屯于京兆"③，并且命令知永兴军府事雷有终与康延英一同领军。这道命令显示出京兆地方官同样担负有军事职能。到宋真宗大中祥符三年（公元1010年），"以永兴重地，思得大臣才兼文武者镇之。因谓宰相曰：'嗣宗尝自言知武事，可授廉车以当此任，宜召问之。'嗣宗愿奉诏，即拜耀州观察使、知永兴军府。真宗作诗赐之"④。

王嗣宗，字希阮，是宋太祖开宝八年（公元975年）状元，性格直率，言辞激烈。他到任后，赶上种放觐见宋真宗已毕，回归终南山。种放本来就自恃学识和操守，现在又有了名望，言行逐渐倨傲起来。王嗣宗作为京兆地方官，依然要遵守宋太宗的旨意，率领京兆府一众官员前来拜望他。未承想，两人之间发生了不快，"王嗣宗守京兆，放

---

① 《续资治通鉴长编》卷三三，宋太宗淳化三年八月壬戌，第738页。
② 《续资治通鉴长编》卷五二，宋真宗咸平五年九月戊申，第1151页。
③ 《续资治通鉴长编》卷五〇，宋真宗咸平四年闰十二月丁亥，第1101页。
④ 《宋史》卷二八七《王嗣宗传》，第9650页。

尝乘醉慢骂之"①。

当时的具体情况是，王嗣宗与属下来到驿馆见种放。除了王嗣宗，京兆府副职通判以下都向种放拜谒。种放仅仅伸出手接受，并未避席或以同样礼节还礼。王嗣宗"以严明御下，尤傲狠，务以丑言凌挫群类"②，见此情景，非常不满种放的傲慢自大。

因为没有结婚，种放就召唤侄子们出来拜见王嗣宗。王嗣宗见状，直接坐回椅子上受礼。种放脸上也显出怒色。王嗣宗讽刺道："向者通判以下拜君，君扶之而已；此白丁耳，嗣宗状元及第，名位不轻，胡为不得坐受其拜？"③

种放反唇相讥：你当年参加宋太祖殿试，与另一名考生赵昌言（也有说是陈识）不分上下，宋太祖让你们当场角抵。你打掉了赵昌言的帽子，才夺了状元。这是靠蛮力，并不是凭学识。

从此两个人彻底交恶，"嗣宗愧恨，因上疏言：'所部兼并之家，侵渔众民，凌暴孤寡，凡十余族，而放为之首。放弟侄无赖，据林麓樵采，周回二百余里，夺编氓厚利。愿以臣疏下放，赐放终南田百亩，徙放嵩山。'疏辞极于诟辱，至目放为魑魅"④。他还提出："放实空疏，才识无以逾人，专饰诈巧，盗虚名。陛下尊礼放，擢为显官，臣恐天下窃笑，益长浇伪之风。且陛下召魏野，野闭门避匿，而放阴结权贵以自荐达。"⑤

宋真宗对双方都不加责备，但也同意了王嗣宗的建议，为种放在嵩山建造房舍，让他回避王嗣宗。其实宋真宗赏赐种放大量财物，目的并不是表彰他风骨高洁。当年宋真宗接见种放后，对宰臣们说："放亦有就禄仕意，且言迹孤。朕谕以俟升班列，必见朝廷清肃，排摈之事，无敢为者，赏一人可劝天下矣。"⑥原来宋真宗的用意是通过厚待种放，给天下人树立尊重人才的印象，从而号召更多人为国效力。

宋真宗在位时最重要的两件大事，一是宋辽达成"澶渊之盟"，实现长久和平；二是东封西祀，为宋朝统治制造天命正统舆论。其中，西祀是指大中祥符四年（公元1011年），宋真宗亲到河中府汾阴（位于今山西运城万荣）祭祀后土。礼毕，宋真宗接到京

---

① 《宋史》卷四五七《隐逸传上·种放》，第13426页。
② 《宋史》卷二八七《王嗣宗传》，第9651页。
③ 《涑水记闻》卷六，第105页。
④ 《宋史》卷二八七《王嗣宗传》，第9650页。
⑤ 《涑水记闻》卷六，第105页。
⑥ 《续资治通鉴长编》卷五二，宋真宗咸平五年九月戊申，第1151页。

兆三千父老上表，请求宋真宗驾临京兆。

　　河中府有道路直通京兆，宋真宗继续西巡并无障碍。在犹豫是否驾临京兆时，他想起了自己的"帝友"种放，就召见种放询问。当年宋太宗诏令京兆府对种放"岁时存问"，使得种放结交了不少京兆地方官。现在，宋真宗就是否应该继续西行询问种放的意见，种放回答说"大驾此幸有不便者三"：一是您已经离开开封很久了，这不符合孝道；二是现在正是麦收时节，您进入关中，当地百姓就要迎接，会耽误农事；三是您率领着精兵重臣，京城开封空虚，需要留心。①

　　宋真宗听了这番话"正色悚然"，说：臣下竟没有一个人提到这些道理。

　　种放说：他们只想参与您"东封西祀"的盛典，作为自己的荣誉，哪里考虑过这些？

　　宋真宗就此决定不去京兆，驾转开封。

　　种放为什么不支持宋真宗去京兆？有观点认为种放发迹后，生活奢侈，广置田产，他担心宋真宗去京兆发现自己并不是真正淡泊名利、隐居山野，从而不再信任自己。实际上早在前一年王嗣宗就上书举报了他，宋真宗已经知道真相。种放之所以说这番话，很可能与京兆地方官有关。当然不是王嗣宗，因为早在这年正月，王嗣宗已经调任邠州。真正原因可能与时任陕西转运使李士衡有关。李士衡善于理财，但是也贪财，积累家资巨万。很有可能他在陕西推行各种经济措施时，中饱私囊，因此担心宋真宗西巡时有人趁机检举。至于种放，他虽然迁居嵩山，但是在京兆府长安县有大量田产，"于长安广置良田，岁利甚博，亦有强市者，遂致争讼，门人族属依倚恣横"②。他一直与京兆官员来往，熟悉官场动向，甚至和李士衡之间可能有利益关系，所以才劝说宋真宗返回开封。

　　宋真宗在位时期，还有两位必须提到的京兆府地方官，一位是陈尧咨，另一位是寇准。陈尧咨，字嘉谟，宋真宗咸平三年（公元1000年）状元，在宋真宗大中祥符六年（公元1013年）八月到大中祥符八年（公元1015年）二月出任知永兴军府事。

　　陈尧咨及其父陈省华，兄陈尧叟、陈尧佐，父子四人皆在朝中担任要职。他在京兆期间，主要贡献在于疏通城内龙首渠西渠，"只将五七十人开一小渠，引注入城，四

---

① 〔宋〕佚名：《新编分门古今类事》卷一〇《相兆门下·种放帝友》，中华书局，1985年，第150页。
② 《宋史》卷四五七《隐逸传上·种放》，第13426页。

散于街市，居民门前流过"①，使京兆城内百姓饮水困难的问题得到极大缓解。不过，"四散于街市"一句，也显示出当时京兆城内并没有排水渠道。陈尧咨后来到其他地方任职，也曾疏通渠道，这是他敢于承担责任的表现。

然而，陈尧咨自视甚高，"性刚戾"②，也就是脾气大。他对时任陕西转运使乐黄目很不尊敬，"陈尧咨知永兴，好以气凌黄目，因表求解职，不许。尧咨多纵恣不法，有密言其事者，诏黄目察之，得实以闻，尧咨坐罢龙图阁职，徙知邓州"③。乐黄目列举陈尧咨在京兆期间的过失："然豪侈不循法度，敞武库，建视草堂，开三门，筑甬道，出入列禁兵自卫。用刑惨急，数有杖死者。"④因而陈尧咨被罢职调走，他在京兆只能留下毁誉参半的风评。

乐黄目与陈尧咨相处不融洽，宋真宗做出调整，以李迪接替陈尧咨。大中祥符九年（公元1016年），升李迪为陕西都转运使，又调寇准入关中，判永兴军府事。这两人都是一时才俊，为北宋名臣。

寇准，字平仲，华州下邽（今陕西渭南临渭）人，宋太宗太平兴国五年（公元980年）进士，刚直果决，勇于任事，善于决断，宋太宗曾把他比作唐朝诤臣魏徵。宋太宗淳化五年（公元994年），拜为副宰相参知政事。宋真宗景德元年（公元1004年）九月，辽圣宗、萧太后亲征北宋，十月，辽兵攻占河北，兵锋直抵澶州（今河南濮阳）城下，距离北宋国都开封只有一河之遥。危急时刻，寇准力劝宋真宗亲征，坚决在澶州抵御辽兵。果然，受到宋真宗御驾亲征的鼓舞，宋军在澶州前线抵挡住了辽军攻势。最后，宋辽和谈，于当年十二月达成"澶渊之盟"，双方结束了长达40年的战争，实现了百年和平。

寇准在这一战中立有大功，但事后却遭到朝中政敌嫉妒和攻讦，于景德三年（公元1006年）罢相离朝，在地方任职多年。大中祥符九年（公元1016年）二月，寇准来到京兆府任职。

寇准立有大功，又是陕西人，所以在民间威望极高。寇准在京兆府城中的家宅位于城西北隅，"有莱公宅，中有山池、熙熙台。后为寺，号安众禅院，中有莱公祠

---

① 《金石萃编》卷一三〇《宋八·赐陈尧咨敕》，第8页b。
② 《宋史》卷二八四《陈尧咨传》，第9588页。
③ 《宋史》卷三〇六《乐黄目传》，第10113页。
④ 《宋史》卷二八四《陈尧咨传》，第9588页。

堂"①。即寇准旧宅的园圃后来改建为安众禅院，据《类编长安志》载："本寇莱公花圃熙熙亭，后舍为寺。中有莱公祠堂，前立诗刻。俗呼西禅院。"②按理京兆府城东南隅是居民聚集区，寇准为什么在西北隅安家？笔者推测可能是因为寇准家宅面积广大，房舍、花园兼有，故此在城西北隅人家稀少处择地营建。

当时，临潼县（原昭应县，大中祥符八年改）北60里渭水河面无桥，周围10里百姓往来过河只能乘船摆渡，很是不便。寇准便主持修建了一座桥，当地百姓为纪念寇准，就称这座桥为"相桥"。"相桥。在临潼县北六十里，跨渭水上。《通志》：'宋相寇忠愍公准所建。'"③距离此桥10里的市镇，也被称为相桥镇。

寇准在京兆任职到宋真宗天禧三年（公元1019年），修桥只是他工作的一个小片段，其间最大的事件是应对宋真宗搞的"天书"封禅活动。当时，一个叫朱能的人蛊惑宋真宗的亲信宦官周怀政制造天书祥瑞。宋真宗询问宰相王旦，王旦回答：寇准最不信天书祥瑞。如果他能奏上天书，这件事就成真了。于是朱能来到京兆，打算在终南山中修道观，迎接天书。本来寇准最反对这种迷信活动，但是他现在远离朝堂，心中还是想赢得宋真宗好感，以争取回到朝中。"时寇准镇永兴，能为巡检，倚准旧望，欲实其事。准好胜，喜其附己，多依违之。"④意思是朱能向寇准示好，寇准心念朝廷，就默许了朱能的行径。于是，朱能请来天书，寇准向朝廷奏上。虽然满朝哗然，对寇准附和宋真宗大感意外，但是寇准因此博得了宋真宗的认可，得以回朝拜相。

宋真宗的天书祥瑞活动随着他去世而被终止。13岁的宋仁宗继位，嫡母刘太后辅政。宋真宗在世时，刘贵妃就以熟悉条例规矩著称，逐渐与宋真宗讨论国事。"帝久疾居宫中，事多决于后。"⑤后来她被封为皇后，宋真宗遗诏由她"垂帘决事"，成为宋仁宗初期北宋朝政的实际决策者。

其间，京兆发生了一件性质恶劣的事。宋仁宗天圣四年（公元1026年），姜遵就任知永兴军府事，他也是个手段强硬的人，"遵长于吏事，为治尚严猛，所诛残者甚

---

① 《类编长安志》卷四《堂宅亭园·宅》，第119页。
② 《类编长安志》卷五《寺观·寺》，第140页。
③ 《关中胜迹图志》卷八《西安府·古迹郊邑》，第306页。
④ 《宋史》卷四六六《宦者传·周怀政》，第13615页。
⑤ 《宋史》卷二四二《后妃传·章献明肃刘皇后》，第8613页。

众"①。在任期间，他接到刘太后诏令，在京兆营造佛塔。本来佛塔有大有小，地方官完全可以建造小型佛塔，然而姜遵却想在短时间内建造大型佛塔，借机讨好刘太后。但是建塔需要石材，在京兆城中哪里去找石料呢？姜遵竟然下令改造前代韩建、刘鄩搬入城中的汉、唐石碑，将其搬去造塔。"在永兴，太后尝诏营浮屠，遵毁汉、唐碑碣代砖甓，既成，得召用。"②

这种破坏历史文物的暴行立刻招来反对，更可气的是，姜遵只看石碑的坚硬程度，而不顾石碑年代和记载内容。一名京兆府县尉投书反对，磕头流血，"姜遵在永兴，毁汉唐碑之坚好者以代砖甓。当时有一县尉投书启，具言不可，力恳不已，至于叩头流血。遵以其故沮格朝命，按罢之。自是无人敢言者"③。姜遵一意孤行，迅速造成佛塔，一则展现了自己的办事能力，再则表示了自己遵从刘太后诏命的态度。刘太后很满意他的表现，在天圣六年（公元1028年）提拔姜遵回朝担任枢密副使。公道自在人心，姜遵无疑在西安城市史中留下了恶名。

有破就有立。宋仁宗明道二年（公元1033年）七月，范雍出任知永兴军府事。他是宋真宗朝进士，从宋仁宗天圣六年（公元1028年）起担任枢密副使。这是他第一次来到京兆任职。当年关中发生饥荒和疫情，范雍抚恤灾民，"是岁饥疫，关中为甚，雍为振恤"④。宋仁宗景祐元年（公元1034年），范雍奏请创建府学"学舍五十间"⑤，招徒授课，朝廷赐国子监刊本"九经"，拨官田5顷以为学田，这是对京兆学术文化的重要贡献，影响深远。范雍这次在京兆任职到景祐二年（公元1035年）。宋仁宗庆历元年（公元1041年）六月，范雍第二次来到京兆，他又顶住朝廷压力，主持修缮城墙，保卫了京兆府城的安全。

景祐二年八月，陈尧咨的哥哥陈尧佐来到京兆接替范雍，他看到姜遵破坏的断碑，深感痛心，于是上书宋仁宗："唐贤臣墓石，今十亡七八矣。子孙深刻大书，欲传之千载，乃一旦与瓦砾等，诚可惜也。其未毁者，愿敕州县完护之。"⑥宋仁宗了解到情况，"诏陕西诸州前代名臣坟墓碑碣、林木，委官司常检视，从知永兴军陈尧佐

---

① 《宋史》卷二八八《姜遵传》，第9677页。
② 《宋史》卷二八八《姜遵传》，第9677页。
③ 〔宋〕佚名：《道山清话》，孔一校点，上海古籍出版社，2012年，第65—66页。
④ 《宋史》卷二八八《范雍传》，第9678页。
⑤ 《西安碑林全集》卷二七《碑刻·永兴军牒》，第2752—2757页。
⑥ 《宋史》卷二八四《陈尧佐传》，第9583页。

之言也"①。

再过三年，到宋仁宗宝元元年（公元1038年），党项元昊称帝建国，史称西夏，后宋夏战争爆发。京兆及其周边地区的形势瞬间严峻起来。北宋历来实行文臣统兵，范雍被委任为振武军节度使，镇守延州，也就是北宋前线军队最高统帅。现实却是北宋自与契丹达成"澶渊之盟"后，承平日久，官场风气从开国之初的锐意进取转向保守因循，当政者动辄以"祖宗成宪"为指归，行推诿责任、得过且过之实。机械地执行"分权制衡"原则，导致机构膨胀，官员增加，办事效率低下，决策滞后，以至于后世评价北宋酿成了"冗官、冗兵、冗费"的"三冗"弊端。在长期振兵释旅的散漫状态中，北宋将士"饱食安坐"，前线"士兵寡弱，一派颓势"。

宋仁宗康定元年（公元1040年）正月，经过周密策划，元昊率大军10万突袭延州西北的保安（今陕西志丹），随后向东攻克延州北金明寨（今陕西延安安塞沿河湾镇），进逼延州。范雍急调大将刘平等从庆州（今甘肃庆阳）出兵增援，却在三川口被西夏军击溃。随后，西夏军兵围延州七天，才因为大雪撤围而去。三川口之战令宋仁宗及宰相吕夷简对陕西军政现状大失所望，于是开始频繁调整陕西官员。

以范仲淹为例，康定元年三月，他接到诏令，从知越州改任知永兴军；四月，他还未到达京兆，就改任陕西都转运使；到五月，又升任陕西经略安抚副使。而下一年，宋仁宗庆历元年（公元1041年，即康定二年，当年十一月改元庆历），在京兆城中，同时有夏竦判永兴军，陈执中、范雍知永兴军，形成"一府三守"的罕见局面。对这种局面，南宋陆游也觉得奇怪："不知当时如何分职事？既非长贰，文移书判之类必有程式，官属胥吏何所秉承，国史皆不载，莫可考也。"②这时的京兆已经完全转变为前线基地，各项事务和制度都在非常态下运作。

宋夏战争打打停停，到宋仁宗庆历四年（公元1044年）五月，终于达成"庆历和议"，京兆及其周边地区终于恢复常态。然而，和平时期反倒出现了一些不和谐音。有官员贪腐无能，也有百姓奸猾难治。比如宋仁宗嘉祐四年（公元1059年），曹颖叔任陕西都转运使，知永兴军府事，"然年老，渐昏耄，事颇壅积，人或嘲诮之，卒于

---

① 《续资治通鉴长编》卷一一七，宋仁宗景祐二年八月辛未，第2753页。
② 〔宋〕陆游：《老学庵笔记》卷六，中华书局，1979年，第74页。

官"①。显然曹颖叔不能为京兆地方带来积极的因素。

接替曹颖叔的是刘敞。宋仁宗嘉祐五年（公元1060年）到嘉祐八年（公元1063年）间，刘敞"充永兴军路安抚使，兼知永兴军府事。长安多富人右族，豪猾难治，犹习故都时态。公方发大姓范伟事，狱未具而公召，由是狱屡变，连年，吏不能决。至其事闻，制取以付御史台，乃决，而卒如公所发也"②。刘敞与曹颖叔形成了对比，他敢于处置违法的地方大户，维护社会秩序，"公在雍三年，治声四出"③。无疑，刘敞是可以留名西安城市史的循吏。

嘉祐八年宋仁宗病故，宋英宗继位，但是他健康状况欠佳，治平四年（公元1067年）便去世了。20岁的宋神宗继位，北宋政坛开始了变法与反变法的长期争论。

熙宁三年（公元1070年）九月，司马光因与王安石政见不合，离朝出任知永兴军府事。他以陕西为研究对象，观察和思考王安石新法的利弊。针对募役法，司马光写成《乞免永兴军路苗役钱札子》，提出青苗法已经使百姓陷入贫困，现在又要求百姓出钱雇人服役，只会加剧贫困。此法有三个弊端，一是扩大了原本不承担差役者如单丁、女户、客户、寺观等人员的负担；二是原来三等以上富户三年轮流当差，现在年年出钱；三是雇佣的是社会闲散人员，其责任心低下，影响质量和效率。

由于宋夏关系紧张，朝廷命令京兆及其周边地区加强战备，并征调乡兵开赴前线。司马光又上奏《乞罢修腹内城壁楼橹及器械状》，提出京兆去年遭遇灾荒，"当此饥馑人户流移之际，若更如此差扰，必是转难存济"④。而且，京兆不是沿边前线，此前西夏军未能深入到这里，没有必要修筑城壁。这道奏章获得朝廷批准，政府停止了相关工程。接着，司马光又上《乞不添屯军马》《奏乞兵官与赵瑜同训练驻泊兵士状》两道奏章，却未获得朝廷许可。

司马光在京兆只有8个月时间，到熙宁四年（公元1071年）四月，他便调去洛阳。他的一系列主张的确体现了减轻百姓负担的意愿，在民间获得广泛赞誉。

---

① 《宋史》卷三〇四《曹颖叔传》，第10071页。
② 〔宋〕欧阳修：《欧阳修全集·居士集》卷三五《墓志铭·集贤院学士刘公墓志铭》，中国书店，1986年，第248页；〔明〕李濂：《汴京遗迹志》卷一七《艺文·墓志·集贤院学士刘公墓志铭》，周宝珠、程民生点校，中华书局，1999年，第323页。
③ 〔宋〕刘敞：《彭城集》卷三五《行状·故朝散大夫给事中集贤院学士权判南京留司御史台刘公行状》，商务印书馆，1937年，第478页。
④ 《司马光集》卷四三《章奏·乞罢修腹内城壁楼橹及器械状》，第947页。

后来，变法派、反变法派此消彼长，几番博弈。到宋徽宗崇宁年间（公元1102—1106年），打着变法名号的奸臣蔡京变本加厉，指政敌为"元祐奸党"，由宋徽宗、蔡京君臣亲笔书写309人姓名，诏令天下立党人碑。

当京兆刻工安民被叫去刻碑时，安民说："民愚人，固不知立碑之意。但如司马相公者，海内称其正直，今谓之奸邪，民不忍刻也。"[1]京兆府官员威胁治罪，安民不敢拒绝，哭求不刻自己的名字，以免被后人怪罪，"闻者愧之"[2]。

---

[1] 《宋史》卷三二六《司马光传》，第10769页。
[2] 《宋史》卷三二六《司马光传》，第10769页。

第二节
北宋京兆府城管理层级

一、"厢"的出现及含义变化

从唐到宋，城市形态发生了深刻的变化，突出表现在唐长安城中各自封闭的"坊"发展成为开放的"厢"。日本学者加藤繁先生在《宋代都市的发展》中提出的这一观点，现已经为学界所普遍接受。对于以厢坊制度为核心的宋代城市行政管理制度，周宝珠先生的《宋代东京研究》、包伟民先生的《宋代城市研究》、韩光辉先生的《宋辽金元建制城市研究》等专著中，辟有专门章节予以讨论。专门论文则有陈振先生的《略论宋代城市行政制度的演变——从厢坊到隅坊（巷）制、厢界坊（巷）制》、马继云先生的《宋代厢坊制论略》、杨瑞军先生的《略论宋代厢坊制度》、韩光辉先生的《宋辽金元建制城市的出现与城市体系的形成》、张春兰先生的《由唐入宋都城管理制度的变革》、余小满先生的《试论宋代城市发展及其管理制度变革》，以及日本学者曾我部静雄先生的《都市里坊制的成立过程》等，分析了宋代城市行政管理制度及厢坊制度的产生、发展和运行，以及其所具有的复杂的历史渊源和背景，并综合考量了宋代城市功能属性、地理位置、人口规模、生态环境等因素，以及对城市行政管理的影响。

由于史料的影响，北方城市相比南方城市，地方城市相比开封、临安，研究成果都相对薄弱，尤其是对五代、宋、金、元时期西安城市管理的专门研究，只有韩光辉、林玉军二位先生的《10至14世纪中期京兆府城城市行政管理研究》一文，此文考察宋代城市厢坊制的形成，认为厢的出现是为了加强城市治安和管理：

> 五代时期，战事频繁，用厢兵以维持社会治安，厢由军事编制和管理单位逐渐转化为城市行政治安管理的制度。城市厢制是伴随城市的发展和城市社区

管理专门化过程逐渐出现的新事物，由军队士兵管理单位逐步推广到人口集中的城内居民分区管理单位……开城市分区而治的先河，是我国古代城市市政管理的重要突破。①

此后，韩光辉、林玉军、王长松又有《宋辽金元建制城市的出现与城市体系的形成》一文，继续考察了宋代厢制对后世朝代的影响。

不过，以上论述似可商榷，比如认为"五代时期，战事频繁，用厢兵以维持社会治安"。事实上，北宋建立后，抽调地方藩镇精兵健卒入京为禁军，未被选中而留在地方的老弱残兵即为厢军，他们主要承担修桥补路、运输开荒等劳役，"厢兵者，诸州之镇兵也。太祖鉴唐末方镇跋扈，诏选州兵壮勇者悉部送京师，以备禁卫，余留本城。本城虽或戍更，然罕教阅，类多给役而已"②。所以，所谓厢军，其出现既不是在五代时期，其主要职责也不是维持治安——平时由弓手负责巡逻。而且，五代、宋军队建制的"厢"与"厢军"是两个概念。按传统看法，成为城市行政管理机构的厢，是来自军队建制的"厢"，并不是"厢军"。

可见，就五代、宋、金、元时期西安城市行政管理制度来看，"厢"尚有继续讨论的必要和余地。

所谓五代、宋时期城市的厢是由"军事编制和管理单位"转变而来的这一观点，实际上来自南宋吕祖谦："左右厢起于唐，本用李靖兵法，诸军各分左右厢统之。……朱全忠以方镇建国，遂以镇兵之制用之京师。是后京师军有四厢，而诸军两厢。其厢使各掌城郭烟火之事，而军旅渐有厢军之名。"③周宝珠先生的《宋代东京研究》由此认为："最初城市中的厢是从驻军划分防地开始，逐渐与城市的烟火管制等事结合在一起，然后又作为城市坊以上的独立机构。"④韩光辉先生后来也认为："五代为实现军阀独裁的需要，用禁军管理城市，禁军在城内以厢为单位进行驻扎，形成了不同的防区，至少在后唐，厢已经具有了明确的界线，并被用作城市管理的基本单元。"⑤

不过，包伟民先生的《宋代城市研究》对此提出异议：以军队建制作为城市管理机

---

① 韩光辉、林玉军：《10至14世纪中期京兆府城城市行政管理研究》，载《陕西师范大学学报》（哲学社会科学版）2010年第6期，第49—57页。
② 《文献通考》卷一五二《兵考四·兵制》，第1327页。
③ 〔宋〕吕祖谦：《丽泽论说集录》卷九《门人所记杂说一》，见〔宋〕吕祖谦：《吕祖谦全集》第二册，浙江古籍出版社，2008年，第239页。
④ 周宝珠：《宋代东京研究》，河南大学出版社，1992年，第70页。
⑤ 韩光辉：《宋辽金元建制城市研究》，北京大学出版社，2011年，第11页。

构，不当始于朱温以镇兵之制管理开封，而始于唐朝后期神策军管理长安。

由于唐代长安城含108坊，以南北向承天、朱雀大街为界，左侧街西54坊属长安县，右侧街东54坊属万年县。面积广大，人口众多，需要设专门机构管理城内治安、防火等事务，于是分为坊外、坊内两个区域。对于坊外，设左、右街使，由金吾大将军兼任，负责街道巡逻视察；对于坊内，则设左、右巡使，隶属于御史台。此后，金吾卫、御史台成为长安城内治安的主要力量。

唐文宗太和九年（公元835年）十一月发生"甘露之变"，宰相李训等发动金吾卫、御史台的力量对抗宦官①，失败后遭到宦官集团清算。宦官统领的神策军接管长安城内治安管理。而神策军"也早在建中四年已分左右厢，金吾卫巡警京师分为左右街使，神策军接手后也必当承袭此制"②。也就是说，在宣武军节度使朱温的藩镇部队管理开封之前，神策军已经管理长安，所以用厢代指巡警区域更有可能来自神策军。

此说亦有不足，因为神策行营节度使李晟平定朱泚之乱后，出为凤翔节度使。唐德宗在建中四年（公元783年）将神策军分为左右厢，分别交由宦官统辖。3年后，"贞元二年九月二日。神策左右厢。宜改为左右神策军"③。这表示接管长安城的神策军并不是以厢为建制的。

那么，厢如何成为军队建制之名？或者厢的含义是什么？据东汉许慎《说文解字》所载："厢，廊也。"④也就是正房两侧的配房、廊庑。比如《汉书·周昌传》载："吕后侧耳于东箱听。"唐代颜师古注释："正寝之东西室皆曰箱，言似箱箧之形。"⑤意思是寝室左右配房不用于起居，而用于储物，如同箱子，所以取名厢。

日本学者曾我部静雄先生指出：在唐代，厢已经具备了方位的意思，可以引申为东西、左右方位。所以，唐代皇帝升朝的礼仪中，有一项"左右金吾将军一人奏'左右厢内外平安'"⑥。

这里的"左右厢内外平安"，应该断句为"左右厢，内外平安"。意思是左侧街西54坊、右侧街东54坊，坊里、坊外都正常。因为金吾卫的巡察范围既不是坊，也不是长安、万年县，而是比坊大，比长安、万年县小，严格来说是：外郭城内，长安、万年

---

① 《旧唐书》卷一六九《李训传》，第4397—4398页。
② 《宋代城市研究》，第137页。
③ 《唐会要》卷七二《京城诸军·神策军》，第1294页。
④ 《说文解字》卷九下《广部》，第460页。
⑤ 〔汉〕班固撰，〔唐〕颜师古注：《汉书》卷四二《周昌传》，中华书局，1962年，第2095页。
⑥ 《新唐书》卷二三上《仪卫志上》，第489页。

两县所属各坊及坊间街道。这个区域没有特定称谓，因此借用了厢。换句话说，这里的厢类似于现代城区、片区的概念，不确指某条街道、某个里坊，而是泛指城内一定的范围。当然，这个范围大于坊、街，包含着若干里坊、街道。

问题是前引南宋吕祖谦"左右厢起于唐，本用李靖兵法，诸军各分左右厢统之"一语，后世学者理解为唐初李靖在军中设左、右厢，作为一级建制，为唐代、五代、宋代军队编制所沿袭。这样的理解是否正确？

李靖将部队分为左、右厢，实际上是遵循《孙子兵法》"奇正"之说，将部队分为主力部队、预备部队两部分。在《唐太宗李卫公问对》中，李靖提出："三百人为正，六十人为奇，此则百五十人分为二正，而三十人分为二奇，盖左右等也。"①意思是300人为主攻部队，分成两部分，60人为佯攻部队，也分为两部分。因为二正——即左右——各150人，而二奇——即左右——各15人，显然人数不等，不可能是固定的军队建制，而是战时编组。

所以李靖所谓"左右"或"两厢"，依然是左右翼、左右侧的意思，他还提到步兵是正、骑兵是奇："车徒常教以正，骑队常教以奇。据曹公，前后及中分为三覆，不言两厢，举一端言也。"②他以曹操骑兵分为前、中、后三队为例，阐述战场奇正转化。他认为：曹操前、中、后三队骑兵，与自己的奇、正两厢是一样的用兵思路。

总之，李靖所谓"左右""两厢"只是用来描述部队在战场上的不同功用，并不是强调编制人数。更典型的是他的"六花阵"：

> 太宗曰："卿六花阵画地几何？"
>
> 靖曰："大阅，地方千二百步者，其义六阵，各占地四百步，分为东西两厢，空地一千二百步为教战之所。臣尝教士三万，每阵五千人，以其一为营法，五为方、圆、曲、直、锐之形，每阵五变，凡二十五变而止。"③

3万人规模的"六花阵"，每阵5000人，一阵进行营防演练，其余5阵分别变换方、圆、曲、直、锐5种阵型。也就是说，东、西两厢每厢3阵，但是并不以厢为单位行动，仍是以阵为单位行动。

从李靖的言语中可以发现，"左右""东西厢""两厢"等词含义类似，都是指在部队原来固定编制之上，为便于指挥作战而将部队划分为两组，并不是指在部队编制中

---

① 〔唐〕李靖：《唐太宗李卫公问对》卷中，骈骅译注，中华书局，2007年，第565页。
② 《唐太宗李卫公问对》卷中，第573页。
③ 《唐太宗李卫公问对》卷中，第577页。

添加厢一级建制。

可以认为，唐代军队厢的规模并不固定，只是若干作战单位的集合。厢正式成为军队建制，至少要到晚唐五代。藩镇军队长期处于交战状态，厢才得以被固定下来。

基于这样的思路，再审视"最初城市中的厢是从驻军划分防地开始"或"厢由军事编制和管理单位逐渐转化为城市行政治安管理的制度"等类似观点，就会发现一个问题：晚唐京师长安神策军兵力达15万[①]，即便分为两厢，一厢兵力也达75000人，难道需要投入如此多兵力巡察火警治安？并且京师、地方藩镇军队基本都驻扎在皇帝宫室、节度使衙城等要害附近，或城内外防御要地，如地方节度使牙兵并不会均匀、分散驻扎在城市之中，形成对称分布的左一厢、左二厢、右一厢、右二厢之类。

可知，从唐代开始，左右金吾将军已经用"厢"来泛指长安城左侧街西54坊、右侧街东54坊，此时其含义是一般的方位名词，而且是在神策军等禁军接管城市管理之前。此后，由这一泛指衍生出防火治安的机构，也就是作为城市管理机构及其辖区的"厢"，所以本书认为与军队建制的"厢"之间并无实质的联系。

二、北宋京兆府城设"厢"质疑

就宋代京兆来看，目前尚未发现能够佐证北宋京兆城中有厢这一机构或区划的文献材料[②]。那么，北宋京兆城中到底有没有"厢"？

一方面，龚延明先生认为厢、坊仅是"宋代京师二级行政管理单位"[③]，意即其他城市不存在厢、坊二级层级。

另一方面，在史念海先生的《西安历史地图集·北宋京兆府城图》中，附有如下文字："城内以安上门为界，把市区划分为东、西各几个'厢'，每厢又分为若干坊。"[④]这段叙述实际上包含了两个要点：一是北宋京兆府城中有厢；二是厢是在坊之上的区划。

史念海先生以及韩光辉、林玉军等先生认为北宋京兆城中有厢，其实是依据金章宗明昌五年（公元1194年）《京兆府提学所帖碑》所载京兆府城中有左第一、右第一、左

[①] 齐勇锋：《中晚唐五代兵制探索》，载《文献》1988年第3期，第166—179页。
[②] 《宋辽金元建制城市研究》，第190页。
[③] 龚延明编著：《宋代官制辞典》（增补本），中华书局，2017年，第574页。
[④] 《西安历史地图集》，第112页。

第二、子城厢①，向前逆推而得出的结论。只不过，金章宗明昌五年上距宋太祖建隆元年（公元960年）北宋建立已有234年，这种逆推存在很大不确定性。

还有一种间接证据，是五代时期部分城市中有厢。如韩光辉、林玉军二位先生提出："厢是自五代尤其宋代以来重要城市的管理制度，考察这一制度的延续性和继承性，在作为北宋西北地区军事重镇和政治中心及经济都会的京兆府城也应已出现。"② 并列举了三处例证：后唐明宗长兴二年（公元931年）六月，"据左右军巡使奏：诸厢界内，多有人户侵占官街及坊曲内田地，盖造舍屋，又不经官中判押凭据，厢界不敢悬便止绝，窃恐久后别有人户，更于街坊占射，转有侵占，不惟窄狭，兼恐久后别有人户，及致人户争竞"③。还有后周太祖广顺二年（公元952年），"应所犯盐曲关津门司，厢巡门保如有透漏，并行勘断"④。以及后周世宗显德二年（公元955年），"两京诸道州府，除见留寺院外，今后不限城郭村坊、山林胜境古迹之地，并不得创造寺院兰若。……地分厢镇职员所由，当并严断，长吏奏请进止"⑤。以上资料中依次出现"厢界""厢巡""厢镇"。

其中，第一处例证"诸厢界内……"一句，显示在五代时期开封城内的确有厢的存在。至于第二例"厢巡"显然是巡察士兵。第三例"厢镇"是城外村镇，都不是城内的厢。所以，所谓"五代时期，城市已经设置了社区管理机构——厢，形成了厢界与厢制，主要负责管理公共房地产业、纠查私贩盐者等事务"⑥，这段表述依然不够准确：首先，这些材料只能佐证开封城中有厢界；其次，"管理公共房地产业"本是出于消防需要，禁止随意搭建，引起火灾蔓延；最后，"纠查私贩盐者"的实为地方巡察治安士兵，不是开封城中厢界官员。

前引后唐明宗长兴二年左右军巡使所奏中，还有"厢界不敢悬便止绝"一句，显示出"厢界"还有可能指厢的管理机构。以机构名作为机构辖区名的现象在古代不少见，比如行省制度，金代、元代向地方派出行中书省，这是中央机构的名称，后来变化为地

---

① 《八琼室金石补正》卷一二六《金四·京兆府提学所帖碑》，第886—894页；《西安碑林全集》卷二九《碑刻·京兆府提学所帖》，第2906—2931页；《辽金元石刻文献全编》，第55—57页。
② 韩光辉、林玉军：《10至14世纪中期京兆府城市行政管理研究》，载《陕西师范大学学报》（哲学社会科学版）2010年第6期，第52页。
③ 〔宋〕王溥：《五代会要》卷二六《街巷》，上海古籍出版社，1978年，第411页。
④ 按韩光辉、林玉军先生注此段文字引自《五代会要》卷二七《盐铁杂务下》，误。这段文字实出自《旧五代史》卷一四六《食货志》，当作："应所犯盐曲，关津门司、厢巡门保，如有透漏，并行勘断。"1952页。
⑤ 《五代会要》卷一二《寺》，第196页。
⑥ 韩光辉、林玉军：《10至14世纪中期京兆府城市行政管理研究》，载《陕西师范大学学报》（哲学社会科学版）2010年第6期，第49—57页。

方行政区划的名称。与这种情况类似，五代、北宋时期，厢很有可能是先成为城市行政管理机构，再成为辖区的概念。

北宋张唐英《蜀梼杌》载，王建建立前蜀，仿照长安城建设成都府："两马步使为左右街使，厢虞候为街巡使。"①当时军队建制从上到下分为：军、厢、指挥、都。这里的"厢虞候"是厢级部队的副职，也就是马军指挥使、步军指挥使为左右街使，其下属各厢虞候为街巡使。

前蜀只是五代时期地方割据政权，其制度不具有普遍性。且厢虞候的本职是军官，故不能佐证成都府城中有厢的存在。

五代时其他城市是否有厢？《五代会要》中记载有一条史料："后唐天成三年六月敕：'金吾每奏"左右厢内外并平安"，有类藩方，宜改云"军国内外并平安"。'"②其中"藩方"是指藩镇，意味着晚唐五代藩镇僭越礼法，在自己的节镇仿效唐朝皇帝礼仪制度，命人奏报。武将出身的后唐明宗不熟悉唐朝典章制度，误以为"左右厢"是藩镇用语。这在当时应该是普遍现象，至少可以肯定，藩镇设置了厢官，职责自然是巡察治安防火。

开封在晚唐时本来是宣武军节镇，设置有厢官，后来被北宋沿袭，实属正常。除了开封之外，韩光辉先生还提到北宋时设厢的城市有6处③：第一处，据南宋王应麟《玉海》言，北京大名府"左右四厢，凡二十三坊"；第二处，据《宋会要辑稿》载，楚州（今淮安）"城外旧有西北两厢官"；第三处，据《宋会要辑稿》载，太原（按：当作并州）城南草市有厢巡，"以厢四人巡逻"；第四处，据南宋叶梦得《避暑录话》载，许昌（按：当作颍昌府）有"内外厢界"；第五处，据南宋潜说友《咸淳临安志》载，钱塘州城旧有左右厢巡检二人；第六处，据南宋刘宰《漫塘文集》载，温州城外"四厢八界"。另外，淄青一带有"厢巡"、广南东路有"厢吏"、潼川府路有"厢巡捕兵"，但不能确定具体城市。

这几处情况复杂，不能一概而论。第一处大名府（即唐代魏州）、第四处颍昌府（即许州），分别是天雄军、忠武军节度使节镇，像天雄军原为魏博镇，忤逆难驯，素来是朝廷大患，非常有可能仿照唐长安城制度设厢。

而第三处并州城南草市厢巡，可能是史料误读，检《宋会要辑稿》，知此事发生在

---

① 〔宋〕张唐英：《蜀梼杌》卷上，大象出版社，2003年，第36页。
② 《五代会要》卷一二《金吾卫》，第204页。
③ 《宋辽金元建制城市研究》，第20页。

宋真宗天禧三年（公元1019年）八月，原文为"止以厢四人巡逻"①，刘琳、刁忠民、舒大刚等校点《宋会要辑稿》指出，在"厢"后面阙一字，有可能是"兵"字，也就是普通的厢兵巡逻草市。类似的情况，还见于韩光辉先生指出的淄青一带"厢巡"、广南东路"厢吏"、潼川府路"厢巡捕兵（按：疑'捕'当为'铺'）"三处，其实与前述"厢界""厢巡""厢镇"类似，都是以厢为名的机构或官吏，并不能确定是城市辖区。

至于第二处楚州、第五处钱塘、第六处温州，其实皆为南宋时期，如钱塘城分四厢乃是在宋高宗绍兴二年②，楚州设两厢官是在宋孝宗淳熙十一年③，温州"四厢八界"是刘宰所记，而刘宰为南宋光宗、宁宗、理宗时人。

也就是说，可以确定北宋时设厢的城市，不过开封、大名、许州几处，推测成都等旧割据政权所在地也有可能，所以大约是旧藩镇节镇所在的区域中心城市均有设厢。那么，京兆是否符合呢？

自从朱温毁弃唐长安城后，历任佑国军节度使调动频繁，这里并没有出现长期盘踞、与中原王朝抗衡的强大藩镇，这是京兆与开封、大名、许州、成都等城市的显著不同。

另外，包伟民先生指出："隋唐时期大的州府十六个坊、一般州府四个坊，小州府和县城约是一个坊面积的情况，比较普遍。"④所以没有必要在府、州、县与坊之间再添设一级厢。

根据考古发掘测量，唐长安城总面积为84平方公里，其中皇城——也就是韩建所修新城，即五代、宋、金、元西安城——面积为5.2平方公里，约占总面积的6.2%。所以也就是原来108个坊，现在可能只有六七个坊。

同样锐减的是人口。后汉乾祐二年（公元949年），京兆城中有人口10余万，经过赵思绾叛乱，竟然仅剩万余人："始思绾入城，丁口仅十余万，及开城，惟余万人而已，其饿毙之数可知矣。"⑤即便以赵思绾叛乱之前的人口计算，京兆城在五代时期人口10余万，规模也不大，实在没有必要再增设厢。

当然，最主要的证据是前面提到的事实：目前没有见到记载五代、北宋时期京兆城设厢的材料。像北宋宋敏求《长安志》、元李好文《类编长安志》中记录京兆府有县、乡、坊、里、镇、村之名，而不见有厢。

---

① 《宋会要辑稿》兵三之二，第6802页。
② 《宋会要辑稿》兵三之八，第6805页。
③ 《宋会要辑稿》兵三之一二，第6807页。
④ 《宋代城市研究》，第144页。
⑤ 《旧五代史》卷一〇九《赵思绾传》，第1444页。

在宋代墓志中，同样不见"京兆府某厢"之称。例如宋太宗太平兴国七年（公元982年）《郭朝威墓志》："葬于万年县白鹿乡焦吕村之原"[1]；宋真宗咸平三年（公元1000年）《宋湜墓志》："归葬于京兆府长安县义阳乡大郭里"[2]；宋仁宗至和二年（公元1055年）《尚书比部员外郎陈君墓志铭》："葬于万年县洪固乡神禾原"；宋神宗熙宁二年（公元1069年）《观察支使刘君墓志铭》："葬君于万年县洪固乡太王里"；宋哲宗元祐四年（公元1089年）《宋故内殿崇班新差西京皇城司巡检上骑都尉郭公墓志铭》："葬君于京兆府万年县龙首乡芙蓉原"；宋徽宗宣和六年（公元1124年）《周谔墓志》："葬于京兆府樊川县洪固乡贵胄里"。万年、长安二县为附郭县，其他葬地，如咸阳县、鄠县、武功县某乡某原之类，也不见有厢[3]。

综上，从历史传承、面积大小、人口疏密等角度分析，北宋时京兆府没有设厢的客观条件。在传世史料、出土墓志等文献中，也不见京兆府有厢的文字记载。由此可知，所谓北宋时京兆府的行政管理机制为"府—县—厢—坊"的说法，欠缺材料佐证，尚难以得出结论。

厢用来指代负责治安、防火的军兵的巡察区域，始见于唐代，历经五代藩镇僭越礼法，延续到北宋。如宋真宗景德四年（公元1007年）闰五月下诏："京城内外诸厢，比差禁军巡检盖（按：'盖'当作'监'）察寇盗，如闻以觇事为名，取求财物，宜令开封府侦捕严断，仍委殿前、侍卫司常行约束。"[4]

问题在于厢除了有方位名词的意思，还有房舍廊庑的意思，后面这个词义也往往被官府机构使用。比如宋神宗熙宁年间（公元1068—1077年），"置勾当左右厢公事所，以文臣一员主之，自斗讼贼盗杖六十而下皆决之，以分天府之剧也，民间谓之都厢"[5]。对这条材料的解读就出现了歧义，有学者据此认为："厢吏直隶于开封府，遂使厢成为独立于附郭之京县开封与祥符的城市机构。……都厢，上属开封府，下领厢，遂形成了都厢制度，都厢行政地位相当于赤县或县。"[6]

---

[1] 郭茂育、刘继保：《宋朝墓志辑释》，中州古籍出版社，2016年，第47页。
[2] 〔宋〕杨亿：《宋故枢密副使正奉大夫行给事中上柱国广平县开国伯食邑八百户食实封二百户赐紫金鱼袋赠尚书吏部侍郎宋公神道碑铭并序》，曾枣庄、刘琳：《全宋文》卷二九八《杨亿一七》，安徽教育出版社、上海辞书出版社，2006年，第27页。
[3] 《全宋文》卷七五三《欧阳修九一》，第327页；《全宋文》卷一五五七《范纯仁一三》，第329页；《全宋文》卷一三五八《贾蕃》，第295页；《宋代墓志辑释》，第497页。
[4] 《宋会要辑稿》兵三之一，第6802页。
[5] 〔宋〕高承撰，〔明〕李果订：《事物纪原》卷六《抚字长民部·都厢》，金圆、许沛藻点校，中华书局，1989年，第325页。
[6] 韩光辉、林玉军：《10至14世纪中期京兆府城城市行政管理研究》，载《陕西师范大学学报》（哲学社会科学版）2010年第6期，第49—57页。

所谓"勾当左右厢公事所",并不是指开封城内左右厢,因为据《宋会要辑稿》载:北宋至道元年(公元995年),开封旧城内左第一厢20坊,第二厢16坊,右第一厢8坊,第二厢2坊;新城内城东厢9坊,城西厢26坊,城南厢20坊,城北厢20坊。①也就是说开封城实有8厢。到大中祥符元年(公元1008年),城外再添设8厢,"置京新城外8厢。真宗以都门之外,居民颇多,旧例惟赤县尉主其事,至是特置厢吏,命京府统之"②。显然,"勾当左右厢公事所"与开封城内外16厢的说法不一致,原本不是一回事。

实际上,据《朝野类要》卷三《左右厢》载:"厢官之名,取廊庑间分职佐治之义。今之城南北厢,比通判资序。盖比拟开封府左右四厢旧制也。若在城兵马都监,则又廊庑管押之义也,故无刑禁。"③也就是说北宋"勾当左右厢公事所"、南宋"厢官",都是指开封府或临安府"廊庑间分职佐治",只是开封府或临安府的属官,职责为"自斗讼贼盗杖六十而下皆决之",且无关乎防火,故与厢坊之制无涉。如所谓勾当左右厢公事所,乃是开封府负责司法判决的属官,与负责治安防火的厢巡职能不同,不能混为一谈。况且在宋人文学作品中,"厢"也往往是廊庑的意思。这反映出宋人在提及厢时,更多时候并不使用区域、范围的词义。

这种厢官称谓很多,可能是前述后唐的厢巡,也可能是前蜀的厢虞候。比如宋真宗大中祥符元年十二月,"置京新城外八厢。真宗以都门之外,居民颇多,旧例惟赤县尉主其事,至是特置厢吏,命京府统之",也就是管理者为厢吏。宋真宗大中祥符二年(公元1009年)三月九日,同意开封府的建议,由厢虞候管理城外杂处的军、民人等:"以都城之外人户、军营甚多,相度合置厢虞候管辖。"④

厢巡、厢界、厢吏其实都是一个意思。需要强调的是:厢吏的设置,不是先有了作为区划的厢,再匹配官员,而是先设置官员,之后形成了辖区。其间的区别是:厢巡、厢界、厢吏可能负责城内区域治安防火,也可能负责其他事务。

所以,五代、北宋城市中某厢的得名,并不是军队建制之名的转称,而是厢巡巡察区域逐渐固定后而得名。这是个历史过程,如开封府、大名府等从晚唐时就是藩镇节镇的地区,在北宋初已经得以固定而得名,其他城市——尤其是京兆府——可能还没有形成这种观念,也就不存在"县—厢—坊"的层级关系。直到南宋,这种现象才在南宋统

---

① 《宋会要辑稿》方域一之一二,第7324页。
② 《宋会要辑稿》兵三之一,第6802页。
③ 〔宋〕赵升编:《朝野类要》卷三《职任·左右厢》,王瑞来点校,中华书局,2007年,第75页。
④ 《宋会要辑稿》方域一之一三,第7325页。

治区内被普遍接受和采用。

如建康府城内有5厢，城外有2厢，形成"建康府—江宁县—厢—都"的行政层级，"城南厢，环以村落，谓之第一、第二、第三都，皆隶本府江宁县"①。而且，南宋时厢的职责扩展到了民事，例见苏州"在城地，旧设四厢，以领民事"②。厢正式成为地方行政机关和区划。

总之，宋代城市厢坊管理体系的出现经历了漫长的历史时期，从北宋个别区域中心城市负责治安防火的机构，到南宋时发展成为一级行政级别和区划，与宋代城市经济繁荣、人口增多的历史相呼应，是城市分区治理的雏形，是古代城市市政管理发展的标志性事件之一。

---

① 〔宋〕真德秀：《西山先生真文忠公集》卷六《对越甲稿·奏申·奏乞为江宁县城南厢居民代输和买状》，商务印书馆，1935年，第123页。
② 〔元〕孛兰肹等：《元一统志》卷八《江浙等处行中书省》，赵万里校辑，中华书局，1966年，第584页。

第五章 北宋京兆府社会发展

严格来说，现代经济学概念"城市经济"（Urban Economy）并不适用于古代。因为城市经济是以工业与农业分离为基本前提的，指以城市为载体综合聚集工业、商业、服务业的地区经济形态。

比较而言，所谓"西安城市经济"，实际指的是正史"食货志"的内容，而"食货"的"食"，最重要的内容就是农业。这就与"城市经济"的概念产生了直接矛盾。不过，鉴于《西安城市史》的体例，以及"食货"已经不是现代常用词，故权且将"城市经济"这一名称变通为"城市社会经济"，主要指的是五代、宋、金、元各历史时期，西安城及其周边郊区的农业、手工业、商业及农田水利设施建设、户数发展变化状况。

北宋时期，战争依然是对京兆及其周边地区社会政治经济发展产生重大负面影响的因素。虽然在京兆府城内爆发的直接战争数量有限，但是在京兆周边区域爆发的战争同样会影响甚至破坏京兆府城内的正常生产生活秩序。故此，所谓"西安城市战争"，不仅指狭义的五代、宋、金、元时期发生的争夺西安城的战争，还包括广义的对西安城居民生命、社会稳定、财产安全产生直接、间接影响的战争。

第一节
北宋京兆府社会经济

一、北宋京兆府经济恢复

宋太祖赵匡胤继承了后周世宗柴荣开启的四海统一进程，确立了"先南后北"的战略。从建隆元年（公元960年）四月开始，直到开宝九年（公元976年，当年十二月宋太宗改元太平兴国）十月，宋太祖发动的战争持续了16年。南方割据政权只剩下对北宋态度服帖的吴越钱氏和泉州陈洪进两家，北方则只剩下北汉。宋太宗继位后，在太平兴国三年（公元978年），吴越钱俶、泉州陈洪进纳土归顺。太平兴国四年（公元979年），平定北汉。至此，除幽云十六州仍属契丹，北宋完成了局部统一。

在这一过程中，北宋继承了后周对关中地区的统治政策。乾德三年（公元965年），大将王全斌兵出凤州（今陕西宝鸡凤县），攻灭后蜀，把陕南地区归入治内。陕北地区则比较复杂。先是在宋太祖建隆二年（公元961年），永安军节度使折德扆献出麟（今陕西榆林神木）、府（今陕西榆林府谷）等州归附。而更北边的定难军所辖夏（今陕西榆林靖边）、银（今陕西榆林米脂）、绥（今陕西榆林绥德）等州，则直到太平兴国七年（公元982年）定难军节度使李继捧纳土内附，才纳入北宋版图。

随着北宋统治趋于稳定，社会秩序恢复常态，经济生产逐渐提高，户口得以缓慢增加。北宋继承五代后周劝农耕种的政策，"自五代以兵战为务，条章多阙，周世宗始遣使均括诸州民田。太祖即位，循用其法，建隆以来，命官分诣诸道均田，苛暴失实者辄谴黜。……令、佐春秋巡视，书其数，秩满，第其课为殿最。又诏所在长吏谕民，有能广植桑枣、垦辟荒田者，止输旧租；县令、佐能招徕劝课，致户口增羡、野无旷土者，议赏"①。农业生产、社会经济的繁荣与人口数量的增长相辅相成。

水利灌溉是农田耕种的必要条件。北宋时期，关中地区各级官府一直比较重视农业生产，唐代建设完备的泾渠各条干渠、支渠、斗渠得到持续维护、修复和新开，从东边的同州（今陕西渭南大荔）到西边的郿县（今陕西宝鸡眉县）、武功（今陕西咸阳武功），从北边的邠州（今陕西咸阳彬州市）、三原（今陕西咸阳三原）到南边的京兆樊川（今陕西西安长安），水渠纵横，灌区密布。李令福先生总结北宋时期整修泾渠的工程有两个特点："第一，修治工程的类型主要是两项：一是筑堰，二是改凿新的引水渠口。……第二个特点表现在时间上，每隔二三十年皆有一次较大规模的修治。"②

不过，李令福先生同时也认为北宋关中农田水利建设"没有突出的成绩"。这似乎过于严苛，毕竟北宋关中农田水利设施的灌溉面积已经超过了唐代。比如，唐朝时关中三白渠（郑白渠）最大灌溉面积曾达到1万余顷，可是由于战乱失修，三白渠水道淤塞，灌溉面积急剧缩小。在北宋初年，宋太祖乾德年间（公元963—968年），经过简单疏通后，灌溉面积只有不到2000顷。到宋仁宗景祐三年（公元1036年），转运使王沿奏称，三白渠可灌溉田亩"今才及三千余顷"③。宋仁宗庆历年间（公元1041—1048年），专门从河南召集水工到关中，"置斗门灌田之方"，使得三白渠灌溉面积超过了6000顷④，是宋太祖时灌溉面积的3倍。又过了70多年，到宋徽宗大观年间（公元1107—1110年），改造三白渠下游水道，引入新水源，使得灌溉面积猛增到35090余顷⑤，大大超过唐代灌溉面积，这是北宋水利工程技术进步的反映，宋徽宗专门赐名"丰利渠"。

另外，京兆之地本来缺水，"长安地斥卤，无甘泉"，宋真宗时，陈尧咨知永兴军，"疏龙首渠注城中"⑥，既有利于农田灌溉，也方便了居民日常使用。其他像华州（今陕西渭南华州区）渭南知县曹公望引敷水浇灌，"溉田甚广，民间颇称利便"⑦。

---

① 《宋史》卷一七三《食货志·农田》，第4157—4158页。
② 《关中水利开发与环境》，第231—232页。
③ 〔宋〕王应麟纂：《玉海》卷二二《地理·唐三白渠、景祐修三白渠》，江苏古籍出版社、上海书店，1990年，第436页。
④ 《宋史》卷二九五《叶清臣传》，第9851页。
⑤ 《长安志图》卷下《渠堰因革》，第78页。
⑥ 《宋史》卷二八四《陈尧咨传》，第9588页。
⑦ 《宋会要辑稿》食货七之一一、食货七之一二，第4911页。

还有名儒张载在郿县横渠镇买田200亩，画成井田，又分别从大振谷、汤谷开挖东渠、西渠，绵延10里交汇，再北流3里入渭河。

与完善的水利工程相配套，粮食加工工艺不断改进。在京兆城南韦曲一带，农户们依托丰富的水利资源，大量架设"不匮一夫之力"的水磨来加工面粉，生产效率大幅提高，"可给千人之食"。①

这些措施对关中地区农业生产的恢复和发展大有助益。宋真宗景德二年（公元1005年）规定："陕西转运司每年认定马料三十万石。"②正是因为这一时期关中地区屡屡出现大丰收，比如在大中祥符年间（公元1008—1016年），陕西诸州"时连岁大稔"③。还有宋仁宗皇祐三年（公元1051年），担任过陕西路转运使的包拯上书朝廷："陕西累岁丰熟，今秋又大稔。"④以及宋神宗熙宁九年（公元1076年）十月戊子，陕西转运使皮公弼上奏："本路今岁极丰，而常平多积钱，愿借百万缗乘贱计置。"⑤农业丰收使得关中地区粮食积储量大增，出现了粮食腐烂、向外输送的景象，如宋真宗天禧四年（公元1020年）五月，"永兴、凤翔减价粜粮，以济阶、成、秦、凤州流民"⑥。

随着粮食产量的增加，京兆的人口终于开始恢复。《太平寰宇记》《元丰九域志》《宋史·地理志》分别记载了北宋初年到宋太宗太平兴国五年（公元980年）以前京兆府户数为60726户，宋神宗元丰元年（公元1078年）京兆府户数为223312户，宋徽宗崇宁元年（公元1102年）京兆府户数增加到234699户。吴松弟先生据此进行统计，从宋太宗太平兴国五年以前到宋神宗元丰元年，关中地区户口数的年平均增长率为10‰，高于同时段全国户口数年平均增长率9.6‰。人口增加了2.68倍，其中，京兆、商州（今陕西商洛）人口增长最快，京兆每平方公里土地分布的户数约为70户，大大超过其他地区每平方公里的户数，就全国来看，也绝对是人口密度较高的府州之一。到宋徽宗崇宁元年，如果加上陕北、陕南，则陕西地区户口数已

---

① 《长安志图》卷中《图志杂说·水磨赋》，第62页。
② 《张方平集》卷二三《论事·论京师军储事》，第351页。
③ 《续资治通鉴长编》卷六八，宋真宗大中祥符元年二月己未，第1527页。
④ 《续资治通鉴长编》卷一七一，宋仁宗皇祐三年十二月戊戌，第4120页。
⑤ 《续资治通鉴长编》卷二七八，宋神宗熙宁九年十月戊子，第6794页。
⑥ 《宋会要辑稿》食货五七之六，第5813页。

经突破了112万①。

二、北宋京兆府手工业发展

北宋时期，京兆乃至全国社会生产关系和阶级状况已经发生了新的变化。在官府文件中，有土地的人家称为主户，没有土地的佃户称为客户，这跟唐代以主户称呼本地农户、以客户称呼外地迁入农户不同。称谓的变化反映了宋代佃户拥有独立的户籍，佃户对地主的人身依附程度大为降低。佃户租种土地，在收割粮食及清缴地租后，可以离开原来的地主，自由选择其他地主，甚至是外地地主。如果原来的地主横加阻拦，佃户可以去官府告状，官府裁判的依据当然是双方的契约。这跟唐代以前不许佃户甚至农民离开自己的土地相比大为进步。

人口自由流动，一方面体现了社会成员自身地位的提高，另一方面十分有利于社会经济发展，因为只有脱离了土地的束缚，才会有更多劳动力投身其他生产行业，比如手工业。而且此时的手工业作坊内部不再是单一的主人、奴婢关系，而是出现了进步的师徒关系、雇佣关系。在陕西，最有代表性的手工制造业当然是瓷器制造。

中国烧制瓷器的历史可以一直追溯到距今7000年前的新石器时代，但是完成从陶到瓷的进化却耗费了几千年的时间。东汉出现青瓷，魏晋南北朝时期出现半青瓷，隋代出现白瓷，再到宋代涌现钧窑、汝窑、官窑、定窑、哥窑五大名窑，四海闻名。甚至有一种说法，即在北宋之前都是陶器，从"五大名窑"开始才有了真正的中国瓷器。

京兆并不是瓷器产地，陕西最著名的瓷器产地是耀州，称为"耀州窑"，位于今天陕西省铜川市王益区黄堡镇南210国道旁。在漆水河两岸南北约5公里、东西约2公里的范围内，遍布瓷窑，号称"十里窑场"。其所产瓷器，即为耀瓷。耀州窑始于晋代，在唐代发展成熟，到宋代形成以烧制青瓷为主，兼有白瓷、黑瓷等多个品种、各种器型的大型综合瓷器生产基地。耀州瓷胎釉轻薄、匀称，"击其声，铿铿如也；视其色，温温如也"②，釉彩饱满，釉面晶莹，器物花纹图案丰富，构图严谨，刀法生动，技艺高超，毫无疑问是北方青瓷的代表。

---

① 吴松弟：《中国人口史》第三卷《辽宋金元时期》，复旦大学出版社，2000年，第126、419页。
② 《西安碑林全集》卷二八《德应侯碑》，第2818—2822页。

在今天陕北、关中等地都出土有宋、金、元时期的耀州瓷。1970年，西安红光巷窖藏元代瓷器被发现，西安市南大街、北大街、西大街也多次出土这一时期的瓷器、钱币等。2005年，在西安市莲湖区西大街出土一批宋、金、元、明、清多个朝代的瓷器，以宋代瓷器为多。2017年，在西大街地表下5米发现古井、灰坑，内有宋、金时期完整陶瓷器11件。其中一件宋代花草纹白釉碗（见图5-1），口径26.9厘米，底径10厘米，高13.7厘米。碗口微敞，深腹，矮足，内底可见支钉痕。乳白色泛黄釉，釉面光润，有玻璃质感。白胎，胎壁薄，内壁至内底刻画花草。出土时残破，现已基本拼接修复。

图 5-1　2017 年西大街古井出土宋代花草纹白釉碗

（选自权敏、辛龙、宁琰：《西安西大街古井出土瓷器赏析》，载《收藏》2020 年第 11 期，第 79 页）

西安及陕西其他地区出土的宋、金、元时期瓷器，以耀州青瓷为最多，同时也包含定窑白瓷、景德镇窑青白瓷、龙泉窑青瓷等。这些宋代瓷器以生活用瓷为主，其次是陈设用瓷器。瓷器轮廓线条干净利落，造型以精致端庄、修长挺拔为特点[①]。

耀州瓷是朝廷指定的进贡御用之物，《宋史·地理志》载耀州"贡瓷器"[②]，同时也被社会大众广泛采购，行销海内外。在今辽宁朝阳北票辽朝墓葬中发现有一件北宋耀州窑摩羯形水盂，青釉晶莹素洁，胎质细腻坚硬，设计精巧，造型别致，为耀州窑青瓷精品，被定为禁止出国（境）文物。

此外，1953年，有一批耀州窑瓷器在北京广安门外出土，一般认为这是金朝攻占

---

① 魏女、王小蒙：《泥火幻影——陕西古代瓷器》，陕西人民出版社，2016年，第237页。
② 《宋史》卷八七《地理三》，第2146页。

开封后掠夺到燕京的北宋宫中御用贡瓷。而且，不只是国内，在朝鲜半岛、日本、东南亚、西亚等地都有耀州瓷出土。显然，耀州瓷也作为重要外销商品，行销海上丝绸之路沿线国家和地区。

以耀州瓷为代表，当时陕西有一批出色的手工业，比如凤翔造船场在宋真宗时能够年造船600艘，在全国11家造船场中位居第二。还有邠州出产的火钳和剪刀，是北宋宫廷御用之物。另外，像凤翔等地的铁矿、商州等地的金矿、兴元等地的银矿等都开设了官府开采冶炼机构坑务、冶务。

宋英宗治平（公元1064—1067年）末年，京兆城中物资丰富，"治平之末，长安钱多物贱，米麦斗不过百钱，粟豆半之。猪羊肉三四十钱一斤。鱼稻如江乡。四方百物皆有，上田亩不过二千"①。这反映出当时京兆府城及其周边地区农业、畜牧业、交通运输业各方面的繁荣景象。

三、北宋京兆府商业发展

马克思指出："城市工业本身一旦和农业分离，它的产品一开始就是商品，而它的产品的出售就需要有商业作为媒介，这是理所当然的。因此，商业依赖于城市的发展，而城市的发展也要以商业为条件，这是不言而喻的。"②商业之于城市的重要作用不言而喻。

相对来说，京兆府城并非农业、手工业产地，更像是商品的集散地，而商业活动最集中、最活跃的地点，就是市场。唐朝时，国都长安城内设东市、西市，集中进行商业活动，并且东市、西市市门严格按时启闭。而城内其他里坊不允许随意开设市场。

经过150余年发展，长安城内交易时间和地点都发生了变化。东市、西市的管理出现松动，像唐德宗时发起"宫市"，强买民间货物。新出现北市、南市、夜市，"至天宝八载十月五日。西京威远营置南市。华清宫置北市"③。在居民区甚至行政区皇城内，也出现了市场。更加彻底的变化是坊市分界被打破，长安城内屡屡出现破坏坊墙

---

① 《续资治通鉴长编》卷五一六，宋哲宗元符二年闰九月甲戌，第12269页。
② ［德］马克思：《资本论》第三卷，见［德］马克思、恩格斯：《马克思恩格斯全集》第25卷，人民出版社，1974年，第371页。
③ 《唐会要》卷八六《市》，第1581页。

的案例，"有侵街打墙，接檐造舍等，先处分一切不许，并令毁拆"①。直到天祐元年（公元904年），朱温下令拆毁长安城，外郭城东市、西市与108坊消失殆尽。

进入北宋以后，商业场所完全融入居民区，成为城市经济生活不可分割的一部分。北宋国都开封府城与唐朝国都长安城不同，没有统一的规划，而是不断改造、扩建而成的。北宋东京开封从外到内分为外城、内城、皇城三重。内城也叫里城、旧城，修筑于唐德宗建中二年（公元781年），周长11.5公里。五代后周世宗下诏拓宽内城街道，允许街道两边人家种树掘井，搭建棚屋，向街开设商铺，即便有里坊保留墙垣，坊门在夜间也不封闭，"不闻街鼓之声，金吾之职废矣"②，彻底抛弃了唐长安城封闭的里坊制度。汴河横穿内城，位于御街上的州桥，其南、东、西三个方向的街道两侧店铺、寺院、府衙、民居错落分布，著名的大相国寺就在州桥东侧。各种早市、夜市等小型集市散布城中，买卖经营"通晓不绝"。从此，"市"不再局限在"城"中某处固定区域，而是把"城"也变为开放的"市"。

虽然京兆商业规模不及开封，但是同样打破了隋唐长安城封闭的坊市制度。前文第二章"五代京兆府建制沿革与社会发展"中提到，韩建"重修子城"后，"新城"城内应该有三处市场：北市、菜市、草场。北市是韩建根据《周礼》"南朝北市"的理念设置的，位于城北门玄武门里、承天门街西，"天祐甲子，许公韩建始迁石经于府城北市"③。又据清代王昶《金石萃编》收《（后周广顺三年）广慈禅院残牒附后晋天福四年买地券》载："天福四年二月二十日买得安□界菜市南壁上韩勋□壹所……北至官街，东至草场，南至通城巷，西至太庙院。"④这里提到了菜市，在史念海先生主编的《西安历史地图集·五代新城图》⑤中，标示菜市位于城东南隅。

至于草场，判断其当为一处市场的理由，见于骆天骧《类编长安志》所载："〔草场坡〕《新说》曰：'在朱雀门外。乃旧之草市，有坡，故号曰草场坡。'"⑥意思是正南门朱雀门外一处土坡原有"草市"，就称呼此地为"草场坡"。这里不作"草市坡"，而作"草场坡"，表示"草市"与"草场"可以同义互换。所以前引《（后周广

---

① 《唐会要》卷八六《街巷》，第1575页。
② 〔宋〕宋敏求：《春明退朝录》卷上，尚成校点，上海古籍出版社，2012年，第13页。
③ 《类编长安志》卷一○《石刻》，第283页。
④ 《金石萃编》卷一二一《（后周广顺三年）广慈禅院残牒附后晋天福四年买地券》，第7页a—8页b。
⑤ 《西安历史地图集》，第108页。
⑥ 《类编长安志》卷七《坡坂·坡》，第209页。

顺三年）广慈禅院残牒附后晋天福四年买地券》所谓"东至草场"，笔者推测此处"草场"也有"草市"之义，即城内的草市。

所谓草市，前文第三章"北宋京兆府城布局、建筑及近郊"中已经叙及，是起源于唐代、位于交通要道之上、乡村百姓买卖商品的集市，带有临时性。到了五代、北宋时，城内也出现草市（草场），这是商业活动深入居民区的典型反映。

虽然京兆城内北市、菜市、草场的市场规模、交易运作和管理制度等细节缺乏史料记载，但是可以确定，北宋草市规模极大。据张礼《游城南记》所载，唐长安城兴道坊、务本坊，"二坊之地，今为京兆东西门外之草市，余为民田"①。宋神宗熙宁七年（公元1074年）四月下诏："诸城外草市及镇市内保甲，毋得附入乡村都保，如共不及一都保者，止令厢虞候、镇将兼管。"②草市商贩丁口不就地编入乡村都保，而是单独编为一保。这反映了草市从业人员数量之巨，商业规模不可小觑。

京兆城内外的市场同样非常普及和活跃，这刺激了京兆社会经济的壮大和发展。宋太祖时大臣陶谷记述了京兆城内丧葬店铺的情况："长安人物，繁习俗，侈丧葬，陈拽寓像，其表以绫绡金银者曰大脱空，楮外而设色者曰小脱空。制造列肆茅行，俗谓之茅行家事。"③另外，成书于宋太宗时期的《太平广记》提到，唐长安城富商窦义在西市内开店，"遂经度，造店二十间。当其要害，日收利数千，甚获其要。店今存焉，号为窦家店"④。因为西市、东市已废，笔者推测窦家店应该是搬迁到了京兆城内。还有宋真宗、仁宗时大臣江休复提到京兆府城内"宝货行"："长安有宝货行，搜奇物者必萃焉。"⑤这些事例反映了京兆城商品的丰富多样，有珠宝器物等奢侈品，也有柴米油盐等日常生活用品。

实际上，京兆地区商人的活动，除了满足本地居民日用需求外，最重要的交易对象是西夏和川蜀。北宋与西夏达成和议后，在边境开设榷场，进行互市贸易。榷场的交易分官营、私营两种。官营的由朝廷向榷场划拨一定数量本金，或香料、象牙等贵重物品，榷场官员利用这些财物与对方贸易。私营的则是民间百姓商人自己运送货物到本国

---

① 《游城南记校注》，第6页。
② 《续资治通鉴长编》卷二五二，宋神宗熙宁七年夏四月甲午，第6177页。
③ 〔宋〕陶谷：《清异录》卷下，孔一校点，上海古籍出版社，2012年，第117页。
④ 《太平广记》卷二四三《治生·窦义》，第1877页。
⑤ 〔宋〕江休复：《江邻几杂志》卷下，中华书局，1991年，第23页。

或对方榷场，等候对方商人来采购。榷场内的交易全部由职业经纪人牙人负责，买卖双方并不接触。民间百姓商人进入榷场贸易，需交纳各种费用，比如付给牙人的牙钱，再有就是将每笔生意总价的5%作为税金上缴榷场。榷场贸易各方获利，利润颇丰，北宋每年都会考核各榷场的本金使用情况，并对榷场官员进行奖惩。

一般北宋出口的商品包括茶、米、麦、丝、麻、药材等，西夏出口的商品有盐、药材、绵羊等。另外，宋夏双方有各自的禁售商品，比如北宋榷场禁止出口牛、书籍（"九经"除外）、兵器、人口等，西夏榷场禁售马匹、兵器等。相比来说，西夏更加迫切需要北宋出产的生活资料和生产资料，而北宋也急需重要的战略物资马匹，这导致在榷场贸易之外，还存在着大量走私贸易。

京兆地区商人们以京兆城为物资转运与商品交换的集散地，向北去西夏，往南去陕南、巴蜀，互通有无。北宋朝廷也充分认识到这一地区的商业实力，田培栋先生根据《宋史》《宋会要辑稿》的记载统计，北宋京兆府中征收商税的机构共有12个。在宋神宗时期，京兆及关中地区全部税务机构达113处。[1]

北宋继承五代时的商税制度，分过税、住税两种。过税是行商路过关津所纳税款，住税是行商到某地开卖或坐贾开设店铺所纳税款："行者赍货，谓之'过税'，每千钱算二十；居者市鬻，谓之'住税'，每千钱算三十，大约如此。"也就是说，过税税率2%，住税税率3%，"然无定制，其名物各随地宜而不一焉"。[2]

从商税收入可以窥见北宋京兆商业的发展规模。据记载，在宋神宗熙宁十年（公元1077年）以前，京兆府每年商税额为56904贯，在熙宁十年增至83284贯979文，[3]增幅为44.9%。其中，京兆府"在城"即城区商税额达38445贯842文，占整个京兆府商税额的46.6%。横向比较熙宁十年同期北宋其他城市"在城"商税额，最高的是东京开封府，达402379贯137文，此外南京应天府（今河南商丘）27886贯280文，北京大名府（今河北大名）38628贯67文，西京河南府（今河南洛阳）37943贯984文。毫无疑问，京兆府商税体量达到了北宋"四京"的标准。而隋唐时期"十里长街市井连"的名城扬州，在熙宁十年商税额为41849贯403文。杨德泉先生统计《宋会要辑稿》中所载熙宁十年全国

---

[1] 田培栋：《陕西社会经济史》，三秦出版社，2016年，第194页。
[2] 《宋史》卷一八六《食货下八·商税》，第4541页。
[3] 杨德泉《试谈宋代的长安》[《陕西师大学报》（哲学社会科学版）1983年第4期，第106页]，统计为83375贯，不确。

府、州、县、镇商税，在103处府、州、军城市中，京兆位居第十六位①。稍后，李之勤先生指出，马端临《文献通考》加工整理的北宋商税收入分类统计并不准确，当据《宋会要辑稿·商税杂录》进行增补，则在宋神宗熙宁十年以前，京兆府每年的商税收入额，在全国各州府中实际居于第十七位，到熙宁十年时，跃居第八位。②薛平拴先生据此提出："由此可见京兆府所辖地区商品经济发展速度和规模都是全国领先的。"③或许"全国领先"之语不够确切，改为"稳居前列"当无异议。

京兆城中财富"巨万"的富商大贾代不乏人，如宋太宗时文臣范杲，"母兄晞性啬，尝为兴元少尹，居京兆，殖货巨万"④。商人们关注时局变动，对破坏社会秩序、干扰经济活动的人或事抱有高度警惕。早在五代后汉时，赵思绾占据京兆叛乱，残暴无行，失败后被处以极刑。临刑时，"市人争投瓦石以击之，军吏不能禁"⑤。一般枭首凌迟等极刑都在城内"市"进行，所以此处"市人"，除了有京兆城普通百姓，必然也包括了商人。更典型的事例是，宋仁宗、宋徽宗时，京兆商人先后两次停止经营活动，进行"罢市"，震动官府，显示了商人群体的影响力。

据司马光《涑水记闻》载，北宋至和年间（公元1054—1055年），起居舍人毋湜向宋仁宗提议："陕西铁钱不便于民，乞一切废之。"因为北宋有"钱荒"，即铜钱数量不够使用，所以在陕西等地使用铁钱。这一建议并未被朝廷立即采用。但是京兆百姓害怕手中铁钱作废，"争以铁钱买物，卖者不肯受，长安为之乱，民多闭肆"。商人们也担心自己手中累积铁钱，便停止了经营。

当时文彦博知永兴军，下属请求他禁止民间抢购，文彦博不同意："如此是愈使惑扰也。"他召来丝绢行商人，将自家缣帛数百匹交与他售卖，嘱咐丝绢行商人："纳其直尽以铁钱，勿以铜钱也。"意思是文彦博带头收铁钱，表明铁钱不会作废，"于是众晓然知铁钱不废，市肆复安"。⑥在这次因为朝廷货币政策变更而引起的市场抢购中，京兆商人们为保护自己的经济利益而自行罢市，京兆府主官文彦博并没有采用行政命

---

① 杨德泉：《关于北宋商税的统计》，见杨德泉：《杨德泉文集》，第184—190页。
② 李之勤：《北宋长安城的商税收入及其在全国主要城市中的地位——兼论〈文献通考〉关于北宋全国重要城市商税收入的统计问题》，见李之勤：《西北史地研究》，中州古籍出版社，1994年，第116页。
③ 薛平拴：《五代宋元时期古都长安商业的兴衰演变》，载《中国历史地理论丛》2004年第1辑，第57—68页。
④ 《宋史》卷二四九《范杲传》，第8798页。
⑤ 《旧五代史》卷一〇九《赵思绾传》，第1443页。
⑥ 《涑水记闻》卷一〇，第198页。

第五章 北宋京兆府社会发展

令，而是尊重商人的市场行为，最终稳定了京兆市场。

在今天西安城区多次出土宋、金、元时期铜钱、铁钱窖藏，如1982年在西安市南院门距地表1.9米处发现大量北宋晚期窖藏铁钱，出土时已经锈蚀凝结在一起。能辨认的只有"宣和通宝"背"陕"小平钱1种。还有1993年初在西安市社会路发现北宋窖藏铁钱，重量达数吨，时间跨度为北宋仁、神、哲、徽宗四朝。1994年在西安市西大街竹笆市发现北宋徽宗宣和年间的1处铁钱作坊，有3个窑洞状的土坑，坑内留存有铁渣块、煤炭渣、坩埚等，坩埚残片上还留有钱渣。距离铁钱作坊4米、距地表3米处埋藏有1处宋代铁钱窖藏，藏有成串的"宣和通宝"背"陕"小平铁钱。2001年再次在西安市西大街发现四个竖井中藏有大量北宋铁钱。2004年，第三次在西安市西大街发现钱币，不过这次涵盖汉、唐等14个朝代，其中北宋铜钱数量最多。（见图5-2）这些窖藏北宋铜钱、铁钱所处的位置，大多在北宋永兴军路、京兆府衙署附近，与文献资料所反映的北宋京兆府城区布局以及城内行政、商业、居住等功能区的形成，正好可以互相印证。

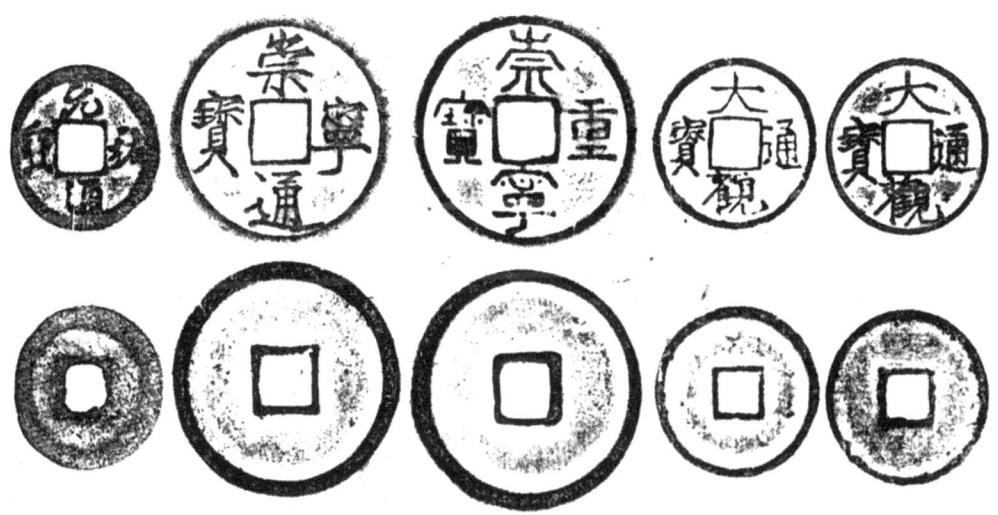

图5-2 2004年初西安市西大街出土北宋铜钱

（选自党顺民：《西安西大街宋铜钱窖藏》，载《中国钱币》2006年第3期，第55页）

据《宋史·钱即传》载，时至宋徽宗时，权阉童贯宣抚陕西，"长安百物踊贵，钱币益轻"，童贯竟然使用行政手段，强制规定物价降低4/10，引起了京兆商人第二次罢市，"贯欲力平之，计司承望风旨，取市价率减什四，违者重置于法，民至罢市。……又行均籴法，贱入民粟，而高金帛估以赏，下至蕃兵、射士之授田者，咸被抑配，关内骚然，几于生变"①。与文彦博相比，童贯不尊重市场规律，导致的结果就是"几于生变"。

可见，京兆商业经过五代、宋初的低谷，在宋太宗以后，随着农业、手工业等方面的恢复而逐渐发展壮大，京兆成为北宋重要的区域经济中心城市。当然，这一时期京兆不再是王朝首都，因此在经济规模、市场活跃程度、发展速度等方面，既比不上国都开封，也比不上江南重镇杭州、苏州等地，还比不上沿边要地秦州、真定等地。毕竟处于"经济重心南移"的历史趋势下，京兆乃至北方城市发展势头不如南方城市。正如漆侠先生所言："北不如南，是量的差别，而西不如东，则不仅是量的差别，而且是表现了质的差别。"②

四、北宋中后期京兆府社会矛盾及改革

北宋时，京兆及其周边地区并非一方乐园净土。宋仁宗庆历三年（公元1043年）夏天，陕西发生旱灾，受灾面积广大，受灾人口众多，不少饥民为食所迫，来到山高林密、人迹罕至的商洛山区。八月，爆发了张海领导的商州（今陕西商洛）农民起义。这次起义历时三个月，后被北宋官府镇压下去。自然灾害是这次大规模起义爆发的直接原因，而其深层次原因则是关中地区的社会矛盾，以及北宋朝廷军政措施的弊端。

由于陕西地处宋夏、宋辽前线，当地百姓在承担正常的赋税、徭役之外，还要承担庞大的军费负担、贡赋支出。宋仁宗康定元年（公元1040年）下诏："陕西屯重兵，罄本路租税，益以内库钱帛，并西川岁输，而军储犹不足。"③此外，中国古代土地私有制度发展到一定阶段都会产生土地兼并、地主高利贷等痼疾。宋徽宗建中靖国元年（公元1101年），知延安府范纯粹上书指出，陕西地主豪富违法致富，"贪污猥贱，无所不有"④。这导致平民百姓与朝廷官府之间、朝廷官府与地主豪富之间、地主豪富与平民百姓之间都存在着不小的矛盾。这些矛盾提醒着北宋朝野上下需要适时进行改革。

---

① 《宋史》卷三一七《钱即传》，第10351页。
② 漆侠：《中国经济通史·宋代经济卷》，经济日报出版社，1999年，第48页。
③ 《宋史》卷一九六《兵志·屯戍之制》，第4896页。
④ 《宋史》卷一七二《职官志·奉禄制·增给》，第4150页。

陕西作为边防前线，屯驻有大量军队，北宋朝廷千方百计满足军粮供应、增加军费开支。曾经任职知万年县、参与过宋夏战争后勤运输的马元方回到朝廷后上奏："方春民贫，请预贷库钱，至夏秋，令以绢输官。"①意思是在农户春耕无法买种播种时，官府借贷资金给农户，而不是任由农户向地主富户借钱。朝廷批准了这项建议。"行之，公私果便，因下其法诸路。"②当时是否推行到全国，尚存疑问。后来李士衡在宋真宗大中祥符三年（公元1010年）任河北转运使，大中祥符四年（公元1011年）任陕西转运使，都推行过此法，名为"和买绢"③。这里的绢就是钱，因为当时民间铜钱数量不足，所以用绢帛代替铜钱。

宋仁宗庆历八年（公元1048年）到皇祐五年（公元1053年）间，陕西路转运使李参推出了青苗钱，就是允许农户在资金不足无法播种的时候，预估粮食产量，上报给官府。官府根据该户粮食产量，贷给他现钱，这笔贷款就叫青苗钱。等粮食收获以后，农户按时价计利息向官府上交粮食。

青苗钱帮助农户摆脱了民间地主高利贷的风险，免除了豪富地主的压榨，避免了农户破产流亡，使其能够留在田地里持续进行粮食生产。与此同时，官府也获得了稳定的粮食收入，而且青苗钱产生的利息增加了官府的收入。青苗钱推行数年时间，陕西驻军军粮问题得以基本解决。不过，和买绢、青苗钱也有弊端，就是官府借贷绢与百姓归还粮食的比例不合理，"民病和买绢折钱重"④。若遇到贪官，反而更容易压榨百姓。

除了军粮，军队还需要布料、木材等其他物资。与前代王朝一样，北宋朝廷主要通过食盐专卖获取利润，采买军队所需物资。食盐作为日常生活必需品，受到北宋朝廷严格控制，当时，陕西地区食盐产销有两种形式。

一是禁榷制。北宋朝廷规定，山西解盐专销陕西，其生产、收购、运输和销售全过程由官府负责，通过征发百姓徭役或分派厢兵承担具体工作。然而，禁榷制效率低下、腐败严重，百姓、士兵不堪其苦，"以致兵士逃亡死损，公人破荡家业，比比皆是，所

---

① 《宋史》卷三〇一《马元方传》，第9986页。
② 《宋史》卷三〇一《马元方传》，第9986页。
③ 《能改斋漫录》卷一二《记事·和买绢》，第346页。
④ 《宋史》卷二四七《宗室传四·赵希言》，第8750页。

不忍闻"①。而且，收益归陕西地方，并不能给驻陕军队直接提供支持。

二是入中制。商人运送军需物资到前线，换取官府发给的盐引，商人凭盐引去领取解盐，自行销售。入中制的问题在于，军需物资与食盐之间的比价不合理，往往是商人虚报价格，"猾商贪贾乘时射利，与官吏通为弊，以邀厚价"②，造成官府吃亏，"岁亏官钱不可胜计"③。而且宁夏青白盐通过走私行销陕西，商人凭盐引所领解盐的价格还高于走私盐的市场价格，商人也无法从中谋利。

两种制度各有漏洞，北宋朝廷时而行禁榷，时而行入中，全无定法。最先在陕西推动盐法改革的是范祥，他是地道的陕西人，籍贯邠州三水（今陕西咸阳旬邑），长期在陕西地方任职。范祥最擅长的领域是经济财税，"晓达财利，建议变盐法"④。他针对陕西食盐产销弊端，提出了自己的改革方案。

据《宋史·范祥传》载，庆历四年（公元1044年），范祥上书指出禁榷、入中的弊端皆由"公私侵渔致之"，他自告奋勇请求整顿盐法。可惜，因为庆历新政失败引起一系列变动，4年之后，范祥才得以一试身手。

范祥停止禁榷、入中二法，改行钞盐法，就是商人不再运送粮草物资到边地，而是将现钱交给沿边军州，领取盐钞后再去领取解盐自行销售。在这一过程中，范祥特别关注盐钞保值，盐钞发行量的稳定，就是盐价的稳定。他严格按照山西解池年产盐量发行盐钞，还派出陕西转运司的官员在开封都盐院内观察陕西盐价，当解盐盐价低时买进，防备商人破产，盐价高时再卖出，防止商人敛财。为了平抑盐价，打击走私盐，范祥除了严禁走私，还组织商人运送内地食盐来陕西销售，由官府定价销售，挤压走私盐市场，最终实现"使盐价有常而钞法有定数。形制数十年"⑤。另外，范祥打破此前禁令，允许商人运解盐去兴元府（今陕西汉中）、川蜀等地销售，激发了商人的积极性。

钞盐法实行1年，因为解盐运入量减少，盐价升高，而官府动用资金平抑盐价，造成收入有所降低，再加上豪商巨贾、贪官墨吏渔利的机会减少，有人就开始非议钞盐法。北宋朝廷派包拯去陕西调查，包拯支持范祥，认为钞盐法"是先有小损而终成大利

---

① 〔宋〕张田编：《包拯集》卷八《言财利·言陕西盐法》，中华书局，1963年，第105页。
② 《宋会要辑稿》食货二三之四〇，第5194页。
③ 《宋会要辑稿》食货二三之四〇，第5194页。
④ 《宋史》卷三〇三《范祥传》，第10049页。
⑤ 〔宋〕沈括：《梦溪笔谈》卷一一《官政一·盐钞法》，施适校点，上海古籍出版社，2015年，第82页。

也"①，又经过朝堂辩论，三司使田况等也支持范祥。

可惜，皇祐五年（公元1053年），范祥因为擅自修筑堡寨对抗西夏，被认为妄生边事，遭到降职处分。陕西路转运使李参接替范祥主持盐务。不知出于什么原因，李参仓促中止了钞盐法，恢复了入中制，结果几年间虚报比价之风再起，官府盐税收入大幅流失。

嘉祐三年（公元1058年），在包拯举荐下，范祥官复原职，继续推行钞盐法。这时钞盐法的效果逐渐显现出来，除了直接增加朝廷盐税收入，更使得边地军州不再需要朝廷补助，还有余钱"可助边费十之八"。嘉祐六年（公元1061年），范祥去世。薛向接任，继续推行钞盐法，"后人不敢易。稍加损益，人辄不便"②。薛向在任8年，进一步修补钞盐法，"行范祥之所未及行"，继续降低盐价，打击走私，完善盐钞发放，增设盐价平抑机构，"民不益赋，其课为最"③。

薛向在陕西的贡献引起正致力于解决朝廷财政困境的王安石的注意。宋神宗熙宁二年（公元1069年），薛向奉诏入京，参与制定和推广均输法。钞盐法针对的是军需物资，而均输法扩大到所有朝廷所需物资，以"徙贵就贱，用近易远"为原则，在物资缺乏的地区征收现钱，再到物资丰富的地区购入所需物资。通过设置各地发运司，综合掌握开封仓储情况、地方丰歉情况，扩大朝廷采买范围，减轻农民负担，打击豪商富户囤积居奇的投机行为。其中最重要的物资，当然就是东南漕粮。

在薛向入京讨论制定均输法的同时，宋神宗和王安石也注意到了范祥在陕西推行的青苗钱。其实，宋神宗早在即位以前便知道了范祥的事迹。可惜，范祥此时年纪已大，在熙宁初年就去世了。王安石直言"依陕西青苗钱例"推出了"青苗法"，不过王安石的用心比范祥更为深远。首先，他规定官府贷款利息为2/10，比民间地主高利贷低，杜绝富户地主盘剥农户的可能；其次，他要求按照贫富程度强制放贷，目的是强迫富户地主也要贷款交息。这扩大了官府放贷人群，但是也引起了富户地主的恐慌，认为朝廷蓄意搜刮民间资产，后来引起极大争议。

除此而外，新法中的"市易法""将兵法""保甲法"等都在陕西重点推广。比

---

① 《包拯集》卷八《言财利·言陕西盐法》，第105页。
② 《宋史》卷三〇三《范祥传》，第10049页。
③ 《宋史》卷三二八《薛向传》，第10586页。

如将兵法，裁汰50岁以上老弱，新设置"将"一级建制，直接隶属安抚司，由前线将领"分番勾抽训练"。当时，陕西设有42将，占全国92将的46%，兵力约占全国总兵力的43%，一举奠定了陕西作为北宋后期军事重镇的地位。

变法是宋神宗在位时期（公元1068—1085年）乃至嗣后哲宗（公元1086—1110年）、徽宗（公元1101—1125年）时期，朝廷施政的重要内容和方向。然而也就是在这一时期，因为对变法的理解不同，朝野上下分裂为以司马光为首的保守派和以王安石为首的变法派两大政治集团，并掀起了旷日持久的党争。

司马光与王安石都主张变法改革，只不过他们对变法的内容和采取的方式有不同的主张。

王安石提出，"摧抑兼并"是解决北宋各种问题的根源。民间豪强地主侵吞社会财富，导致朝廷掌握的资源不足，"则阡陌闾巷之贱人，皆能私取予之势，擅万物之利，以与人主争黔首，而放其无穷之欲"①，所以要动用国家政治权力，加强对民间的控制，使民间资源向财税、军事两方面集中。王安石变法正是以均输法、青苗法发轫，进行经济领域改革，"富国强兵"，再延伸到军事领域。由此，王安石认定以前历次改革不成功，就是因为没有触动兼并问题。

然而，司马光秉承着范仲淹庆历新政的思路，主张在人事、吏治等领域实施改革，相应地，他忽略了法制、经济领域的改革。以司马光为首的保守派也注意到了兼并的危害，但他们认为限制兼并的方法是礼乐教化、道德约束，使豪强地主在主观上认识到自己的义务和责任。

司马光与王安石的意见分歧由此产生。司马光认为王安石动用官府力量搜刮民间财资，"欲生乱阶"，会搅乱现行社会规则和秩序。而王安石视司马光等人为"俗儒"，转而提拔新进，排斥保守派。在这样的背景下，作为宋神宗、王安石实行新法重点地区的陕西的士大夫们，切身感到新法的利弊，像张载、赵瞻、蓝田吕氏兄弟等（也包括司马光在内，因为司马光是陕州夏县人，此地现在属山西运城夏县，但是在北宋属永兴军路）集体反对新法。

于是，在北宋末年，陕西出现了一个有趣的现象：保守派掌控永兴军路，变法派掌

---

① 〔宋〕王安石：《王文公文集》卷三四《度支副使厅壁题名记》，上海人民出版社，1974年，第409—410页。

控陕西沿边五路。司马光在任知京兆府期间，直接拒绝执行新法。诚然，由于专制集权体制的痼疾，王安石的设想并不能得到原原本本的贯彻，新法在执行过程中很容易被专制权力扭曲，保守派称之为"则是官自为兼并，殊非市易本意也"[①]，使弱势百姓受到盘剥和伤害。所以保守派的一些抵制措施，在一定程度上也是对百姓的保护。

在历史上，王安石变法并没有持续多久，尤其是在宋神宗死后，保守派全面掌权，司马光矫枉过正，废止全部新法。宋哲宗亲政后，发起"绍述"，变法派卷土重来，恢复新法，纠正弊端，战败西夏。可惜只有7年时间，宋哲宗25岁去世，"轻佻不可以君天下"的宋徽宗继位。保守派短暂得势，号称"小元祐"。不久，宋徽宗崇宁元年（公元1102年），蔡京拜相，以新法为名，行敛财和党争之实。朝野上下，人心浮扰。

---

① 《宋史》卷四七一《奸臣传·曾布》，第13715页。

第二节
北宋京兆及其周边地区战乱

一、张海起义和宋夏战争对京兆及其周边地区的影响

自唐末战乱以来,京兆关中地区多次陷入几方势力的争夺。先是岐王李茂贞与后梁多次交战,其间前蜀也与李茂贞短暂交兵。到后唐时李茂贞投降,前蜀被灭。接着是后晋灭亡、后汉建立,政局动荡之际,关中地区赵匡赞、李守贞、王景崇、赵思绾相继与后汉朝廷相抗违甚至发动叛乱,其间后蜀四次派兵北上。不过,后汉朝廷最终收复了京兆等地,从此关中之地一直属于中原王朝后汉、后周所有,直到北宋建立。

宋太祖赵匡胤继承了后周世宗的事业,确立了"先南后北"的战略,从建隆元年(公元960年)四月开始,一直到开宝九年(公元976年)十月,宋太祖发动的战争持续了16年,兵锋所指,鲜有匹敌。

关中地区一直在北宋版图之内,而陕北地区分为永安军、定难军两部分。在宋太祖建隆二年(公元961年),永安军节度使折德扆献上麟(今陕西榆林神木)、府(今陕西榆林府谷)等州归附。乾德三年(公元965年),宋太祖派遣王全斌兵出凤州(今陕西宝鸡凤县),攻灭后蜀,把陕南地区归入治内。至于陕北地区更靠北边的定难军所辖夏(今陕西榆林靖边)、银(今陕西榆林米脂)、绥(今陕西榆林绥德)等州,则直到太平兴国七年(公元982年)定难军节度使李继捧纳土内附,才纳入北宋版图。

宋太祖、太宗两朝以武力结束了唐末五代以来的割据局面,又通过任命文臣为地方官,将地方财政、司法权收归朝廷,抽调地方精锐士兵编入中央禁军等政治措施扭转了唐末五代以来武将出任地方节度使、一人垄断军、政、财实权的弊端,实现了王朝的稳定和统一。具体到京兆及其周边地区,在北宋时再未发生地方官叛乱之类的事件。

北宋时期京兆关中地区发生的军事冲突,主要是山贼草寇打家劫舍和农民起义。比如宋太宗时,"京兆剧贼焦四、焦八等,常啸聚数百人,攻劫居民,为三辅之害,上令悬赏招募,待以不死。至是,请罪自归。秦民处处相聚,供佛饭僧,喜免侵暴之患"①。

与抢掠杀戮的凶徒强盗不同,农民起义是通过反抗官府实现自身的政治目标,主要目的是建立新政权。在关中、陕南地区,宋仁宗时张海领导的商州农民起义影响最大。庆历三年(公元1043年)夏天,陕西发生旱灾,受灾面积广大,受灾人口众多,不少饥民为食所迫,来到山高林密、人迹罕至的商洛山区。本来商洛山中就有郭邈山、李铁枪等绿林势力活动,现在更是逃难人群聚集地。李铁枪的手下张海,本来是一员宋军逃兵,富有军事经验,因此迅速成为主要领导人。当年八月,张海团结了各支队伍,以商洛山区为基地,四面出击,采取流动作战的方式,在今陕西、河南、湖北等地多次击败宋军,攻下了金州、顺阳(今河南南阳淅川)等地。

其实,基于农民起义快速机动的习惯,张海领导的部队规模本身并不庞大,但是号召力十分惊人,"逐处穷民见其豪盛,各生健羡,聚成徒党,胁取州县,事势渐次扩大"②。比如光化军(今湖北襄阳老河口)军吏邵兴,带领500余人,驱赶上司知光化军韩纲,起义响应张海。邵兴的队伍一路北上,策反了商州筑钱监配军2000余人,打败永兴东路都巡检使上官琪率领的宋军,攻入兴元府。"且张海一岁之内,所向披靡,京西十余郡,幅员数千里,官吏逃窜,士民涂炭,以至江淮州县,无不震惊。"③

北宋朝臣对张海起义非常重视,富弼、欧阳修等人相继上书,主张派重兵围剿。富弼指出,秦末、隋末、唐末起义军都是由小到大发展起来的,何况张海所部现在所向披靡。于是,北宋祭起围剿起义军的必杀技——调集大军,压缩起义军的活动空间,将起义军围堵在陕西。同时,抽调范仲淹的部队南下。

经过激战,起义军的力量逐渐耗尽,十一月,邵兴兵败兴元,十二月,张海在商山(今陕西商洛丹凤)战死,其他起义军领导人也相继被击杀。起义军缺乏统一领导、无法占据根据地获得补充是失败的主要原因。

当然,北宋朝廷基于自身的立场,将农民起义军污蔑为盗贼,这导致在史料中对小股农民起义的相关记载与盗贼草寇混淆,难以分辨。如宋神宗熙宁三年(公元1070年)

---

① 《续资治通鉴长编》卷三六,宋太宗淳化五年九月,第795页。
② 《范文正公政府奏议》卷下《杂奏·奏乞招募兵士捉杀张海等贼人事》,见《范仲淹全集》,第645页。
③ 《包拯集》卷二《论赏·论李用和捉获张海乞依赏格酬奖》,第23页。

十二月，知永兴军司马光上奏："况关中饥馑，十室九空，为贼盗者纷纷已多。"①

北宋前期，陕西北部定难军风波不断。宋太宗太平兴国七年（公元982年），李继捧献土降宋，他的族弟李继迁却叛宋自立，随后与北宋开战，而且越战越勇，形成一方势力。20年后，李继迁死，其子李德明继立，他的态度相对温和，采取"依辽和宋"策略，接受北宋封赐，稳步发展实力。传到李德明之子元昊时，双方关系迅速恶化。宋仁宗宝元元年（公元1038年），元昊称帝建国，史称西夏。随后，宋夏双方在今陕西延安及宁夏固原等地发生多次大战，北宋未尝一胜。其间，波及京兆及其周边地区的一战，是在庆历二年（公元1042年）闰九月，元昊第三次领兵出征，目标是"略无险阻"的泾原路镇戎军（今宁夏固原）。

泾原主帅王沿派遣葛怀敏率军迎战，范仲淹早前认为葛怀敏"猾懦不知兵"②，但是王沿对他寄予厚望，制定了且战且退、诱敌深入的作战方案。不承想葛怀敏逞强好胜，反而受西夏军佯败所诱，追至定川寨（今宁夏固原中和乡）被围。西夏军拆毁定川河桥梁，阻断水源，使宋军进退不得，军心大乱。葛怀敏等将领16人战死，士卒9000多人被俘。元昊乘胜进军泾河北岸，抵达渭州城东潘原，距离京兆府300多公里，扬言"亲临渭水，直据长安"，一时之间，"关中震恐，民多窜山谷间"③。远在开封的宰相吕夷简接到定川寨之战败报，惊呼："一战不及一战！"

此时，挡在西夏军正前方的是知渭州（今甘肃陇西）文彦博和知泾州（今甘肃泾川）滕宗谅，两人极具胆识。文彦博年仅37岁，他稳守城池，未慌乱迎战。而范仲淹同年好友滕宗谅，迅速组织城内农民数千人登城守备，安抚民心。同时招募泾州周边勇士，刺探西夏军情，知会、联络邻近州县宋军。

身在庆州的范仲淹发兵6000赶来增援。元昊可能是侦知周边宋军动向，也可能是孤军深入，不敢久留，因而悄然退兵北去。虽然范仲淹此次出兵未能实际击败元昊，但毕竟使关中局势转危为安。事后，宋仁宗赞许说："吾固知仲淹可用也。"④因为范仲淹、文彦博、滕宗谅等人的努力，京兆地区避过了一场迫在眉睫的战乱。

"西疆之事，宜聚重师于永兴为临制根本之地。"⑤为了控扼西夏南下进兵的通

---

① 《宋史》卷一九一《兵志·乡兵》，第4737页。
② 《宋史》卷二八九《葛怀敏传》，第9701页。
③ 《宋史》卷三一四《范仲淹传》，第10272页。
④ 《宋史》卷三一四《范仲淹传》，第10272页。
⑤ 《张方平集》卷一九《论事·平戎十防》，第366页。

道，北宋在陕北一带修建大量城寨，虽然这些城寨达不到长城的规模，但是驻扎士兵的数量仍然巨大。到宋神宗熙宁年间（公元1068—1077年），推行置将法，在陕西六路设置了37将，兵力达到30万以上。这些军队需要大量军粮等物资供养，但是关中农业并没有恢复，无力供应前线所需。所以宋军开始在沿边地区屯田，同时修建运粮道路。原来河东路河中府只有一条到京兆的道路，现在又新修道路，使河东的粮食能够直通延州。

二、宋金战争中的京兆及其周边地区

宋仁宗庆历四年（公元1044年），宋夏签订"庆历和议"，陕西战事稍歇。到了熙宁元年（公元1068年），20岁的宋神宗登基。他雄心勃勃，对内发起"熙丰变法"，对外再启宋夏战端，变法就此成为北宋政治的关键词。保守派在宋哲宗元祐年间（公元1086—1093年）总领朝政，8年后，宋哲宗亲政，发起"绍述"，变法派抬头。宋徽宗崇宁年间（公元1102—1106年），蔡京拜相，树立"元祐党籍碑"，以新法为名，行党争之实，北宋朝局深陷党争泥淖。

此时，北方女真族强势崛起，宋徽宗政和五年、辽天祚帝天庆五年（公元1115年），完颜阿骨打称帝，建立金朝，年号收国，他就是金太祖。短短10年时间，攻灭辽朝。紧接着，金太祖之弟金太宗对宋开战，在金太宗天会三年、宋徽宗宣和七年（公元1125年），金太宗天会四年、宋钦宗靖康元年（公元1126年），两次出兵南下，并在靖康元年十一月兵围开封。闰十一月，开封城破，宋钦宗奉上降表，北宋灭亡。

在此期间，北宋朝廷4次从陕西调兵东进，抵抗金兵，"独西兵可用"[1]，更有种师道等人提出迁都京兆的建议。可惜的是，陕西宣抚使范致虚、制置使钱盖等文臣全无军事指挥才能，前后3次兵败，使号称30万的"西兵"几乎损失殆尽。范致虚，字谦叔，建州建阳（今福建南平）人，靖康元年任知京兆府，后升任陕西宣抚使。金人围开封，诏范致虚发兵救援。钱盖及西道总管王襄率兵10万救援开封，途中得知开封陷落，钱盖、王襄竟然各自遁走。

范致虚收罗余部，斩杀金军劝降使节，坚持抗金。问题是范致虚一介书生，本不

---

[1] 《三朝北盟会编》卷二三《政宣上帙二三·起宣和七年十一月二十八日乙未，尽十二月九日丙午》，第167页。

懂军事，偏偏又建功心切，"勇而无谋"①。此时，京兆城中出现了一个极具争议的风云人物，就是僧人宗印。宗印本来是陕西的读书人（一说是山西汾州孝义人），弃世出家，靖康元年（公元1126年）十一月间他正在京兆万花寺挂单，已经60多岁了。宗印的口才极好，"好谈世间事，词锋如云"。他口出狂言："吾留意释氏，得大辨才，在古佛中当与净明维摩等。至于贯穿今古，精练吏事，于天下文官，实为第一。料敌应变，决机两陈之间，于天下武官亦为第一。若四方多垒，烟尘未清，则为盗贼第一人。不敢多逊。"②听到这番话的人，没有敢搭话的。

据洪迈《夷坚志》载，范致虚被宗印的气势和大话所折服，邀其还俗从军，任用他为谋主。宗印就此从军，"即往谒华山庙，自言以身济世之意"，投在范致虚帐下，统领数千士卒。他充分利用自己的儒、释、军三重身份，发挥口才特长，喜欢用狠话震慑人心，"其评议人物，凶险好骂"。同时不忘故弄玄虚，"前后度僧五百，皆名曰宗印，使之代己"，这些人都是他的亲兵，叫"尊胜队"，另有一支行者部队，叫"净胜队"，打着宗教的名号，在战争中非常具有蛊惑性。

范致虚统兵夺回潼关，宗印向范致虚建议，在潼关与龙门（陕西渭南韩城龙门）之间修筑一道南北方向的长城，阻挡金军西进。当时范致虚接到的命令是出关勤王，金军也没有西进，修筑长城并不是急务，而且潼关、龙门两地相距约150公里，工程量巨大，短时间内根本不能完成。虽然范致虚急三火四地命令下属修城，但是手下人都不赞同，只是为了应付差事，修到肩膀高度了事，既浪费了人力、物力和时间，也发挥不了防御作用。

宗印的建言终归是纸上谈兵，但并非一无是处，他颇能御下，"艰难中颇有功"。他与席大光共同守卫河中，颇受席大光赏识，后来席大光调往湖南，特意施舍千名僧人，为宗印"资福"。

宗印率水军东进，范致虚也率军出潼关，进至邓州（今河南邓州），遭遇金将完颜娄室，宋军大败，"军皆溃，退保潼关，而五路之力益耗矣"③。范致虚自知能力不足，再不敢出战。

至于宗印，在范致虚兵败后，他率领部队奔襄阳，至郢州。后来，他想随张浚回归陕西，就主动将部队交出，闲居数年病卒。南宋著名学者洪迈所撰《夷坚志》中记载，

---

① 《宋史》卷三六二《范致虚传》，第11328页。
② 〔宋〕洪迈：《夷坚志》丙志卷四《赵和尚》，何卓点校，中华书局，1981年，第396—397页。
③ 《宋史》卷四四七《忠义传·唐重》，第13186页。

当时人对他的评价并不高，私下里仍叫他"赵和尚"，说他的死是"口业之报"。细究起来，宗印并没有叛国投敌、祸国殃民之举，只不过是言过其实，倒也可以算作宋金战争中的一位传奇人物。

由于各地军民反抗不断，金军决定放弃开封，遂于靖康二年（公元1127年）三月底，押解宋徽宗、钦宗二帝并宗室上千人北归，同时掳走财帛、器物、图籍、书画等不计其数，单百姓就达10万之众。

当年五月，宋徽宗第九子康王赵构在南京应天府（今河南商丘）自立，他就是宋高宗，改靖康二年为建炎元年（公元1127年），是为南宋之始。金军很快卷土重来，兵分两路：东路军由四太子兀术（汉名宗弼）率领，"搜山检海"追捕宋高宗；西路军由名将粘罕（汉名宗翰）率领，剑指中原。南宋宰相李纲劝宋高宗入陕，因为"天下精兵健马皆在西北"①。可惜，宋高宗无心迎战，只求避敌南逃，先退扬州，再去江南，最终落脚杭州，改为临安行在。

金朝粘罕率领的西路军占领山西、河南后，派遣大将完颜娄室进兵陕西，从此开启了宋金陕西争夺战。当年冬，娄室选择从黄河重要渡口河中府进兵，利用黄河河面冬季结冰，率军夜间渡河，只用短短1个月的时间，攻克韩城、华州，于十二月占领同州，兵围京兆。由于此前范致虚、钱盖抽调兵马救援开封，偌大的京兆"城中兵不满千"②，知京兆府兼经略制置使唐重战死。建炎二年（公元1128年）正月，娄室占领京兆。接着分兵攻略延安、凤翔府，以及华、陕、秦、陇等州，关中地区全部落入娄室手中。不过，时至三月，金军在进攻熙河、泾原时，遭遇败仗。娄室感到孤军深入无法击败陕北残余宋军，遂撤往河东。

时隔不久，建炎二年七月，东京留守宗泽病故，接替他的杜充威望、能力不足，不得军心，导致南宋两河地区军政陷入混乱。金太宗决定再次出兵，主力南下追击宋高宗，"陕右之地，亦未可置而不取"③。他命令娄室从解州（今山西解县）发起进攻。

八月，娄室渡河，败宋军于华州，九月再败宋军于蒲城、同州，第二次占领京兆等地。随后，娄室挥师北上，趁经略制置使王庶和都统制曲端不和，击败宋军，于十一月占领延安。又招降了折可求，得到麟、府、丰三州。不过，娄室在晋宁军（今陕西榆林佳县）遇到宋将徐徽言的激烈抵抗，一直到建炎三年（公元1129年）二月才攻进城中。

---

① 《宋史》卷三五八《李纲传上》，第11257页。
② 《宋史》卷四四七《忠义传·唐重》，第13187页。
③ 《金史》卷七四《宗翰传》，第1698页。

徐徽言被俘后，痛骂前来劝降的折可求，最终惹怒金军而被杀。但是，粘罕却称赞他为"义人"，还为此处分了娄室。

就在这年五月，南宋朝廷也派出了朝中最具威望的主战派名臣张浚，由他出任川、陕宣抚处置使。张浚十分重视陕西地区对于南宋的战略价值，他认为"中兴当自关陕始"①，说动宋高宗同意"趋陕"。十月，张浚抵达兴元府，开始调整陕西军事部署。在一众西兵将领中，都统制曲端军功最高、能力最强，但是狂傲善妒。用人之际，张浚选择继续信任曲端，同时也提拔曲端的部将吴玠为统制。当时，军民称赞曲端、吴玠："有文有武是曲大，有谋有勇是吴大。"②

建炎四年（公元1130年）春，娄室第三次攻陕。为了打通与中原的通路，娄室领兵攻打陕州（今河南三门峡）。曲端拒不出兵增援，导致守将战死。娄室入陕后，折向陕北。吴玠与娄室正面交战，曲端依然不予支援。

其间，四太子兀术在黄天荡之战中大败，被迫撤兵。陕西军民受到鼓舞，又收复了京兆、鄜、延等地。京兆及其周边地区两次被娄室占领，两次得而复失，引起金朝君臣不满，他们认为娄室空有武力，无法守住关陕地区，是因为"兵威非不足，绥怀之道有所未尽"③。粘罕提醒说："陕西五路兵力雄劲，当并力攻取。"④于是，金太宗决定派遣宗室二太子讹里朵（汉名宗辅，后改宗尧）取代娄室出征陕西，兀术予以配合。金太宗勉励二人要尽心尽力，夺取关陕重地："关、陕重地，卿等其戮力焉。"⑤

张浚并不知道讹里朵取代娄室为陕西地区金军主将的消息，他分析局势：金军挞懒（汉名完颜昌）、兀术聚兵淮南，随时可能渡江南侵，南宋流亡朝廷依然面临着军事压力。所以张浚决计与娄室进行决战。然而，曲端、吴玠、郭浩、王彦等宋军将领，包括张浚的重要助手刘子羽等一致主守。张浚力排众议，撤换曲端，提拔熙河经略使刘锡为都统制。九月，张浚坐镇邠州督战，以刘锡为主将，调集永兴、泾原、环庆、秦凤、熙河五路马步军20万以上，号称40万，在耀州富平县（今陕西渭南富平）集结，准备大举进攻。

同时，金军主将讹里朵率军抵达富平，并召唤兀术率兵2万入陕，驻军下邽（今陕西渭南临渭），威胁南宋军侧翼。娄室也从绥德军一路南下，赶来参战。讹里朵居中，

---

① 《宋史》卷三六一《张浚传》，第11300页。
② 《老学庵笔记》卷五，第66页。
③ 《金史》卷三《太宗纪》，第62页。
④ 《金史》卷一九《睿宗纪》，第409页。
⑤ 《金史》卷三《太宗纪》，第62页。

娄室为右翼，兀术为左翼，与南宋军相距80里。秋高马肥，宋金开战以来最大规模的会战即将开始。

宋军众将战前合议，吴玠提出：这片地域地势平坦，东高西低，有利于金军骑兵向下冲杀，不利于宋军布防，所以应该将部队移往高地。刘锡却以为宋军人数众多，而且阵地前有芦苇沼地，金军骑兵无法发起冲锋。

建炎四年（公元1130年）九月二十四日辰时，也就是上午7点至9点之间，宋将刘锜率领泾原军最先发起冲锋，直扑金军左翼。而金军左翼正是兀术的部队，两军一交锋，果然如刘锡的预料，兀术部下骑兵纷纷陷入泥沼，十分被动。宋军泾原军趁势包围了兀术所在阵地，关键时刻，金军猛将韩常不顾箭伤，奋力保住兀术突围。刘锜的进攻持续到未时，即下午1点至3点之间，兀术始终被压制。

到中午时分，金军右翼主将娄室发起了冲锋。金军士卒以木柴泥土铺垫泥沼，得以进至宋军营寨前。他们先攻击宋军乡民劳役的小寨，驱赶乡民奔入宋军营寨，宋军阵势一时混乱，娄室趁机猛攻宋军环庆军，"自日中至于昏暮，凡六合战"①。而宋军五路大军各自为战，"他路无与援者"，环庆经略使赵哲临阵脱逃，环庆军随之溃败。紧接着，其他四路宋军全线败退。至此，富平之战以金军获胜而结束。

张浚一路南撤，落脚阆州（今四川广元苍溪），途中斩杀赵哲、罢斥刘锡，并以谋反罪名处死曲端，但此举有失军心民心，"陕西军士，皆流涕怅恨，有叛去者"②。此后三个月，陕北、关中地区尽为金朝所有。富平之战虽败，但也把兀术所部金军吸引到陕西，东南压力骤减，岳飞、韩世忠等趁机回师征讨"群盗"，南宋境内稍稍安定。

绍兴元年（公元1131年）六月，张浚任命吴玠接替刘锡出任陕西诸路都统制，驻兵凤翔府大散关以东和尚原（今陕西宝鸡以南）。不久，金军前来抢攻，吴玠稳定军心，初战得胜。十月，兀术亲自领兵来攻。吴玠定计防御，环列强弓劲弩持续发射。金军进攻不果，且战且退，两次遭到宋军伏击，兀术自己也身受两处箭伤。宋军俘虏金军万余人，"兀术之众自是不振"③。随后，兀术被撒离喝（汉名完颜杲）取代。

---

① 《金史》卷一九《睿宗纪》，第409页。
② 〔宋〕周密：《齐东野语》卷一五《曲壮闵本末》，黄益元校点，上海古籍出版社，2012年，第154页。
③ 〔宋〕宇文懋昭撰，崔文印校证：《大金国志校证》卷七《纪年·太宗文烈皇帝》，中华书局，1986年，第114页。

绍兴二年（公元1132年）冬，撒离喝率兵绕过和尚原，直取兴元府。绍兴三年（公元1133年）二月，金军抵达饶风关（位于今陕西汉中西乡、安康石泉交界）。吴玠从300里外赶来增援。撒离喝以前作为娄室的部将时，就是吴玠的手下败将，此刻未战先怯，感叹道："尔来何速耶！"①初六日金军攻城，吴玠据关坚守。后因叛徒出卖，金军从小道进占饶风关后高地，居高临下攻击宋军，吴玠被迫撤出饶风关。撒离喝领兵攻进兴元，宋军守将刘子羽焚城撤退。金军无粮，又孤军深入，只得退军。吴玠、刘子羽展开反攻，撒离喝转胜为败，越秦岭退走。

绍兴三年十一月，兀术重掌陕西金军指挥权，他率领撒离喝、韩常等将领攻占了宋军弃守的和尚原，于绍兴四年（公元1134年）二月进兵吴玠驻守的仙人关（今甘肃陇南徽县东南）。双方再次进行了激烈交锋，吴玠所部上下一心，最终守住了仙人关。金军大将韩常中箭，兀术下令北撤，途中又遇伏兵，败退凤翔，"自是不复轻动矣"②。

因为和尚原、饶风关、仙人关三处关隘都是由陕入川的交通要道，所以上述三次战争被称为"蜀口三战"，吴玠几乎以一己之力粉碎了金军由陕西进军四川的战略意图，奠定了宋、金隔秦岭对峙的局面。

至此，南宋军逐渐形成了可以与金军正面对抗的战斗力，这中间涌现了一批陕西籍（含今甘肃等地区）名将，如韩世忠、刘锜、张浚、吴玠、吴璘等，其中尤以李显忠归宋最具传奇色彩。

李显忠本名李世辅，17岁投鄜延军，参加对金作战。北宋灭亡，陕西失守，李世辅一家被隔绝于陕北，被迫于绍兴元年二月降金，但其始终心念宋朝。此时，金朝扶植刘豫建立伪齐政权统治中原、陕西地区，李世辅很得刘豫之子刘麟赏识，被任命为知同州（今陕西渭南大荔）事。绍兴七年（公元1137年）十月，他率部劫持了来到同州的撒离喝，却未能顺利渡过黄河，于是他与撒离喝约定，释放撒离喝回去，但撒离喝不能伤害他的家人。可是，撒离喝回去后立刻屠杀了李世辅全家200余口。

李世辅悲愤欲绝，拼死冲杀，仅剩26名部下逃入西夏，请求夏崇宗发兵，攻打关陕。夏崇宗便派他讨伐西夏叛臣，李世辅一战得胜，赢得了夏崇宗的信任。这时，伪齐被废，夏崇宗认为这是谋取陕西的好机会，就于绍兴九年（公元1139年）正月交给李世辅20万兵马，令其攻打陕西。

---

① 《宋史》卷三六六《吴玠传》，第11411页。
② 《三朝北盟会编》卷一九五《炎兴下帙九五·起绍兴九年五月，尽六月二十一日己巳》，第1407页。

这时，金朝掌权的主和派挞懒正在与南宋谈判议和，突然接到西夏入侵的情报，大出意外，索性就此决定将陕西、河南一并还给南宋。二月，李世辅率兵抵达延安府（宋哲宗元祐四年，公元1089年，升延州为延安府），得知陕西已经重归南宋，与旧部当场痛哭。他告诉西夏将领自己要回归宋朝，西夏将领大怒，发兵来攻，李世辅一举打败了他们。

随后，李世辅率旧部一路进军关中，沿途聚集了4万多人的队伍，吓得身在耀州（今陕西铜川）的撒离喝立刻逃走。吴玠忙派人告知李世辅：宋金已经达成和议，关陕重归南宋，不能再发兵攻击。李世辅就解散队伍，仍带领旧部南下，五月，与吴玠会合，正式回归宋朝。后来又到临安，宋高宗"抚劳再三"，赐名显忠，赏赐有加[①]。于是，李世辅就作为南宋战将继续战斗在对金作战的战场上。

还是在绍兴九年（公元1139年），金朝内部发生政变，主和派挞懒被主战派兀术诛杀。绍兴十年（公元1140年）五月，金军宣称要夺回"旧疆"，又一次开战，撒离喝攻陕西，兀术取河南，史称"庚申之役"。撒离喝所部一路向西，很快拿下同州、京兆、凤翔，权知永兴军事郝远开京兆府城门出降，金军将陕西宋军分为渭北、渭南两部分。不过，宋军对金军撕毁和议早有预料，所以宋军的行动有条不紊。撒离喝先攻击渭南吴璘所部宋军，遭到失败，又转而攻击渭北宋军，依然不胜，只得悻悻然退回凤翔。宋军也无意再战，借此机会全军撤入仙人关，双方又回到和议达成前的状态。

当然，陕西也就此分裂，陕南属宋，关中、陕北属金（后来金朝把陕北转让给西夏）。此后，宋金双方都在秦岭南北作长久之计：金朝设立了陕西四路，逐步建立了总管府体制。南宋也设立了利州东、西路，此后80余年都基本维持着这种分治局面，直到蒙古进攻陕西。（见图5-3）

---

① 《宋史》卷三六七《李显忠传》，第11429页。

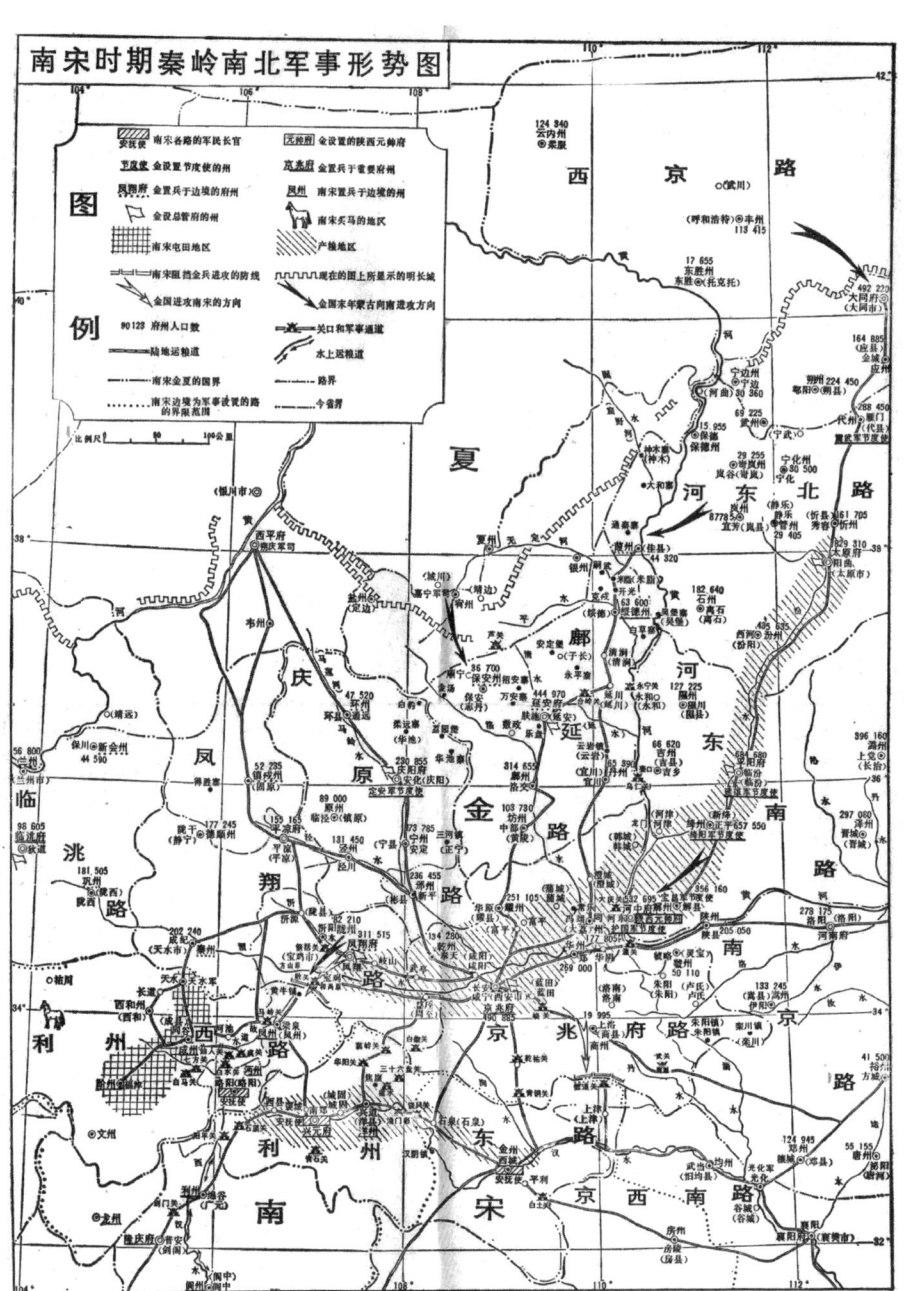

图 5-3 南宋时期秦岭南北军事形势图
（选自史念海：《河山集》四集，陕西师范大学出版社，1991 年，第 72 页）

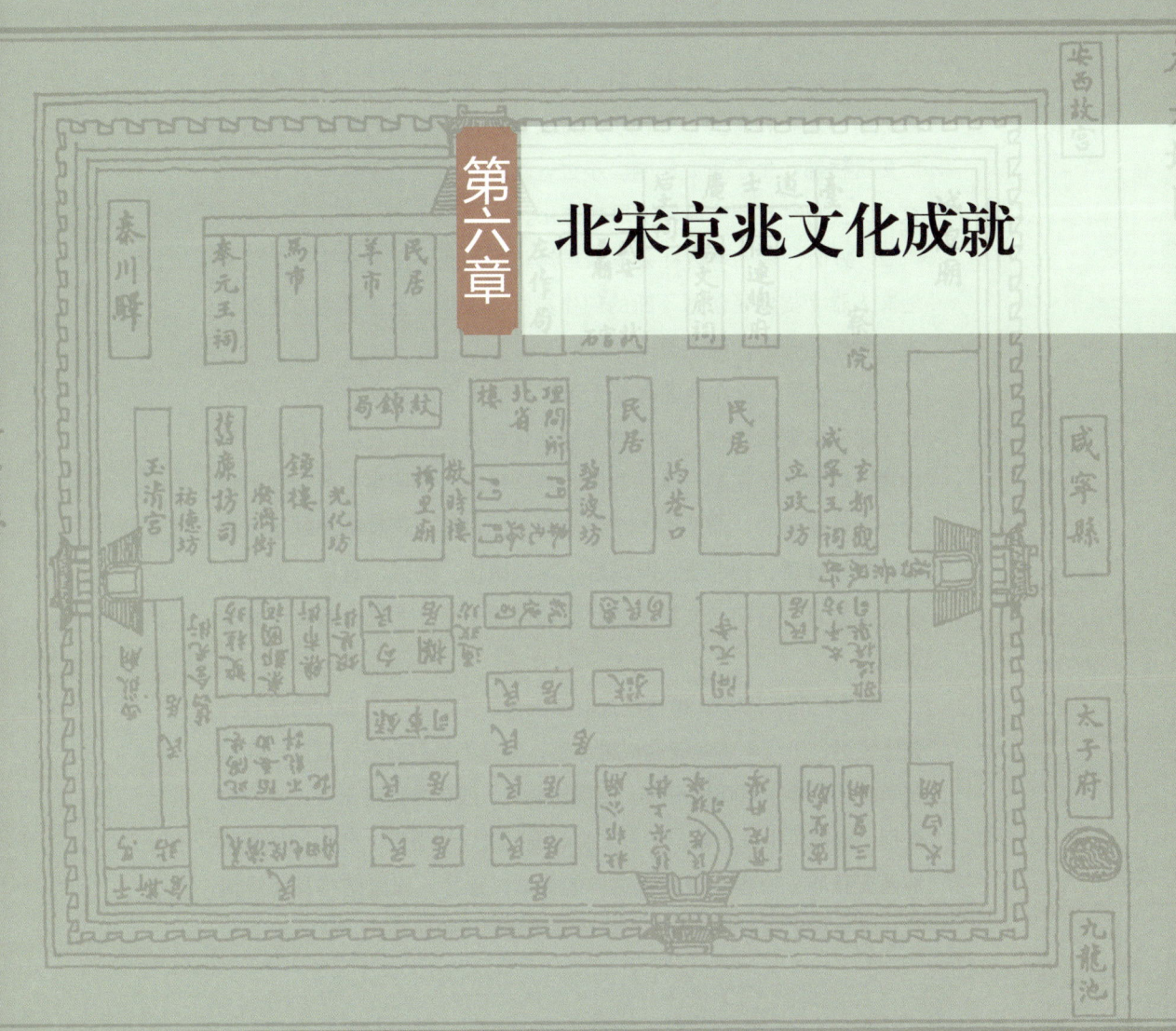

第六章 北宋京兆文化成就

在前文中提到，北宋时期，京兆地区相继经受了宋夏战争、宋金战争的洗礼和考验，涌现了大批文武才俊，对当时军政形势乃至历史进程都产生了重要影响。不过，这并不意味着京兆地区士庶民众一味投身军政仕途而轻视思想文化。

一方面，京兆地区社会发展虽然几经摧戕，但也在客观上为当地文人雅士提供了源源不断的创作灵感，文学、艺术等各方面杰出人物和作品频出，代不乏人。

另一方面，京兆地区有着无可比拟的丰厚历史文化遗存，如创立于北宋中期的碑林。作为特定的文化教育场所，孔庙、府学、碑林建筑群并不是在某一具体时间和具体地点，按照事先的规划和设计一次性建成的，而是有一个逐步形成的过程。这种格局继承于唐代，其被韩建、刘鄩迁入新城后，经过搬迁、维修、重建，形成了集儒学教育、信仰、文物多重价值和用途于一体的文化教育设施建筑群。

对于孔庙、府学、碑林建筑群在五代、宋、金、元时期的迁移、整修经过，历代学者的研究成果丰富，但是仍然存有若干疑点，如清代学者认为北宋时迁移两次，而现代学者一般认为迁移三次，其间的差别，尚需对相关史籍、考古文物等进行进一步考证、分析，从而厘清西安孔庙、府学、碑林建筑群的称谓、迁移、建置结构及整修情况，以丰富北宋京兆城市文化教育等领域的相关研究。

第一节
关学创立与影响

一、张载的学术活动

张载，字子厚，北宋著名学者、思想家、教育家，生于宋真宗天禧四年（公元1020年），卒于宋神宗熙宁十年（公元1077年）。他创立了宋代理学的重要分支——关学，与程颢、程颐的洛学并称，是11世纪后期影响力最大的学派之一。

目前对张载的研究侧重于其学术思想，关于其生平，最早有关学门人吕大临撰《横渠先生行状》详述张载生平行迹。之后吕大防撰《横渠先生墓表》，然其文后世不传，被朱熹认为不如《横渠先生行状》。后世编纂张载年谱、传记，皆本诸《横渠先生行状》。南宋时，张载后人张同然编《横渠先生张献公年谱》一卷，亦佚。影响最大的是清道光二十二年（公元1842年）武澄撰《张子年谱》。不过，目前对张载生平的记载仍有很多存疑乃至误识之处。如《宋史·张载传》谓其"长安人"[1]，但是据《横渠先生行状》载，张载祖籍开封，他父亲张迪西入关中为官，后升为知涪州。张载幼年时随父亲寓居涪州（今四川涪陵）。不承想张迪病逝于任上，张载和弟弟张戬年纪幼小，全家困顿无着，以至于无力返回故里，辗转落脚于凤翔府郿县（今陕西宝鸡眉县）横渠镇，横渠遂成为张载的第二故乡，日后人们便敬称他为"横渠先生"。总之，关于张载的籍贯，至今未有定论。

据吕大临《横渠先生行状》载，张载"志气不群""少孤自立"，喜欢阅读兵书，有志从戎。宋仁宗宝元、康定年间（公元1038—1040年），宋夏交兵，张载正值青年，

---

[1] 《宋史》卷四二七《道学传·张载》，第12723页。

满腔豪情，"慨然以功名自许"①。他上书范仲淹，力陈自己要集合志士，去夺回西夏侧翼的洮西之地。范仲淹很赏识张载，不想他贸然置身险地，便谆谆教诲他说"儒者自有名教可乐，何事于兵"②，又劝谕他研读《中庸》。

张载从此收心专攻学问之道，以15年时间遍览儒、佛、道诸家之学。学业初成，被聘为京兆府学教授。宋仁宗嘉祐（公元1056—1063年）初年，张载东去开封开坛授徒，讲解《周易》，一时之间，"听从者甚众"，他一举成名。

当时程颢、程颐兄弟也在开封城中，他们分别比张载小12岁、13岁，并且张载还是他们的表叔。不过，张载乃是磊落通达的君子，无辈分之见。通过与二程的学术交流，他进一步圆融了自己的学说体系，他说："吾道自足，何事旁求！"③从此更加坚定了自己作为儒学学者的自觉。

宋仁宗嘉祐二年（公元1057年），张载考取进士，从此开始了12年的仕途生涯。张载长时间在地方任职，历任祁州（今河北保定安国）司法参军、云岩（今陕西延安宜川）县令、渭州（今甘肃平凉）军事判官等职。张载的施政理念是"以敦本善俗为先"④，移风易俗，提倡尊老孝亲。他特别重视听取民声，在云岩时，每月初一日都召集寿高年长者饮宴，并亲自劝酬行礼，"使人知养老事长之义，因问民疾苦，及告所以训戒子弟之意"⑤。在具体施政环节，张载充分发动乡里耆老，他会耐心细致地与乡里耆老交流，令其向乡民转达自己的政令教谕，之后还亲自询问乡民是否听到了他的教谕。如果乡民回答不知道，就要责罚那个传话的人。如此一来，"一言之出，虽愚夫孺子无不预闻知"⑥，从而使得乡里风气大变。

张载的才能很快得到各方面认可。在渭州时，他深得环庆经略使蔡挺的欣赏和信任，两人经常商议地方军情政务。张载的军事才干在此时得以发挥，他提出停止官兵换防制度，招募当地民众参军驻守等建议，还曾劝说蔡挺取军资数十万救济灾民。

宋神宗熙宁二年（公元1069年），御史中丞吕公著赞扬"张载学有本原，四方之学者皆宗之"⑦。他向留心延揽人才的宋神宗推荐张载。于是宋神宗召见张载，询问治国

---

① 〔宋〕吕大临：《横渠先生行状》，见〔宋〕张载：《张载集》，章锡琛点校，中华书局，1978年，第381页。
② 《宋史》卷四二七《道学传·张载》，第12723页。
③ 《横渠先生行状》，见《张载集》，第382页。
④ 《宋史》卷四二七《道学传·张载》，第12723页。
⑤ 《宋史》卷四二七《道学传·张载》，第12723页。
⑥ 《横渠先生行状》，见《张载集》，第382页。
⑦ 《横渠先生行状》，见《张载集》，第382页。

之道。张载回答："为治不法三代者，终苟道也。"①这一看法与王安石如出一辙，都能为变法改革提供合理的理由，自然正中宋神宗下怀，宋神宗当即表示要"大用卿"。张载推辞说自己从外地奉诏入京，并不了解朝廷新政，需要观察一段时间才能有所建言。宋神宗认为此言在理，命他留在开封，出任崇文院校书。

王安石来询问张载对新政的态度，张载的回答很有深意，他说：您与人为善，那么大家都会尽力，但是您如果"教玉人琢玉"，那么就是强人所难了。"教玉人琢玉"的典故出自《孟子·梁惠王下》，意思是工匠雕刻玉石自有方法和规则，如果国君强迫工匠按照自己的想法去动手，只会破坏玉石，治国的道理亦是如此。可见，张载赞同渐进式改革，反对强制、过激的措施。

王安石听了这番话，却认为张载在暗讽自己专断妄为，很不高兴，不久便派张载去明州（今浙江宁波）审理苗振贪污案。监察御史里行程颢反对说："张载以道德进，不宜使治狱。"②王安石不听。

结案后，张载回京。此时，张载之弟、监察御史里行张戬与王安石就新法发生争论，"为安石所怒"。眼见朝政纷扰，张载很不自安，"万事不思温饱外，漫然清世一闲人"③才是他内心追求的生活状态。于是，50岁的张载索性辞官，回到横渠镇隐居。

从宋神宗熙宁三年（公元1070年）开始，张载长夜孤灯、传道授徒的耕读生活持续了6年。"居恒以天下为念"的他倾注全部心血于苦读、冥思、著述、传授，"虽中夜必取烛疾书"，他认为自己的学说"得诸心"，由此形成文字"修辞命"，以此来"断事"，如果命辞、断事都"无失"，他的学术才圆满了，"吾乃沛然"。

他在书房集义斋的两扇窗板上题写了两篇铭文，东为《砭愚》，西为《订顽》，后来在程颐的建议下，改为《东铭》《西铭》。其中的《西铭》集中阐释了张载的核心学术思想，是张载、二程开示学生的必学教材：

乾称父，坤称母；予兹藐焉，乃混然中处。故天地之塞，吾其体；天地之帅，吾其性。民吾同胞，物吾与也。大君者，吾父母宗子；其大臣，宗子之家相也。尊高年，所以长其长；慈孤弱，所以幼吾幼。圣其合德，贤其秀也。凡天下疲癃残疾、惸独鳏寡，皆吾兄弟之颠连而无告者也。于时保之，子之翼也；乐且不忧，纯乎孝者也。违曰悖德，害仁曰贼；济恶者不才，其践形，唯肖者

---

① 《宋史》卷四二七《道学传·张载》，第12723页。
② 《横渠先生行状》，见《张载集》，第383页。
③ 〔宋〕张载：《土床》，见《张载集》，第369页。

也。知化则善述其事，穷神则善继其志。不愧屋漏为无忝，存心养性为匪懈。恶旨酒，崇伯子之顾养；育英才，颍封人之锡类。不弛劳而底豫，舜其功也；无所逃而待烹，申生其恭也。体其受而归全者，参乎！勇于从而顺令者，伯奇也。富贵福泽，将厚吾之生也；贫贱忧戚，庸玉女于成也。存，吾顺事，没，吾宁也。[①]

全文的大意是：天属阳，如父居上；地属阴，如母位下。渺小的我们，由天地阴阳交感而化生，如子女处于天地之间。

天地之间充盈着气，我们身体由此而来。天行健、地势坤，是天地之志，决定着天地之气的属性，也决定着我们的本性。

既然天地之气、天地之志造就了人乃至世间万物的形体、品性，那么世间所有人都是我的同胞手足，甚至世间万物都与我同类。人间君主是天地的宗亲嫡子，替天地管理世间秩序；大臣百官辅佐天地的宗亲嫡子，相当于家臣。

因为世间万民的父母都是天地，所以孝敬天下的年长者，就是孝敬我自己的长辈。因为天地的孩子是世间万民，所以爱护天下的孤弱者，就是爱护我自己的晚辈。

君主贤良顺应天地的意志和规则，如同兄弟昆仲顺应父母的意志和决定。

贤良之人才情德能高过普通人，如同兄弟之中有人比同辈更优秀。

从世间万民都是天地之子的角度看，世间所有衰老残疾、无依无靠、鳏夫寡妇，都是我无处申诉的兄弟，都应该关爱。

顺应天地意志、遵守世间秩序、敬老爱幼的人，才尽到天地之子的责任。感受天地之乐，内心没有惊忧，是真正孝顺之人。

不顺应天地，就是悖德。不孝天地、不爱万物，伤天害理，就是贼。助纣为虐，襄助悖德、贼的行为，就是不才。只有不违背天地，才能成为真正的人，叫作肖。

通晓天地变化、明了世间奥秘，就能很好地继承和发展天地之事和天地之志。

诚心事天者，无愧于天地之间，他们珍存本心、涵养德性，毫不懈怠地事天爱人。

崇伯之子大禹，不敢饮用美酒，因为喝酒误事，不能很好地孝顺父母。郑庄公怨恨母亲武姜支持弟弟共叔段作乱，把母亲流放颍谷，并立誓不到黄泉永不相见。颍考叔自己孝顺，就影响旁人也行孝，他劝导郑庄公也要孝顺母亲，出主意挖地出水，母子相见，则无违誓言，郑庄公母子这才恢复关系。

[①] 〔宋〕张载：《正蒙·乾称篇第十七》，见《张载集》，第62—63页。

舜的父亲、继母和弟弟象多次为难舜，但舜持续地努力，终于使父母满意了，这便是舜行孝之功。晋献公太子申生受到父亲爱姬骊姬的陷害，但是申生不逃走，静待迫害，最终自缢而亡，这是申生对父亲的恭顺。

曾参临终前吩咐弟子"启予足！启予手！"意思是看看我的手脚有没有损伤，将由天地之气化成的身体完整地归还给天地父母。西周名臣尹吉甫受后妻蛊惑，驱赶前妻之子伯奇。伯奇有勇气遵从父命，离家流浪，作《履霜操》诗，投河而死。

富贵福泽拜天地所赐，可以使我生活优渥，我就可以更好地事天爱人；贫贱忧戚也是天地所赐，可以砥砺磨炼你的才能、道德。

在世时，我事天爱人；故去后，我无愧于心。

《西铭》深得二程推崇："《订顽》言纯而意备，仁之体也；充而尽之，圣之事也。子厚之识，孟子之后，一人而已耳。"[①]它是闻名千古的理学名篇。

简单来说，张载认为气是大千世界的起源，人要通过修德成仁，还原自身的气，既然人与人、人与物、人与世界本原相同，那么就应该爱物、爱人、爱一切，由此与宇宙万物"民胞物与"，融为一体，"可达天德"。

张载勤于笔耕，著述极丰，可惜后世有所散佚，保存到今天的有《正蒙》（包含《西铭》《东铭》）、《横渠易说》、《经学理窟》、《张子语录》、《文集佚存》、《拾遗》等。后人总结张载学术思想的特点是"尊礼贵德、乐天安命，以《易》为宗，以《中庸》为体，以《孔》、《孟》为法，黜怪妄，辨鬼神"[②]。

张载贵为宋学代表人物之一，风神高迈，为一时士林之翘楚。张载其人气质严肃，"谨且严"[③]，同时又悲天悯人，遇到饿殍便叹息良久，终日不食。同为北宋"易学五子"之一的邵雍写有一首《邵雍和凤翔横渠张子厚学士》诗：

秦甸山河半域中，精英孕育古今同。

古来贤杰知多少，何代无人振素风。[④]

这首诗的立意，是指出张载的品格学行从"秦甸"的悠久历史中"孕育"而来，既夸赞了张载学高身正，更称誉了关陕历史文化积淀丰厚。后世学人赞誉张载："先

---

① 〔宋〕程颢、程颐：《河南程氏粹言》卷一《论书篇》，见〔宋〕程颢、程颐：《二程集》，王孝鱼点校，中华书局，1981年，第1203页。
② 《宋史》卷四二七《道学传·张载》，第12724页。
③ 《河南程氏粹言》卷一《论书篇》，见《二程集》，第1203页。
④ 〔宋〕邵雍：《邵雍和凤翔横渠张子厚学士》，见《张载集》，第370页。

生仪像俨然，令人起敬起肃。"①在当时，张载的学说被称为"关学"，与二程"洛学"平分秋色。

张载的学术活动使唐朝后期开始衰落的关中地区的学术文化再次活跃起来。早在归隐之前，张载就多次在京兆、武功（今陕西咸阳武功）等地讲学，及门弟子颇多。张载家有数百亩土地，可以自足，但若有学生陷入困窘，必定拿出财米与之共用，所以也不富裕。聚集在张载周围问学的学子越来越多，其中一些人在日后更取得了不凡的成就。

张载除了讲说自己的学术思想，还积极提倡恢复周礼，他亲自带领学生事亲奉祭、涵养仁德。最特别的一点，是张载主张恢复井田制，也就是土地不许买卖，平均分配，具体分配方法是把土地按井字格分成九块，外围八块为私田，交无地或少地农民耕种，里面一块为公田，农民耕种完自己的私田就来耕种公田。张载认为，这是遏制土地兼并、减轻贫富分化的有效手段。他把这一主张上书宋神宗，同时还联络同道，打算买地一块，进行井田划分。

此时正是宋神宗熙宁九年（公元1076年），宋神宗命张载同知太常礼院，负责朝廷礼仪事务。张载见自己在古礼领域的学说和主张得到朝廷认可，非常欣慰，不顾病患在身，启程赴汴。可惜，一方面变法派、保守派党争犹在，另一方面张载恢复古礼的主张本来就有争议，这一回，张载在开封期间的多次上书都不得允准。张载意兴阑珊，于熙宁十年（公元1077年）第二次辞官回籍。

十二月，张载一路西行至临潼，病发不支，于夜间病逝，时年虚岁58岁。关学门人弟子闻讯从关中各地奔丧而至，见老师身后无余资，便出钱收殓。元丰元年（公元1078年）三月，葬于横渠大振谷口张迪墓南侧。

张载去世后，司马光哀叹："窃惟子厚平生用心，欲率今世之人，复三代之礼者也。"②并题写五律《又哀横渠诗》，其中一句是"岂若有清名，高出太白巅"。程颢撰《哭张子厚先生》寄托哀思："寝门恸哭知何限，岂独交亲念旧游！"后世学者文士怀念张载的诗文极多，不胜枚举。

元丰元年五月，在翰林学士许将建言下，宋神宗下诏优抚。南宋宁宗嘉定十三年（公元1220年），赐谥"献"。宋理宗淳祐元年（公元1241年），从祀孔庙西庑为"先儒"。到元代，在横渠张载所置井田之地，建起张载祠。元泰定帝泰定四年（公元1327

---

① 〔清〕喻三畏：《喻三畏顺治癸巳本〈张子全书〉序》，见《张载集》，第392页。
② 〔宋〕司马光：《司马光论谥书》，见《张载集》，第387页。

年）七月，"建横渠书院于郿县，祠宋儒张载"①。明崇祯十五年（公元1642年），升张载为"先贤"。张载祠在后世屡经修葺，倍受瞻仰。

张载早年有志于投笔从戎，建立功名。后受范仲淹点拨，转而探求"性与天道"，在通读儒道释诸家论著后，确立了儒家学者的坚定自觉，以恢复孟子以后中断千余年的儒学传承为己任，创立"以气为本"的唯物主义观点，还通过观察自然现象，提出"月绕地，地绕日"等科学观点（比欧洲早数百年），与佛道虚无的唯心主义观点进行论辩。他两次出任京兆府学教授，对北宋关中地区学术繁荣贡献巨大。科举入仕后，他关心时政，体念百姓，重视社会教育和家族组织，倡导"以礼为教"，提倡社会改革，主张恢复井田。

不过，他在政见上反对王安石新法，属于守旧派。他虽有一定的政治才干，但是长期乡居横渠，主要精力集中于著述和讲学，其所撰《西铭》是理学名篇，其中"民吾同胞，物吾与也"后来被简化为"民胞物与"，被认为是张载唯物主义思想的集中体现。在南宋时，《西铭》更被儒学学者认为直接传承和发挥《中庸》《大学》的精髓，推为经典。可见，张载"关学"对宋代"道学"乃至宋明理学都具有开创性的建设作用。

宋金之际，张载的后代南迁入蜀，随身带有张载的部分文稿，其中有一部《语录》，记有"为天地立心，为生民立道，为去圣继绝学，为万世开太平"之语，当时人认为这四句话是张载对自己学术旨趣、人生追求的高度总结。

朱熹将这四句话收入《近思录》中②，之后，著名学者真德秀引述这四句话时，按照自己的理解变为"为天地立心，为生民立极，为前圣继绝学，为万世开太平"。南宋末年，文天祥又将这四句话改写为"为天地立心，为生民立命，为往圣继绝学，为万世开太平"。后世普遍以文天祥所述为准，称之为"横渠四句教"，虽然已非原文，却依然被认为是张载一生为学的归宿，甚至被看成宋儒的集体文化纲领，成为学者士人砥砺自警的千古名句，影响巨大，流传至今。

二、蓝田四吕

张载贵为宋学代表人物之一，他创立关学，两次出任京兆府学教授，在京兆、武功等地讲学，对北宋关中地区学术文化繁荣贡献卓著。其及门弟子颇多，有名可查者，有

---

① 《元史》卷三〇《泰定帝纪》，第680页。
② 〔宋〕朱熹：《近思录拾遗》，见《张载集》，第376页。

苏晌、范育、游师雄、种师道、潘拯、李复、田腴、邵清、张舜民、薛昌朝等，其中最有名者，无疑当数京兆府蓝田县（陕西西安蓝田）吕氏昆仲。

蓝田吕氏始自太常博士吕通，吕通生子吕英、吕蕡，吕蕡为比部郎中，生子六人：吕大忠、吕大防、吕大钧、吕大受、吕大临、吕大观。其中，除吕大观无意科举，其余五子全部科举高中①，尤以吕大忠、吕大防、吕大钧、吕大临名声显扬，世称"蓝田四吕"，②而吕大忠、吕大钧、吕大临三人都从学于张载。

吕大忠，字进伯，亦作晋伯，他在宋仁宗皇祐五年（公元1053年）得中进士，比张载登科还早。登第后，吕大忠历任华阴尉、晋城（今山西晋城）知县。再调往陕西，统领陕西义勇民兵。其间，他分析汉代屯田制度、唐代府兵制度的优势，建议恢复汉唐旧制。

宋神宗熙宁年间（公元1068—1077年），辽朝派遣使者萧素、梁颍向北宋讨要代州（今山西忻州代县）以北之地。吕大忠与辽使谈判，"大忠数与素、颍会，凡议，屡以理折之，素、颍稍屈"③。辽朝只得改派使者，再次向北宋提出领土要求。宋神宗召宰相及吕大忠等商议，打算答应辽朝。吕大忠坚决反对，坚称不可分割国土。最终宋辽达成分界协议，代州得以保存。

元丰年间（公元1078—1085年），吕大忠出任河北转运判官，对新法理财提出异议。宋哲宗元祐初年，调任陕西转运副使、知陕州、知秦州。其间，吕大忠关心民生，亲自组织收购粟米工作，预防地方豪族操纵渔利，"民喜，争运粟于仓，负钱而去，得百余万斛"④，百姓、官府两相得利。吕大忠注意到陕西历代碑石未受重视，屡遭天灾人祸损坏。他深感痛心，便出力用心搜集历代碑石，其中包括《石台孝经》《开成石经》，其他还有颜真卿、柳公权等书法家的碑刻，一并送往京兆府学之内保管，这就是西安碑林的肇始。

据《宋史·吕大忠传》载，吕大忠在京兆期间，每次经过府学听到讲授《论语》，一定要整理衣冠，庄重表情，他说："圣人言行在焉，吾不敢不肃。"他的僚属马涓是状元出身，经常自夸，吕大忠便开诚布公地教导他：状元是科举的称呼，你

---

① 陕西省考古研究院等：《异世同调——陕西省蓝田吕氏家族墓地出土文物》，中华书局，2013年，第11页。
② 蓝田四吕生平事迹的相关研究成果，主要有李如冰：《宋代蓝田四吕及其著述研究》，人民出版社，2012年；潘静：《北宋蓝田吕氏家族内部人际规范的构想与运行》，西北大学硕士学位论文，2018年；李亚辉：《北宋蓝田吕氏家族仕宦、婚姻与兴衰研究》，载《西安航空学院学报》2019年第4期，第17—23+35页。
③ 《宋史》卷三四〇《吕大忠传》，第10845页。
④ 《宋史》卷三四〇《吕大忠传》，第10846页。

现在是官员，还用未当官时的称呼合适吗？"今科举之习既无用，修身为己之学，不可不勉。"又点拨他处理政务的能力，如此言传身教，使狂傲的马涓彻底折服，甘心拜吕大忠为师。

绍圣二年（公元1095年），吕大忠知渭州，他分析当时京兆形势："关、陕民力未裕，士气沮丧，非假之岁月，未易枝梧。"①在对待西夏方面，吕大忠看透了西夏虽得寸进尺，实则外强中干，主张在外交上对西夏采取强硬态度，"夏人强则纵，困则服，今阳为恭顺，实惧讨伐"。但是，他不主张采取主动的军事行动，而是延续范仲淹的战略战术，进筑堡寨，不求近功。这时，朝中章惇、曾布等主张对西夏用兵，他们认为吕大忠反战，改任吕大忠知同州。不久，吕大忠致仕，卒于家。

吕大忠其人"刚毅质直，勇于有为"。张载评价他"笃实而有光辉"，程颐评价"吕进伯可爱，老而好学，理会直是到底"，"程门四先生"之一的谢良佐也称赞吕大忠好学。

吕大防，字微仲，吕大忠二弟，生于宋仁宗天圣五年（公元1027年），皇祐元年（公元1049年）登进士第②。授同州冯翊县主簿，后得韩绛赏识。宋神宗元丰初年（公元1078年），出任知永兴军府事。宋哲宗元祐三年（公元1088年）拜相，是反变法派"元祐老臣"核心人物之一。宋哲宗亲政后，吕大防于绍圣元年（公元1094年）出知颍昌府，再知永兴军。此后因朝政风向变化，一再被贬。宋哲宗绍圣四年（公元1097年）贬舒州团练副使，循州安置③，卒于途中，年七十一。吕大防虽然不是出身关学，但是，后世学者评价他与张载"同调"，则他与关学关系之密切可见一斑。

吕大防两次出任知永兴军府事。宋神宗元丰三年（公元1080年）五月，吕大防考证唐长安城旧图，绘制新唐长安城图，并以之刻石立碑，这是中国现存最早的城市平面图。碑上刻有上石时间、题词、绘图和镌刻人姓名等："元丰三年五月五日龙图阁待制知永兴军府事汲郡吕大防，京兆府户曹参军刘景阳按视，邠州观察推官吕大临检定，鄜州观察支使石苍舒书，工张佑画，李甫安、师民、武德诚镌。"④刻于宋理宗绍定二年（公元1229年）的《平江图》、元代李好文《长安志图》等都继承和发展了《长安图》的制作方法，它甚至对明、清地方志中地图的绘制以及清代徐松《唐两京城坊考》都产

---

① 《宋史》卷三四〇《吕大忠传》，第10846页。
② 《宋史》卷三四〇《吕大防传》，第10839页。
③ 《宋史》卷二一二《宰辅表三》，第5509页。
④ 《西安碑林全集》卷一〇二《石刻线画·唐长安城图》，第101—102页。

生了极大的影响。

蓝田吕氏的三弟吕大钧,字和叔,在宋仁宗嘉祐二年(公元1059年),与张载同年考取进士,不过他比张载小10余岁,两人交谈之下,甚为投契,于是吕大钧"往执弟子礼问焉"。

吕大钧先后在秦州、延州、三原等地为官,后来吕蕡年纪渐大,吕大钧便居家陪伴,直到宋神宗熙宁七年(公元1074年)吕蕡去世。吕大钧与兄弟们用古礼操办了吕蕡的丧事,之后又守孝三年。熙宁九年(公元1076年),吕大忠等起复出仕,吕大钧却选择继续居家,磨砺学问,教化乡里。熙宁十年(公元1077年)张载去世。吕大钧更加努力,"益修明其学",身体力行地传承和推广老师张载的学说思想。他制定出中国历史上第一个成文乡规民约《吕氏乡约》,核心内容是:德业相劝、过失相规、礼俗相交、患难相恤。①并有《乡仪》作为日常生活规范。这套规则对于乡里互助自治、治安保全、敦化风气都大有裨益,后人盛赞"关中风俗为之一变"。元丰初年,程颐到关中讲学,对吕大钧的所作所为大加肯定,称赞他"任道担当,风力甚劲"。

元丰三年(公元1080年)八月,吕大钧被任命为诸王宫教授,他写出《天下一家中国一人论》,发挥了张载的思想,提出"视天下犹一家,中国犹一人"②。不久,在知秦州任上的吕大防召他监凤翔府造船务,负责此地的渭河的造船事务。此后,宋夏之间再次爆发战争,吕大钧成为鄜延路转运司属官。在此期间,他成功安抚了主将种谔,使得转运使李稷没有遭受种谔的责难。可惜,数月后吕大钧就病逝于延州。

据《宋史·吕大钧传》载,吕大钧始终"以圣门事业为己任",受张载影响极深,"尤喜讲明井田、兵制",他用心学问,更致力实行,曾经说"如有用我者,举而措之而已"。在病中,他依然命人打扫屋子,自己正襟端坐,静待门人弟子前来问学。他病逝后,其乡里故旧纷纷赶来,"相率迎其丧,远至数十百里"。这正是因为他在居家、仕宦的几十年岁月里,修身养德,亲爱闾里,才能如此感化人心。

蓝田吕氏兄弟之中,老五吕大临是比较特殊的一个,他迎娶了张载之弟张戬的女儿为妻,在关学中的地位与众不同,同时他又拜入二程门下,成为"程门四先生"之一,是真正融通关、洛二学派之人。

---

① 陈俊民辑校:《蓝田吕氏遗著辑校》,中华书局,1993年,第563—566页。
② 《宋史》卷三四〇《吕大钧传》,第10845页。

吕大临，字与叔，大约出生于宋仁宗康定元年（公元1040年），在嘉祐六年（公元1061年）登第，不过他无心仕途，迁延20年始得一小官。他的志趣全在于学问。张载点评说"吕与叔资美"，程颐更是认为吕大临"深潜缜密"，犹胜吕大钧。朱熹也推崇吕大临，认为他在程门弟子中"高于诸公，大段有筋骨"。后世普遍认为，在吕氏兄弟中，吕大临学术成就最高。

据《宋史》载，吕大临"通《六经》，尤邃于《礼》"。他先后为《周易》《尚书》《诗经》《礼记》《论语》《孟子》《老子》等典籍作注，写下学术著作10余种，其中《西铭解》是对老师张载学说的分析和发挥，在当时影响很大。此外，吕大临还著有《考古图》一书，这是中国最早的著录和研究古代青铜器、玉器及其铭文的专著，收录当时官府、民间收藏的各类器物238件。所以吕大临不仅是经学家，还是金石学家。

吕大临是关学的继承者，"守横渠说甚固"，他写有《克己铭》，其中很多话都渊源于张载的观点，如"凡厥有生，均气同体""志以为帅，气为卒徒""孰曰天下，不归吾仁"等语，与《西铭》的思想一脉相承。

张载主张"君子诚之为贵"，吕大临也在《克己铭》中写道："大人存诚，心见帝则。"①他把诚作为重要的道德标准和目标，努力践履于日常生活的待人接物之中。从学二程门下后，程颢"语之以体仁"，吕大临深有所感，从此"言如不出口，粥粥若无能者"，并赋诗一首："学如元凯方成癖，文到相如始类俳。独立孔门无一事，只输（一作惟传）颜子得心斋。"②从此转注于涵养性情，而不是铺排章句，程颐赞其"敦笃"。

吕大临虽然长时间游离于政治之外，但是并没有完全与世隔离，也以自己的方式参与过时政。宋神宗即位后，锐意改革，熙宁二年（公元1069年）王安石拜相，变法改革的大幕全面拉开。然而，洛学学派上下并不认同王安石的主张，在政治立场上，他们属于保守派；在学术见解上，他们与王安石"荆公新学"分属两家。这时，吕大临给保守派老臣富弼写了一封信，内容颇耐人寻味。

此时距离庆历新政失败已经过去了25年，杜衍、范仲淹已经相继病逝。当年的新政核心人物富弼、韩琦与变法派政见不合，富弼自请离朝，一来为纾解心中郁结，二来为

---

① 《蓝田吕氏遗著辑校》，第590—591页。
② 〔宋〕程颢、程颐：《河南程氏遗书》卷一八《伊川先生语四》，见《二程集》，第239页。

转移朝野视线，富弼竟在家中信起了佛教。

论年龄，吕大临比富弼小了30多岁；论资历，富弼是三朝元老，而吕大临空有功名却未做过官。可是，吕大临却严肃地给富弼写了一封信，直截了当地批评富弼信佛之举有违他的身份：

> 古者三公无职事，惟有德者居之，内则论道于朝，外则主教于乡。古之大人当是任者，必将以斯道觉斯民，成己以成物，岂以爵位进退、体力盛衰为之变哉？
>
> 今大道未明，人趋异学，不入于庄，则入于释。疑圣人为未尽善，轻礼义为不足学，人伦不明，万物憔悴，此老成大人恻隐存心之时。
>
> 以道自任，振起坏俗，在公之力，宜无难矣。若夫移精变气，务求长年，此山谷避世之士独善其身者之所好，岂世之所以望于公者哉？①

这封信的大意是：古时三公没有具体职司，全依靠自身德行影响时势，对内体现在君臣论道，对外体现在教化乡里。古时出任三公者，都以圣贤之道启发黎民，成就自己的同时也成就天下苍生，难道会因为官职升降、年寿增长而改变吗？

现在圣贤之道并不昌明，人们会采信异端邪说，不是信奉道教，就是信奉佛教。怀疑周公、孔子等圣贤也没有臻于真善，看轻礼义以为不需要学习，这导致人伦不明，万物困顿，这正是老成之人心怀忧虑的时刻。

以心怀圣贤之道为己任，改变败坏的世风，就您的能力来说，也没什么难的。如果您改变心志，转去尊奉佛道，只为追求益寿延年，这是隐居遁世之人和观照自身之人的追求，难道这是世人对您的期望吗？

吕大临这封信措辞可谓严厉，背后却另有深意。其实，富弼闲居洛阳之后，依然关心着朝政变化，数次上书宋神宗阐述己见。而吕大临以关学、洛学省察内心的标准来警示富弼，一方面展现了吕大临朴质的学者心性，另一方面也反映了当时关学、洛学学派中人与王安石"荆公新学"对立，希望富弼能表明立场，与洛学结为同好。

见多识广的富弼应该看出了吕大临或者是洛学学派的意思，他客气地给吕大临回信"谢之"，不是拒绝，算是不排斥吕大临及洛学。这样，从结果上看，吕大临这封信基本达成了目标。从这件事可以看出，吕大临其实深具政治智慧和眼光，并非一个木讷不通的学究。

---

① 《宋史》卷三四〇《吕大临传》，第10848—10849页。

宋哲宗元祐七年（公元1092年），吕大临得到范祖禹的举荐，被任命为太学博士、秘书省正字，可惜时隔不久，大约在元祐八年（公元1093年），刚刚五十出头的吕大临便亡故了。

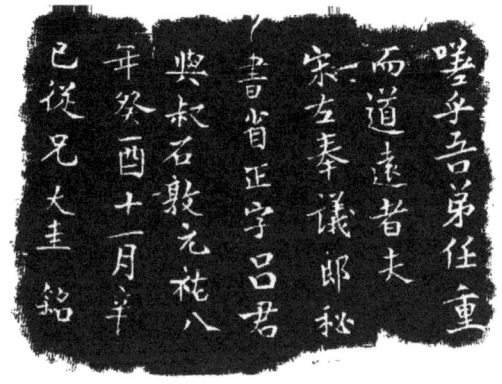

图6-1　陕西蓝田五里头村吕氏家族墓 M2 吕大临墓出土仿周代石敦及石敦腹壁錾刻铭文

（选自陕西省考古研究院：《陕西蓝田县五里头北宋吕氏家族墓地》，载《考古》2010年第8期，图版拾肆，第51页）

第二节
北宋京兆文化成就

一、北宋京兆文学艺术创作

对于西安这座承载了两千多年历史文化积淀的名城,历代的诗人们面对的不但是一座现实中的砖石之城,更是一座理想中的情怀之城。他们写下的绮丽诗篇也蕴蓄着丰富多样的思想和情感。北宋前期和中期,文士们吟咏长安的主题还多是怀念昔日盛唐旧景。

名臣寇准仕途失意,在京兆任职期间写下多首诗作,他看到汉唐遗迹就会下意识地将其与自己的境遇联系,或是感慨盛景不再,或是哀叹少人问津。如《春日长安故苑有怀》:

唐室空城有旧基,荒凉长使后人悲。

遥村日暖花空发,废苑春深柳自垂。

事著简编犹可念,景随陵谷更何疑。

入梁朝士无多在,谁向秋风咏《黍离》?[①]

诗中"空城""旧基""废苑"等词描写了京兆空旷萧索的景象。此时距离长安新城竣工已经一百年,却再难恢复"贞观之治""开元盛世"时的人烟稠密、往来如织,怎不令人感慨世事沧桑!

寇准的心情,一如《初到长安书怀》诗中所述:

荐承丹诏抚雕残,适值年丰万井安。

---

① 〔宋〕寇准:《忠愍公诗集》卷中《春日长安故苑有怀》,上海书店,1985年,影印商务印书馆1936年《四部丛刊三编》,第59页b—60页a。

> 旧职尚兼黄阁贵，前驱新拥碧油寒。
>
> 净冷风竹经宵听，老爱山云尽日看。
>
> 魂梦不知关塞外，有时犹得到金銮。①

当然，寇准对于自古以来的美景胜地京兆城南自然要亲身畅游。在游览少陵原华严宗祖庭华严寺后，他写下《游花岩寺》：

> 寺对南山积翠浓，水村鸥鹭下遥空。
>
> 层楼望尽樊川景，恨不凭栏烟雨中。②

后来还写有《忆樊川》：

> 闲想旧游都似梦，别来秦树又西东。
>
> 高秋最忆樊川景，稻穗初黄柿叶红。③

毕竟京兆的人文景致最适合诗人借景抒情，如果没有寇准的忧心忡忡，感官笔触自然也不一样。比如苏轼，他写有一首《仆曩于长安陈汉卿家见吴道子画佛碎烂可惜其后十余年复见之于鲜于子骏家则已装背完好子骏以见遗作诗谢之》：

> 贵人金多身复闲，争买书画不计钱。
>
> 已将铁石充逸少，更补朱繇为道玄。
>
> 烟熏屋漏装玉轴，鹿皮苍璧知谁贤。
>
> 吴生画佛本神授，梦中化作飞空仙。
>
> 觉来落笔不经意，神妙独到秋毫颠。
>
> 我昔长安见此画，叹惜至宝空湑然。
>
> 素丝断续不忍看，已作胡蝶飞联翩。
>
> 君能收拾为补缀，体质散落嗟神全。
>
> 志公仿佛见刀尺，修罗天女犹雄妍。
>
> 如观老杜飞鸟句，脱字欲补知无缘。
>
> 问君乞得良有意，欲将俗眼为洗湔。
>
> 贵人一见定羞怍，锦囊千纸何足捐。
>
> 不须更用博麻缕，付与一炬随飞烟。④

---

① 《忠愍公诗集》卷中《初到长安书怀》，第63页b—64页a。
② 《忠愍公诗集》卷中《游花岩寺》，第64页a。
③ 《忠愍公诗集》卷下《忆樊川》，第87页a—87页b。
④ 邓立勋编校：《苏东坡全集》上册《前集》卷九《诗六十八首·鲜于子骏见遗吴道子画》，黄山书社，1997年，第178页。

相比于寇准的沉重，苏轼这首诗却是旨趣轻松，写的是自己从前在京兆陈汉卿家中看到了唐朝著名画家吴道子的作品，可惜已经破烂，没想到过了十几年，在鲜于侁家见到了修补好的画作，心中之惊喜、愉悦溢于言表。

苏轼（公元1037—1101年），字子瞻，号东坡居士。他26岁出任凤翔府判官，居陕3年，这是他人生的上升阶段，心中藏着无限的美好和得意。显然，在年轻的苏轼眼中，陕西是文物荟萃之地，有大量古代名家名作值得他观摩学习，这倒也符合他的文人天性。苏轼另有一首《次韵和刘京兆石林亭之作石本唐苑中物散流民间刘购得之》，写的也是赏玩关陕文物的情景。难怪苏轼的兄弟苏辙在《次韵子瞻题长安王氏中隐堂五首·其一》诗中写道："秦中胜岷蜀，故国不须归。"①他认为关陕文化底蕴深厚，值得长居。苏轼兄弟的诗作反映了北宋京兆的另一种样貌：虽然隋唐长安已成明日黄花，北宋京兆却并非了无生气。

宋神宗熙宁三年到熙宁四年（公元1070—1071年）间，司马光因反对变法自请离朝，出知永兴军。在京兆期间，司马光写下《登长安见山楼》："到官今十日，才得一朝闲。岁晚愁云合，登楼不见山。"《长安送李尧夫同年》："昔岁琼林花气曛，今翰长乐柳梢春。事随流水滔滔度，鬓结繁霜戢戢新。世路饱谙都是梦，人生可贵莫如身。会须筑室临清洛，相与携筇戴葛巾。"《别长安》："暂来还复去，梦里到长安。可惜终南色，临行子细看。"②《登长安见山楼》中"登楼不见山"是以山喻朝廷，意指自己无法参与朝政，《长安送李尧夫同年》流露出退隐山林的意味，都是对当时变法派与反变法派政见冲突的担忧。

提到诗词创作，相较于唐代的诗人辈出，宋朝出身京兆及其周边地区的诗人人数寥寥，较出名者如京兆长安人韩溥，宋初散文家、书法家，他的尺牍在文人士大夫间广为流传；邠州新平（今陕西咸阳彬州）人陶穀，学识渊博，为宋初著名学者；同州韩城人张昇，宋仁宗时出任参知政事、枢密使，善诗文；华州人李廌，苏轼的学生，被苏轼赞誉为"笔墨澜翻"。宋徽宗时，有邠州人张舜民，正直敢言，痛陈弊政，亦是一位著名诗人。

有诗就有画。宋代著名画家范宽，耀州华原（今陕西铜川印台区城关镇）人，本名中正，范宽是外号，意即他性格宽和。范宽长期寄居终南山、华山写生，画作构图大

---

① 〔宋〕苏辙：《栾城集》卷二《诗六十九首·次韵子瞻题长安王氏中隐堂五首》，曾枣庄、马德富校点，上海古籍出版社，1987年，第26页。
② 《司马光集》卷一一《律诗六》，第369—370页。

气，笔力雄浑，画出了终南山、华山的挺拔山势和磅礴气概，被誉为"得山之骨"，开创了北方山水画一大流派。在范宽之后，另一位山水画名家是京兆长安人许道宁，"善画山水泉石甚工"，不过，许道宁并没有师承范宽，"而笔法盖得于李成"，即五代画家李成，宋仁宗时宰相、诗人张士逊赞誉他"李成谢世范宽死，唯有长安许道宁"①。

宋代京兆的文化活动，除了文人士大夫的笔墨休闲，也有普通民众热衷参与的群众文化活动。宋仁宗庆历二年（公元1042年），知京兆府兼陕西转运使的范雍组织修葺京兆城池，在清明节与属下泛舟兴庆池，创作了一组以《兴庆池禊宴》为题的律诗，共19首，事后刻成《兴庆池禊宴诗》碑，置于府学。张子定撰序，提到了官民同乐的场景："时维莫春，日乃元巳，被于南国，想像兰亭之游，出其东门，依俙曲水之会。……由是都人士女袨服而啸俦，驷牡鸾旂，供帐而临禊，宾叠有醺，燕坐无哗。"②《全宋诗》收入10首，分别是张奎、刘涣、张子定、王扬庭③、赵济、宋宏、杨初平、史瑜、董士廉、赵寅10人的诗作，而范雍、张揆、李讽、尹仲舒、阎询、雷简夫、文彦若、王冲8人诗作未被收入，并且宋宏所作原为2首，《全宋诗》只收录1首。

其中范雍所作为：

> 兴庆春深乐禊辰，清欢雅唱奉良宾。
> 韶光绮丽新经雨，诗句风流妙入神。
> 冠盖纷纷红杏径，歌钟隐隐渌池滨。
> 闱台将漕皆时杰，其泰常安万井人。④

另外，他人诗作中有"丝竹绕堤浮舴艋，绮罗照水戏秋千""禊席临川花照耀，游车分路水逶迤""修禊波深轻急桨，舞雩风暖薄更衣""歌吹满船花夹岸，酒帘无处不留人""岁和事简正韶春，兴庆池边乐众宾""管丝远近青堤上，楼阁高低渌水滨""宴集幸联台衮坐，风流仍继禊堂春""池馆春光欲禁烟，芳辰修禊集群贤""兴庆池头春色浓，乱柳摇金花罩锦""绿波浮画舸，芳草染朱轮""映花语笑秋千女，隔岸丝簧被禊人"等句，盛赞清明春禊游人如织的太平景象。如此生机勃勃的京兆，再不是那个唐末五代各方混战的修罗场，而是"藩镇雄于右辅，冠盖盛于佗州。掞藻摘华此

---

① 〔宋〕佚名：《宣和画谱》卷一一《山水·许道宁》，岳仁译注，湖南美术出版社，1999年，第239页。
② 〔宋〕张子定：《序》，见《金石萃编》卷一三三《宋十一·兴庆池禊宴诗》，第1页a—2页a。
③ 《全宋诗》作"王庭扬"，误，当以《金石萃编》所记"王扬庭"为是。又陈国强主编《黄帝陵碑刻》收录《北宋嘉祐六年栽种松柏圣旨碑》作"知坊州王扬庭"，陕西人民出版社，2014年，第2页。且北宋诗人苏舜钦有《送王扬庭著作宰巫山》。
④ 《金石萃编》卷一三三《宋十一·兴庆池禊宴诗》，第2页a—2页b。

为攸萃，良辰美景兹岂难并"①。

特别是京兆为李唐故地，多少保留有盛唐礼乐遗风。比如宋代学者沈括《梦溪笔谈》中提到，唐代羯鼓曲已经失传，只能在陕西听到，"今唯有邠州一父老能之，有《大合蝉》《滴滴泉》之曲，予在鄜延时尚闻其声"②。后来这位民间乐者去世，"羯鼓遗音遂绝"。

二、孔庙、府学和碑林

早在隋文帝时，大兴城中设立有国子寺，作为专管学校教育的中央教育行政机构，下设国子学等五学。隋炀帝大业三年（公元607年），改国子寺为国子监。唐朝沿袭隋朝制度，设国子监于外郭城务本坊③。唐代官学分为中央、地方两个系统，国子监主要管辖中央官学中的国子学、太学、四门学、律学、书学、算学"六学"及广文馆。同时，地方官学有府学、州学和县学，以及隶属于市、镇的市学和镇学。长史是地方教育长官，负责管理州、县官学，同时负责主持地方官学中的学生考试。司功参军事也属于主管地方教育机构的官职，负责官吏考察、学校兴办等。除了儒学，还有中央和地方的医学和崇玄学（亦称崇玄馆或通道学）。可知，在北宋以前，关中地区府州县镇已经普遍开设有府学、州学、县学等各级地方学校。

唐高祖还下诏在国子监内设立周公、孔子庙，四时祭奠。唐太宗贞观二年（公元628年）"停以周公为先圣，始立孔子庙堂于国学，以宣父为先圣，颜子为先师"④。这就是唐长安城国子监孔庙的来历。到唐玄宗时，封孔子为文宣王，孔庙又被称为文宣王庙。

孔庙中有两种石经：一是唐玄宗自己做注、写序并以隶书书写的《孝经》，在天宝四载（公元745年）刻成石碑，就是《石台孝经》；二是唐文宗太和七年（公元833年）下诏在国子监讲论堂两廊刊刻《九经》，开成二年（公元837年）石经刻成，共114石，就是《开成石经》⑤。另外，唐人所谓石经，还有《颜氏家庙碑》等。从此，国子监、

---

① 〔宋〕张子定：《序》，见《金石萃编》卷一三三《宋十一·兴庆池禊宴诗》，第1页a—2页a。
② 《梦溪笔谈》卷五《乐律·羯鼓遗音》，第42页。
③ 《长安志》卷七，第261页。
④ 《旧唐书》卷一八九上《儒学上·序》，第4941页。
⑤ 《旧唐书》卷一七下《文宗纪下》，第571页。

孔庙、石经构成了三合一的文化教育建筑设施集合体。

唐昭宗大顺元年（公元890年）二月，国子祭酒孔纬奏称"文宣王祠庙，经兵火焚毁"，希望文臣捐资"助修国学"①，唐昭宗同意了孔纬的请求。不过，在14年后，唐长安城也被毁弃。韩建受命修筑新城，"天祐甲子岁，太尉许国□公时为居守，方务葺修，遂移太学并石经于此"②，国子监、孔庙、石经得以移入新城。五代后梁太祖开平三年（公元909年），刘鄩出任永平军节度使③。他接受部下建议，将其他碑刻迁入城中。据宋哲宗元祐五年（公元1090年）《新移石经记》载："旧在务本坊，自天祐中韩建筑新城，六经石本委弃于野。至朱梁时，刘鄩守长安，有幕吏尹玉羽者，白鄩请辇入城。鄩方备岐军之侵轶，谓此非急务，玉羽绐之曰：'一旦敌军临城，碎为矢石，亦足以助贼为虐。'鄩然之。乃迁置于此，即唐尚书省之西隅也。"④也就是承天门街东，临近府衙。武伯纶先生推测韩建所移石经是《石台孝经》，刘鄩所移石经是《开成石经》⑤。

北宋建立后，宋太祖建隆三年（公元962年）重修孔庙，有《重修文宣王庙记》记述当时孔庙的状况："露往霜来，雕墙半圮，尘封藓驳，塑像全堕。"⑥后来还有宋太宗太平兴国七年（公元982年）《颜氏家庙碑》被迁入城内，地点也在文庙⑦。原本随着五代后梁建立，长安失去了国都的地位，国子监也不可能再出现在长安城内。可是据宋真宗大中祥符二年（公元1009年）《永兴军文宣王庙大门记》所载，北宋京兆府城居民依然称呼孔庙为国子监："是军，古京邑也；斯庙，古国学也……。然故地虽移，旧名尚存，是以民到于今或以监名呼之。"⑧

宋仁宗景祐元年（公元1034年），知永兴军府事的范雍奏请创建京兆府学"学舍五十间"⑨，延聘终南隐士种放的学生高怿招徒授课讲学，"席间常数十百人"⑩，此举

---

① 《唐会要》卷三五《褒崇先圣》，第640页。
② 《西安碑林全集》卷二五《碑刻·重修文宣王庙记》，第2502—2503页。
③ 《旧五代史》卷二三《刘鄩传》，第309页。
④ 《西安碑林全集》卷二八《碑刻·新移石经记》，第2823—2824页。
⑤ 武伯纶：《西安碑林简史》，载《文物》1961年第8期，第17—22+16页。
⑥ 《西安碑林全集》卷二五《碑刻·重修文宣王庙记》，第2502—2503页。
⑦ 武伯纶：《西安碑林简史》，载《文物》1961年第8期，第17—22+16页。
⑧ 《西安碑林全集》卷二七《碑刻·永兴军文宣王庙大门记》，第2698—2704页。
⑨ 《西安碑林全集》卷二七《碑刻·永兴军牒》，第2752—2757页。
⑩ 《宋史》卷四五七《隐逸上·高怿》，第13433页。

受到宋仁宗的表彰。范雍后来上书朝廷，提出："有本府及诸州修业进士一百三十七人在学，关中风俗稍变，颇益文理。"①比较而言，京兆府学规模并不大。此前在宋真宗大中祥符二年（公元1009年），应天府扩建睢阳学舍房舍150间，聚集图书千余卷，"讲习甚盛"，宋真宗下诏赐名"应天府书院"，是京兆府学规模的3倍。

数年之后，范仲淹主持庆历新政，其中一项重要内容就是"庆历兴学"，大规模建设地方学校、发展儒学教育，京兆府学规模进一步扩大。到北宋中后期，又有宋神宗时"熙宁兴学"、宋徽宗时"崇宁兴学"，史称北宋三次兴学。

宋仁宗景祐元年（公元1034年）范雍创立府学，20年后，宋仁宗至和元年（公元1054年），京兆府学制定《京兆府小学规》，并刻石立碑，规定了府学生员、管理制度、学习科目、行为规范等内容，像不守纪律、偷窃斗殴、毁坏公物、损毁书籍、乱涂乱写、打闹嬉戏等行为，15岁以下者"扑挞"，15岁以上者罚款充公。

京兆府小学规

府学榜准使帖指挥于宣圣庙内置立小学，所有合行事件须专指挥：

一应生徒入小学，并须先见教授，投家状并本家尊属保状。（其保状内须声说：情愿令男或弟侄之类入小学听读。委得令某甲一依学内规矩施行。）申学官押署后上簿拘管。

一应生徒内选差学长二人至四人，传授诸生艺业及点检过犯。

一教授每日讲说经书三两纸，授诸生所诵经书文句音义，题所学书字样，出所课诗赋题目，撰所对属诗句，择所记故事。

一诸生学课分为三等：

第一等

每日抽签问所听经义三道，念书一二百字，学书十行，吟五、七言古律诗一首。三日试赋一首（或四韵），看赋一道，看史传三、五纸（内记故事三条）。

第二等

每日念书约一百字，学书十行，吟诗一绝，对属一联，念赋二韵，记故事一件。

第三等

每日念书五七十字，学书十行，念诗一首。

---

① 《西安碑林全集》卷二七《碑刻·永兴军中书札子》，第2757—2760页。

一应生徒有过犯，并量事大小行罚：年十五以下，行扑挞之法；年十五以上，罚钱充学内公用。仍令学长上簿学官、教授通押。

行止踰违、盗博斗讼、不告出入、毁弃书籍、画书窗壁、损坏器物、互相往来、课试不了、戏玩喧哗。

一应生徒依《府学规》，岁时给假，各有日限。如妄求假告及请假违限，并关报本家尊属，仍依例行罚。

右事须给榜小学告示，各令知委。

以前件如前。

至和元年四月日

权府学教授蒲宗孟

府学说书兼教授裴渎

秘书丞通判军府兼管内劝农事提举府学韩绛

尚书比部员外郎通判军府兼管内劝农事提举府学薛俅

忠武军节度使特进检校太尉知军府事文

本学教授兼说书草泽仁民师

三峰进士李邵管勾立石　丰邑樊仲刻①

这是目前已知中国历史上最早的学校规章制度。

路远先生依据《类编长安志》著录《宋京兆府移文宣王庙记》指出，在宋神宗元丰三年（公元1080年），吕大防可能主持进行过一次孔庙迁移②，宋哲宗元祐二年（公元1087年），转运副使吕大忠将石经移于"府学之北墉"③。到宋徽宗崇宁二年（公元1103年），借着朝廷兴学的诏令，知永兴军虞策主持实施了府学、孔庙及石经的再次搬迁、扩建工程。见于金海陵王正隆二年（公元1157年）《重修府学记》碑所载：

京兆旧学，在府城之坤维，地非亢爽。前宋崇宁二年，命郡县建学，亦宾兴贤能，府帅枢密直学士虞公策承命诣学，谓诸生曰："鲁修泮宫，有思乐泮水，薄采其芹之颂，是指泮水以育人才也。今府城之东南隅，水易就下，地且文明，

---

① 《金石萃编》卷一三四《宋一二·京兆府小学规》，第23页a—25页a。
② 路远：《西安孔庙历史溯源》，见《碑林集刊》第10辑，陕西人民美术出版社，2004年，第107页。
③ 《西安碑林全集》卷二八《碑刻·新移石经记》，第2823—2829页。

欲改卜其处可乎？"诸生怡然曰："诺。"乃范湖州规制，经营建立。①

据这段文字所述，在崇宁二年（公元1103年）以前，"京兆旧学"的位置"在府城之坤维"。所谓"坤维"，武伯纶先生解释为"西北"②，路远先生认为"无法稽考"③。辛德勇先生则提出"'坤维'是指西南部"④。

一般史籍中"坤维"是指西南，如"《集解》孟康曰：'阴，西南，象坤维。'"⑤而未见西北的词义，且前文第三章"北宋京兆府城布局、建筑及近郊"中已经指出，北宋京兆城西北隅是秦川驿等建筑，似乎与孔庙、府学、石经不相匹配。

此前，明人赵崡《石墨镌华》，明万历十七年（公元1589年）《重修孔庙石经记》，清人毕沅《关中金石记》，以及清道光二十二年（公元1842年）《复修碑林记》等材料，皆认为吕大忠将碑石迁移于城东南，即碑林博物馆今址。所以武伯纶撰《西安历史述略》、陕西省文物管理委员会编《陕西名胜古迹》等书都把碑林创建的时间定为元祐二年，即公元1087年。像武伯纶先生认为："府学自北宋景祐元年（公元1034年）由范雍创建以来，一直在碑林现址。"⑥

辛德勇先生解读的"府城之坤维"与"唐尚书省之西隅"和"府城之东南隅"实为三处，可知必然有第二次迁移，明清旧说实误。且《重修府学记》中"庙学之成，总五百楹"一句清楚地显示出，第三次迁往京兆城东南隅的既有孔庙，也包括府学。即京兆府府学、孔庙、石经经历了三次迁移：第一次是由韩建、刘鄩先后从原唐长安城外郭城务本坊迁到原尚书省西侧；第二次先是在元丰三年（公元1080年）吕大防将府学、孔庙迁到城西南，元祐二年吕大忠又将石经及其他碑刻迁移过去；第三次是虞策将三者整体搬迁到城东南。

此后，赵力光先生修正了辛德勇先生的观点，他认为"府城之坤维"是指原尚书省西南角，而不是京兆城西南角，所以仍是两次迁移：宋景祐二年（公元1035年），范雍在孔庙附近即原尚书省西隅建府学。元丰三年（公元1080年），吕大防将府学、孔庙一

---

① 《西安碑林全集》卷二九《碑刻·重修府学记》，第2883—2884页。
② 武伯纶：《西安碑林简史》，载《文物》1961年第8期，第17—22+16页。
③ 路远：《西安碑林初创时期若干问题的再探讨》，载《文博》1995年第3期，第54页。
④ 辛德勇：《西安碑林迁置时间新说》，见辛德勇：《古代交通与地理文献研究》，中华书局，1996年，第217页。
⑤ 《史记》卷二七《天官书》，第1306页。
⑥ 武伯纶：《西安碑林简史》，载《文物》1961年第8期，第17—22+16页。又《京兆府新移石经记》作于元祐五年，文中记述吕大忠搬迁石碑在元祐二年，"经始于元祐二年秋，尽孟冬而落成"。

部分迁往城东南。元祐二年（公元1087年）吕大忠将石经及各类碑刻迁往城东南。崇宁二年（公元1103年），虞策将孔庙、府学剩余部分迁往城东南。①这以后，北宋京兆府学、孔庙、石经一直位于京兆城东南隅，即现在西安碑林博物馆所在地，经金朝、元朝一直延续到今天。马志祥先生也持此说，认为不存在"府城之坤维"那次迁移，系直接从尚书省西隅迁到府城东南隅②。

至此，关于北宋京兆城孔庙、府学、石经的迁移过程，出现两种观点：路远、辛德勇等先生认为有三次迁移，赵力光、马志祥等先生则认为有两次迁移。目前尚未形成结论，还需继续探讨。

可见，在很长一段历史当中，碑林并非独立存在，而一直是府学、孔庙的一部分，甚至没有特定的称谓，只是笼统地称为"石经""碑石"等。在金代，据正隆五年（公元1160年）《重修碑院七贤堂记》所示，又有"碑院"之称。至于"碑林"一名的出现时间，学者所持观点不甚一致。最早是李域铮先生提出嘉庆十年"《重修西安碑林记碑》中始有'碑林'之称"③，将"碑林"名称出现的时间定为清嘉庆十年。之后，路远先生分析指出："明代以后，人们才在概念上将它独立起来，出现了'碑林'、'碑洞'这样的称谓，但它仍然附属于文庙和府学。"④将碑林称谓出现时间定在"明代以后"，但未确定具体年月。有学者不赞同以上两说，依据清康熙五十九年（公元1720年）《重修碑亭记》作"碑亭"或"碑楼"，以及清乾隆年间毕沅《关中金石记》作"大成殿后旧为碑林，今称碑洞"，提出："据现有史料，只能将其定在康熙五十九年以后、嘉庆之前的时间段内。"⑤事实上，清嘉庆十年（公元1805年）《重修西安碑林记碑》、清康熙五十九年《重修碑亭记》都不准确。路远先生已经征引了明代万历时人赵崡《石墨镌华》，赵力光先生指出此书中所见"碑林"之名，乃是目前已知最早的文字记载⑥。

---

① 赵力光：《西安碑林历史述略——兼析西安碑林迁移"三次说"》，见《碑林集刊》第8辑，陕西人民美术出版社，2002年，第6页。
② 马志祥：《西安孔庙与西安碑林之关系衍变》，见《碑林集刊》第22辑，三秦出版社，2016年，第5页。
③ 李域铮：《西安碑林》，陕西人民出版社，1986年，第1页。
④ 路远：《西安碑林初创时期若干问题的再探讨》，载《文博》1995年第3期，第52页。
⑤ 朱永杰：《五代至元时期西安城市地理的初步研究》，陕西师范大学硕士学位论文，2002年，第40页。
⑥ 赵力光：《西安碑林历史述略——兼析西安碑林迁移"三次说"》，见《碑林集刊》第8辑，陕西人民美术出版社，2002年，第11页。

北宋京兆府学、孔庙、石经建筑群建成后屡经迁移，据《新移石经记》所载，吕大忠决定迁移石经的原因在于："地杂民居，其处洼下，霖潦街注，随立辄仆，埋没腐壤，岁久折缺，非所以尊经而重道。"①言原唐尚书省西隅之地民居混杂，不利于保护，且该地地势低洼，每遇雨天，极易积水，导致碑石仆倒，埋没在土壤之下遭受腐蚀。虞策进行第三次迁移的原因则是，府城西南隅"地非亢爽"，而府城东南隅"水易就下，地且文明"。

除了自然损耗，这些碑石也会遭到人为破坏，比如宋仁宗初年，姜遵为了迎合刘太后，"在永兴，太后尝诏营浮屠，遵毁汉、唐碑碣代砖甓，既成，得召用"②。即便是民间，也能私自动用碑刻："元祐中，丞相韩玉汝帅长安，修石桥，督责甚急，民急于应期限，皆磨石碑以代之。"③这是以石碑充作建筑材料。

按宋真宗大中祥符二年（公元1009年）立《永兴军新修文宣王庙大门记》碑文记载："环视乎内，殆非前闻，石壁外周，既异乎藏书之所，苔碑中立，又殊乎丽牲之具。"④此处"石壁外周"，指的是"石壁九经"，见于《册府元龟》所载："其年（唐文宗太和七年）十二月，敕于国子监讲论堂两廊，创立石壁九经，并《孝经》《论语》《尔雅》，共一百五十九卷，字样四十卷。"⑤武伯纶先生认为"苔碑中立"是指《石台孝经》⑥，也就是《开成石经》环绕在《石台孝经》周围。因为《开成石经》分成两部分，一是从《周易》卷一起至《九经字样》，共57石；二是从《春秋左氏传》卷一起至《呈进石经状子》，亦57石。这两部分所含其他经书，都在石中与他书首尾衔接，无可断处，所以57石的顺序不能打乱。而《石台孝经》是唐玄宗御书，性质与众不同，又体积庞大，故居于中心。很有可能唐代国子监孔庙就是如此摆放。后来吕大忠将石经"徙置于府学之北墉"，摆放次序依然，"《开成石经》分东西次比而陈列焉，明皇注孝经及建学碑则立之于中央，颜、褚、欧阳、徐、柳之书，下迨偏旁字源之类，则分布于庭之左右"⑦。

---

① 《西安碑林全集》卷二八《碑刻·新移石经记》，第2823—2824页。
② 《宋史》卷二八八《姜遵传》，第9677页。
③ 〔宋〕胡仔：《苕溪渔隐丛话》后集卷二二，廖德明校点，人民文学出版社，1962年，第164页。
④ 《西安碑林全集》卷二七《碑刻·永兴军新修文宣王庙大门记》，第2698—2704页。
⑤ 《唐会要》卷六六《东都国子监》，第1157页。
⑥ 武伯纶：《西安碑林简史》，载《文物》1961年第8期，第17-22+16页。
⑦ 《西安碑林全集》卷二八《碑刻·新移石经记》，第2823—2824页。

经过近70年的发展，宋徽宗崇宁二年（公元1103年），虞策主持扩建新府学、孔庙、石经建筑群，"庙学之成，总五百楹，宏模廓度，伟冠一时……。儒衣冠而入者，日不啻千人"①。

路远先生考证碑林博物馆藏《京兆府学新建七贤堂记》两块残碑②，指出在北宋末年，迁到城东南的府学、孔庙、石经建筑群，有一处七贤堂位于"学庙之东偏"③。已知七贤中的三人为张载、苏昞、吕大临，这反映出张载关学学派对京兆府学乃至陕西地区文化教育的巨大影响。

在宋金战争期间，府学、孔庙、石经建筑群也遭到了毁弃。金海陵王正隆四年（公元1159年）《重修碑院七贤堂记》残碑记述当时石经"几不免湮没荆榛瓦砾间"④，显然，"荆榛瓦砾"正是府学、孔庙、石经建筑群荒废的表现。时至金朝末年，金哀宗正大二年（公元1225年）又一次重修，见于《重修府学教养碑》："支倾补缺，联断洗昏，植踣碑于芄草，基荒址于蕨蔬。"⑤此处"踣碑""荒址"等同样显示出其门可罗雀的萧条景象。金哀宗正大八年（公元1231年）金军弃守京兆。在宋蒙战争期间，京兆军民数次仓皇撤离出城，必然对建筑造成一定程度的损害。

综上所述，北宋京兆府学是京兆学术活动的中心，早在韩建"重修子城"时将《石台孝经》迁入新城，后世将《开成石经》等其他碑刻也陆续搬入，逐渐形成孔庙、府学、碑林（当时泛称石经、碑石）三者合一的布局。到宋徽宗崇宁二年迁到京兆府城东南，也就是今天碑林所在地。后来历经金、元、明、清四朝的发展，使其成为一座保存中国古代著名碑刻、具有世界声誉的中华民族历史文化遗产宝库。

三、北宋京兆教育及科举

经过唐末五代百年战乱之后，北宋初年朝廷急于招揽人才，但扩大科举而忽视学校教育，引起当政者的反思，于是发起三次兴学（即学校教育改革），分别是宋仁宗庆历

---

① 《西安碑林全集》卷二九《碑刻·重修府学记》，第2883—2888页。
② 路远：《宋金时期京兆文庙"七贤堂"考》，载《文博》1996年第2期，第29—30页；路远：《新出宋〈京兆府学新建七贤堂记〉残石》，见《碑林集刊》第14辑，上海科学技术出版社，2009年，第117—120页。
③ 《西安碑林全集》卷二八《碑刻·新建七贤堂记残碑》，第2853—2857页。
④ 《西安碑林全集》卷二九《碑刻·重修碑院七贤堂记》，第2889—2897页。
⑤ 《西安碑林全集》卷二九《碑刻·重修府学教养碑》，第2938—2945页。

兴学、神宗熙宁兴学、徽宗崇宁兴学。经过这三次兴学之后，宋代形成并完善了由中央官学和州县地方学校构成的学校教育制度系统。

当时，中央官学的主管教育行政部门是国子监，其所辖中央官学包括：国子学、太学、四门学、广文馆、武学、律学、小学等。宋代国子监兼具官学管理机构和国家最高学府两种职能，设判监事二人、总管监事、直讲八人，讲授经术，另有丞簿、监门官和专管刻书的书库官各一人。国子监招收"京朝七品以上子孙"，学生被称为国子生或监生。开始时，生员没有定额，后来确定二百人为限。太学低于国子监，招收八品以下官员的子弟和庶人之俊士。太学一般设博士十人，负责经义、德行教学。因办学出色，到北宋中期，太学逐渐取代国子监成为官学核心。熙宁兴学时王安石创立"三舍法"①，分太学生为上舍生百人、内舍生三百人、外舍生二千人。太学生按斋编例，每斋约三十人。太学考试方法多样，主要有每月一次的私试和一年一次的公试两种，考试的内容主要是经义和策论。四门学、广文馆是八品以下及庶人子弟准备科举考试的预备学校。

宋朝的专门学校有律学、医学、算学、书学、画学等，隶属于国子监和朝廷各局。律学在熙宁六年（公元1073年）设立，隶属于国子监，入学对象为命官和举人，分为断案、律令两科，设博士二人、学正一人，掌传授法律及校试之事。算学设立于崇宁三年（公元1104年），隶属于太史局，入学对象为命官和庶人，主修《九章》《周髀》等算学书籍。书学设立于宋徽宗年间，隶属于翰林书艺局，学习篆书、隶书、草书三种字体以及《说文》《尔雅》等小学经典。画学也设立于宋徽宗时期，隶属于翰林图画局，除修习绘画外，也修习《说文》《尔雅》等小学经典。医学设立于宋初，隶属于太医局，分为方脉科、针科、疡科三科，设立博士、学正、学录各四人。武学设立于宋仁宗时期，主要修习诸家兵法、弓矢骑射等武术，设博士、学谕各二人。

另外，宋朝中央官学还包括直属于中央政府的资善堂、宗学、诸王宫学、内小学等贵胄学校，专为宗室子孙所设置，入学年龄一般为8至14岁。

至于宋代地方官学，主要由州（府、军、监）学和县学两级组成，官府拨给学田，保障其日常经费。诸路提举学事司是地方学校的行政管理机构，负责考察教师优劣与学生的出勤学习情况，改变了前代由地方官兼管地方官学的传统。这种专门的地方教育管

---

① 《宋史》卷一五五《选举志一·学科目上》，第3622页。

理机构也为元明清各代所继承。

宋仁宗庆历四年（公元1044年）规定，府学、州学学生超过二百人，则增设县学，"自是州郡无不有学"。崇宁兴学期间，"增养县学弟子员，大县五十人，中县四十人，小县三十人"①。宋哲宗元符二年（公元1099年）规定，县学生通过选考可升入州学，州学生通过贡选可升入太学。

一般府学、州学配置教授二人，县学配置一人，主要教学内容为经义和诗赋，"以经术行义训导诸生"。地方官学一般采取地方荐举和朝廷任命两种形式选任教师，可以是州县幕僚，也可以是"本处举人有德艺者"②。宋仁宗皇祐五年（公元1053年），文彦博判永兴军府事，听闻张载"名行之美"，便延聘张载来京兆府学执教。当时实行教师资格审核制度"教官试"，还有严格的教师考核制度，"仍委本路转运司及本属长吏于幕职州县官内奏选充教授，以三年为一任"③。任期满后考核，个别成绩优异、教导有方的学官，允许再任职一个周期，但不能超过两任。所以京兆乃至陕西地区的教育体系十分完备。

此外，书院也是宋代地方学校的重要组成部分。书院之制创设于唐代，最初是官府藏书、校书之所，同时也允许私人前来观书治学。到五代末期，开始有学者在书院聚徒讲学，逐渐形成了后来定型的书院制度：由学者招收、组织学生，讲授、实践个人的学说、思想。

在宋初官学不兴的情况下，私人创办书院讲学的活动兴起，弥补了官学在发展教育、培养人才方面的不足，受到官方表彰。北宋皇帝通过赐额、赐书、赐学田等方式，倡导支持书院办学，促进了书院的发展，兴办书院成为一股潮流。北宋时，书院遍布全国各地，数量达二百所之多，出现了许多闻名全国的书院，其中一些在当时就比较著名，故而形成了历史上的"四大书院"——白鹿洞书院、岳麓书院、嵩阳书院、应天府书院。但是在三次兴学期间，宋朝决策层大力发展官学，书院办学受到冷落，有的书院如应天府书院、石鼓书院被直接改造成地方官学。

就陕西关中、陕南、陕北三个地区来看，在地方志中有确切时间记载的最早的一处

---

① 《宋史》卷一五七《选举志三》，第3663页。
② 《宋史》卷一六七《职官志七·教授》，第3976页。
③ 《宋会要辑稿》选举三之二四，第4273页。

书院,是范仲淹在宋仁宗庆历年间创立于延州的嘉岭书院①。不过,陕西书院教学的兴盛还是在关中,宋代陕西的书院大都开办在关中。北宋中期,张载长期在凤翔府郿县授徒讲学,虽非书院,但具有书院私学的性质,明代时将关学门人吕大临在京兆蓝田的故居改建为芸阁书院。

北宋时期,已经有学者利用书院开展学术研究和思想传播,但并不普遍。到了南宋,理学家十分重视交流切磋和传播学术思想,并纷纷参与书院讲学,使理学和书院两相结合,奠定了书院作为一种独特教育机构的基础和地位。书院制订有教育学规,形成了招生、教师招聘、教学、考课等一整套行之有效的方法。尤其重要的是,相对于官学,书院教学的内容全凭学者自己取舍,甚至可能与科举背道而驰,这是一种带有强烈的学者个人特征的教学模式,对南宋理学各学派的产生有巨大的促成之功。

宋代学校,尤其是中央、地方官学,学子最主要的学习目的还是科举入仕。宋代科举制度定型于宋太祖开宝六年(公元973年),早期举行科举考试的时间不固定,或每年、或两年、或三年举行一次,宋仁宗在位时很多次科举为四年一次,到宋英宗治平三年(公元1066年)固定为三年举行,一直延续到了清代。

北宋科举分为解试、省试、殿试三级。各地士子先参加地方州县于秋季八月举行的乡贡考试,也就是发解试,通过考试成为举人,取得官府解文,称为"发解"。然后在来年春季正月末二月初进京参加尚书省考试,省试在礼部贡院举行。再接着是皇帝驾临崇政殿出题,进行殿试,考中就是进士,考不中则在下次科举时重新参加发解试。

宋真宗时规定发解试考中比例为2/10,后来提升为3/10,全国到开封参加省试的发解举人达万人以上,到宋仁宗时降为7000人。而省试录取者,在皇祐五年(公元1053年)规定进士及其他诸科名额都是400人。当时有说法,儒生参加十次解试、省试,才能够参加一次殿试。

通过发解试进京的举人在十一月底向礼部投纳家状、保状,标注年龄、应举次数、场第、乡贯等信息。下年正月,朝廷选派知贡举、同知贡举若干名,也就是主考官、副考官,随即锁院。锁院是指考官们接到任命后,入住贡院出题、判卷。其间锁闭贡院大门,直到定出考生名次等第,省试结束。尚书省放榜可能要到二月底,这时考官们才能出来。

---

① 〔清〕刘于义:《陕西通志》卷二七《学校·延安府》,第28册,第11页a。

等主考官出完考题后，省试在礼部贡院开始举行。虽然名为礼部贡院，但长期没有固定场屋，而是临时征用寺庙、馆舍、国子监等。在考前一天，张榜公布座次。当场考试称为引试，监门查验姓名，将人引到座位，而且不允许考生换座。举人进入考场时要搜身，考试时，监门、巡铺等人在考场巡视，一旦发现考生作弊，要取消两次参加进士科省试的资格。

解试、省试考试过程一样，分为三场，内容都是诗、赋、论各一首，策五道，帖经十帖，墨义十条。其中最重要的是诗赋，虽然一直被批评以诗赋取士不能考察真才实学，但是"以为诗赋声病易考，而策论汗漫难知"①，所以还是坚持考诗赋。

论和策都是散文，对考官提出的问题进行阐述作答。相对来说，策更偏向于时政。至于帖经、墨义其实都是考背诵。帖经是取一部儒家经典，将页面盖住，留出其中一行，再用一张纸条盖住这一行的大部分字，露出三个字，由考生默写出该行全部文字。墨义是考官提出一句儒经原文，考生写下历代对这条经文的注释。

宋代规定，省试、殿试不允许燃烛，所以考生作答必须在白天完成，也就是每场考试从卯时正（相当于现代上午6点）开考，到当天酉时（相当于现代下午5点到7点）末结束。

考生交卷后，考卷要糊名，称为弥封，然后交由书手誊录，这样一来，考生的姓名和笔迹都看不出来了，防备考官阅卷时偏袒舞弊。

试卷批改分为三个步骤，先由点检官批定分数，然后由参详官审核批定是否得当，最后交给主、副考官排定等级。

放榜处就在位于宫城宣德门前御街西侧的尚书省衙署，通过省试上榜的举人，就是礼部正奏名进士。约在三月初，新科进士们到大内崇政殿广场参加殿试，天子临轩策士，亲自出题。在宋真宗时，殿试黜落人数很多。

殿试只进行一天，接着礼部正奏名进士、特奏名进士、诸科再次入宫到崇政殿前广场，等候唱名，也就是公布进士名单。皇帝端坐于崇政殿内，殿试官、省试官以及宰臣、馆臣等侍立两侧，殿试官将前十名试卷呈递宰臣，再呈给皇帝。皇帝审定后，交给站在丹墀下的军头司将官，按照名次唱名放榜。

---

① 《宋史》卷一五五《选举志一·科目上》，第3613页。

被宣名的举人应答，分发敕书。进士赐第分为五等，叫五甲，第一甲、第二甲赐进士及第，第三甲、第四甲赐进士出身，第五甲赐同进士出身。殿试第一人就是状元，有时也将前三名都叫状元。

唱名赐第后，新进士要进行一系列活动，统称"期集"，包括谒阁门向皇帝谢恩的"朝谢"，赐宴琼林苑的"闻喜宴"，去国子监拜谒先圣孔子和先师颜回、孟轲，然后再次回到礼部贡院，彼此间叙年齿，也就是拜黄甲、叙同年，同时立题名碑，编《同年小录》，以及谒谢考官。

最后一项是释褐授官。在唐朝，考中进士后不能立刻做官，还要去吏部参加选拔考试。而宋朝不同，除了进士第五甲赐同进士出身者，新进士不需要再考试，都能够直接授官，就此步入仕途。

第七章 金代京兆府城布局、城市管理及社会发展

金代京兆城街道、建筑、市镇等信息，在金章宗明昌五年（公元1194年）刻《京兆府提学所帖碑》中有直接的反映，碑文中提及京兆府城中街、巷、市、镇等的名称，是了解金代京兆城布局最重要的资料。

金代在京兆府设录事司，本来职责为管辖京兆府十二县十镇刑狱治安，但在具体执行过程中，形成录事司主管城池以内、县主管城外乡村的局面。不过，录事司只是机构，还不是一级行政建制。

因为宋金双方在秦岭形成对峙，所以继宋夏战争后，京兆及其周边地区再次成为宋金对峙的前线。虽然宋金罢兵议和，但为了争夺铜钱，双方展开了贸易战。到金卫绍王大安三年（蒙古成吉思汗六年、宋宁宗嘉定四年、公元1211年），蒙金战争爆发，金朝形势急转直下。如此剧烈的形势变化，必然对京兆社会经济发展产生一系列直接或间接的影响。

第一节
金代京兆府城布局及特点

一、金代京兆府城城内街巷及建筑

宋仁宗创立学田之制，由朝廷赐给各级官学田地、房产，各级官学收取租金作为日常教学经费。后世沿用此制。金章宗明昌五年（公元1194年），京兆府路提学所发给京兆府学学田、房舍清单，并刻成《京兆府提学所帖碑》[1]，此碑又名《赡学舍地清册》，现藏于西安碑林博物馆。碑文中提到金代京兆府学拥有的学田、房产，其中涉及京兆府城中十八条街、九个巷以及市、镇等的名称[2]。这篇碑文是了解金代京兆府城结构、布局的重要资料。

清陆耀遹、董祐诚等编纂的《咸宁县志》记载："金代城郭制度无可考，惟明昌五年《提学所帖》所载街道颇详。今据以作图，犹可见当时规制。帖中有左第一厢、第二厢，右第一厢，子城厢，其厢界虽不可考，然以所载街道约计之……"[3]虽然《咸宁县志·金京兆府城图》标出当时京兆城三厢：左第一厢、左第二厢和右第一厢，实际上，《咸宁县志》认为金代京兆城共有五厢，除上述三厢外，还有第四厢右第二厢和第五厢子城厢，"其子城厢则为钟楼东西街以北地"[4]。

---

[1] 《八琼室金石补正》卷一二六《金四·京兆府提学所帖碑》，第886—894页；《西安碑林全集》卷二九《碑刻·京兆府提学所帖》，第2906—2931页；《辽金元石刻文献全编》，第55—57页。

[2] 张虹冰：《一份珍贵的历史地名资料——读金〈京兆府提学所帖〉碑》，载《碑林集刊》第5辑，陕西人民美术出版社，1999年，第199页。

[3] 〔清〕陆耀遹、董祐诚等：《咸宁县志》卷四《历代疆域水道城郭宫室名胜图下·金京兆府城图》，第70页。

[4] 〔清〕陆耀遹、董祐诚等：《咸宁县志》卷四《历代疆域水道城郭宫室名胜图下·金京兆府城图》，第70页。

此说为吴宏岐、韩光辉、林玉军、朱永杰等先生所认同[①]，但并无旁证，而且尚存疑问：按照《京兆府提学所帖碑》的体例格式，"左第一厢""左第二厢""右第一厢"三处提行顶格，但"子城厢正街"却处于"右第一厢"段落行文中。为什么"子城厢"的"正街"会位于平级的"右第一厢"的区域内？故而还有一种可能：所谓"子城厢"不是金京兆府城中的厢名，"子城厢正街"的意思是位于"子城"附近的"右第一厢"的"正街"。姑存一说，存疑待考。

除了街道外，金代京兆府城又有西城巷、东南城巷、北城巷和南巷。

因为史念海先生《西安历史地图集》未绘制《金代京兆府城图》，故本书仍以《京兆府提学所帖碑》《类编长安志》《长安志图》及嘉庆《咸宁县志》为据，梳理金代京兆府城城内街道和建筑设施的分布情况（见表7-1、表7-2、表7-3、表7-4、表7-5、图7-1）。

表7-1　金代京兆府城内左第一厢街巷及建筑

街巷	建筑	出处
酒务街（东西向）		《京兆府提学所帖碑》
草场街（东西向）	府学（西近官道，有南北向府学道，北通草场街，南通东南城巷）、利用仓、福昌宝塔院、香城寺、卧龙寺、宣圣街、开元寺（南临草场街，北临景风街）	《京兆府提学所帖碑》《类编长安志》
	卧龙寺（本宋龙泉院）	《类编长安志》
枣行街（东西向）		《京兆府提学所帖碑》
南子院街（东西向）	白云寺、兵营（白云寺在街南，东临另一南北街，兵营东临白云寺）	《京兆府提学所帖碑》
曹官巷（东西向）		《京兆府提学所帖碑》
安上街（南北向）	竹林大王祠、杜岐公庙（在安上门内街西）	《类编长安志》《京兆府提学所帖碑》
银行街（南北向）	旁有渠（银行街即元银巷街，渠在街东）	《京兆府提学所帖碑》《长安志图》
东柴市街（南北向）	有寺（在街东）	《京兆府提学所帖碑》

表7-2　金代京兆府城内左第二厢街巷及建筑

街巷	建筑	出处
景风街（东西向）	资圣院、开元寺、玄都观（在街北，其地本金军营，金哀宗正大八年后创建为玄都观）	《类编长安志》
九耀街（东西向）	太平兴国寺、郑余庆庙（元成宗元贞二年移至北坡子街）	《类编长安志》《京兆府提学所帖碑》

[①] 韩光辉、林玉军：《10至14世纪中期京兆府城城市行政管理研究》，载《陕西师范大学学报》（哲学社会科学版）2010年第6期，第51页。

续表

街巷	建筑	出处
章台街（南北向）		《京兆府提学所帖碑》
太仓巷（南北向）		《京兆府提学所帖碑》
北城巷（南北向）	东城墙（此巷北通官街）	《京兆府提学所帖碑》

表 7-3　金代京兆府城内右第一厢街巷及建筑

街巷	建筑	出处
南巷（东西向）		《京兆府提学所帖碑》
水池街（东西向）	香严禅院、崇圣禅院、水坑（在街南）、钟府推宅	《类编长安志》《京兆府提学所帖碑》
指挥街（东西向）	天宁寺（在指挥东街北）、广教禅寺（在指挥西街）、朝元观	《类编长安志》《京兆府提学所帖碑》
市北街（东西向）	迎祥观	《类编长安志》
南坡子街（东西向）		《京兆府提学所帖碑》
北坡子街（东西向）	跨左第一厢、右第一厢	《京兆府提学所帖碑》
南子院街（东西向）		《京兆府提学所帖碑》
西城巷（东西向）		《京兆府提学所帖碑》
台院街（东西向）	南城墙	《京兆府提学所帖碑》
含光街（南北向）	开福寺	《类编长安志》《京兆府提学所帖碑》
掖庭街（南北向）	安众禅院、祐德观（元时为玉清宫）	《类编长安志》《京兆府提学所帖碑》
录务街（南北向）		《京兆府提学所帖碑》
漆器市街（南北向）		《京兆府提学所帖碑》
铁炉巷（南北向）		《京兆府提学所帖碑》

表 7-4　金代京兆府城内子城厢街巷及建筑

街巷	建筑	出处
正街（东西向）	京兆府衙（在街北，衙内有莲池）、颁春厅	《类编长安志》《京兆府提学所帖碑》
通政坊街（南北向）		《京兆府提学所帖碑》
光华门街（南北向）	官药局、观	《京兆府提学所帖碑》

表 7-5　金代京兆府城内其他街巷及建筑

街巷	建筑	出处
东南城巷（含南北向东城巷、东西向南城巷）	跨左第一厢、左第二厢两厢。旁有府学、东城墙、水渠及火巷等	《京兆府提学所帖碑》
广济街	旁有永昌观、玉虚观（本宋真武庙）	《类编长安志》
城墙火巷（南北向）	与东南城巷之东城巷平行	《京兆府提学所帖碑》
蓬莱坊街	旁有庆寿寺（在街西）	《类编长安志》
渠河街（南北向）	南通九耀街	《京兆府提学所帖碑》
	嘉祥观（本城隍庙，在城东北隅）	《类编长安志》
	樗里子庙（在府衙西畔，庙后有墓）	《类编长安志》
	汾阳王家庙（元时在府城北榭，仅为故基）	《类编长安志》
	延祥观（在城东南隅）	《类编长安志》
	秦川驿（在城西北隅）	《类编长安志》《长安志图》

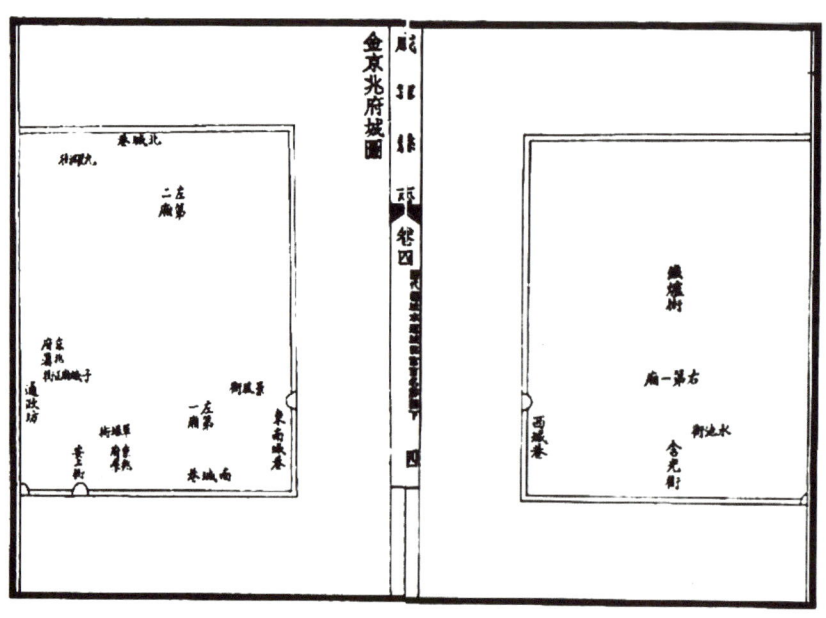

图 7-1　嘉庆《咸宁县志·金京兆府城图》

（选自陆耀遹、董祐诚等：《咸宁县志》卷四《历代疆域水道城郭宫室名胜图下·金京兆府城图》，第 279 页）

二、金代京兆府城布局特点

（一）金代京兆府城街巷的特点

《京兆府提学所帖碑》对金代京兆城（即京兆府城）城内街道名称、走向等情况记载详细，可由此探究金代京兆城街巷、建筑等的分布状况及特点。

据《京兆府提学所帖碑》记载，金代京兆城中交通通道有巷、城巷、小巷、街、官街、道、官道等类别[①]。

《京兆府提学所帖碑》所记京兆城中巷、城巷很多，例如曹官巷，"又于刘仪处兑佃到壹间，东西长伍拾尺，南北阔壹丈。东街，西刘，南旧市曹官巷，北刘"，意思是：兑佃的房子东边是街，西边是刘家，南边是旧市曹官巷，北边是刘家。再如"铁炉巷庞修武兑曹立元佃西壁地基，南北阔叁丈，东西长伍拾尺"。同时，又有"城巷"之称呼，"东南城巷吴祐于李顺处兑佃到地基叁间"。还有"西城巷李进兑张士平元佃地，东西阔肆丈伍尺，南北长壹佰伍拾尺"。类似的还有小巷等，不再一一赘举。

再如街，"枣行街解守全佃地壹间半，东西阔壹丈伍尺，南北长壹佰柒拾叁尺"，"市北街王谨佃南壁舍贰间，计壹拾肆椽"。又有官街，"东柴市冯元仲于开士通处兑到马千元佃本街东壁地基。……东寺墙，西官街，南钟府推，北金"，"□院街张信佃本街南壁上舍贰间……南营墙，北官街"。上列"东柴市""□院街"皆被称为"官街"，推测官街指街上有官署衙门，而街则仅有普通平民建筑。

接着是道和官道，"太仓巷李植佃西壁舍陆椽。……东官，西道，南郄，北王"，即是说李植佃租的房舍在太仓巷之西，其东面有官署，西面有道，南面是郄家，北面是王家。又有府学道，"张仪同宅勾当人张显佃南壁上地叁间，位南北，长贰佰伍拾尺。……西府学道，南府学墙，北官街"，此府学道呈南北走向，北通草场街。至于官道的称呼，碑文中也有记载："李祯佃地，东西阔贰丈，长壹佰柒拾尺，东魏守清，西官道，南城巷官道，北府学。"这段记载显示，东南城巷之南城巷，也可以称为南城

[①] 《八琼室金石补正》卷一二六《金四·京兆府提学所帖碑》，第886—894页；《西安碑林全集》卷二九《碑刻·京兆府提学所帖》，第2906—2931页；《辽金元石刻文献全编》，第55页。

巷官道。

以上这些称呼虽然不尽一致，但存在相通之处，如巷、小巷甚至街或指巷，官道抑或指街，彼此之间并不存在严格的区别。

上述金代京兆城内街巷道路，大都为南北、东西向街。中国古代城市街巷有一个固定的特点，即多呈网络状交错，有别于放射状的城市街巷布局。这种城市街巷多为南北向和东西向，彼此交错，甚至互相垂直，同时，建筑设施分布也受这种街巷影响。作为这种街巷的典型城市——唐长安城的继承，唐末新城成型后，五代、北宋京兆城的街巷应该也显著地体现出这种特点。不过，受限于史料，唯有从《京兆府提学所帖碑》中才能清晰地看出金代京兆城街巷具有这种特点。

《京兆府提学所帖碑》记述金代京兆城内街二十五条、巷十一条，另有市两处，镇一处，坊一个，门一座，厂一座。其中可以确定南北走向的街巷有十六条，如银行街、章台街、东菜市街、安上街、含光街、掖庭街、录务街、漆器市街、渠河街、通政坊街、光华门街、铁炉巷、城墙火巷、太仓巷、北城巷、东南城巷东城巷；另外两条南北巷道名不甚详，皆处于京兆城东南隅。东西向街道则有草场街、枣行街、酒务街、九耀街、景风街、南巷街、北坡子街、南坡子街、南子院街、水池街、台院街、市北街、正街、指挥街，共计十四条。另有一条与北城巷交错的东西向官街，名不可考。东西向城巷有南旧市曹官巷、东南城巷南城巷、南巷、西城巷。

当然，京兆城内不仅仅有以上所列主要街巷，这些主要街巷附近还分布着相当数量的分支街巷。以左第一厢东南城区为例，该城区街巷较多，主要街巷干线有两条：草场街、东南城巷。草场街位于左第一厢北部，系北宋时旧名，东西走向，与南城巷平行，与府学道相通。东南城巷与东南城墙相距较近，大概九十余尺，因为东南城巷呈"⌐"形走向，实际上可再分成南北向的东城巷、东西向的南城巷。

同时，左第一厢中还有很多大小不一的街巷，多为南北走向，在南北向的东城巷的东西两侧都有分布，如"范安佃吴政元佃本本巷东壁地……。东杨兴，西街，南李顺，北王忠"，此处"本巷"指的就是东南城巷之东城巷，也就是范安佃租之地，位于东城巷，这块地东侧是杨兴地，西侧是一条南北向的街，南侧是李顺地，北侧是王忠之地。在《京兆府提学所帖碑》中还能找到西侧这条与东城巷平行的街巷的情况："张全兑佃李阿成元佃本街东壁北贰间，东西长玖拾尺。……东城巷，西街，南孙，北李。"李阿成佃租的二间房舍转租张全，东侧是东城巷，西侧是街，南侧是孙家，北侧是李家。可以断定，东城巷的西侧确有一条南北向街道。

在东城巷东侧与东城墙之间，有一条南北向的火巷，"李越佃地壹间，阔壹丈，长玖拾尺。……东城墙火巷、西大街、南元佃人、北张"。在这段记载中，李越所佃租的土地东侧是火巷，南侧是原来的佃租人，北侧是张家。问题是西侧"西大街"是指东城巷，还是东城巷附近的另一条街道？存疑待考。

（二）金代京兆府城建筑的特点

金代京兆城内建筑设施分布的第一个特点，是房屋、田地等多沿各条街巷排列分布。根据《京兆府提学所帖碑》的记载统计分析，金代京兆城街巷可以分为两类，一类街巷两侧都有房舍、田地，另一类街巷只有一侧有房舍、田地。

两侧都分布有房舍、田地的街巷，有草场街、景风街、银行街、漆器市街、通政坊街和章台街等。像东西向的草场街，南、北两侧都分布着诸多房舍。同样是东西向的景风街，南、北两侧的房基房舍分布数量大致均等，都有四到五家。南北向的章台街，东侧多是房屋，西侧则更多是房基。还有南北向的银行街，东、西两侧都建有房基和房舍，其中西侧房基共有六座之多。另外，漆器市街和通政坊街的两侧也都有佃租房基，通政坊街的房基多分布在东侧。

房舍、田地多分布于一侧，另一侧少见的街巷，则主要有东柴市街、南子院街、安上街、酒务街、东南城巷之南巷、九耀街、太仓巷、北城巷、南巷街、北坡子街、南坡子街、录务街、含光街、水池街、市北街、铁炉巷、正街、光华门街。其中南北向的安上街、太仓巷街、牛羊巷街、录务街、含光街、铁炉巷、光华门街，房基大部分位于街巷的西侧，而东柴市街的房基大部分位于街道的东侧。至于东西向的酒务街、东南城巷之南城巷、九耀街、北坡子街、南坡子街、正街，房基主要在街巷北侧。南子院街、南巷街、水池街、市北街的房基则主要在街巷的南侧。

出现以上情况的主要原因，在于街巷位置的不同。最典型的例子是东南城巷之东城巷和南城巷，二者分别靠近东城墙和南城墙，自然不可能在东城巷东侧、南城巷南侧再大量修造房舍、种植田地。当然，如果街巷的另一侧是官署、寺庙等建筑设施，同样不可能允许居民进一步建设房舍。另外，也不能忽视《京兆府提学所帖碑》的局限，其记录的仅仅是属于京兆府学的学田土地，并不能代表整个金代京兆城的状况。实际上，如果某街巷另一侧的土地不属于京兆府学，自然就不会被记录在案，但是不代表该街巷另一侧就没有房舍、田地。

金代京兆城内建筑设施分布的第二个特点，是相较于金代京兆城其他城区，左第一厢东南城区的建筑、人口数量更多。左第一厢东南城区西至安上街南段，南端分别至于东南城巷的两条主街。前文综合分析《京兆府提学所帖碑》及相关史料，发现这一区域不只有数条主要的街巷干道，还有不少小巷。那么，为什么金代京兆城的东南隅街巷如此之多？一方面，这可以佐证左第一厢东南城区的交通路径较其他城区更为发达；另一方面，由于交通道路情况在一定程度上是社会经济、人口等活跃程度的反映，因此可以推断左第一厢东南城区的社会经济状况必然较佳。

事实是否如此？从《京兆府提学所帖碑》可以看出，金代京兆城左第一厢东南城巷与草场街之间的地区，住房十分密集，必然是重要的人口聚居区。例如《京兆府提学所帖碑》记载至少有四家百姓租住着草场街南沿线的佃房，"毛顺佃本街南壁上地。……窦实于毛顺处分兑到南壁上地。……张立佃南壁上取土坑地壹间半。……东府学道，西窦，南府学墙，北官街。窦实又佃地……，东张，西自，南府学墙，北官街。张仪同宅勾当人张显佃南壁上地叁间……东自，西府学道，南府学墙，北官街"①。府学道是接通草场街、南城巷的南北向街道，像上面提到的张仪同宅勾当人张显，他在府学道东侧租地三间，在府学道西侧——也就是街对面——也有他的租地，"张仪同宅勾当人张显佃地，……东府学道，西宋，南城巷，北官街"。可见，在府学道的东、西两侧有众多居民的房基。

东城巷以东和南城巷以北城区同样分布着多家住户，比如"东南城巷吴祐于李顺处兑佃到地基叁间。……东□□自房地，西巷，南城巷，北李□"，吴祐向李顺佃租地基三间，西侧"西巷"就是指东南城巷之东城巷，南侧则是南城巷。另有"韦俊于田俊处兑佃到东壁上地基壹间。……东墙，西街，南自，北□"，此"西街"所指当为东城巷，东侧是城墙。此处未提及东城巷与东城墙之间的火巷，或许与从东城墙入城的浐水

---

① 《八琼室金石补正》卷一二六《金四·京兆府提学所帖碑》，第886—894页；《西安碑林全集》卷二九《碑刻·京兆府提学所帖》，第2906—2931页；《辽金元石刻文献全编》，第57页。

水渠有关。（火巷意即消防通道，仅通向水渠）

金代京兆城居民在南城巷北部佃租房地的例子还有"宋安于雷永处兑到地壹间。……南城巷，北府学""刘及于王立处兑到本巷北壁上地基叁间，位南北"，可见，在金代京兆城墙东南角内侧分布着大量房舍、田地。

显然，综合《京兆府提学所帖碑》的记载来看，东南城巷这片区域有大量居民佃租田地以及房舍，也就形成了众多街巷道路。东南城区的街巷、房舍、人口数量都非常之多，远远超过其他城区，可以说是金代京兆城人口最稠密的地区。

第二节
金代京兆府城城市管理

一、金代京兆府建制沿革

宋金战争中，陕北、关中京兆等地被金朝占领，南宋与金在秦岭南北形成对峙，此后双方各自作长久之计：金朝设立了陕西四路，逐步建立了总管府体制；南宋也在今陕南地区设立了利州东路。

金朝占领京兆后，沿用宋制，陕西的行政区划基本以路为最高一级，下领府、州，府、州下设县，县下领镇、乡、里，辖区范围略有变动。当时，金朝把麟州（今陕西榆林神木）、府州（今陕西榆林府谷）、定边军（今陕西延安吴起、榆林定边）划给西夏，又将转运司的陕西二路改为陕西东路、陕西西路。安抚司改为都总管府，改永兴军路为京兆府路，熙河、秦凤路合并为熙秦路，环庆、泾原路合并为庆原路，再加上鄜延路，共四路，后来熙秦路分为凤翔路、临洮路，由此形成金朝都总管府的"陕西五路"。

《类编长安志》载："金初，分陕西为五路，京兆为陕西东路，凤翔为陕西西路，延安为鄜延路，庆阳为环庆路，临洮为熙河路。京兆先管商、华、同、耀、乾五州十二县，贞祐元年，分凤翔郿县、盩厔来属，又改韩城县为祯州，郿县为鄜州，盩厔县为恒州，始为八州十二县。又置镇防猛安千户五十四寨以镇西川五十四州。京兆府尹兼统军宣权元帅左都监，为军民督总管。县令兼军民镇抚都弹压。"①此段文字不但混淆了转运司陕西东路和总管府京兆府路，还混淆了总管府京兆府路和京兆府，应该是总管府京兆府路管辖一府五州（后增至八州），京兆府管辖十二县。另外，与《金史·地理志》

---

① 《类编长安志》卷一《管治郡县·金》，第19页。其中"又改韩城县为贞州"中的"贞州"当作"祯州"，据《金史·地理志》《元史·地理志》改。

相互参证，韩城县升桢州，非贞州，时在金宣宗贞祐三年（公元1215年）。盩厔县升恒州，时在贞祐四年（公元1216年），鄜县划归恒州。另《金史》中未见鄜县升鄜州的记载，《元史·地理志》称："旧为鄜州"。像《大明一统志》《读史方舆纪要》及《中国行政区划通史·元代卷》等皆认为："元初升为鄜州。"

金代京兆府下辖十二县：咸宁、长安、栎阳、蓝田、咸阳、泾阳、临潼、高陵、云阳、鄠县、兴平、终南。其中，在今西安市域内的有长安、咸宁、临潼、高陵、栎阳、鄠县、蓝田、终南八县，在今咸阳市域内的有咸阳、云阳、泾阳、兴平四县①。

长安县，北宋旧县，下设子午镇。辖区较北宋时没有变化，约为今西安市莲湖区全部，未央区、碑林区、雁塔区、长安区西部，及今安康市宁陕县东北部。

咸宁县，北宋故县樊川（万年）。金熙宗皇统六年（公元1146年）二月，南宋割让乾祐县，"乾祐在山不立"②，并入樊川县。金世宗大定二十一年（公元1181年）改樊川为咸宁，恢复了唐玄宗天宝七载（公元748年）时的旧名。金章宗泰和四年（公元1204年）撤县，不久复设。咸宁县下设乾祐镇、鸣犊镇。辖区与北宋樊川（万年）县相比增加了乾祐县部分，大约相当于今西安市新城区、灞桥区全部，未央区、碑林区、雁塔区、长安区东部，以及今商洛市柞水县（不含东北部）和镇安县。

临潼县，北宋旧县，下设零口镇。辖区较北宋时没有变化，大约相当于今西安市临潼区渭河以南地区。

鄠县，北宋旧县，下设秦渡镇。辖区较北宋时没有变化，大约相当于今西安市鄠邑区凤凰山、界河以东部分。

蓝田县，北宋旧县，辖区较北宋时扩大，大约为今西安市蓝田县全部、商洛市柞水县东北部地区。

栎阳县，北宋旧县，下设粟邑镇。辖区较北宋时没有变化，大约相当于今西安市阎良区全部、临潼区渭河以北地区。

高陵县，北宋旧县，下设毗沙镇和渭桥镇。辖区较北宋时没有变化，大约相当于今西安市高陵区。

终南县，北宋旧县，金朝撤销清平军，"改清平县为终南县"③，改属京兆府，下设甘河镇。辖区较北宋时没有变化，大约为今西安市鄠邑区界河、凤凰山以西，以及西

---

① 《西安历史地图集·金时期图》，第115页。
② 《类编长安志》卷一《管治郡县·金·十二县》，第20页。
③ 《类编长安志》卷一《管治郡县·金·十二县》，第20页。

安市周至县东部、安康市宁陕县北部。

咸阳县，北宋旧县，辖区较北宋时没有变化，大约相当于今咸阳市渭城区和秦都区。

兴平县，北宋旧县，辖区较北宋时没有变化，大约相当于今咸阳市兴平县。

泾阳县，北宋旧县，辖区较北宋时没有变化，大约相当于今咸阳市泾阳县南部。

云阳县，北宋时属耀州，金朝改属京兆府，下设孟店镇。辖区大约为今咸阳市泾阳县北部、三原县鲁桥镇。

二、金代京兆地方长官及其事迹

金朝建立初期，官制沿用女真旧称"勃极烈"，实行兵民合一的猛安、谋克制，三百户为谋克，十谋克为猛安。在攻灭辽朝，尤其是攻灭北宋后，金朝各项国家制度，从中央到地方，开始广泛借鉴辽、宋官制，"大率皆循辽、宋之旧"[①]。就京兆府来看，金朝在此设京兆尹，兼京兆府路兵马都总管，统辖城隍兵马甲仗；领京兆府，设永兴军节度使。其中，京兆尹属官有同知、少尹、判官、府判、推官、知事、都孔目官、知法、女真教授、医正、医工等。

在宋金交战期间，金军与宋军在京兆及周边地区多次交锋，比如宋高宗建炎二年（公元1128年）正月，南宋知京兆府兼经略制置使唐重守卫京兆战死。当年八月，经略使郭琰不敌金军进攻，弃城撤退。建炎四年（公元1130年）八月，张浚派吴玠夺取京兆。特别是从金太宗天会八年（公元1130年）七月始，金朝扶植伪齐，京兆划归其治下。金熙宗天会十五年（公元1137年）十一月，伪齐被废，此后，金朝才开始对京兆实行直接管理，任命官员。像清乾隆《西安府志》中提到萧恭、高彪在金太宗时出任过京兆尹，其实都是史料误读，不足为据。

金朝朝廷任命的第一任京兆地方官是庞迪，他是汉人，北宋、伪齐时为边将，金熙宗天眷元年（公元1138年）"除永兴军路兵马都总管兼知京兆府"[②]，当时还沿用永兴军路旧称，改名京兆府路是在金熙宗皇统二年（公元1142年）。后来庞迪调往临洮、庆阳等地，在陕期间，"历三考不易，以治最闻，诏书褒美，西人荣之"[③]，是一位颇有

---

① 《金史》卷五五《百官志·序》，第1216页。
② 《金史》卷九一《庞迪传》，第2013页。
③ 《金史》卷九一《庞迪传》，第2013页。

政绩的循吏。

金朝委任的京兆尹并不局限民族，如汉人庞迪、奚人挞不也、渤海人高彪，当然，女真人数量更多。而且，在金世宗大定二十六年（公元1186年）以前，都是以武将担任京兆尹。

曾经攻略陕西的金军主将完颜娄室之子完颜活女曾任京兆地方官，他17岁从军，在京兆、凤翔等地立有军功。金太宗天会八年（公元1130年）完颜娄室病故后，完颜活女继承其父的爵位。大概在海陵王贞元三年（公元1155年），其出任京兆尹。海陵王正隆二年（公元1157年）十一月京兆前进士李稟撰写的《重修府学记》记载："府尹完颜公胡女遵奉朝廷之命，鸠工计役期年而成。"①此处"完颜公胡女"就是完颜活女。有趣的是，重修府学和孔庙的建议，是在海陵王贞元三年由京兆少尹韩希甫先提出的，"贞元乙亥岁，河间韩公希甫亚尹京兆，视事之三日，谒奠于文宣王"②，即是说，此时，京兆尹为女真人、武将完颜活女，京兆少尹为汉人、文官韩希甫，这种搭配体现了金朝朝廷任命京兆地方官时的思量。

在完颜活女之后，从海陵王正隆三年（公元1158年）起，完颜习不主、乌延蒲离黑相继就任京兆尹。其中，乌延蒲离黑随海陵王伐宋，失败后，率军在今陕西、甘肃、宁夏等地与宋军交战，立下战功。

当然，金代京兆地方长官的能力参差不齐，像金世宗大定二年（公元1162年）派到京兆的讹里也，政绩、军功皆不足以服众。金世宗劝诫他："卿为河南统军，门多私谒，百姓恶之。其后经略陈、蔡，不惟无功，且复致败。以汝旧劳，故复用汝。京兆地近南边，宜善理之。"③其中"京兆地近南边"一句，是指金朝与南宋隔秦岭对峙。金朝视京兆为西部前线基地，所以还是会派遣像金宗室完颜璋这样的名将出镇京兆。

金世宗时期，在京兆任职时间最长的地方官是夹谷清臣，从大定十二年（公元1172年）"授右副都点检，迁左副都点检，出为陕西路统军使，兼知京兆府事"④，直到大定二十六年（公元1186年）转任西京留守。

夹谷清臣率军抵抗南宋"隆兴北伐"，立有军功。他深得金世宗信任，赶赴京兆前，"朝辞，赐以金带厩马，仍谕之曰：'卿典禁兵，日侍左右，勤劳久矣，故以

---

① 《西安碑林全集》卷二九《碑刻·重修府学记》，第2883—2884页。
② 《西安碑林全集》卷二九《碑刻·重修府学记》，第2883—2884页。
③ 《金史》卷八二《讹里也传》，第1854页。
④ 《金史》卷九四《夹谷清臣传》，第2083—2084页。

是授卿，宜益思勉。'"①这显示出金世宗对他的期望和器重。有两方石碑反映了夹谷清臣在京兆的作为：一是金世宗大定二十一年（公元1181年）临潼县令柴震撰写的《九阳钟铭》，其中提到"陕西路统军都监尹本路兵马都总管夹谷清臣"于当年四月重铸九阳钟②；二是《高陵县张公去思碑》，其中提到张去思去高陵，善于断狱，夹谷清臣非常倚重他，"自公之去高陵也，既更三政矣，而民犹念之，……初公之莅职于是也，……三朞之间，所断狱讼不啻数十百，使人修省改过。……夹谷公尹京兆……幕职有阙，必委公权行其事"③。夹谷清臣信任当地官吏，反映了当时京兆社会状况的稳定。

夹谷清臣在金世宗大定二十六年（公元1186年）调离京兆后，金世宗任命的陕西路统军使兼京兆尹是孛术鲁阿鲁罕，他是目前已知金朝委任的第一位文官京兆尹。孛术鲁阿鲁罕"年八岁，选习契丹字，再选习女直字。既壮，为黄龙府路万户令史。贞元二年，试外路胥吏三百人补随朝，阿鲁罕在第一，补宗正府令史。累擢尚书省令史。仆散忠义讨窝斡，辟置幕府，掌边关文字，甚见信任"④，长期负责几案文牍事务。孛术鲁阿鲁罕到京兆后，政绩非常突出，整顿兵源、加强牧马、督促训练、防备奸细，"陕西军籍有阙，旧例用子弟补充，而材多不堪用，阿鲁罕于阿里喜旗鼓手内选补。军人以春牧马，经夏不收饲，瘠弱多死，阿鲁罕命以时收秣之，故死损者少。仍春秋督阅军士骑射，以严武备。终南采漆者，节其期限，检其出入，以防奸细"⑤。孛术鲁阿鲁罕的一系列举措获得金世宗赞赏，"阿鲁罕所至称治，陕西政绩尤著，用之虽迟，亦可得数年力也"，遂"召为参知政事，命条上天德、陕西行事，上称善"。⑥

孛术鲁阿鲁罕之后，"通《周易》《孟子》，善骑射"的完颜宗道被金章宗派往京兆，"寻除陕西路统军使，以镇静得军民心，特迁三阶，兼知京兆府事。时夏旱，俾长安令取太白湫水，步迎于远郊，及城而雨。是岁大稔，人以为精意所感，刊石纪之"⑦。这一时期宋、金关系稳定，孛术鲁阿鲁罕、完颜宗道在京兆主要从事民事工

---

① 《金史》卷九四《夹谷清臣传》，第2084页。
② 〔金〕柴震：《九阳钟铭》，见阎凤梧：《全辽金文·全金文》，山西古籍出版社，2002年，第1724页。
③ 〔金〕张建：《高陵县张公去思碑（明昌五年）》，见王新英：《全金石刻文辑校》，吉林文史出版社，2012年，第370—371页。
④ 《金史》卷九一《孛术鲁阿鲁罕传》，第2024页。
⑤ 《金史》卷九一《孛术鲁阿鲁罕传》，第2025页。
⑥ 《金史》卷九一《孛术鲁阿鲁罕传》，第2025页。
⑦ 《金史》卷七三《完颜宗道传》，第1678页。

作，再不用率军出征。

金世宗大定十三年（公元1173年）八月，金廷举行女真进士考试，登第者27人，其中有徒单镒。至金章宗泰和六年（公元1206年），金章宗想要限制陕西元帅府的权力，想用"谋臣"制约监督，便选中徒单镒知京兆府兼宣抚使，下诏称："将帅虽武悍，久历行阵，而宋人狡狯，亦资算胜。卿之智略，朕所深悉，且股肱旧臣，故有此寄。宜以长策御敌，厉兵抚民，称朕意焉。"①不再强调整军备战，而代以谋略智慧。徒单镒建议金章宗恢复邮铺制度，"自此邮达无复滞焉"②，对金朝各地信息交流极有裨益。

随着南宋发起"开禧北伐"，陕西地区的形势骤然紧张起来。金章宗泰和七年（公元1207年）八月，投降金朝的南宋叛将吴曦被杀。四川南宋军在安丙的指挥下，向陕西发起进攻。徒单镒调兵遣将，于当年十一月击败南宋军。泰和八年（公元1208年）正月，安丙再次发起进攻，金军依然获胜。徒单镒保卫了金朝京兆地区的辖地，获得朝廷赐赍。

13世纪初，金朝局势出现动荡，山东地区出现红袄军起义，红袄军于金宣宗贞祐二年（公元1214年）攻占莱州、邓州、密州等地。金宣宗兴定二年（公元1218年），最大一支红袄军的首领李全、杨妙真归顺南宋，改称"忠义军"。虽然事发于山东地区，但对京兆也有影响，陕西路统军使京兆兵马都总管完颜弼在金宣宗贞祐三年（公元1215年）被调往山东讨伐红袄军，接受山东路宣抚使仆散安贞指挥。而接替完颜弼的完颜间山，在京兆待了不满一年便匆忙调往凤翔。贞祐四年（公元1216年）五月，金宣宗将近臣把胡鲁调往京兆。他此前没有军功政绩，只是跟随金宣宗从中都燕京前往南京汴京，是个文官，他似乎并不是处置当时日渐急迫的军政事务的合适人选。

更加致命的是，在金卫绍王大安三年（公元1211年）二月，成吉思汗誓师伐金，蒙金战争爆发。金宣宗贞祐四年，蒙古将领三合拔都第一次进攻陕西。金宣宗兴定元年（公元1217年）八月，成吉思汗委派蒙古"四杰"之一的木华黎统军10万，全权负责攻略金朝。

当时，河北地区金军抵抗不住蒙古军，大量兵民迁居河南、陕西，有金朝官员描述当时的情景曰："河北失业之民侨居河南、陕西，盖不可以数计。百司用度，三军调发，一人耕之，百人食之，其能赡乎？"③

---

① 《金史》卷九九《徒单镒传》，第2188页。
② 《金史》卷九九《徒单镒传》，第2189页。
③ 《金史》卷一〇二《田琢传》，第2250页。

金宣宗兴定五年（公元1221年）秋，木华黎第一次进攻陕西；金宣宗元光元年（公元1222年）十月，木华黎第二次进攻陕西。与木华黎正面交锋的是"权参知政事、行省事于京兆"①的完颜合达，推测他也兼知京兆府事，因为《草堂寺印公开堂疏》文末署名是："元光二年二月疏□日……内族、昭武大将军□□□军使、兼知府事完颜。"②完颜合达是金末一员名将。《归潜志》载："完颜平章合打，由护卫入官典郡。尝陷北朝，亡归南都，累擢平凉帅。为人勇敢忠实，一时人望甚隆。拜参知政事，代胥相鼎镇京兆，军民便之。"③

金朝末年，陕西地区军事防御的重点是陕北延安，关中凤翔、潼关，陕南商洛等地，也就是围绕着京兆布防。实际是行尚书省在行使京兆乃至陕西军政大权。然而政出多门，金哀宗正大二年（公元1225年），陕西竟有两处行尚书省、五处元帅府，"今河南一路便宜、行院、帅府、从宜凡二十处，陕西行尚书省二、帅府五，皆得以便宜杀人"④。金哀宗正大七年（公元1230年）正月，金军取得大昌原大捷，"诏以牙吾塔为左副元帅，屯京兆"⑤。金哀宗正大八年（公元1231年）正月，蒙古军攻破凤翔，完颜合达等将京兆居民迁往河南，令元帅庆山奴代理行省。十月，庆山奴擅自放弃京兆，委任"同知乾州军州事、保义军提控"苟琪留守。⑥由此可见，在金哀宗时期，随着军事形势的变化，对京兆乃至陕西的官员任命已经处于非正常状态。

现在西安市陆续出土了不少金代官印。1996年1月，从西安市钟鼓楼广场地基工地一个古井内发掘出金代铜质官印279方、铜版残片9块。这批铜官印全部是正方形，方柱印纽，镌刻阳文篆字。在印背面右侧刻造印日期，左侧刻造印机构。279方官印中，日期最早的是海陵王正隆三年（公元1158年）六月，最晚的是金哀宗正大八年（公元1231年）十月，反映了金朝，尤其是金朝晚期在京兆统治的混乱局面。

金朝早期制度不完善，沿用辽、宋官印。金太宗天会六年（公元1128年）八月，收回旧印，颁发新印，"始诏给诸司，其前所带印记无问有无新给，悉上送官，敢匿者国有常宪"⑦。海陵王正隆元年（公元1156年）命尚书省礼部造印，统一官名、文字，

---

① 《金史》卷一一二《完颜合达传》，第2465页。
② 《草堂寺印公开堂疏（元光二年）》，见《全金石刻文辑校》，第551页。
③ 〔金〕刘祁：《归潜志》卷六，崔文印点校，中华书局，1983年，第62页。
④ 《金史》卷一〇九《陈规传》，第2410页。
⑤ 《金史》卷一一一《纥石烈牙吾塔传》，第2459页。
⑥ 《金史》卷一一六《内族承立（一名庆山奴）传》，第2551页。
⑦ 《金史》卷五八《百官志·印制》，第1337页。

"至正隆元年,以内外官印新旧名及阶品大小不一,有用辽、宋旧印及契丹字者,遂定制,命礼部更铸焉"①。至此官印材质、尺寸、印纽都形成定制②:皇帝、皇后、太子用金印或玉印,三师、三公、亲王等用金印,郡王、一品官用镀金银印,二品官用镀金铜印,三品以下官员用铜印。官印由尚书省礼部和少府监铸造。

在这批金代官印中,最高等级是"行尚书六部印",也就是陕西行尚书省官印。其中有些官印就是由行尚书省铸造的,刻有"行部造"字样。值得注意的是"陕西路总帅府知事印"(见图7-2),如前所述,金哀宗正大二年(公元1225年)"陕西行尚书省二、帅府五"③,元帅过多,就在之上加设总帅④。同时出土的也有"行元帅府之印""征行元帅府之印""行省帅府之印",就是从属于陕西路总帅的各种元帅。

比较有趣的是一方"南山一带安抚使印"(见图7-3)。金宣宗元光元年(公元1222年)十月,蒙古军逼近京兆,京兆官军百姓躲入终南山,因人数过多,由同知完颜霆等负责安抚,"以京兆官民避兵南山者多至百万,诏兼同知府事完颜霆等安抚其众"⑤。无疑,这方"南山一带安抚使印"正是为此打造的。

图7-2 陕西路总帅府知事印
(选自西安市文物局:《西安市钟鼓楼广场发现一批金代官印》,载《考古与文物》1999年第3期,第8页)

图7-3 南山一带安抚使印
(选自西安市文物局:《西安市钟鼓楼广场发现一批金代官印》,载《考古与文物》1999年第3期,第12页)

---

① 《金史》卷五八《百官志·印制》,第1337页。
② 任万平:《金代官印制度述论》,载《故宫博物院院刊》1998年第2期,第80—91页。
③ 《金史》卷一〇九《陈规传》,第2410页。
④ 王曾瑜:《金朝军制》,河北大学出版社,1996年,第55—56页。
⑤ 《金史》卷一六《宣宗纪》,第364页。

在这279方官印中，数量最多的是提控官印，达65方之多，有"总领都提控印"、"提控之印"（见图7-4）、"都提控印"、"副都提控印"、"义军提控之印"、"义军副提控印"等多种名目。提控原本是管理、操持的意思，在金世宗后期，作为临时委派负责某一事务的官职称谓。金章宗时战乱纷起，金朝在各地兴兵，大量任命军官，主要负责征战，提控之名由此固定下来。因为这些提控是在原有官制之外新设的，所以就由地方官府自行造印。而提控官印数量多，就表示当时任命的提控多，这正是金朝末年关陕大地兵革不休的真实反映。

图7-4 提控之印

（选自西安市文物局：《西安市钟鼓楼广场发现一批金代官印》，载《考古与文物》1999年第3期，第12页）

至于这批金代官印的封存时间和原因，有学者认为是金哀宗正大八年（公元1231年）四月，完颜合达等率军民撤出京兆之时，"面对强大的元军步步进逼，金朝廷已无力、亦没有信心抵抗，两行省弃京兆前急忙把这批金代官印投入废井埋掉"①，而不是留守京兆的庆山奴弃印。按《金史·哀宗纪》载，庆山奴撤离京兆在金哀宗正大八年九月②，而《金史·庆山奴传》记载是在十月③。既然这批金代官印最晚的制造时间是正大八年十月，那么其就不可能是当年四月撤离的两行省所弃。至于有学者认为庆山奴官职低不能造印，也只是推测。

其实，掩埋这批官印的人，可能不是金朝官员。在金哀宗正大八年九月、十月间，庆山奴自行离开京兆后，同知乾州军州事、保义军提控苟琪留守京兆。官印是官员行政治理的重要信物、凭证，既然苟琪还在京兆，就需要继续使用这些官印。到金哀宗天兴二年、蒙古窝阔台汗五年（公元1233年），蒙古将领田雄来到京兆"镇抚陕西总管京兆等路事"④。所以更有可能的是在蒙古将领田雄到来后，原金朝官员停职，才将这批官印封存掩埋。

---

① 西安市文物局：《西安市钟鼓楼广场发现一批金代官印》，载《考古与文物》1999年第3期，第19+75页。
② 《金史》卷一七《哀宗纪上》，第383页。
③ 《金史》卷一一六《内族承立（一名庆山奴）传》，第2551页。
④ 《元史》卷一五一《田雄传》，第3580页。

三、金代京兆府录事司设置及职能

宋钦宗靖康元年、金太宗天会四年（公元1126年）闰十一月，北宋国都开封城破，徽、钦二帝被俘。靖康二年（公元1127年）二月，金太宗下诏贬徽、钦二帝为庶人，北宋灭亡。三月，金廷立张邦昌为大楚皇帝。五月，康王赵构在南京应天府即位，改元建炎。随后，宋金开始长期交战，而金军始终无法消灭南宋主力。

金太宗天会八年、宋高宗建炎四年（公元1130年）七月，金太宗下诏，册立刘豫为皇帝，国号大齐，史称伪齐，年号阜昌。先都大名府，后迁汴京（即开封府）。九月，宋金之间爆发富平之战，南宋大败，金军就此占据关中之地。金太宗天会九年、宋高宗绍兴元年（公元1131年）十一月，金朝将陕西之地划给刘豫。

刘豫本来由完颜昌扶持，后来倒向金太宗、完颜宗翰等人，引起完颜昌不满。随着金太宗、完颜宗翰等人相继去世，完颜昌着手废掉刘豫。到金熙宗天会十五年、宋高宗绍兴七年、伪齐阜昌八年（公元1137年）十一月，金熙宗下诏废除伪齐，"诏废齐国，降封豫为蜀王"①。伪齐灭亡，陕西之地重归金朝。

金熙宗天眷元年、宋高宗绍兴八年（公元1138年），完颜宗磐、完颜昌、完颜宗隽等人主政，主张与宋议和，将河南、陕西归还南宋，引起了金朝内部的激烈反对。到金熙宗天眷二年、宋高宗绍兴九年（公元1139年），金熙宗诛杀完颜宗磐、完颜宗隽，放完颜昌出朝，为燕京行台尚书左丞相。金熙宗天眷三年、宋高宗绍兴十年（公元1140年），完颜宗弼杀完颜昌，随即出兵夺回陕西、河南之地，并再次伐宋，却在顺昌败于刘锜，在郾城败于岳飞，被迫撤兵。还朝后，完颜宗弼领行台尚书省，并从燕京迁到汴京，统治伪齐旧地。

之后陕西一直是金朝领地，直到金哀宗正大八年、蒙古窝阔台汗三年、宋理宗绍定四年（公元1231年），蒙古军攻占凤翔府，金军撤出关中。金朝占据陕西京兆之地91年。

传统史家认为金承辽制，"袭辽制，建五京，置十四总管府，是为十九路"②，实际上金朝杂糅辽、宋制度，"五京"只是金初之制，到金熙宗时就改为"六京"。而且伪齐沿袭宋制，仍设四京。因此，金朝是对女真人行女真之制，对于新征服之地，在辽地行辽朝之制，在宋地行宋朝之制。

---

① 《金史》卷七七《刘豫传》，第1761页。
② 《金史》卷二四《地理志》，第549页。

除了京府，金朝还有次府、总管府、散府等，具体到陕西关中之地，有凤翔路、京兆府路二路，其中京兆府为总管府，等级为上，知京兆府事兼京兆府路兵马都总管，集民权、兵权于一身。与宋代任命文臣出知地方不同，金朝往往任命宗室、勋贵、近臣、武将为地方长官。这是因为，金朝视两河、山东地区为腹里之地，而将陕西之地视为南方边境之地，因此军事意味较为浓厚，"皇统二年置总管府，天德二年置陕西路统军司"①。

一般认为，金代地方行政层级为路、府州、县三级，其中县的辖区主要是乡镇，县令的职责是"掌养百姓、按察所部、宣导风化、劝课农桑、平理狱讼、捕除盗贼、禁止游惰，兼管常平仓及通检推排簿籍"②。不过，除了县之外，根据史料记载，金朝继承辽朝城市管理制度，在诸京设警巡院，在诸府、节度使州设录事司，在防御使、刺史州设司候司。那么，金代警巡院、录事司、司候司与县的职责、辖区及级别有何区别？

从20世纪80年代起，韩光辉先生围绕辽、金、元时期城市管理机构警巡院、录事司、司候司，进行了一系列研究，著述颇多，如《辽南京城的方圆与警巡院》《北京历史上的警巡院》《金代防刺州城市司候司研究》《金代都市警巡院研究》《金代诸府节镇城市录事司研究》，以及韩光辉、林玉军、王长松《宋辽金元建制城市的出现与城市体系的形成》，韩光辉、何峰《宋辽金元城市行政建制与区域行政区划体系的演变》，韩光辉、林玉军、魏丹《论中国古代城市管理制度的演变和建制城市的形成》等，还有专著《宋辽金元建制城市研究》，就辽、金、元时期城市管理机构的设置和运行，形成了众多真知灼见。

具体到金代城市管理机构，韩光辉、魏丹、林玉军先生总结认为：

金代行政制度分路、府州和县三级制，相应形成了不同行政等级和户口规模的城市，按城市行政建制与等级规模也划分为三级，即警巡院城市（六品）、录事司城市（八品）和司候司城市（九品），同属于县级行政区划。泰和至兴定年间，六京府置有警巡院，十三个总管府和所辖诸府节镇置有录事司，防刺州则置有司候司与府州县③。

不过，韩光辉、林玉军、王长松先生又认为："金代都市警巡院制度是对辽代都市

---

① 《金史》卷二六《地理志下·京兆府路》，第641页。
② 《金史》卷五七《百官志三》，第1314页。
③ 韩光辉、魏丹、林玉军：《金代城市行政管理机构研究》，载《中国史研究》2013年第1期，第133页。

警巡院制度的继承，而城市录事司、司候司却是新置。"①此说或有不妥。事实上，金代警巡院、录事司、司候司都继承自辽朝，也就是说，辽朝已经设置有录事司、司候司。这见于北宋余靖的记载："契丹司录事司（如中国之府司），左右司候司（掌刑狱）。"②因为余靖曾经出使契丹，故其所记辽朝官制乃是可以信据的一手史料。所谓"中国之府司"，据李昌宪先生考证，是指北宋开封府司录司③。余靖在句中强调"中国之府司"，而不是"开封之府司"，更有可能是指北宋诸府司录参军（即州录事参军），而且"左右司候司（掌刑狱）"，意味着辽朝录事司与左右司候司职权有别，但是，北宋开封府司录司正是负责京城刑狱，所以辽朝录事司的职权，很可能与北宋诸府司录参军一样，是府州曹官之长，负责曹官办公之所府院、州院日常事务，参与司法、户籍等各项公事。

笼统言之，警巡院、录事司、司候司是"以治理城区狱讼、治安为务"④。具体来看，按照《金史·百官志》所载，首先，金代诸京警巡院设有使、副、判官等职，"使一员，正六品，掌平理狱讼、警察别部，总判院事。副一员，从七品，掌警巡之事。判官二员，正九品，掌检稽失，签判院事"⑤，主要职责在于掌狱讼、警巡等。韩光辉先生研究认为，金朝警巡院已形成一个独立的都市行政管理机构，与各京县平行地隶属于诸京府。⑥

其次，诸府、节度使州设录事司，二千户以上，有录事、判官等，不及二千户只设录事，"录事一员，正八品。判官一员，正九品。掌同警巡使。司吏，户万以上设六人，以下为率减之。凡府镇二千户以上则依此置，以下则止设录事一员，不及百户者并省"⑦。韩光辉、林玉军先生总结为："金代录事司正是建置于诸府节镇州之下，隶属于诸府节镇的治所城市行政管理机构，……一如诸京城市警巡院，作为诸府节镇城市的行政管理机构。"⑧

---

① 韩光辉、林玉军、王长松：《宋辽金元建制城市的出现与城市体系的形成》，载《历史研究》2007年第4期，第46页。
② 〔宋〕余靖：《武溪集》卷一八《杂文·契丹官仪》，商务印书馆，1946年，第8页a。
③ 李昌宪：《金代行政区划史》，上海古籍出版社，2015年，第106页。
④ 《金代行政区划史》，第106页。
⑤ 《金史》卷五七《百官志》，第1313页。
⑥ 韩光辉：《金代都市警巡院研究》，载《北京大学学报》（哲学社会科学版）1999年第5期，第75页。
⑦ 《金史》卷五七《百官志》，第1314页。
⑧ 韩光辉、林玉军：《10至14世纪中期京兆府城市行政管理研究》，载《陕西师范大学学报》（哲学社会科学版）2010年第6期，第52页。

最后，防御使、刺史州设司候司，有司候、司判等，"诸防刺州司候司。司候一员，正九品。司判一员，从九品。司吏、公使七人。然亦验户口置"①。

具体到金代京兆府，当然设录事司。金代所设京兆府录事司，理论上管辖着京兆府十二县又十镇之刑狱治安。可是，由于各县有县尉、巡检等，在一定程度上并不需要京兆府录事司参与各项具体事务，再加上录事司官吏数量有限，其管辖范围就逐渐集中于京兆城中。

这在《金史·百官志》中也有反映。据记载，总管府节度（如京兆府永兴军节度）设兵马司，职责是"巡捕盗贼，提控禁夜，纠察诸博徒、屠宰牛马，总判司事"②。低于总管府节度的诸散府节度（如平凉府平凉军节度）、节度使州（如同州安国军节度）设都军司，职权和品秩均低于兵马司，"都指挥使一员，正七品。节镇军都指挥使则从七品。掌军率差役、巡捕盗贼，总判军事，仍与录事同管城隍。军典二人，公使六人，凡诸府及节镇并依此置"③。都军司除了本职之外，"仍与录事同管城隍"，与录事司有职权重叠。所谓"城隍"，一般指护城河或城池，这里就是城区的意思。类似的意思还见于防御使、刺史州设置的军辖，比都军司低一级，"诸防刺州。军辖一员，掌同都军，兼巡捕，仍与司候同管城壁"④。也就是说，金代诸府、节度使州有录事司负责刑狱，都军司负责捕盗；诸防御使、刺史州有司候司负责刑狱，军辖负责捕盗，他们负责的区域是城隍或城壁，也就是城池的范围。

韩光辉、林玉军先生在叙述兵马司、都军司、录事司的关系时说：

> 录事司和都军司共同管理诸府节镇城市，其中都军司主管军事巡捕与治安，而录事司则主管民事、市政和赋役，在诸京之外的诸总管府节镇则置有兵马司……。故而在诸总管府节镇城市管理上，兵马司主管军事巡捕，而录事司则主管市政、民事赋役等，二司分工明确。概因都军司掌诸府节镇治所城市及其辖属诸县兵戎巡捕，故品秩高于录事司。⑤

在这段叙述中，存在三处不妥之处：第一处，"录事司和都军司共同管理诸府节

---

① 《金史》卷五七《百官志》，第1314页。
② 《金史》卷五七《百官志》，第1324页。
③ 《金史》卷五七《百官志》，第1324页。
④ 《金史》卷五七《百官志》，第1325页。
⑤ 韩光辉、林玉军：《10至14世纪中期京兆府城城市行政管理研究》，载《陕西师范大学学报》（哲学社会科学版）2010年第6期，第53—54页。

镇城市",所谓"诸府"泛指京府、次府、总管府、散府,而都军司并不会在京府、次府、总管府设置,所以,准确地理解,应该是总管府设兵马司、散府设都军司;第二处,"都军司主管军事巡捕与治安,而录事司则主管民事、市政和赋役",与前引《金史·百官志》所述"同管城隍"矛盾,实际上,录事司也负责刑狱治安,与都军司职权重叠;第三处,"兵马司主管军事巡捕,而录事司则主管市政、民事赋役等,二司分工明确",总管府兵马司的职权,不限于与录事司"同管城隍(壁)",二者不能并列,且对录事司的职责,依然表述不确。

韩光辉、林玉军先生之所以认定金代录事司的职权是城市行政管理,而不采信《金史·百官志》所谓"掌同警巡使",即刑狱治安,原因是清代王昶《金石萃编》收有《进士题名记》,罗列金代京兆府学学生考中进士名单,并标注籍贯。在碑文中,录事司与咸宁县等并列。王昶根据《金史·百官志》所载,分析认为金代府、节度使州城市居民隶于录事司,而不隶于诸县:"碑载进士里贯有注县名者,有注录事司者。《金史·百官志》诸府节镇录事司,凡府镇二千户以上则置之,是府镇之民不隶于诸县而隶录事司者也。"①

韩光辉、林玉军先生依据王昶的观点,进一步指出:"金代录事司是诸府节镇普遍建置的城市行政管理机构,因此录事司是城市地名的通名,每一个诸府节镇城市专名,再加上通名就形成了诸府节镇城市的全称,如京兆府录事司,就是中国金代府镇建制城市。"②这段话中的"建制城市"属于现代概念,这里是指京兆府城区。细究起来,如果将京兆府录事司认作是"建制城市",等同于地方行政区划,便是忽略了《金史·地理志》所载,即京兆府下辖咸宁、长安、临潼、兴平、咸阳、栎阳、蓝田、泾阳、高陵、终南、鄠县、云阳十二县又十镇,而未提及录事司。对于《金史·地理志》这种记载,韩光辉、林玉军先生认为是《金史》叙事"存在不少缺略和错误"。如此结论,似乎不够严谨。

四、从金承安二年《进士题名记》看京兆府录事司职能

所谓《进士题名记》并不是王昶最先著录的,早在元代,骆天骧《类编长安志》

---

① 《金石萃编》卷一五八《金五·进士题名记》,第7页a。
② 韩光辉、林玉军:《10至14世纪中期京兆府城城市行政管理研究》,载《陕西师范大学学报》(哲学社会科学版)2010年第6期,第49—56页。

就提到该碑，录名为"金京兆泮宫登科记"，并载"龙山高有邻撰，承安二年十一月二十三日"。①生活于金末元初的骆天骧担任过京兆府学教授，他应该亲眼见过原碑，其记录的碑名最为可信。不过，骆天骧在《类编长安志》中只记录了碑名，未记录碑文。（此碑残片现藏于西安碑林博物馆之中，已经断为两截，上半截存左半边）路远先生从碑额残存字进一步推测，《金京兆泮宫登科记》方为此碑原名，《进士题名记》乃是王昶自拟碑名。王昶收入《金石萃编》的《进士题名记》，乃是上半截左半边碑文，下半截碑文并未收录。

首先，此碑下半截残余碑文是记事部分，叙述刻碑缘由："……庶得天下材能而官使之，特设教授置之职……余叨冒亦忝是职……荐者十三人，登第者四人……时承安二年十一月二十二日太中（按：当为太中大夫）……校事（按：当为提举学校事）开国侯高有邻记。"②大致意思是：朝廷通过教育培养人才，选材任官，高有邻担任京兆府学教授，推荐十三人，考中进士四人，教学成果颇丰，在金章宗承安二年（公元1197年）十一月记下登第者名单。

依照路远先生的录文，中进士者名单如下：

阜昌□③

　第一甲□（按：据《金石萃编》补"朱"字）希仲

　第四甲刘晋，录事司

皇统二年状元宋端卿榜下

　第四甲郑之纯，录事司

皇统九年状元王堪榜下

　第四甲萧简，咸宁县

正隆二年状元郑子聃榜下

　第三甲孟师颜，咸宁县

---

① 《类编长安志》卷一〇《石刻》，第298页。

② 路远：《金代京兆府学登科进士辑考——以西安碑林藏金代进士题名碑二种为据》，载《碑林集刊》2011年第17辑，第238页。

③ 据《金石萃编》补"六"字，即阜昌六年。另外，路远先生从行距推测，阜昌六年前还有"阜昌四年"一科。又薛瑞兆先生据金人孔叔利《改建题名碑》、雍正《陕西通志·选举志》等史料，补为"阜昌四年状元罗诱榜下 第四甲薛延嗣咸宁县 第五甲李□咸宁县"。见薛瑞兆：《金人〈登科记〉勾沉》，载《学术交流》2018年第10期，第167页。

大定十六年状元张璧榜下

第三甲程少连，录事司

□□（按：当为"大定"）二十二年状元张甫榜

□（按：当为"第"）三甲萧贡，录事司

□□（按：当为"大定"）二十八年状元李修榜

□（按：当为"第"）三甲孙通祥，录事司

□□（按：当为"明昌"）二年状元王泽榜下

□（按：当为"第"）二甲窦璋，录事司

曹谦，录事司

经义状元陈载榜下

第□甲张侠，录事司

承安□（按：当为"二"）年状元吕造榜下

第□甲杨居厚，录事司

□宾，临潼县

恩□（按：当为"榜"）刘元之下

第□一人王时宪，栎阳县

经义状元李著榜下

第三甲路秉钧，高陵县

登仕佐郎府学教授张若愚书丹

学正曹谊篆额，学录尹希甫

学生宋源刊

此碑在承安二年（公元1197年）刻成后，分别在碑额之下及第一栏、第二栏、第三栏之后等处，补刻了以后考中进士者名单：

□（按：路远先生推测是"兴"）定五年状元……

第三甲来献臣，录事司

贞祐三年状元程嘉善榜下 第二甲冯辰，临潼县

第三甲王格，栎阳县；崔元亮，录事司

贞祐三年经义状元刘汝翼榜下 第二甲吴昕，录事司……

兴定□年状元张仲安榜下 第三甲杨天德，高陵县；张□……

　　□飞鹰，武亭县

　　□□，恩榜，京兆；杜甲，恩榜，京兆

承安五年状元阎咏榜下

　　第三甲刘彬，录事司

　　惠吉，云阳县

泰和三年状元许天民榜

　　第三甲李昕，高陵县

　　孙嘉祥，录事司

大安元年状元王纲榜下

　　第三甲范昂霄，录事司

经义状元邢天祐榜下

　　第三甲王公一，录事司

　　兴定二年李谔，恩榜，京兆

　　李文本，恩榜，高陵；张□，武亭县

　　此碑记录了从伪齐阜昌六年（公元1135年）到金宣宗兴定二年（公元1218年）京兆府学登科者名单。如果按照路远先生的推测，则是从阜昌四年（公元1133年）开始，到兴定五年（公元1221年）截止，基本涵盖从金太宗到金宣宗时期，也就是金朝各项制度从建立、完善到延续的时期。到金哀宗时期，蒙古开始南下，金朝国势不振，各项制度难以维系。

　　目前从该碑中释读出34人，当然，其中部分人的姓名、籍贯阙失。其中，籍贯为录事司者有16人（按：路远先生记为15人，误），咸宁县有2人，高陵县有4人，武亭县有2人，临潼县有2人，栎阳县有2人，云阳县有1人，另京兆有3人。另有2人籍贯不清。

　　此碑最引人注目之处，是将录事司与咸宁等县并列。韩光辉、林玉军先生据此认为："进士籍贯的记录表明，录事司是京兆府属独立的城市行政建制，与诸县相类似，平行地隶属于京兆府。"① 并将金代城市录事司、警巡院与诸县置设官吏列表比较，标

---

① 韩光辉、林玉军：《10至14世纪中期京兆府城城市行政管理研究》，载《陕西师范大学学报》（哲学社会科学版）2010年第6期，第49—56页。

注录事司、警巡院（按：按照级别，应该是警巡院、录事司）的职责都是"掌城市行政"，县的职责是"掌一县之行政"。此说无法解释录事司的职责在"掌同警巡使"与"掌城市行政"之间的巨大差异。因此还需要继续探讨金代录事司的职责从刑狱治安到城市管理之间的转变。

这是一个长时段的历史变化。众所周知，靖康之变发生时，北宋经济、人口正值顶峰，城市商业繁荣，居民数量巨大，因此产生众多城市管理问题，导致需处理的公务加剧。最典型的是开封，在北宋时就以"京府务剧"①著称。

从人口绝对数量、经济总量上看，京兆府比不过开封府，但是京兆府有一个特殊之处，就是咸宁、长安本为京兆府附郭县，京兆府城中居民，或属咸宁，或属长安。然而，在韩建重修新城以后，万年（即金代咸宁）、长安被置于城外，这导致在日常行政中，京兆城内居民脱离了万年、长安的管辖，更多地直接受京兆府管辖，这就是京兆府录事司逐渐成为城区管理机构的历史和现实背景。

事实上，高有邻撰《金京兆泮宫登科记》（即王昶所谓《进士题名记》）是在金章宗承安二年（公元1197年），只能佐证在金朝后期有了录事司和咸宁等县并列的观念。

其他史料中的记载同样如此。金代李俊民《庄靖集·题登科记后》记载承安五年（公元1200年）经义科进士名录，有解州安邑、解州司候司、解州闻喜，还有磁州司候司、磁州邯郸②。又如《金史·食货志》载："贞元初，蔡松年为户部尚书，始复钞引法，设官置库以造钞、引。钞，合盐司簿之符。引，会司县批缴之数。"③即海陵王贞元初年将"司县"并列，无疑是指录事司、县。李昌宪先生据此指出："在金朝后期，警巡院、录事司、司候司与县一样，成为国家地方行政体系中的基本组成部分。"④

具体到京兆府，前引西安碑林博物馆藏金章宗明昌五年（公元1194年）刻《京兆府提学所帖碑》，即京兆府路提学所发给京兆府学学田房舍清单《赡学舍地清册》，文中有"庙学四至并随司县赡学房舍地土数目，各有青册"⑤，是京兆府录事司与县并

---

① 《宋史》卷二六六《温仲舒传》，第9183页。
② 〔金〕李俊民：《庄靖集》卷八《泽州图记》，山西古籍出版社，2006年，第449—451页。
③ 《金史》卷四九《食货志》，第1093页。
④ 《金代行政区划史》，第111页。
⑤ 《八琼室金石补正》卷一二六《金四·京兆府提学所帖碑》，第886—894页；《西安碑林全集》卷二九《碑刻·京兆府提学所帖》，第2906—2931页；《辽金元石刻文献全编》，第55页。

称的实证。

金章宗泰和四年（公元1204年），县长官县令与录事司长官录事适用同一考核标准，"泰和四年，定考课法，准唐令，作四善、十七最之制"①。所谓"四善"具体包括"德义有闻、清慎明著、公平可称、勤恪匪懈"，而"十七最"中前"五最"是指"礼乐兴行，肃清所部，为政教之最；赋役均平，田野加辟，为牧民之最；决断不滞，与夺当理，为判事之最；钤束吏卒，奸盗不滋，为严明之最；案簿分明，评拟均当，为检校之最"。最重要的是，这是用来考核县、警巡院、录事司、司候司属官的统一标准，"以上皆谓县令、丞簿、警巡使副、录事、司候、判官也"②。值得注意的是，其中的"政教之最""牧民之最"，已经超出了录事司原本的"判事之最、严明之最、检校之最"的职责范围。换句话说，在金章宗泰和四年时，录事司及警巡院、司候司的职责，已经从管理诸府及州刑狱变为管理诸府及州城区百姓政务。

不过，以上材料并不与《金史·地理志》不载录事司的记录互相抵牾。因为录事司并不是金朝法定地方行政建制，只是"机构"，不是"区划"。这主要体现在录事司长官录事与县长官县令的区别上。

首先是分类有别。金熙宗皇统五年（公元1145年）下诏："以古官曰'牧'、曰'长'，各有总名，今庶官不分类为名，于文移不便。"③将职官分为长官、佐贰官、幕职官、军职官、厘务官、监当官以及吏等七类。其中京府尹牧、留守、知州、县令、详稳、群牧属于长官，警巡、市令、录事、司候、诸参军、知律、勘事、勘判属于厘务官。在北宋时，以主管仓库场务、收税课利之官为监当官、厘务官。到金代，以厘务官特指警巡使、录事、司候等刑狱治安之官。北宋、金代都将厘务官与亲民官相对，大约厘务官是为朝廷理财谋利之官，亲民官是为朝廷立德养民之官。

金代对厘务官、亲民官的区别有清晰的认识："又刺史县令亲民之职，多不得人，乞加体察，然后公行廉问，庶使有惧心。且今酒税使尚选能者，况承流宣化之官，可不择乎。自今宜以能吏当任酒使者授亲民之职。"④简单来说，"酒税使尚选能者"强调

---

① 《金史》卷五五《百官志》，第1227页。
② 《金史》卷五五《百官志》，第1227—1228页。
③ 《金史》卷五五《百官志》，第1230页。
④ 《金史》卷五四《选举志》，第1194页。

的是能，"承流宣化之官"强调的是德，这反映了中国古代传统的"选材以德"与"选材以能"两种不同的选官观念。

其次是品秩不同。依《金史·百官志》所载，警巡院警巡使为正六品，录事司录事为正八品，司候司司候为正九品。而赤县、剧县和其他县县令的品级，正是处在警巡使和录事中间的从六品、正七品、从七品。在官员序迁程序中，也是先任命为录事，后升迁为县令，如王扩"明昌五年进士，调邓州录事，润色律令文字。迁怀安令"①；王若虚在金章宗承安二年（公元1197年）中经义进士，"调鄜州录事，历管城、门山二县令"②。故此，所谓"录事司和判官、司吏所组成的机构同样拥有府镇城市市政管理职能，与诸县平行地隶属于诸府节镇"③这种表述就成了误识。

录事与县令之所以出现以上区别，原因就是录事的设置是为了处理刑狱治安，职能清晰，与县令统领一地政务截然不同。此前，韩光辉、林玉军先生在论述录事司的职能时，一方面认为"录事司与县和警巡院行政机构相比较，很有些类似，但行政职责与辖属对象却明显不同"，即《金史·百官志》载录事司负责城区刑狱治安，不是乡村民政；另一方面又提到"在验实与检括户口及推排物力方面，金代于各级行政机构均专置验实户口的司吏"④，意即录事司除了刑狱治安，也负责统计户数，是参与民政的体现。显然两相矛盾。

问题的关键在于：录事司司吏是否有统计户数的职能？检《金史·选举志》原文："视其户口与课之多寡，增减之。"⑤这其实是指录事司属官司吏的人数，"户万以上设六人，以下为率减之"，即总管府户数在1万以上，设6名司吏，户数少于1万，则司吏的人数依次减少，并不是任用司吏统计户数的意思。

据此，金代为处理京城及地方的刑狱治安公务，分别设置警巡院、录事司、司候司。其中，由于京兆府附郭县咸宁、长安不在城区之内，所以京兆府录事司更多地直接承担了京兆府城区范围的管理政务。这种职能转变，大约在金朝后期金章宗在位时期成

---

① 《金史》卷一〇四《王扩传》，第2294页。
② 《金史》卷一二六《文艺传下·王若虚》，第2737页。
③ 韩光辉、林玉军：《10至14世纪中期京兆府城城市行政管理研究》，载《陕西师范大学学报》（哲学社会科学版）2010年第6期，第53页。
④ 韩光辉、林玉军：《10至14世纪中期京兆府城城市行政管理研究》，载《陕西师范大学学报》（哲学社会科学版）2010年第6期，第53—54页。
⑤ 《金史》卷五三《选举志》，第1177页。

为共识：录事司主管城池以内，县主管城外乡村。不过，录事司只是机构，不是行政建制，因此未被列入《金史·地理志》，而且录事司录事级别低于县令，在金朝职官序列中，与县令也不是同类。

第三节
金代京兆府社会发展

一、金代京兆府社会经济

漆侠先生在《中国经济通史·宋代经济卷》一书中提出：社会经济的发展程度与农业精耕细作的发展程度相同步，而陕西地区在北宋时期，农业发展已经落后于中原尤其是南方。[①]也就是说，京兆社会经济一直在发展，但是并不居于全国领先水平。到北宋末年，随着金朝崛起，京兆社会经济的发展势头也因宋金战争的爆发而被打断。

公元1115年金朝开国，1125年灭辽，1127年灭北宋。金太宗天会五年（宋高宗建炎元年、公元1127年）冬，金军分三路南下，西路军粘罕占领河南后，派娄室进攻陕西，依次占领同州（今陕西大荔）、华州（今陕西华州区）等地，并于金太宗天会六年（宋高宗建炎二年、公元1128年）正月攻克京兆。娄室孤军深入，未敢久留，劫掠一番后，在三月撤出关中。当年八月，娄室第二次进攻陕西，宋军弃城而逃，金军第二次占领京兆。随后娄室挥军北上，进攻陕北，遭到宋军激烈抵抗，退走陕州并屠城。金太宗天会八年（宋高宗建炎四年、公元1130年）四月，娄室第三次入潼关，占领三原、乾州等地。此时，南宋主战派名臣张浚决定在富平与金军决战。而金太宗早已派出宗室讹里多、兀术增援。富平之战规模空前，宋军大败，退出陕北、关中之地。接着，金军数次进攻陕南，宋军也曾进攻京兆、凤翔，京兆及其周边地区战乱不息。直到金太宗天会十二年、宋高宗绍兴四年（公元1134年）三月，宋军取得仙人关之战的胜利，金军退回凤翔。

---

① 《中国经济通史·宋代经济卷》，第48页。

此后，宋金双方在秦岭形成对峙。陕西地区由此一分为二：陕南属宋，关中、陕北属金（后来金朝把陕北转让给西夏）。京兆的地理位置，使其继夏战争后，再次成为宋金对峙的前线。陕西战场的宋金战争从公元1127年底持续到公元1134年三月，而京兆无疑是这一区域的关键城市，金军每次进攻陕西，必然抢占京兆，可以想见京兆及周边地区遭受破坏之严重。如此一来，京兆在北宋167年时间里累积的社会经济成果，必然损失惨重。

女真人以游猎为生，"不知耕稼"，他们发动战争的主要目的在于掠夺财富，史载娄室进攻陕北期间，"延安、鄜、坊州皆残破，人民存者无几"①。女真贵族习惯于掠夺人口和土地，将京兆居民变为奴隶，为自己劳作，"初入中夏，兵威所加，民多流亡，土多旷闲，遗黎惴惴"②。残酷的宋金战争，使京兆社会经济再次遭到毁灭性打击。城市萧条，农田荒芜，人口锐减，"前宋之末，兵革扰攘，饥馑相仍"③。京兆及其周边地区百姓奋起反抗金军的掠夺，"陕西城邑已降定者，辄复叛"④，导致京兆乃至陕西地区的战争此起彼伏。

在金太宗之后，金熙宗（公元1135—1148年在位）、海陵王（公元1149—1160年在位）两位皇帝在位时期，金朝各项制度逐渐完备，并迁都燕京。而迁居关中及中原各地的女真人，也开始"习汉风"。只是，海陵王在位时期再次对南宋发动了战争。

到金世宗、金章宗在位时期（公元1161—1208年），金朝政局平稳，社会相对安定。虽然其间宋孝宗发动北伐，不过宋金这次交战的主要战场在两淮地区。全真教道士马钰曾经描述当时的京兆："满城人、半做经商，半修炼真气。"⑤其中，"半修炼真气"反映了金代中期全真教在京兆地区的广泛传播和巨大影响力。相比于全真教的兴盛，"半做经商"一句则道出了京兆地区商业活动的活跃，显示出京兆地区社会经济生活慢慢恢复，呈现出多元文化交织的新样态。

考古发现为考察金代京兆的社会经济生活提供了细致的材料。1988年发掘清理的金章宗明昌二年（公元1191年）潘顺夫妇墓，位于西安市北郊枣园村。这是一座竖穴土洞墓，随葬品有灰陶罐3件、灰陶釜5件、铁猪1件、铁牛1件和方砖墓志1方。2001年，

---

① 《金史》卷七二《娄室传》，第1652页。
② 《金史》卷四六《食货志》，第1030页。
③ 〔金〕萧贡：《京兆府泾阳县重修北极宫碑》，见《全金石刻文辑校》，第614—615页。
④ 《金史》卷七二《娄室传》，第1652页。
⑤ 〔金〕马钰：《马钰集·洞玄金玉集》卷八《清心镜·咏长安》，赵卫东辑校，齐鲁书社，2005年，第114页。

在西安市南郊曲江孟村发现10座宋金墓葬，其中9座为宋墓，1座为金墓。这些墓规模很小，出土器物极少，其中的金墓无随葬器物，只出土两枚铜钱[①]。2013年，在西安市南郊黄渠头村发掘清理出1座金宣宗贞祐四年（公元1216年）墓葬，共出土8件器物，按质地分为陶、铁、石三类。器物有香炉、铁牛、铁猪、镇墓石、方砖买地券[②]。2014年，在西安市雁塔区观音庙村发掘清理出金哀宗正大三年（公元1226年）李居柔墓，墓主生前担任陕西东路转运使、行六部尚书，身份较高。该墓为砖券结构，出土陶器7件、瓷器18件、金属器11件、铜钱21枚、买地券1方以及其他器物6件，共计64件[③]。

总体来看，西安金代墓葬数量少、规格低，多是土洞墓，只有1座砖券墓即李居柔墓。即便贵为陕西东路转运使、行六部尚书，李居柔墓出土器物质量、数量也较为普通。有学者认为：宋金以来，京兆乃至陕西已经边缘化，社会经济为军事服务，民间财力、物力有限，故而无力营造墓穴[④]。

现代考古发现的京兆手工业制品，除了传统的瓷器之外，还有一种较为特殊的产品类型，就是宋、金陶塑玩偶。自20世纪90年代以来，这类陶塑玩偶集中发现于西安市西大街靠近西门甜水井一带的水井、窖穴、坑洞等城市遗迹里，有立体圆雕、单面陶模两种类型。造型有佛教佛、菩萨和道教神怪、童子等，至于人物、动物、建筑模型、花卉树木等题材更无所不有。陶塑表面涂以彩绘金粉，惟妙惟肖，制作精细。

这种陶塑玩偶在宋、金时的名字写作摩睺罗、摩合罗、磨喝乐等。南宋金盈之《新编醉翁谈录》载："京师是日多博泥孩儿，端正细腻，京语谓之摩睺罗。小大甚不一，价亦不廉。或加饰以男女衣服，有及于华侈者。南人目为巧儿。"[⑤]孟元老《东京梦华录》载："七月七夕，潘楼街东宋门外瓦子，州西梁门外瓦子，北门外，南朱雀门外街，及马行街内，皆卖磨喝乐。乃小塑土偶耳，悉以雕木彩装栏座，或用红纱碧笼，或饰以金珠牙翠，有一对直数千者。"[⑥]吴自牧《梦粱录》载："内庭与贵宅皆塑卖磨喝乐，又名摩睺罗孩儿，悉以土木雕塑，更以造彩装襕座，用碧纱罩笼之，下以桌面架

---

① 陕西省考古研究院：《西安南郊孟村宋金墓发掘简报》，载《考古与文物》2010年第5期，第23页。
② 西安市文物保护考古研究院、辽宁师范大学历史文化旅游学院：《西安南郊黄渠头村金墓发掘简报》，载《文物春秋》2014年第5期，第30页。
③ 陕西省考古研究院：《陕西西安金代李居柔墓发掘简报》，载《考古与文物》2017年第2期，第44页。
④ 赵永军：《金代墓葬研究》，吉林大学博士学位论文，2010年，第111页。
⑤ 〔宋〕金盈之：《新编醉翁谈录》卷四《京城风俗记·七月》，周晓薇校点，辽宁教育出版社，1998年，第15—16页。
⑥ 〔宋〕孟元老撰，邓之诚注：《东京梦华录注》卷八《七夕》，中华书局，1982年，第208页。

之，用青绿销金桌衣围护，或以金玉珠翠装饰尤佳。"①

2002年，在西安市西大街一口古井中出土宋金陶塑玩偶20件，比较特殊的是，这批陶塑玩偶不是此前出土的完整人形或动物造型，而仅是带插孔的陶塑头部。其中17件为人物头像，1件为猴面像，1件为花树，另有1件头像制作陶模。这种单独头部陶塑玩偶极其少见，推测就是宋代提线人偶"黄胖"（见图7-5），见于南宋叶绍翁《四朝闻见录》中的描述："韩（按：指韩侂胄）以春日宴族人于西湖，用土为偶，名曰黄胖，以线系其首，累至数十人。游人以为土宜。"②

图 7-5 宋金陶塑玩偶"黄胖"

（选自杜文：《行走在宋人的童趣世界——西安出土的宋金陶塑玩具》，载《收藏》2010 年第 7 期，第 39 页）

西安出土的陶塑玩偶，很多与金、元钧窑或金代耀州窑瓷器置于一起，而从北宋地层出土者很少，所以大多应该是金代陶塑玩偶。

西安出土的宋金陶塑玩偶（见图7-6），揭示出西大街区域在金代京兆府城中依然是商业和居住中心，真实再现了宋、金时期京兆居民生活之侧面。有学者认为，陶塑玩偶的生产和销售反映了该地区居民生活的稳定，因为只有生活稳定，人们才能追求精神

---

① 〔宋〕吴自牧：《梦粱录》卷四《七夕》，浙江人民出版社，1984年，第25页。
② 〔宋〕叶绍翁：《四朝闻见录》戊集《黄胖诗》，沈锡麟、冯惠民点校，中华书局，1989年，第192页。

图 7-6 宋金陶塑玩偶

（选自杜文：《行走在宋人的童趣世界——西安出土的宋金陶塑玩具》，载《收藏》2010 年第 7 期，第 41 页）

消费。其实这两者之间不一定存在必然联系，但是西安出土的金代陶塑玩偶数量最多，这至少表示金代京兆新生人口在增加，而人口增加必然与社会经济发展、秩序稳定有着很大的关系。

金章宗承安六年（公元1201年），金廷重建邮铺，"始置提控急递铺官。自中都至真定、平阳置者，达于京兆。京兆至凤翔置者，达于临洮。自真定至彰德置者，达于南京。自南京分至归德置者，达于泗州、寿州，分至许州置者，达于邓州。自中都至沧州置者，达于益都府。自此邮达无复滞焉"①，对社会交通、经济发展有直接促进作用。但问题是，此时毕竟是宋金对峙的时期，南北交通依然不畅。京兆社会经济除了被金朝内部环境、政策左右，还会受到南宋与金朝关系的影响，所以这一时期京兆社会经济发展过程中的不可知因素增多，总体上呈现不稳定状态。

宋金之间的经济交流主要有两种形式：

一是南宋每年交给金朝岁币。一般认为岁币会流入金朝权贵手中，用于朝廷赏

---

① 《金史》卷九九《徒单镒传》，第2188—2189页。

赐、军队开支，甚至奢侈享受，很少用于民生工程、公共设施建设，对社会经济的影响有限。

二是开设榷场。"榷场，与敌国互市之所也。皆设场官，严厉禁，广屋宇以通二国之货，岁之所获亦大有助于经用焉。"①也就是对立的政权，比如宋辽、宋夏、宋金之间，在交界地带设置的商品买卖场所。金熙宗皇统元年（宋高宗绍兴十一年、公元1141年）宋金达成"绍兴和议"后，金朝与南宋开启榷场贸易，除了两淮、荆襄，还在陕西设凤翔府、秦州、巩州、洮州等榷场。当宋、金开战时，榷场也会随之关闭。如海陵王正隆四年（公元1159年）正月，因准备伐宋，金朝罢凤翔府等榷场②。

金朝从南宋进口的商品有茶、丝、麻、米、麦、药材等，输出的商品有盐、绵、羊、北珠、药材等③。陕西各处榷场的交易额记载不详，只有秦州榷场的交易额得以保存："秦州西子城场，大定间，岁获三万三千六百五十六贯，承安元年，岁获十二万二千九十九贯。"④比较来看，宋神宗熙宁十年（公元1077年）时秦州商税额在全国排第三，为79959贯，榷场交易额最终超过了这一数字。

金朝榷场经营方式，"大概多宋旧人之所建明"⑤，分官、私两种。官营交易指朝廷向榷场拨付本金，榷场官员采买南宋商品卖给金朝商人，或采买金朝商品卖给南宋商人。私营是指商人将商品交给榷场内牙人交易，"两边商人，各处一廊，以货呈主管官牙人，往来评议，毋得相见。每交易千钱，各收五厘息钱入官"⑥，宋金双方商人并不能直接会面。

值得注意的是，双方各自规定禁售商品，金朝禁售马匹、兵器等，南宋禁售牛、书籍、兵器、人口等。如宋孝宗淳熙五年（公元1178年）规定："湖北、京西路沿边州县，自今客人辄以耕牛并战马负茶过北界者，并依军法。"⑦这导致走私的产生，"茶于蒋州（光州）私渡，货与北客者既多，而榷场通货之茶少矣；牛于郑庄私渡，每岁春秋三纲，至七八万头，所收税钱固无几矣"⑧。再如金朝末期山东地区战乱导致饥荒，

---

① 《金史》卷五〇《食货志·榷场》，第1113页。
② 《金史》卷五《海陵纪》，第109页。
③ 《宋会要辑稿》食货三八之三四，第5483页。
④ 《金史》卷五〇《食货志·榷场》，第1115页。
⑤ 《金史》卷四六《食货志》，第1031页。
⑥ 〔宋〕李心传：《建炎以来系年要录》卷一四五，绍兴十二年五月乙巳，上海古籍出版社，1992年，第26页。
⑦ 《宋会要辑稿》刑法二之一一九，第6555页。
⑧ 《建炎以来系年要录》卷一八六，绍兴三十年九月壬午，第649页。

南宋商人便趁机贩运江浙米麦，通过海路走私。

一般认为，南宋社会生产力发展水平超过金朝，所以榷场贸易（包括走私贸易）往往是南宋商品输出，金朝作为买家。然而，金朝内部存在一个重要问题——"金本无钱"①，意即金朝境内铜钱持有量不够。所以宋、金围绕榷场展开了国力比拼，也就是贸易战，直观反映为铜钱的流向。

金朝建立后通行北宋、辽朝、伪齐钱币，直到金海陵王正隆三年（公元1158年），才在中都（今北京）、京兆设铸钱监，采陕西、河南铜，铸造本朝铜币"正隆元宝"②。不过金朝铸币有中断，金世宗大定二十九年（公元1189年），当年铸"大定通宝"14万贯，费资却达80余万贯，就此停铸。到金章宗泰和四年（公元1204年），鉴于钱币不够，重新开铸"泰和重宝""泰和通宝"。

为解决钱币不够的问题，金世宗时采取了多种措施，比如恢复北宋铁钱，但数年后因"公私不便"而废止③；甚至恢复以物易物，限制或禁用现钱。货币政策不定，导致金朝百姓和商贩不满，"以货币屡变，往往怨嗟，聚语于市"④。

金朝为了吸收南宋铜钱，规定60文（称为"短陌"）抵100文（称为"足陌"），而南宋是以77文或75文为"省陌"。举例来说：金朝相州"好绢每匹二贯五百文"⑤，则实际只需支付1500文，而南宋境内绢价最低3贯，需实际支付2250文或2310文。这样一来，商人必然贱买贵卖，购入金朝丝绢，转手到南宋贩卖，赚取差价。南宋朝廷也意识到铜钱北流的问题，如宋宁宗嘉定五年（公元1212年）六月"乙酉，禁铜钱过江"⑥。但是这种行政命令效果有限，南宋铜钱依旧北流。

此外，金世宗还决定发行纸币交钞。本来当社会商品总量没有显著变化的时候，官府以"短陌"调低单位商品价格，那么，货币总量应该减少。但事实是纸币发行越多越贬值。金章宗泰和六年（公元1206年），"陕西交钞不行"，金章宗却认为"今后毋谓钞多"，并于泰和七年（公元1207年）颁行《钞法条约》，规定"民间之交易、典质，一贯以上并用交钞，毋得用钱"⑦，强制民间使用纸币，民间商业财富被逐

---

① 〔宋〕范成大：《揽辔录》，见顾宏义、李文：《宋代日记丛编》，上海书店出版社，2013年，第796页。
② 中国国家图书馆编：《中国国家博物馆馆藏文物研究丛书·钱币卷（宋—清）》，上海古籍出版社，2018年，第125页。
③ 《金史》卷四八《食货志·钱币》，第1070页。
④ 《金史》卷四八《食货志·钱币》，第1079页。
⑤ 〔宋〕楼钥：《北行日录》，见《宋代日记丛编》，第1213页。
⑥ 《宋史》卷三九《宁宗纪》，第758页。
⑦ 《金史》卷四八《食货志·钱币》，第1080页。

渐掏空。

到金卫绍王大安三年（蒙古成吉思汗六年、宋宁宗嘉定四年、公元1211年）二月，蒙金战争爆发，金军节节败退。金宣宗贞祐二年（公元1214年）五月迁都南京开封府后，金朝增发交钞，通货膨胀不可遏制。而此时南宋朝廷依然能拿出金银兑换多余纸币，维持物价稳定。金朝物价高过南宋物价，铜钱转而南流，"大抵在13世纪初年即1214年以前，南宋铜钱大量地北流；而在1214年以后，金的铜钱又向南宋倒流"①，金朝只得发布禁令："以钱与外方人使及与交易者，徒五年，三斤以上死。"②

北有蒙古军事威胁，南有南宋经济竞争，朝廷上下入不敷出，金朝社会经济积重难返，金朝君臣没有对策。金宣宗兴定三年（公元1219年），有人建议"榷油"，即实行食油国家专卖。权臣术虎高琪"以用度方急，劝上行之"。大臣高汝砺反对：

> 古无榷法，自汉以来始置盐铁酒榷均输官，以佐经费。末流至有算舟车、税间架，其征利之术固已尽矣，然亦未闻榷油也。……是以举世通行之货为榷货，私家常用之物为禁物，自古不行之法为良法，切为圣朝不取也。③

金朝无奈只能继续发行纸币，饮鸩止渴。金宣宗元光二年（公元1223年）下诏扩大交钞使用范围，百姓、商人拒绝使用纸币，"是令既下，市肆昼闭，商旅不行，朝廷患之"④，最终导致交钞贬值"至以万贯唯易一饼"⑤，北方社会经济处于崩溃边缘。

当然，纸币发行过多只是一个方面，金朝和平时期累积社会财富的时间太短、社会经济总体发展程度有限才是关键。对于宋金贸易战，可以理解为：南宋以自己的社会财富买空了金朝的社会财富。史载在卫绍王、金宣宗时，"军旅不息，宣宗立而南迁，死徙之余，所在为虚矣。户口日耗，军费日急，赋敛繁重，皆仰给于河南，民不堪命，率弃庐田，相继亡去"⑥。农业生产乏力是导致国家税收不足的根源。"金自南迁后，国计窘迫，无岁不议括田。考其时民庶流离，概无乐土，外困于南北之战争，内困于旦暮之转输。"⑦而对金朝农业生产产生直接冲击的因素，首推蒙金战争。

具体到京兆及其周边地区，成吉思汗十一年（宋宁宗嘉定九年、金宣宗贞祐四

---

① 漆侠：《辽宋西夏金代通史·社会经济卷》，人民出版社，2010年，第829页。
② 《金史》卷四八《食货志·钱币》，第1076页。
③ 《金史》卷一〇七《高汝砺传》，第2359—2360页。
④ 《金史》卷四八《食货志·钱币》，第1090页。
⑤ 《元史》卷一四六《耶律楚材传》，第3460页。
⑥ 《金史》卷四六《食货志·户口》，第1036页。
⑦ 〔清〕嵇璜、曹仁虎等：《钦定续文献通考》卷四《田赋考·屯田·兴定二年二月命诸军偏授屯田》，上海古籍出版社，1987年，影印文渊阁四库全书，第626册，第114页。

年、公元1216年）六月，蒙古军第一次进攻关中。另外，在金宣宗兴定元年（公元1217年）、兴定三年（公元1219年），金军两次攻宋，引起宋军反攻，攻入秦州"焚荡榷场"①。京兆及其周边地区再次陷入动荡。

成吉思汗十六年（宋宁宗嘉定十四年、金宣宗兴定五年、公元1221年）秋，木华黎率军渡黄河攻入陕西，从陕北南下，十二月进攻京兆。金朝军民撤入终南山，蒙古军进入京兆空城，随即撤走。此后，木华黎在公元1222年、成吉思汗在公元1227年分别进攻京兆、凤翔等地。而金朝的防守策略，都是重兵守凤翔，军民撤出京兆。如金宣宗元光元年（公元1222年）十月，"甲辰，以京兆官民避兵南山者多至百万"②。这导致蒙古军攻不下凤翔，在京兆空城也没有给养，更不敢久留。

直到蒙古窝阔台汗三年（宋理宗绍定四年、金哀宗正大八年、公元1231年）正月，蒙古军终于攻克凤翔。金军立即放弃京兆，"徙京兆居民于河南，令庆山奴以行省守之"。十月，庆山奴"弃京兆还朝"③，蒙古军占领京兆地区。

从1216年到1231年，蒙古军四次进攻京兆及其周边地区，对当地社会经济造成了持续的破坏，人口锐减，土地荒芜，经济残破。据《元史·河渠志》载："京兆旧有三白渠，自元伐金以来，渠堰缺坏，土地荒芜。陕西之人虽欲种莳，不获水利，赋税不足，军兴乏用。"④萧条境况到元初仍未改善。

从公元1134年宋金仙人关之战到1216年蒙古军开始进攻陕西，80余年时间中，京兆及其周边地区社会经济发展再次遭到重创，加上金朝经济政策和环境的痼疾，京兆社会经济亟须新的助力以摆脱持续低迷。

二、王嚞与全真道创立

自古以来关中地区就有深厚的道教传统。道教七十二福地之首终南山楼观台，传说肇端于西周时期，历经魏晋南北朝，在隋唐时期达到鼎盛。唐朝皇室追认道家老子李耳为祖，宋朝皇室尊奉赵玄朗为祖，这两个人物都被纳入道教神仙谱系，所以道教在唐、宋两代都地位尊贵。唐高祖武德七年（公元624年），改建楼观台为宗圣宫，唐玄宗时再次扩建，宗圣宫成为当时全国规模最大的皇家道教圣地。北宋也多次对宗圣宫进行修

---

① 《金史》卷一〇二《完颜弼传》，第2254页。
② 《金史》卷一六《宣宗纪》，第364页。
③ 《金史》卷一一六《内族承立（一名庆山奴）传》，第2551页。
④ 《元史》卷六五《河渠志·三白渠》，第1629页。

缮、扩建。北宋初年，关中地区还集聚了华山隐士陈抟、华阴隐士李琪、京兆道士吕喦（即吕洞宾）、终南道士谭峭等名士，讨论术业，对"三教合流"思想大有贡献。

宋金对峙时期，南宋流行符箓派天师道，北方道教则形成三大新教派：符箓派太一教、内丹派真大教、内丹派全真教。其中，影响最大的全真教创立者是王嚞。王嚞（公元1112—1169年），原名中孚，字允卿，今陕西咸阳秦都区双照镇大魏村人，家中富有资财。他年轻时，"美发髯，目长于口，形质魁伟。任气而好侠，少读书，系学籍，又隶名武选"①，积极入仕，先后参加过伪齐、金朝科举。卿希泰先生认为，他后来投身金朝军队，改名世雄，字德威，在对宋作战中立了军功，被授予地方小官。但此后二十几年升迁无望，他逐渐对世事心灰意懒②。

金海陵王正隆五年（公元1160年），王中孚47岁时，在甘河镇（今陕西西安鄠邑区甘河镇）得遇仙人传授口诀，他就此辞官归隐，改名嚞（也作嘉），字知明，号重阳子。接着，他与李凝阳、和德瑾二位同门来到终南山南时村修行内丹炼养之术。王嚞对外佯装疯癫，自称"王害风"（按："风"通"疯"），意即自己得了疯病。他掘地穴而居，封高数尺，设"王害风灵位"，名之为"活死人墓"。

在南时村穴居3年后，他自填地穴，迁居终南刘蒋村，改为搭建茅草庵居住。又过了4年，他并没有赢得当地人的崇信，只招收到史处厚、严处常等寥寥几个徒弟。金世宗大定七年（公元1167年）四月，他烧掉自己的草庵，走出京兆，远赴山东沿海地区传道。

这年七月，王嚞在山东宁海（今山东烟台牟平）收当地富豪马从义为徒。马从义改名钰，字玄宝，号丹阳子，在自家后园为王嚞搭建全真庵，是为全真教之肇始。很快，谭处端、丘处机、王处一、刘处玄、郝大通，以及马钰之妻孙不二6人，也相继拜在王嚞门下，这就是赫赫有名的"七真"。

"七真"都通文墨，各有文集传世，对内丹派全真教的传播贡献极大。这样，从大定七年（公元1167年）到大定九年（公元1169年），王嚞在"七真"协助下，在短短3年时间里，就完成了开创教派、发展教众、宣扬教义等工作。大定九年秋，王嚞带领马钰、谭处端、丘处机、刘处玄四名弟子西归京兆，行至开封，以后事托付大弟子马钰，无疾而终，年58岁。

---

① 〔金〕刘祖谦：《终南山重阳祖师仙迹记》，见《全金石刻文辑校》，第578-579页。
② 卿希泰：《中国道教史（修订本）》卷三，四川人民出版社，1996年，第31-32页。

马、谭、丘、刘四弟子扶灵柩回返京兆终南山刘蒋村下葬，结庐守墓，名为"祖庵"，后来此地亦随之更名为"祖庵镇"。接着，郝大通来到此地一同守墓。此后数年，五人都在关中地区活动，如马钰在王喆旧隐之处、丘处机在凤翔磻溪、谭处端在渭水南岸朝元观。此后20余年为马钰掌教时期，全真教主要在山野市井活动，比如马钰曾经在京兆街上化"自然钱"，强调无为清修，不与朝廷往来。这种简朴的作风深为民间各阶层百姓所接受，信教者日增。

经过残酷的宋金战争，京兆士庶百姓的身份归属从北宋过渡到伪齐，再变成金朝，心态也发生了微妙的变化。马钰的《清心镜·咏长安》中对其有所反映：

论长安，多美事。

端的日有，三仙向市。

满城人、半做经商，半修炼真气。

寿长人，最多矣。

因知罪福，早闲心地。

兴善缘、年例何如，

见千道会起。①

一半人经商营生，一半人修道信佛，虽然此语并非绝对，但也在一定程度上显示了京兆士庶百姓与汉唐时追求出将入相、北宋时希冀建功疆场的显著不同的志趣。

全真、太一、真大等教派的发展，引起金世宗的警惕，他对佛、道的态度是："朕蚤年亦颇惑之，旋悟其非。"②在大定十四年（公元1174年）四月、大定十八年（公元1178年）三月，金世宗多次下令"条禁"民间修建寺庙道观③。大定二十一年（公元1181年），又下令让道士回归本乡④。马钰将京兆教务托付给丘处机，离开京兆回到故乡山东，于大定二十三年（公元1183年）冬卒。谭处端继之为全真掌教。大定二十五年（公元1185年），谭处端卒。刘处玄接续为全真第四代掌教。刘处玄与马钰观念稍有不同，强调无为、有为并重，即道士除了出世清修，也要入世活动，全真教由此开启了新的发展阶段。

大定二十七年（公元1187年），金世宗出于兴趣，召见了全真教中最具神异色彩的

---

① 《马钰集·洞玄金玉集》卷八《清心镜·咏长安》，第114页。
② 《金史》卷七《世宗纪》，第173页。
③ 《金史》卷七《世宗纪》，第161—170页。
④ 〔元〕王利用：《全真第二代丹阳抱一无为真人马宗师道行碑》，见《马钰集》附录，第321页。

王处一，赐鸩酒，王处一饮而无恙。金世宗大为信服，此后又多次召见、赏赐，全真教由此与统治阶层建立了联系，并促成了金世宗后期、金章宗时期全真、太一、真大、五行、毗卢等宗教教派的兴盛发展。

金章宗继位后，一方面金朝统治阶层沉迷宗教，寻找精神寄托，另一方面北方蒙古崛起，金朝军事压力增大，开始售卖寺额、度牒。这些因素给全真教的发展提供了新的助力，全真教借此机会，兴建寺观、招收徒众，与统治阶层广泛结交。金章宗泰和三年（公元1203年），刘处玄卒，丘处机接任第五代全真掌教，更加积极入世度人，"有为十之九，无为虽有其一，犹存而勿用焉"[①]，甚至出现了不少女真族全真道士。

金章宗泰和六年（公元1206年），成吉思汗建立大蒙古国，不久，挥师南下，金朝节节败退。金宣宗贞祐二年（公元1214年），为躲避兵锋，迁都开封，疆土日蹙，各地反抗不断，甚至还求助丘处机出面安抚百姓。乱世之中，百姓没有依靠，更加依赖能够在精神、物资各方面提供帮助的宗教组织，全真教由此得到进一步壮大。后来成为全真教第七代掌教、丘处机十八大弟子之一的李志常，就是在此时拜师入道。

西安市黄渠头村金宣宗贞祐四年（公元1216年）墓中出土了4块小石块，其中1块还涂有朱砂[②]。学者推测这些是镇墓石，也就是道家炼丹所用原料"五石"，"五石者，丹砂、雄黄、白礜、曾青、慈石也"[③]。其实，这些石块并不是"五石"，墓主只是以这些石块象征"五石"，用以镇墓、辟邪、驱鬼。问题是作为中药药材的"五石"并不名贵稀见，为何借用普通石块代替？似乎这些石块就是一种纯粹的宗教丧葬礼仪，这无疑是当时道家思想在社会上广泛传播的反映。

另外，西安市雁塔区观音庙村金哀宗正大三年（公元1226年）李居柔墓中出土1方买地券，为方形泥质青砖，正面涂黑，朱书文字13行，共226字：

维大金正大三年岁次丙戌九月朔二十二日癸亥，安／葬立祖故夫资政大夫前陕西东路转运使☐行六／部尚书李居柔，以今年八月初五日☐☐☐龟筮协／从，相地袭吉，宜于京兆府咸宁县龙首邱（邮）修行／北社安厝宅兆，谨用钱九万九千九百九十九／贯文，兼五丝信币置武五郎坟地一亩，于内建／立新坟

---

① 〔元〕尹志平：《清和真人北游语录》卷二，见《道藏》第33册，文物出版社、上海书店、天津古籍出版社，1988年，第166页。
② 西安市文物保护考古研究院、辽宁师范大学历史文化旅游学院：《西安南郊黄渠头村金墓发掘简报》，载《文物春秋》2014年第5期，第31页。
③ 王明著：《抱朴子内篇校释》卷四《金丹》，中华书局，1980年，第78页。

一座。东至青龙，西至白虎，南至朱雀，/北至玄武。内方勾陈，分掌四域，丘承墓伯，封步/界畔，道路将军，齐整阡陌。千秋千岁，永无/咎殃。若辄干犯诃禁者，将军亭长收付河伯。今以牲牢酒饮、百味香新供为信契。财地交/相分付，工匠主人，内外存亡，悉皆安吉。急急如/五帝使者女青律令。/①

所谓买地券，是一种随葬契约，用途是标识墓主对墓葬土地拥有所有权，以获取冥府鬼神认可和庇佑。这种丧仪与东汉以来道教的形成发展有密切关系，与方术、堪舆等观念相互结合，因此买地券中的文字用语含有大量道教神鬼和仪轨。

不过，这种丧葬仪式似乎不为文人士大夫所接受，南宋周密《癸辛杂识》提出："今人造墓，必用买地券，以梓木为之，朱书云：'用钱九万九千九百九十九文，买到某地'云云。此村巫风俗如此，殊为可笑。"②因此，相较于墓志，墓葬中出土买地券并不多见，且以平民墓为多，高官墓葬中鲜有发现③。

像西安金代潘顺夫妇墓、黄渠头村金代墓，墓葬规格不高，墓主都是普通居民，就都有买地券。而金代陕西东路转运使、行六部尚书李居柔墓中出现买地券则较为特殊，很有可能是全真道的影响力持续扩大，以李居柔为代表的一批官员也陆续接受了道教观念。

此时的全真教，一呼百应，俨然成为一方势力，为各方所重视。首先是在金宣宗贞祐四年（公元1216年），金朝朝廷延请丘处机；接着，宋宁宗嘉定十二年（公元1219年），南宋朝廷也遣使延请丘处机；而同年十二月，成吉思汗的使者也来延请丘处机。权衡利弊之后，丘处机选择了蒙古。在成吉思汗十五年（公元1220年）正月，73岁高龄的丘处机率领十八弟子从莱州出发，跋涉两年多，行程万余里，于成吉思汗十七年（公元1222年）四月五日，来到了阿姆河南岸（位于今阿富汗）蒙古军驻地。

成吉思汗非常满意丘处机"他国征聘皆不应"，跨域万里来向自己输诚，而丘处机的奏对应答也很合成吉思汗的心意。成吉思汗敬称丘处机为神仙，召集王子诸将训话曰："汉人尊重神仙，犹汝等敬天，我今愈信真天人也。"④

成吉思汗十八年（公元1223年）三月，丘处机率十八弟子东归，成吉思汗派人护送，沿途受到各地蒙古官员礼敬。这次行程整一年，成吉思汗十九年（公元1224年）三月，丘处机一行抵达燕京。蒙古贵戚高官争相结交，丘处机顿时身价倍增，一跃成为北

---

① 陕西省考古研究院：《陕西西安金代李居柔墓发掘简报》，载《考古与文物》2017年第2期，第49页。
② 〔宋〕周密：《癸辛杂识》别集下《买地券》，吴企明点校，中华书局，1988年，第277页。
③ 李裕群：《宋元买地券研究》，载《文物季刊》1989年第2期，第77页。
④ 〔元〕李志常：《长春真人西游记》卷下，中华书局，1985年，第22页。

方道教领袖,"由是玄风大振,四方翕然,道俗景仰,学徒云集门下"①。丘处机抓住机会,提出"立观度人,时不可失",派出门下弟子兴建宫观、广收教徒,从此全真教席卷北方,进入鼎盛时期,"声势隆盛,鼓动海岳"②。

其中,京兆作为全真教发祥地,自然备受重视。像丘处机去世后,出任全真教第六代掌教的尹志平,在蒙古窝阔台汗十三年(公元1241年)大集教众,会葬王喆,"时陕右虽甫定,犹为边鄙重地,经理及会葬者,四方道俗云集,常数万人"③。这期间,尹志平在陕西营造二观四宫,度弟子千人。而长期在陕西传教的则是马钰的弟子于志道,后来拜入丘处机门下。尹志平之后,全真教第七代掌教李志常任命于志道执掌陕西、陇右地区教务,"不十载间,雄宫杰观,星罗云布于三秦之分矣"④。

当其时,京兆道教之盛,风头无两。留存至今日的最著名的道教建筑,无疑首推八仙宫,位于今陕西省西安市东关长乐坊的八仙宫,为陕西省道教协会所在地。此地原是唐朝兴庆宫旧址,在北宋时地下经常传出雷鸣之声,故在此地建造雷神庙。传说北宋末年,有人在这里遇到八仙,就此产生八仙的传说。后来,全真教兴建宫观,就扩建雷神庙为八仙庵。明代时,它成为规模宏大、远近闻名的道教宫观。现存建筑均系明清两代以后修建,原来保存有唐代石柱,在"文革"时被破坏。道观布局对称,中路是奉祀道教诸神的正殿——灵官殿、八仙殿、斗姆殿;东路是吕祖殿、药王殿等;西路是邱祖殿、住持住房等。另有西花园,占地面积近百亩。

在道观山门外大牌楼前有"长安酒肆"石碑,题"吕纯阳先生遇汉钟离先生成道处",相传是钟离权十试其心、点化吕洞宾之处。而正殿八仙殿供奉的就是八仙神像。八仙传说出现于宋代,到明代正式确定为张果老、韩湘子、吕洞宾、汉钟离、何仙姑、铁拐李、曹国舅、蓝采和八位仙人。其中吕喦,字洞宾,号纯阳子,正是唐末宋初京兆人。

三、蒙金战争中的京兆及其周边地区

蒙古成吉思汗六年(宋宁宗嘉定四年、金卫绍王大安三年、公元1211年)二月,

---

① 〔元〕姬志真:《盘山栖云观碑》,见〔元〕陈垣:《道家金石略》,文物出版社,1998年,第465页。
② 〔元〕元好问:《怀州清真观记》,见〔元〕李道谦:《甘水仙源录》卷九,见《道藏》第19册,第798页。
③ 〔元〕弋毂:《清和妙道广化真人尹宗师碑铭并序》,见《甘水仙源录》卷三,见《道藏》第19册,第743页。
④ 〔元〕李道谦:《终南山祖庭仙真内传》卷下《洞真人》,见《道藏》第19册,第538页。

成吉思汗誓师伐金，蒙金战争爆发。蒙古军最擅长的是"斡腹"作战策略，基本思路是在战场正面只安排非主力部队，负责骚扰、牵制，主力部队放在边路，避开敌军正面，迂回包抄，攻击敌人背后或侧翼。"斡腹"作战策略的精髓，就是通过骑兵部队快速推进，寻找敌军漏洞，以强击弱，从而打乱敌军整个部署。当然，根据战场形势变化，正面部队、侧面部队的职责也会随机应变，进行转换。

凭借这一作战策略，在公元13世纪，蒙古骑兵在欧亚大陆取得无数骄人胜利。他们面对金军时故技重施。蒙古军并不急于占领城池，而是从侧面进攻，不断扫荡华北地区，劫掠物资，孤立金朝国都中都。金军数次组织会战，却无一胜绩。短短三年时间，蒙古即"遣使谕金主曰：'汝山东、河北郡县悉为我有，汝所守惟燕京耳。'"①

成吉思汗九年（宋宁宗嘉定七年、金宣宗贞祐二年、公元1214年）四月，蒙金议和。五月，金宣宗逃离中都，迁都南京开封府（今河南开封）。此举激怒了成吉思汗，认为金宣宗不信任他，是欺骗他讲和，于是战事再起。成吉思汗十年（宋宁宗嘉定八年、金宣宗贞祐三年、公元1215年）五月，金朝中都守将弃城逃跑，蒙古军进入中都。

成吉思汗十一年（宋宁宗嘉定九年、金宣宗贞祐四年、公元1216年）六月，成吉思汗命三合拔都攻打陕西，这是蒙古第一次进攻陕西。八月，三合拔都统率蒙、夏联军进攻延安府（今陕西延安）、鄜州（今陕西延安富县），皆不克。九月，三合拔都绕道坊州（今陕西延安黄陵），经此进入关中。

金朝君臣意识到"陕西一路最为重地"②，金宣宗派签书枢密院事永锡守卫潼关。这时，尚书左丞相行省陕西仆散端提出，关中地区也需要防守，不应派兵去潼关，金宣宗就把兵派给了仆散端，这导致永锡无兵可用。十月，三合拔都撤下京兆，兵至潼关，走小路绕过"禁坑"，从潼关东面进攻，金朝潼关守将泥庞古蒲鲁虎战死，三合拔都顺利进入河南。十一月，蒙古军劫掠汝州后，前锋距离开封仅20里，被金军击败。三合拔都遂北撤，进入山西。

三合拔都这次进攻，几乎没有攻占城池，兵力也只有1万，所以主要目的应该还是探路，为后面的进攻做准备。成吉思汗十二年（宋宁宗嘉定十年、金宣宗兴定元年、公元1217年）八月，成吉思汗封木华黎为国王、太师，统率十"提控"蒙古军1.4万人、探

---

① 《元史》卷一《太祖纪》，第17页。
② 《金史》卷一〇三《完颜仲元传》，第2266页。

马赤军1万余人，契丹、女真、汉军8万多人，合计兵力10万以上，全权负责蒙金战争。蒙金战争进入第二阶段，蒙古军的战略从攻打金朝升级为覆灭金朝。

此后三年，木华黎以中都为中心，采取先稳固占领地再逐步南下的战略，有意识地拉拢金朝官员和当地武装，注意安抚百姓，控制屠城和掠夺行为，所谓"向皆秋来春去，今已盛暑不回，且不嗜戕杀，恣民耕稼"①。这意味着蒙古军不再满足于秋来春去、劫掠而还，而是要攻克并长期占领金朝领土。

而金宣宗迁都开封后，缩小防线，重整军队，对于河北、山东、山西等地区，主要依靠扶植地方武装的办法，在关中、河南地区则集结重兵，依托黄河、潼关天险建立防线，根据战情，向其他地区调动机动兵力。

这样，金军改变了此前被动防御的局面，也能够主动出击。于是，战场形势更加复杂，一方面木华黎统领大军，势如破竹，斡腹山东、山西、河北等地；另一方面，金军又在蒙古军撤走后伺机反攻。于是，出现了部分地区反复争夺、拉锯的局面。

成吉思汗十六年（宋宁宗嘉定十四年、金宣宗兴定五年、公元1221年）秋，木华黎渡黄河攻入陕西，打算从西边斡腹迂回进攻金朝。在汇合5万西夏军后，攻葭州（今陕西榆林佳县，当时属金朝河东北路）、绥德（今陕西榆林绥德），十一月兵围延安。金军延安守将完颜合达坚守两个月，木华黎无法攻破延安，于十二月南下进攻京兆。谁知，京兆军民躲入终南山，木华黎得了空城，无法就地补给，遂撤军北返。

成吉思汗十七年（宋宁宗嘉定十五年、金宣宗元光元年、公元1222年）十月，木华黎第二次率军攻陕，拿下韩城、同州、蒲州后，全军转南，直扑京兆。此时金朝京兆守将就是前一年守卫延安的完颜合达，他因功升任参知政事，行省事于京兆②，"拥兵二十万固守"③。

木华黎进攻京兆只是虚晃一枪，他的目标其实是西边的凤翔。因为宋金长期对峙，凤翔是金朝在秦岭西段的重要军事据点，城池坚固，军备充足，蒙古军夺取凤翔，将撼动金朝整个陕西防线。金朝也深知凤翔失守势必影响京兆、潼关的安全，遂派兵增援。双方在凤翔激战月余，转年到成吉思汗十八年（宋宁宗嘉定十六年、金宣宗元光二年、公元1223年）初，西夏又为蒙古助兵10万，但凤翔依然掌握在金军手中。木华黎感慨：

---

① 《金史》卷一〇八《胥鼎传》，第2383页。
② 《金史》卷一一二《完颜合达传》，第2465页。
③ 《元史》卷一一九《木华黎传》，第2935页。

"吾奉命专征，不数年取辽西、辽东、山东、河北，不劳余力；前攻天平、延安，今攻凤翔皆不下，岂吾命将尽耶！"①其实，蒙古军的威力主要在于野战，攻城战多是依靠驱赶当地百姓冲锋在前，这种战术在短期内十分见效，一旦遭遇顽强抵抗，士气就会迅速跌落。

木华黎无法攻破凤翔，京兆完颜合达的部队也没有贸然出击，蒙古军只得撤退。三月，木华黎在撤军途中病死于闻喜（今山西运城闻喜），部队由其子孛鲁带领。

令金朝上下闻之色变的"权皇帝"木华黎病死，给了金朝反击的机会，降蒙的金将和豪强武装纷纷反蒙，武仙在真定（今河北石家庄正定）叛乱，李全攻占益都（今山东青州）②。直到成吉思汗二十二年（宋理宗宝庆三年、金哀宗正大四年、公元1227年），蒙古军重整军威，史天泽、孛鲁等才分别收复河北、山东。

同年四月，成吉思汗征西夏，战局已定，便亲率部队南下攻陕，破德顺、临洮。六月，金哀宗求和，成吉思汗拒绝，驻兵清水（今甘肃天水清水），进攻凤翔。此时，成吉思汗年事已高，他曾经感慨："使木华黎在，朕不亲至此矣。"③蒙古军的攻势依然不顺。金朝援军赶来，侵扰蒙古军退路。七月，一代天骄成吉思汗病逝于清水，蒙古军第二次进攻凤翔就此作罢。

成吉思汗在临终之际制定了进攻金朝的方案："金精兵在潼关，南据连山，北限大河，难以遽破。若假道于宋，宋、金世仇，必能许我，则下兵唐（今河南南阳唐河）、邓（今河南邓州），直捣大梁。金急，必征兵潼关。然以数万之众，千里赴援，人马疲弊，虽至弗能战，破之必矣。"④此后二年，成吉思汗幼子拖雷监国。这期间，金军取得大昌原（今甘肃庆阳宁县太昌）大捷。宋理宗绍定二年、金哀宗正大六年（公元1229年）八月，成吉思汗三子窝阔台继位，是为第二代蒙古大汗。随后，窝阔台相继派遣朵忽鲁、速不台进攻陕西，史天泽等进攻卫州（今河南新乡卫辉），皆不克。

蒙古窝阔台汗三年（宋理宗绍定四年、金哀宗正大八年、公元1231年）正月，蒙古军第三次围攻凤翔。金哀宗一再催促完颜合达予以增援，"凤翔围久，恐守者力不能

---

① 《元史》卷一一九《木华黎传》，第2935页。
② 《金史》卷一六《宣宗纪》，第365-366页。
③ 《元史》卷一一九《木华黎传》，第2936页。
④ 《元史》卷一《太祖纪》，第25页。

支"①。完颜合达勉强领兵出潼关，在华阴遇到蒙古兵，金军稍一接战便退回潼关。二月，凤翔终于陷落②。从公元1223年正月到1231年二月，八年时间，三次大战，凤翔终于易主。完颜合达决定将京兆地区军民撤离，只留庆山奴留守京兆，"时京兆行省止有病卒八百、瘦马二百"③。金朝实质上已经放弃潼关以西地区。此后，速不台两次进攻潼关，都被金军击退。

这年五月，经过诸王大会讨论，蒙古军决定兵分三路：窝阔台自己统兵由河东地区过黄河，从正面进攻；铁木哥斡赤斤（成吉思汗妻弟）从济南向西，配合窝阔台；拖雷率部队绕道凤翔，经由南宋北部，从开封以南发起进攻。约定在下一年开春，三路大军会师开封。

九月，窝阔台率领中路军进攻河中府。十月，金朝京兆主将庆山奴一去不返。年底蒙古军攻克河中，取得渡河的重要渡口。窝阔台汗四年（宋理宗绍定五年、金哀宗开兴元年、公元1232年）正月，蒙古军在洛阳以东渡河，进军郑州，金朝黄河一线守军纷纷后撤。至此，金朝西面屏障京兆、凤翔与北面屏障河中、黄河相继失守，只剩下"潼关险隘，兵精足用"④。

与此同时，拖雷率领部队近4万人，出凤翔，遣使赴南宋，"诣宋假道，且约合兵"⑤，并索要粮秣。南宋却提出应该称为"通好"，如此一来一往，耗费时日，部分蒙古军习惯性地出入兴元府辖境抢夺财物给养。这激起了南宋军民的愤慨，当蒙古使者再次到来时，直接将其就地捕杀。

拖雷本来就急于按照原定计划赶往开封，不愿等待，得报更是大怒，认为南宋背盟，挥军强行通过大散关（位于今陕西宝鸡以南），进入南宋辖境，一举攻破沔州（今陕西汉中略阳）、洋州（今陕西汉中洋县）、大安军（今陕西汉中宁强），进逼兴元府。为了巩固侧后，又攻占利州（今四川广元）、阆州（今四川阆中）、果州（今四川南充）等城寨。随后，蒙古军再次提出借道，南宋立刻同意，并派兵引导。十二月底，拖雷统兵渡汉水，进抵邓州。同样在窝阔台汗四年正月，拖雷与完颜合达在均州三峰山

---

① 《金史》卷一一四《白华传》，第2507页。
② 《元史》卷二《太宗纪》作"三年辛卯春二月"，第31页；《金史》卷一七《哀宗纪上》作"四月"，第383页。
③ 《金史》卷一一六《内族承立（一名庆山奴）传》，第2551页。
④ 《金史》卷一二四《忠义传·术甲脱鲁灰》，第2699页。
⑤ 《元史》卷一一五《睿宗传》，第2886页。

（今河南禹县西南）决战，金军主力被歼。

蒙古窝阔台汗五年、宋理宗绍定六年、金哀宗天兴二年（公元1233年）九月，宋、蒙联军围攻蔡州，至下一年正月，蔡州城破，金朝灭亡。战后，南宋与蒙古划分了势力分界线，中原大部分地区归属蒙古。当时，中原地区经年战乱，残破不堪，即便是当地百姓也纷纷逃离家园，去黄河以北或南宋求生。这种状况也影响到了蒙古军驻扎布防，因为按照蒙古行军习惯，并不携带大量粮草，军粮主要靠就地征收。既然现在中原地区无粮可用，蒙古军就干脆撤军回到河北地区，沿黄河两岸布防，将中原地区原金朝大量州府县乡都交给了金朝投降官员。

在南宋朝廷看来，这意味着蒙古放弃了中原地区的统治权，南宋人的故土家园成了无主之地。蔡州战役的胜利，使南宋朝廷错误地评估了当时的形势，认为己方万众一心、士气正旺，而蒙古军实力不过尔尔。于是，在端平元年（公元1234年）六月，南宋出兵收复北宋"三京"：东京开封府、西京河南府（今河南洛阳）、南京归德府（今河南商丘）。由名将赵葵指挥的南宋军一路畅通，各地原金朝官员望风披靡，南宋军几乎未遇抵抗便进入开封。八月，先遣部队一度进入洛阳，"靖康之变"百年耻辱一扫而光。

就在此时，形势突变，南宋主力部队在洛阳城东30里，与南下的蒙古军正面相遇，一战即败。随后，蒙古军挖开了黄河岸堤，一时间道路被淹，运河堵塞，南宋后方粮草无法及时运到前线，开封城中的南宋军既无粮草又逢败仗，斗志全失。赵葵不敢接应洛阳，仓皇南撤，不战而逃。南宋这次失败的军事行动，总共持续了两个来月，史称"端平入洛"。

"端平入洛"引起一系列连锁反应和问题，"用师河、洛，兵民死者十数万，资粮器甲悉委于敌，边境骚然，中外大困"①。江淮地区多年战略储备为之一空。其中最致命的是蒙古君臣早有侵宋之心，"端平入洛"正好为蒙古大汗窝阔台发动战争提供了口实。很快，在"端平入洛"下一年，即窝阔台汗七年、宋理宗端平二年（公元1235年），窝阔台派遣三路大军南下攻宋，蒙（元）、南宋之间持续40年的战争，就此拉开了帷幕。

---

① 《宋史》卷四〇七《杜范传》，第12281页。

经过拖雷假道伐金之后，陕南地区遭到蒙古军严重破坏，而凤翔等地却被蒙古军建设为进军基地，所以端平二年战事一起，蒙古西路军迅速南下，攻入陕南，到窝阔台汗八年、宋理宗端平三年（公元1236年）八月，沔州、凤州、兴元府等州县相继陷落。九月，爆发阳平关（今陕西汉中勉县）之战，宋将曹友闻战死，至此，蒙古军肃清南宋陕南部队，"已撤彼之藩篱，行寝其堂奥矣"[1]。在此后一个月内，蒙古军便攻占了成都。

---

[1] 〔元〕苏天爵：《元朝名臣事略》卷六《总帅汪义武王》，中华书局，1996年，第89页。

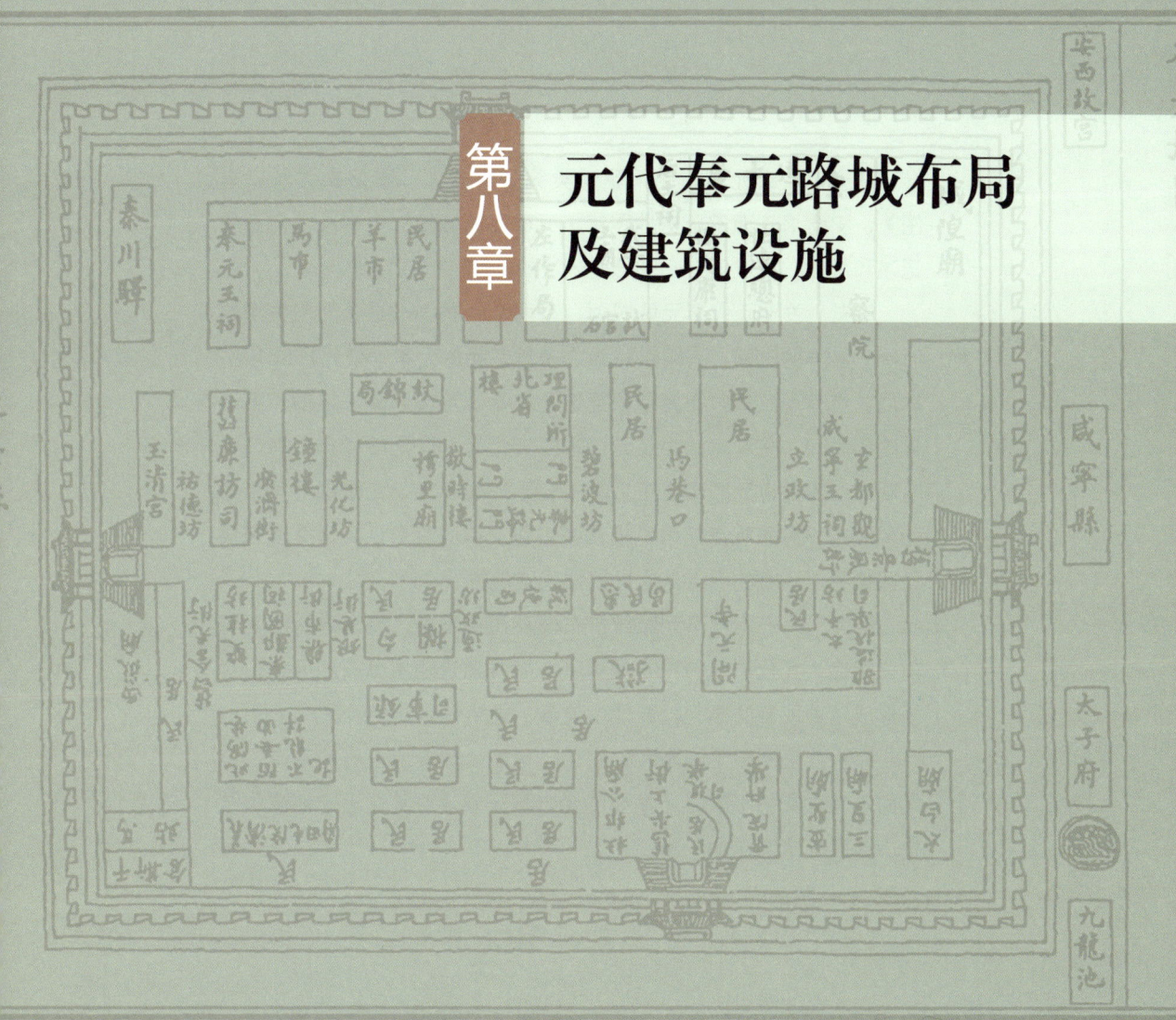

第八章 元代奉元路城布局及建筑设施

对于元代奉元城，骆天骧《类编长安志》、李好文《长安志图》、史念海《西安历史地图集·元奉元路城图》中有较为全面的记述和考证。不过仍有一些悬而未决的问题，尚无结论。

首先，关于元代奉元城城垣，有两个问题：一是含光门关闭的时间。最早的时间，有观点认为在宋哲宗元祐元年（公元1086年）以后，也有观点认为在元顺帝至正元年（公元1341年）以后；至于最晚的时间，有观点认为在元仁宗皇庆元年（公元1312年）前，也有观点认为是在元顺帝至正二年（公元1342年）。二是圆形角台修造的原因。有的观点认为是模仿蒙古包，有的观点认为是继承宋代"团楼"，还有的观点认为是效法天圆地方。

其次，关于元代奉元城城市布局及建筑设施，有学者指出：与前代相比，元代奉元城内布局凌乱，各种建筑随意分布。但是，对于形成这种现象的原因，却理由欠奉，显然有必要继续深入探讨。

另外，元代奉元城最大的变化，可能就数安西王府的营造，但是由于考古文物不够，还需要结合史料记载，对其选址、创建、结构、存废等情况详加考述。

第一节
元代奉元城城垣改造

一、城门开闭的变化

唐长安城皇城东、南、西三面城墙共七座城门：东面二门，南为景风门，北为延喜门；南面三门，正南为朱雀门，东为安上门，西为含光门；西面二门，南为顺义门，北为安福门。另外，皇城北城墙（也就是宫城南城墙）正北为承天门，东为长乐门，西为永安门。

唐末韩建废宫城、外郭城，改筑新城，对城门开闭也进行了调整。具体情况见于《长安志图》所述："建遂去宫城，又去外郭城，重修子城。南闭朱雀门，又闭延喜、安福门，北开玄武门，是为新城，……门各三重，今存者惟二重，内重其址尚在。"[①]可见，韩建缩城时改造皇城城门，关闭了正南门朱雀门、东面北门延喜门、西面北门安福门。另外，北面东门长乐门、西门永安门应该也被同时关闭。这样韩建所筑新城共开五门：南面东门安上门、西门含光门，东面景风门，西面顺义门，北面原宫城承天门改为玄武门。其中东门景风门和西门顺义门东西相对；北门玄武门大致位于北城垣中心，但不与南面含光、安上二门相对，因为安上门、含光门，居于南城墙中心朱雀门东西两侧。

现代考古发现，唐代皇城南面西门含光门有三条门道，韩建封闭了中间、西面二条门道，仅开放东面一条门道，后来含光门全部被封，从此南面只剩下安上门一座城门。

清嘉庆《咸宁县志》所附宋、金、元三代西安城图显示，五代、宋、金、元时，西安城北面玄武门、东面景风门、西面顺义门、南面东门安上门四座城门一直都在，没

---

① 《长安志图》卷上，第20页。

有变化。至于南面西门含光门，在金代京兆城图中有门无名，在元代奉元城图中消失不见。这表示含光门在元代或之前被封闭废弃。这一变化引起学者的关注。对含光门在何时封闭这一问题，学界意见不一，故需通过翻检史料、参考前人研究成果，对含光门封闭时间重新进行分析。

因为清嘉庆《咸宁县志》中所绘元时奉元城图，主要是以元代李好文《长安志图》中的《奉元城图》为根据，所以可以确定，在李好文撰成《长安志图》之前，含光门已经封闭。

对此，主持含光门考古发掘工作的马得志先生在《唐长安皇城含光门遗址发掘简报》中写道："李好文《长安志图》中的奉元城已无含光门，而只有安上一门。发掘证明，元代已将含光门封闭，其封闭的时间当在仁宗皇庆元年（1312年）改安西路为奉元路，城名'奉元城'之前封闭的。"①这段叙述成立的逻辑前提是，李好文所绘《奉元城图》，就是元仁宗皇庆元年（公元1312年）安西路改名奉元路当年之城图。然而，一则没有材料佐证李好文所绘为改名当年之城图，二则李好文任陕西行台治书侍御史是在元顺帝至正二年（公元1342年）、四年（公元1344年），所以以上叙述并不能成立。

辛德勇先生也指出马得志先生认为含光门封闭时间下限在皇庆元年之误，并提出：李好文撰写《长安志图》时在元顺帝至正二年②，故此年方为含光门封闭之时间下限。

至于含光门封闭的时间上限，马正林先生在《丰镐—长安—西安》一书中最早分析道："含光门的封闭当在北宋以后。"③以为封门时间当在"北宋以后"。此说有些模糊，为什么要排除北宋时封门的可能？

实际上这个看法来自清嘉庆《咸宁县志》所载："宋张礼《游城南记》出安上门，入含光门。则宋城南面尚有二门，含光之闭当在宋后矣。"④此处提到北宋张礼与友人在哲宗元祐元年（公元1086年）闰月十六日游宋京兆城南后，返经含光门入城的经历：

---

① 马得志：《唐长安皇城含光门遗址发掘简报》，载《考古》1987年第5期，第480页。
② 辛德勇：《有关唐末至明初西安城的几个基本问题》，载《陕西师范大学学报》（哲学社会科学版）1990年第1期，第28页。
③ 《丰镐—长安—西安》，第90页。
④〔清〕陆耀遹、董祐诚等：《咸宁县志》卷四《历代疆域水道城郭宫室名胜图上·金京兆府城图》，第69页。

"既而北行数里，入含光门而归焉。实闰月十六也。"①事后张礼据此次行程写成《游城南记》一书。毫无疑问，元祐元年含光门仍未被封闭，这是含光门封闭的时间上限。

此后，武伯纶先生《西安历史述略》记道："但到元代，在李好文所画《奉元城图》上，南面只有一个门，依位置看，应该是安上门，不见含光门了。这个门的封闭，可能在南宋时期。"②此处称南宋，实为金代。这个结论其实还是清嘉庆《咸宁县志》所谓"含光之闭当在宋后矣"的延伸，而且并没有相关史料可以佐证。

于是，有学者综合以上时间上限和下限，认为："关于含光门封闭的时间应限定在北宋元祐元年（1086年）至元顺帝至正二年（1342年）之间。其具体详细时间，仍须进一步挖掘史料进行探讨。"③该说法将含光门封闭的可能时间跨度定为256年之长，失之粗疏。

延长含光门封闭的可能时间段，倒也并非全无道理。元祐元年（公元1086年）以后，到靖康元年（公元1126年）北宋覆亡之前，京兆城到底有没有封闭含光门的可能？虽然这一时期没有战乱，似乎不用为守城而封门，不过可能性依然存在。从《游城南记》可以看出，京兆城南地广人稀，且含光门不能通车，很有可能久无行人，含光门因而被废弃封闭。

当然，以上只是推测，若回归史料，仍然没有直接记载可以进一步精确含光门的封闭时间。辛德勇先生在《有关唐末至明初西安城的几个基本问题》一文中论证了含光门封闭下限为元顺帝至正二年（公元1342年），又依据《游城南记》金末元初人所作"续注"没有提及含光门，以及骆天骧《类编长安志》"南闭朱雀门，又北闭延喜门、安福门，北开真武门。为今之安西府也"④中提到的关闭的三座城门中没有含光门，认为骆天骧撰写《类编长安志》时在元成宗元贞二年（公元1296年），从而确定含光门封闭的时间必在此之后。

然而，辛德勇先生接着引用清代刘献廷《广阳杂记》的记载："今省城，元至正中建也，移于洼下矣。"⑤认为封闭含光门与"至正中"建城同步进行，最后得出结论：

---

① 《游城南记校注》，第173页。
② 《西安历史述略》，第283页。
③ 朱永杰、韩光辉：《五代至元西安城垣范围及建制特点》，载《中国历史地理论丛》2005年第3辑，第115页。
④ 《类编长安志》卷二《京城·隋唐》，第45页。
⑤ 〔清〕刘献廷：《广阳杂记》卷二，汪北平、夏志和点校，中华书局，1957，第68页。

含光门封闭时间是至正元年（公元1341年）到至正二年（公元1342年）之间。

此说或不妥，因为元顺帝至正年间（公元1341—1368年）历时28年，"至正中"不是"至正初"，故以至正元年为时间上限稍显牵强。首先，封闭城门与修城并不一定要同时进行，如前所述，若行人不多，平时即可封门落锁。其次，元顺帝至正十一年（公元1351年），朵尔直班出任陕西行台御史大夫，"乃修筑奉元城垒。募民为兵"①。此时才是刘献廷《广阳杂记》所谓"至正中"，然而至正十一年在李好文撰《长安志图》之后，并不能将其作为时间上限。

综上，还是以《类编长安志》撰成年代元成宗元贞二年（公元1296年）为时间上限，以《长安志图》撰成年代元顺帝至正二年为时间下限，即从元贞二年到至正二年作为含光门封闭的可能时间，最为稳妥。另外，如果考虑到元朝内部社会形势变化，从元顺帝至元四年（公元1338年）白莲教起义开始，局势动荡，奉元城因此封闭含光门，也具有一定的可能。故此，含光门封闭时间当为至元四年到至正二年间。

二、圆形角台的修造

西安明城墙四角各有肉眼可见的突出城外的角台，其中西北、东北、东南三角台为方形，只有西南角台为圆形。这个奇怪的现象引出一系列问题：为何只有西南角是圆形角台？西南圆形角台是唐朝皇城原貌，还是韩建新造？或者是元代改造？又或者是明初改造？圆形角台是为了军事防御吗？是否有其他用途？以上问题，可以汇总为圆形角台的数量、修建时代和作用。

可以确定，在明城墙之前，圆形角台至少有西南角台、西北角台两处。《西安市志》载："在玉祥门豁口以南环城林地内，还发现元代西安城墙西北角的半圆形角台遗址。"②据此推测东北角台、东南角台应该也是圆形，也就是在明初扩建西安城墙以前，四个角台皆为圆形，扩建后只留存了西南圆形角台。

问题在于，圆形角台是否是元代修造？《西安市志》所谓"元代西安城墙"之语，恐怕是从西南圆形角台倒推而来，而并不是从遗址本身确定这是元代改造工程，毕竟目前对于西南圆形角台的建造时间尚存争议。

---

① 《元史》卷一三九《朵尔直班传》，第3359页。
② 西安市地方志编纂委员会：《西安市志》第二卷《城市基础设施》，西安出版社，2000年，第334页。

关于西南圆形角台的修建时间，最普遍的观点认为是在元代。依据主要有两个：

第一个依据是《明实录》"洪武六年（公元1373年）秋七月"条所载，明初扩建西安城墙，"军士开拓东大城五百三十二丈，南接旧城四百三十六丈。今欲再拓北大城一千一百五十七丈七尺"①，意即延伸东城墙、北城墙，而保留下西城墙、南城墙及西南圆形角台。所以西南圆形角台的最大可能，是元代奉元城旧貌。

第二个依据是忽必烈继位后，封三子忙哥剌为安西王，出镇关中。至元十年（公元1273年），忙哥剌仿照忽必烈的上都、大都之制，在蒙古军夏日休憩之所六盘山所在地原州（今宁夏固原）以及京兆分别建造宫殿，设置王府属官，京兆宫殿称安西宫，其地遂称安西路。

安西王府遗址位于今西安城东北约3公里、浐河以西2公里处，在龙首原的余脉上，与唐大明宫位于一条线上，在今秦孟街北、东元路东。安西王府实际上是修筑在韩建所筑新城的外面，是城外之城。这座城的建造者是赵炳，建成之后，规模宏伟，"壮丽视皇居"②。中国科学院考古研究所在1957年春对安西王府遗址进行了细致的勘测。据马得志先生《西安元代安西王府勘查记》载："城的四角均向外突出，突出部分的平面近半圆形，直径在29—30米左右，从其形制及附近堆积的砖瓦来看，城的四周可能有角楼一类的建筑。"③这一考古结果表明，安西王府城垣四角向外突出，近半圆形。

所以有学者认为，安西王府城垣的四角为外突的半圆形，与元奉元城"圆角方城"形制有着紧密的联系。简单来说，就是安西王仿照安西王府城角，将宋、金西安城的四个方形城角改造为半圆形。如史红帅、吴宏岐先生在《古都西安：西北重镇西安》一书中指出："在元代，地方政府与元安西王家族可能对宋金以来的长安城四个方形城角进行了改建，从而形成'圆角方城'的形态。"④明代将西安城墙向东、向北延伸时，拆除了元代东南、东北、西北的半圆城角，才造成今天的状况。

故此，元代奉元城的圆形角台既是元代奉元城墙一大特色，也反映了不同民族文化

---

① 《钞本明实录》第一册《明太祖实录》卷八三《洪武六年七月》，第400页。
② 〔清〕屠寄：《蒙兀儿史记》卷七六《忽必烈汗诸子传·安西王忙哥剌》，中国书店出版社，1984年，第505页。
③ 马得志：《西安元代安西王府勘查记》，载《考古》1960年第5期，第20页。
④ 史红帅、吴宏岐：《西北重镇西安》，西安出版社，2007年，第17页。

背景对于城市布局形式的影响。贾麦明先生在1987年9月13日香港《华侨日报》上发表《西安古城墙的秘密》一文，认为现存的圆形西南城角，并不是隋唐长安城皇城西南角的遗存，而是元代修建奉元城时，模仿蒙古包的形状，将原来的方形城角改造为圆形城角所致①。

不过，将圆形建筑风格视作蒙古统治者要在城墙四角的形状上体现出民族风格和特性——毕竟圆形的蒙古包向来被视为蒙古族的象征——似乎失之偏颇。

辛玉璞先生曾提出质疑：元大都作为元朝统治的中心，其地位显然比西安城更重要，更有代表性。如果要在建筑风格上体现蒙古族特征的话，元朝京城大都城墙的角台也应是圆形的，但20世纪中叶还存在的大都城墙残垣的两个角都是方形的。此外，今内蒙古呼和浩特地区最具代表性的古丰州城四个城角也都是方形而非圆形的。

另外，从中原地区的建筑风格看，考古发掘的具有"圆形""半圆形"结构的建筑物数量很多，比如西安半坡遗址有地上圆形房屋、半地穴方形房屋两种结构。其他还有山东滕州西康留古城圆角方形建筑遗址；湖南澧县城头山古城圆形建筑遗址；福建西南部永定、南靖等县区内的客家土楼部分为圆形，称为"圆寨"；山西长城以北一处明代汉族古城，城角亦是半圆形②。由此可见，蒙古包甚至蒙古族建筑风格之说有其不妥之处。

那么，安西王忙哥剌修造圆形角台是为了什么？辛玉璞先生认为是出于加强军事防御的考量。他详细分析，列举原因，比如西南圆形角台比城墙高出2米多，圆形结构消除了视线和火力死角，加大台面面积，增加士兵容纳量，加强杀伤力，符合现代军事理论中的"环形防御"等。最后，辛玉璞先生得出结论：两代安西王忙哥剌、阿难答父子，与元廷对抗，意图夺权或分裂，圆形角台有利于防范朝廷的讨伐，正是当时军政形势的体现。

实际上，由安西王宫的圆形角台推论西安城墙的圆形角台，存在一个逻辑悖论：为什么一定是安西王宫在先、西安城墙在后？如果西安城墙在先、安西王宫在后，那么，以上推论岂非无法成立？

---

① 王维坤：《试论隋唐长安城的总体设计思想与布局——隋唐长安城研究之二》，载《西北大学学报》（哲学社会科学版）1997年第3期，第70—71页。

② 辛玉璞：《试解西安半圆城角谜》，载《华夏文化》2003年第1期，第21—22页。

对此刘瑞先生提出，在目前的文献记载中，未发现元代对西安城进行过大规模修造。从情理上看，安西王府位于宋金京兆城外，安西王府才是当时西安的政治中心，所以对安西王府加以大力营建，而京兆城与安西王府相比，地位、作用居于其次。那么，圆形角台的出现时间，只能在安西王府修造之前。另外，刘瑞先生还分析了西安城墙角楼的修建时间，《陕西通志》中第一次提到在洪武初年"四隅角楼四"，而西安明城墙西南角楼，与其他城角角楼结构完全不同，这表示当时是以西南城角为基点，原来西南城角的角楼、角台都没有经过大规模的改建，而其他三个城角的角楼、角台都是新建的，所以彼此规格不同，导致出现西南城角与众不同的情况[①]。

接着，刘瑞先生引述傅熹年先生的观点，认为这种圆形角台当是仿造宋代已经大量采用的城市防御设施团楼而建。具体来说，傅熹年先生《〈静江府修筑城池图〉简析》一文，对南宋咸淳八年（公元1272年）《静江府修筑城池图》中标注的若干处"团楼"即圆形角楼分析如下：

> 团楼之名已见于《武经总要》，又称敌团。书中注云："敌团，城角也"，可知北宋时已有此制。在战争中大量使用石炮后，如在城角顺两面城身方向各架炮，则方形城角完全暴露在炮石攻击之下，无法防守，故发展出弧形城角，以避闪两个方向的炮石。在这弧形墙角上所建的敌楼称为团楼或敌团。在桂林城图上还可看到团楼的墙面分间，每间一个箭窗，和硬楼在整墙面上开几个窗的形式不同。参考《武经总要》插图和山西繁峙岩山寺金大定七年公元1167年壁画中所示，可知这种分间的画法是表示其外墙为装上去的垂钟板，而不像硬楼那样是实体的墙壁。[②]

由《静江府修筑城池图》及《静江府修筑城池记》所反映的静江府城防工事的"团楼"，刘瑞先生进一步提出，"现在我们可以给西安西南城角一个正规的名称了——'团楼'"[③]。

既然是宋代城防工事"团楼"，那么其修造时期就缩小到唐以后、元以前的近300年时间里。刘瑞先生推测，最有可能是唐末韩建修造新城时所建。理由是：宋代京兆没

[①] 刘瑞：《西安城墙"团楼"考》，载《文博》2000年第5期，第36页。
[②] 傅熹年：《〈静江府修筑城池图〉简析》，见傅熹年：《傅熹年建筑史论文集》，文物出版社，1998年，第319页。
[③] 刘瑞：《西安城墙"团楼"考》，载《文博》2000年第5期，第35页。

有战乱，不需要修筑城防工事；而宋金战争、金蒙战争时，又无暇修筑城防；故此只能是既有时间也有军事防御需要的韩建，为了加强城防而修造。明初只是在其外包砖，从而形成了今天所见的模样。

与辛玉璞、刘瑞先生的观点不同，王维坤先生在《试论隋唐长安城的总体设计思想与布局》一文中提出："将象征着具有至高无上皇权的皇城的四隅建造为圆形，将外郭城的四隅建造成方形，我认为这种都城设计思想应是'天圆地方'的具体体现，同时也正与'筑城以卫君，造郭以守民'的真谛相合拍。"[①]也就是说，西南圆形角台是在隋代开始修建大兴城时，为了实践"天圆地方"的理念而建成的。王维坤先生在文章中还引用逸人先生和曹静先生的观点，指出汉长安城西南城角、唐长安城皇城西北角也是圆形，或有圆形角台。当然，西南圆形角台的修建时间也被提前到隋代。

以下对于上面几种分析加以探讨：

首先，时代最早的是"天圆地方"之说。此说忽视了隋大兴城暨唐长安城的建造过程：从隋文帝开皇二年（公元582年）动工，到开皇三年（公元583年）三月宫室初成。后来，隋大兴城逐步向南修造、扩展，隋炀帝大业九年（公元613年）修造宫城城墙。进入唐朝，唐高宗永徽四年（公元653年）进行扩建，确定"长安"之名；唐玄宗开元十八年（公元730年），修筑外郭城；唐德宗贞元四年（公元788年），修筑夹城。前后历时200多年，从宫城到皇城，再到外郭城，最后到夹城，并不是一开始就计划了宫城为圆、外郭城为方的格局。而且前引历史上各地圆形城墙建筑，并不都位于京城，故隋唐"天圆地方"之说尚需要更多例证。

其次，最普遍的是安西王修造说。第一，为了体现蒙古民族特色之说，论据不足，或可休矣。第二，圆形角台应该就是继承了古代城防工事设计建造的传统，是为了加强城墙侦察和火力，但不是为了与元朝朝廷对抗，因为忙哥剌在世时，深得父亲忽必烈信任，元世祖至元十年（公元1273年），忙哥剌进封为秦王，地位继续提高。当时，出于对南宋作战的需要，安西王忙哥剌实际掌控着整个西北、西南。至元十一年（公元1274年），元军兵分三路南征，其中西路军统帅就是安西王忙哥剌，兵力达15万。就是说忙哥剌不会在受封秦王之初，为了防御朝廷而加强西安城防。

[①] 王维坤：《试论隋唐长安城的总体设计思想与布局——隋唐长安城研究之二》，载《西北大学学报》（哲学社会科学版）1997年第3期，第71页。

最后，西南城角是否该改名"团楼"呢？此亦不妥。北宋学者沈括提到北宋边城的马面："其间更多刓其角，谓之'团敌'，此尤无益，全藉倚楼角以发矢石，以覆护城脚。"① 意即圆形马面战斗力并不强，主要依靠角楼发射矢石。推测所谓"团楼"当是团敌与角楼合称，而非圆形角台。既然西安城西南圆形角台上本有角楼，那么就不能用"团楼"单指西南圆形角台。

现在对西安城墙基本没有进行过大规模的考古发掘，所以论证西南圆形角台的修建时间，缺乏切实无误的考古资料支撑。单从现有文献记载来看，唐昭宗天祐元年（公元904年），佑国军节度使韩建重修新城；宋仁宗庆历元年（公元1041年），知京兆府范雍"完永兴城"②；元顺帝至正十一年（公元1351年），陕西行台御史大夫朵尔直班"乃修筑奉元城垒。募民为兵"③。这三次修城都有可能修葺圆形城角。元世祖至元十年（公元1273年），"王相兼营司大使"赵炳主持修建安西王府④，也有可能对西安城墙进行了维修。综合来看，应该还是以元代修造的可能性最大，可能是忙哥剌在世时修造，也可能是后来朵尔直班等地方官所修。

---

① 《梦溪笔谈》卷一一《赫连城》，第74页。
② 《宋史》卷二八八《范雍传》，第9679页。
③ 《元史》卷一三九《朵尔直班传》，第3359页。
④ 章巽：《西安元代"安西王府"的创建年代》，载《考古》1960年第7期，第56页。

第二节
元代奉元路城布局及建筑设施

一、元代奉元路城内街巷和建筑

成书于元成宗元贞二年（公元1296年）的《类编长安志》和元顺帝至正二年（公元1342年）的《长安志图》，对元代奉元城的内部建筑布局等情况有详尽可信的描述。尤其是李好文《长安志图·奉元城图》（见图8-1），十分清晰地描绘了元代奉元城的街道、官署、民居等建筑设施的性质用途、规模和分布状况，包含了丰富的历史信息。以此图为基础，史念海先生绘制成内容更加详尽的《元奉元路城图》，同样是研究元代奉

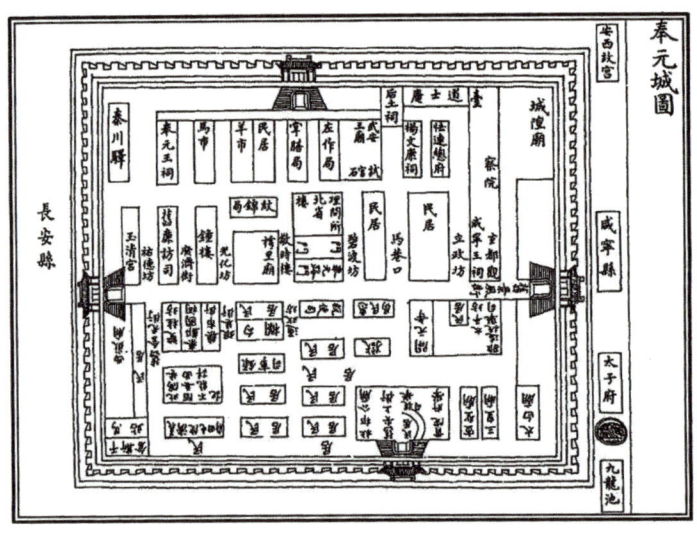

图 8-1 《长安志图·奉元城图》

（选自李好文：《长安志图》卷上《奉元城图》，辛德勇、郎洁点校，三秦出版社，2013年，第22-23页）

元城结构的重要参考资料。

据《长安志图·奉元城图》显示，元代奉元城的交通状况有了新的变化，南城墙西门含光门被封闭，这使得南北向的含光街及其延长线祐德坊街的南端出城通道被封。南城墙东门安上门成为南城门唯一的出城通道。然而，《西安历史地图集·元奉元路城图》显示，安上街及其延长线马巷口街的北端被后土祠截断。同时，北城墙玄武门前南北向广济街、银巷街，其南段朱雀门继续封闭。也就是说元代奉元城南北贯通街道数量不增反减，交通更加不便。

东西向街道也减少到三条。在东城墙景风门和西城墙顺义门之间，依然有指挥西街、指挥东街、景风街贯通而成的东西干道，此街南北各有一些街道与其平行。另外，这条东西干道的南北两侧，北边有驿亭（掖庭）街、九耀街（府城街、后街、衙后街）构成的东西向大街，南边有水池街、草场街构成的东西向大街。相对南北向交通，东西向交通更为便利畅通。

元代奉元城内街道的变化与建筑设施增加直接相关。以奉元路治衙署为中心，衙前（也就是南侧）为指挥东街，在衙署东侧与安上街及其延长线马巷口街之间，新增加了碧波坊街，衙署西侧隔一条街为樗里庙，再向西与原奉天门街现广济街——银巷街之间新增加了光华街。在奉元路治衙署北侧，原来是衙后街，《西安历史地图集·元奉元路城图》标注为"九耀街（府城街、后街、衙后街）"。宋、金时期，衙后街、九曜街是南北平行的两条街，到元代却出现混淆，这表示当时这两条街周边建筑较为密集混乱，因而无法确定两条街的实际状况。

元代奉元城中部交通路线增加，自然与该区域为奉元路治衙署也就是行政中心有必然联系，人口、建筑持续增多，道路随之发生变化。同时，城西北隅一直是秦川驿所在，这是从五代新城以来西安城城市建设和交通发展的一处见证。城西南隅则出现马站和千斯仓，两处建筑相邻，显然是为了便于运输千斯仓内的粮食等物资。从方便出城的角度看，南城墙东门安上门能够通车辆，而南城墙西门含光门不能通车辆，似乎马站和千斯仓应该建在安上门附近。但是事实上，东南区域历来是居民聚集区，类似马站和千斯仓等建筑设施需要大量空地，而东南隅已经无法提供足够空间，故而才选在西南隅。

因为《长安志图·奉元城图》等对元代奉元城内布局描绘较为清晰，故此处不再以表格列举元代奉元城内建筑，而按照城中部、城北、城东南等区域划分，举例列举元代奉元城内建筑设施的新变化。

元代奉元城中奉元路治衙署所在，与前代府衙所处位置一致，都是原唐长安城宫城尚书省所在位置，也就是城中心偏东处。在奉元路治衙署周围，分布着纹锦局、理问所、北省、税使司、惠民局等行政机构。同时，元代奉元城中部最具标志性的新建筑，就是位于城区中心的钟楼。除了钟楼，还有一座敬时楼，即鼓楼，紧临奉元路治衙署，取《尚书·尧典》"敬授人时"之意[①]。按照中国古代城区规划的习惯，一般都会将钟、鼓楼置于重点区域，故此可以从钟、鼓楼的位置判断其与行政中心的密切关联。无疑，元代奉元城中心区域依然是行政中心，沿袭了五代、宋、金以来的政治区域分布格局。

在城北，玄武门内广济街以西，从东向西，分布着灵应观、羊市、马市、奉元王祠。广济街以东则有掌膳局和左作局。这样的布局，一是为了方便从玄武门进出，给货物的运输与交换提供了便利；再是因为掌膳局和左作局可以就近采购食材等物资，满足奉元路治等机构的日常所需。而且城北作为商业区域也是唐末韩建重建新城时的设计，没有改变。

城东北隅，九耀街以北，分布着城隍庙、察院、行御史台、怯连总府、杨文康祠、道士庵等建筑。比较来看，城东南部文化教育机构建筑更多，此地既有选拔人才的行政管理机构——提举司，又有府学、贡院，还建有比其他城区相对更多的寺庙，如太白庙、三皇庙、宣圣庙。可见，元代奉元城东南部仍然是文化中心区域。东南部的文化功能在北宋已经形成，所以元代奉元城基本继承了北宋和金朝京兆城市建设和布局原则。

另外，《长安志图·奉元城图》显示元代奉元城内出现了一些坊，包括祐德坊、光化坊、碧波坊、立政坊、通政坊等，这些坊显然不可能具有唐长安城外郭城108坊的规模和形制，推测应该是宋、金以来逐渐形成的城内新居民区。

比较《长安志图·奉元城图》与《西安历史地图集·元奉元路城图》后可以发现，后者是在前者的基础上绘制的，只是民居的分布情况却没有体现出来，而《奉元城图》对于民居的标注十分清楚。元代奉元城内民居多分布于四周。北城墙附近，东北隅杨文

---

① 〔汉〕孔安国传，〔唐〕孔颖达正义：《尚书正义》卷二《虞书·尧典》，上海古籍出版社，2007年，第119页。

康祠、怯连总府之南，东面杂造提举司附近，西面旧含光街之西，各置有一居民点；中间碧波坊以东也有一处居民点。城墙、城门附近的居民点较多，如顺义门、玄武门附近皆有居民点，东面的景风门之西有两个居民点。

之所以出现此种格局，是因为城中心区域已经被奉元路治衙署及其附属机构占据。民居散布四周毗邻城门，便于管理和居民出入。特别是元代奉元城南区域民居最多，计有8处居民点，其中2处紧临城墙、城门。

元世祖至元年间（公元1264—1294年），在通政坊、勾栏以南设立录事司，作为奉元路下属管理居民的专门机构："录事司，秩正八品。凡路府所治，置一司，以掌城中户民之事。"[①]在录事司东、南、北侧，皆有居民点，南面的居民点尤其密集。录事司的位置从侧面反映了城东南区域是居民聚居区。

尤其值得注意的是，位于安上街西、指挥东街南的惠民药局，为元顺帝至元四年（公元1338年）八月所设[②]，是掌药品配制及售卖、发放的官方医药机构，源自北宋的熟药所与和剂局。北宋政和年间（公元1111—1117年），宋徽宗下诏定名为"医药惠民局"。南宋时改名太平惠民局，简称惠民局或惠民药局。宋代惠民药局的主要职责是向当地民众提供高质量成药，但经常出现只顾高价售药而轻视"惠民"初衷的弊端，所以屡遭批评。地方上常有官员集资成立药局，以弥补惠民局的不足。元、明时，中央与地方官药局沿用此称。

元代是中国历史上最重视官方医药机构的时代，因此惠民药局和医学、医户等的相关制度共同延续并进一步扩展到全国各地。惠民药局转变为官方的慈善施药机构，经费来源以中央拨款为本，地方经营放贷获得息钱来购买药物。像元代奉元城内所设惠民药局，以本钞240锭购置药物，选良医主持，为贫民治病。到明朝，在地方保留元代医学与惠民药局，且中央朝廷不再提供经费，改由地方自筹。到了清代，不再将药局列为官府衙门，施药局与惠民药局变为地方士绅设立的慈善机构。元代奉元城惠民药局的位置在奉元路治衙署以南、开元寺以西区域，也就是城东南部，正是因为这里居民众多。

元代奉元城内寺庙、道观等宗教建筑非常多，其中继承前代者，如北宋建隆四年（公元963年，当年十一月改元乾德）重修的开元寺，在元顺帝至元六年（公元1340

---

① 《元史》卷九一《百官志》，第2317页。
② 《元史》卷四一《顺帝纪》，第870页。

年）加以扩建①，后来在明世宗嘉靖年间、清康熙年间又经扩建、修葺。现存建筑有后殿、藏经楼等。

元代新建的宗教建筑有大河西巷（今大学习巷）清真寺。该寺建筑规模较大，仅次于东侧宋代所修化觉巷清真大寺，故又称西大寺。据寺内现存石碑记载，该寺创建于唐中宗神龙元年（公元705年），赐名清教寺，唐玄宗时改名唐明寺。蒙古忽必烈中统四年（公元1263年）六月，城中穆斯林重修。明太祖洪武年间（公元1368—1398年）赐名清真寺。从蒙（元）至明末，经赛典赤、铁铉、郑和等人几次重修扩建，明永乐、天启及清代均有碑记其事。中华人民共和国成立后，西安市政府又数次拨款维修。如今这座清真寺占地9.1亩，总建筑面积2700平方米，楼、台、亭、殿布局庄严肃穆，结构紧凑，碑、雕、画精美罕见。现存照壁、"敕建陆次"石坊、大门、三间庭、省心阁、南北厅、碑亭、阿訇斋、沐浴室、礼拜正殿等建筑。据说省心阁建于宋代，明朝郑和四下西洋后，重修清真寺时复建，后经多次修葺，保持原貌至今。

翻检《类编长安志》，还能见到一些在《长安志图》和《西安历史地图集》中没有标示的建筑设施，其中不少是前代留存的建筑设施，故在此不再重复叙述，列表如下：

表 8-1　元代奉元城内建筑设施分布

位置	建筑设施名称	备注
安上街东	乾明尼寺	
	竹林大王祠	祀寇莱公
	永昌观	本神农黄帝祠，金时易名
	太平兴国寺	元俗称九耀寺
	郑余庆庙	元成宗元贞二年移至北坡子街
指挥东街北	大寺	本天宁寺
指挥西街	广教禅寺	元辛卯时兵火焚尽
府城北榭	汾阳王家庙	存故基，碑刻尚存

---

① 《类编长安志》卷五《寺观·寺》，第132-133页。

二、元代奉元路城布局及建筑设施的特点

对于元代奉元城内布局及建筑设施的特点，吕卓民等学者分析认为：在《奉元城图》中，可以看到元代奉元城内布局及建筑设施从分布上来说，有一个显著特点就是不规则，几乎毫无规律。从整体来看，城区内除了相邻建筑设施构成的小块区域比较整齐之外，其他大部分地区都没有整齐划一的整体布局。城内建筑设施的轮廓，仅樗里庙所在区域为正方形，其他大多为长方形，并且各建筑设施所占面积均不等，面积较大的有樗里庙、秦川驿、察院等，面积较小的有北省、理问所等。从具体建筑来看，有些城区庙、祠、宫、坊相邻，有的则市、民居、官署毗邻。[①]

之后，吴冰先生也提到元代奉元城内的建筑设施十分丰富，既有府衙及其相关政府机构、府学、贡院、祠堂，也有市场、手工业作坊、驿站、仓库、寺观、庙院以及官宅、民居等。但是城市内部结构却呈不规则分布状态，建筑设施的分布也无规律可循，官署、市肆、民居相互交错，与之前西安城作为都城之时整齐划一的分布情况截然不同。[②]

简而言之，以上观点都认为：与前代相比，元代奉元城内布局凌乱，各种建筑随意分布。不过，对于这种观点，尚存有两个疑问，需要进一步探讨。

疑问之一，吕卓民等学者依据《长安志图·奉元城图》，提出"城内建筑设施的轮廓"的概念，但前提是唐长安城坊墙仍然存在，才能将建筑群围成正方形或长方形。可是事实上，进入唐朝中后期，随着商品经济的发展，唐长安城旧的里坊制已经出现变化甚至松动，封闭的里坊和整齐的街巷构成的城市分区逐渐被破坏。史料中记载有商户侵占街巷的现象。如此一来，是否已经不存在方正笔直的建筑群？所谓正方形或长方形的"城内建筑设施的轮廓"，乃是主观设想，究竟能不能以此为标准，来衡量元代奉元城内布局及建筑的状况？

这就需要考察元代城市建筑的新变化。从元朝开始，中国北方城市的居住空间结构逐渐发育出一种典型的形式：胡同。胡同形成于元朝，是由宅第、院落、房屋连接而成的，是一排排宅第的间隔带，既可采光通风，又使得出入方便，既连着民居院落，又是

[①] 吕卓民、朱永杰：《五代北宋金元时期的城市变迁》，见朱士光、吴宏岐：《古都西安·西安的历史变迁与发展》，西安出版社，2003年，第393页。

[②] 吴冰：《历史时期西安旧城街巷名称的发展演变》，载《西安文理学院学报》（社会科学版）2008年第1期，第14—15页。

区域内部的交通道路。

　　从词源上来看，"胡同"在元朝时开始出现，只普遍使用于北京和其他一些北方城市，类似于中国南方的街巷、里弄类通道。这个词的北方方言有很多种，从元朝到清朝，这个词的写法有胡同、街通、火弄、火疃、火巷、胡洞等，其中以"胡同"最为普遍。对于"胡同"一词的含义，以张清常先生的看法影响最大：胡同属于汉语外来语，在蒙古语中，"水井"一词与胡同发音相似，比村稍大的部落也叫胡同。到明清时代，"胡同"普遍使用，从本义水井转化为街巷。[①]

　　胡同是人们居住空间的一部分，同时也是明清时代北京都城最基础的民间交通道路，是街制的最低层次。根据元代熊梦祥《析津志》载，元大都街巷，基本上是南北、东西走向，垂直相交，"自南以至于北，谓之经；自东至西，谓之纬"[②]。元大都的大街以南北走向的为主干，表现为南北街特别宽。而东西方向的街大多属于"小街"，小巷呈东西走向的占绝对优势，这些小街就是胡同。元大都的街道如此布局，一直延续到晚清时代。

　　胡同与四合院紧密相连。四合院，顾名思义，指东、西、南、北四面都要建有房屋，并合围出一个敞亮的院落。四合院是四方之屋围合成的院落，是呈"口"字形的整体房屋建筑结构。由于地理位置的原因，中国北方有许多四面有房屋、中间自成院落的住宅，从广义上讲这些都可以称为"四合院"。

　　笔者推测元代奉元城内也出现了这种四合院或院落组成的胡同，与街巷形成了垂直或平行的关系，才呈现出正方形或长方形的轮廓。

　　疑问之二，如果认为元代奉元城内布局及建筑设施分布不规则，就必须回答一个延伸而出的问题：元代奉元城内布局及建筑设施分布不规则，是因为继承了五代、宋、金西安城内布局及建筑分布状况，还是因为元代奉元城新建建筑没有规划？

　　实际上，前文已经分析了元代奉元城内城中心、城东南、城西北、城西南、城东北五个区域的功能划分，并指出交通路线变化与城内布局及建筑设施分布的关系。

　　众所周知，唐代中后期，长安城内商业活动早已不局限于东市、西市，慢慢出现了开放、自由的城市内部新形态——夜市及里坊内商业活动。而且不仅仅是唐长安城外郭

---

① 张清常：《胡同与水井》，载《语言教学与研究》1984年第4期，第136—141页。
② 〔元〕熊梦祥著，北京图书馆善本组辑：《析津志辑佚》，北京古籍出版社，1983年，第4页。

城居民区，在皇城居民区中也有小规模的商业活动。唐末韩建重建新城，按照《周礼》"南朝北市"之说，将市场设在城北，这是最初的规划。五代、宋、金、元时期的西安城，随着夜禁的取消，居民日常生活发生了根本性变化。西安城内出现沿街巷两侧分布的开放的商业区和居住区，特别是在巷外的街道上，沿街住户直接面向街巷开店设铺，形成街巷与市场融合的新商业形态。

以元代奉元城内市场为例：玄武门内广济街北有牛市、羊市，沿广济街向南进入银巷街，街西有药市街，街东有勾栏。从名字推测，银巷有银器手工业作坊，药市为药铺，勾栏自然是娱乐服务业场所。银巷街再向南，与水池街交汇处，向西有马站、千斯仓，向东来到安上街、草场街交汇口，折向南就是南城墙安上门。这一段路程，是元代奉元城从北城门玄武门到南城门安上门的主要路线。由此可见，以上提到的各种手工业、工商业、娱乐业、医药业作坊或市场，其实是沿着主要交通街道分布的。又因为唐末韩建重建新城南北中轴线偏移，所以导致路线转折，进而显得市场、作坊分布不够整齐。

至于浐河水从东城墙入城，更使得城东南区域从宋代开始就成为居民聚集区。所以元代马可·波罗来到西安城时，看到"城甚壮丽，为京兆府国之都会。……此城工商繁盛，产丝多，居民以制种种金锦丝绢，城中且制一切武装。凡人生必需之物，城中皆有，价值甚贱"[①]。其人口之多、商业之繁荣可见一斑。

这样就能得出一个基本认识：水渠和交通是影响五代、宋、金以来西安城内布局的重要因素，元代奉元城城内布局是在前代经济增长、人口增加基础上的进一步发展，并不是简单的布局凌乱、无规律可循。

三、元代龙首渠的疏浚及荒废

既然在北宋时龙首西渠能流经城东2里处，已经超过了唐长安城通化门内兴庆池的位置，这就表示兴庆池依然由龙首西渠供水，并且这一段水渠不是宋真宗大中祥符七年（公元1014年）陈尧咨所修的。

《类编长安志》的记载也印证了这一认识："兴庆宫，经巢寇、五代，至宋湮灭尽

---

① ［意］马可·波罗：《马可波罗行纪》，冯承钧译，上海书店出版社，2001年，第268-269页。

净，唯有一池。至金国，张金紫于池北修众乐堂、流杯亭，以为宾客游宴之所，刻画楼船，上巳、重九，京城仕女，修禊宴燕，岁以为常。"①此处"张金紫"指张中孚，他原为宋臣，后降金。金熙宗天眷初年知京兆府，"天眷初，为陕西诸路节制使、知京兆府"②。以上反映出金代兴庆池水量充沛，是龙首西渠使用到金代的佐证。

到金朝末年，兴庆池一度干涸，"正大辛卯东迁后，遂为陆田。兵后，为瓜区、蔬圃。庚子岁，复以龙首渠水灌之，鲫鱼复生"③。此处"正大辛卯"指金哀宗正大八年（公元1231年），这一年金军放弃关中。"庚子"指蒙古窝阔台汗十二年、宋理宗嘉熙四年（公元1240年），也就是龙首西渠断流9年，其间兴庆池成为耕种瓜果、蔬菜的田地。

至于龙首西渠入城的渠道，断流时间更长，到至元元年（公元1264年）才得以修复。《类编长安志》载："至元甲子，赛平章复引水入城中。"④"赛平章"即出任陕西等处行中书省平章政事的赛典赤·赡思丁，笔者推测他修复了陈尧咨的旧渠道。

此后，在至元十年（公元1273年），安西王忙哥剌加封秦王，京兆尹赵炳受命修造安西王府，选址在今西安城东北约3公里处。为了解决安西王府的水源问题，需要疏浚龙首东渠，"东渠则五季后已涸，无有修者"⑤。于是在至元十年，赛典赤·赡思丁又修浚龙首东渠，"复开五季后涸渠"⑥。

经过这两次的修凿工程，龙首西渠、东渠相继恢复通水，"龙首堰，在浐川马头埪。堰浐水入龙首渠，二十里至长乐坡上，分为二渠，一渠北流至望春宫西北入新城，一渠西流入兴庆池，又西流入城濠"⑦。

其中，龙首东渠由长乐坡北流"至望春宫西北入新城"，是至元十年所修。望春宫位于唐长安城东9里，禁苑东侧，唐玄宗天宝二年（公元743年）引龙首渠水抵望春宫广运潭。赛典赤·赡思丁修复了这条唐代水渠，并继续向西北延伸，到达安西王府"新城"。安西王府位于元京兆城东北、浐河西岸，紧临唐长安城大明宫旧址。龙首东渠流

---

① 《类编长安志》卷三《苑囿池台·池沼·唐·兴庆池》，第84页。
② 《金史》卷七九《张中孚传》，第1788页。
③ 《类编长安志》卷三《苑囿池台·池沼·唐·兴庆池》，第84页。
④ 《类编长安志》卷六《泉渠·渠·龙首渠》，第180页。
⑤ 《咸宁县志》卷二《历代疆域水道城郭宫室名胜图上》，第43页。
⑥ 《类编长安志》卷六《泉渠·渠·龙首渠》，第180—181页。
⑦ 《类编长安志》卷九《胜游·浐川·龙首堰》，第273页。

入安西王府，不仅能供应王府上下生活用水，而且改善了王府内部生态环境，"到处有川河湖沼源泉"①。可见龙首东渠水量之丰足及对安西王府之重要。

元代龙首西渠可以分成两段，第一段是长乐坡至兴庆池，修复于蒙古窝阔台汗十二年、宋理宗嘉熙四年（公元1240年）；第二段是兴庆池至城壕，修复时间是至元元年（公元1264年）。西渠第二段的流经路线，《类编长安志》中有详细记载："一渠西流，灌兴庆池，经胜业坊西京城，经少府、钱监、都水监、青莲堂，西入熙熙台，西入城壕。"②

其中，钱监就是金代张中孚宅，位于京兆府城草场街旁。《类编长安志》载："府城草场街有金紫光禄大夫张中孚宅，中有颐真堂。后为钱监。金为利用仓。"③李令福先生认为，此处"后为钱监"指张中孚宅后面是钱监。④此说不妥，原文的意思当是张中孚家宅中的颐真堂后来用作钱监。因为按照《类编长安志》一书的体例，用"后有"表示某建筑背后有某建筑，此处"后为"是后来作为的意思。并且下一句"金为利用仓"中的"金"当作"今"，指在元代是利用仓。

青莲堂的位置也比较清楚："在省衙莲池，宋陈尧咨建，至今犹存。"⑤省衙即元代陕西等处行省治所的位置。再向西的熙熙台，位于元奉元城掖庭街安众禅院之内："府城掖庭街有莱公宅，中有山池、熙熙台。后为寺，号安众禅院，中有莱公祠堂。"⑥可知，熙熙台原为北宋宰相寇准宅内亭台。据前文所述，安众禅院位于城西北，掖庭街北。

五代以后荒废的龙首东渠在元代得以恢复，重现隋唐时期东、西两条水渠的旧貌。此后，到骆天骧撰写《类编长安志》时，龙首西渠入城水渠已废，"今渠废，水不复入京城"⑦。元代李好文《长安志图·城南名胜古迹图》中所绘龙首渠，也已无入城渠道。所以龙首西渠入城渠道断流的时间，当在元中叶。以后直到明太祖洪武十二年（公元1379年）才又修复通水："十二年，李文忠言：'陕西病咸卤，请穿渠城中，遥引龙

---

① ［意］马哥孛罗：《马哥孛罗游记》，张星烺译，商务印书馆，1936年，第225页。
② 《类编长安志》卷六《泉渠·渠·龙首渠》，第181页。
③ 《类编长安志》卷四《堂宅亭园·宅·宋太尉张金紫宅》，第115页。
④ 《关中水利开发与环境》，第276页。
⑤ 《类编长安志》卷四《堂宅亭园·堂》，第104页。
⑥ 《类编长安志》卷四《堂宅亭园·宅》，第115页。
⑦ 《类编长安志》卷六《泉渠·渠·龙首渠》，第181页。

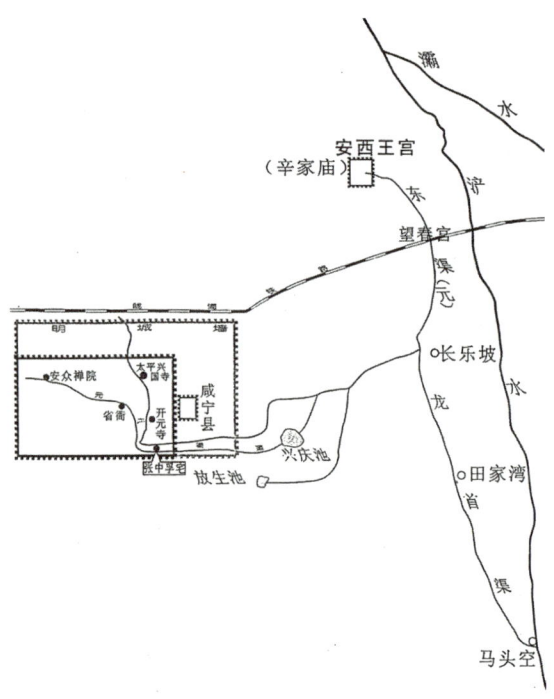

图 8-2　宋元时期龙首渠流经路线

（选自李令福：《关中水利开发与环境》，人民出版社，2004年，第277页。另：此图中标注"马头空"当作"马头崆"）

首渠东注。'从其请，甃以石。"①此处"东注"当释为"从东注入"，也就是开挖龙首西渠向西引入明西安府城。（见图8-2）

　　至于龙首东渠的废弃时间，因未见史料详载，尚难以确定，推测是在明初。因为安西王府在元末仍然在使用，甚至驻军，在情理上必然需要水源。而在明初，安西王府被彻底拆除，那么龙首东渠自然就随之荒废了。黄盛璋先生指出：在元代以后，龙首东渠再没有被修复过。②所以，可以认为，龙首东渠一直存在到明代初期。

---

①《明史》卷八八《河渠志六·直省水利》，第2146页。
② 黄盛璋：《西安城市发展中的给水问题以及今后水源的利用与开发》，载《地理学报》1958年第4期，第406—426页。

第三节
元代安西王府存废

一、创建背景

在成吉思汗去世后,其第三子窝阔台即位,成为蒙古各部公认的蒙古大汗。窝阔台在位13年,本来选中第三子阔出为继承人,谁知阔出于窝阔台汗八年(公元1236年)二月在襄阳被南宋军击杀。于是,窝阔台又指定阔出的儿子失烈门为继承人。然而,失烈门年幼,这就为后世汗位继承埋下隐患。

在窝阔台于公元1241年去世后,他的遗命立刻被妻子乃马真后推翻,乃马真后临朝称制。四年后,她的亲儿子,也就是窝阔台的长子、失烈门的大伯贵由登基成为大汗。可惜,贵由于公元1248年去世,而且他生前还没有选定继承人。这个时候,贵由的皇后海迷失后做主,重新选定失烈门为继承人,她自己临朝称制。

在窝阔台汗之后,经过几代的传承,血缘关系日渐疏远,宗王们早已形同陌路,毫无顾忌地在复杂的军政博弈中拔刀相向。接下来的两年里,蒙古王族内部分裂为窝阔台系、拖雷系两大对立派别,窝阔台的后人、拖雷的后人围绕汗位进行激烈角逐,终于在1251年决出了获胜者,成吉思汗四子拖雷的嫡长子蒙哥赢得蒙古大多数宗王的拥立,登基成为第四代蒙古大汗。公元1252年夏,蒙哥汗下令淹死密谋叛乱的海迷失后,流放失烈门,窝阔台系势力遭到沉重打击。

随后,蒙哥汗把窝阔台的后裔分别改封、迁移驻地,收回其军队,这样做是在其内部制造利益冲突和分歧,防止他们纠集反叛。元代宗王出镇渊源于成吉思汗时期。蒙哥汗按照蒙古族的传统分封子弟为东、西道诸王,这些宗王拥有领地、下属、人民和军队，其实就是一个个独立的王国，这种制度被称为"兀鲁思分封"。"兀鲁思"，蒙语意思为人民、封地、国家。

为了与窝阔台系对抗，蒙哥汗指派二弟忽必烈总领"漠南汉地军国庶事"①，三弟旭烈兀总领波斯，是为"皇弟典兵"。忽必烈、旭烈兀的主职在于征战，与传统兀鲁思分封有所不同。蒙哥汗三年（公元1253年），忽必烈受封京兆为世袭领地，关中地区从此开启了新的时代。

忽必烈有浓厚的中原情结，他广泛延请儒生为己所用，坚持以汉法治汉地。面对兵燹过后关中地区一片破败的局面，忽必烈设立京兆宣抚司，以杨惟中为宣抚使，首先整肃军纪，"时诸军帅横侈病民，郭千户者尤甚，杀人之夫而夺其妻"，杨惟中将其就地正法，"关中肃然"。②接着将关中地区赋税减掉一半，招抚流亡百姓耕种荒地。

其后，畏兀儿人廉希宪接替杨惟中任关西道宣抚使，商挺任宣抚副使，姚枢任劝农使。这些人都有儒学背景，甚至像姚枢还是一代儒学大师。他们到任后，"讲求民病，抑强扶弱"，除了整肃吏治、劝农耕桑、轻徭薄赋、兴修水利等惯常措施，还特别恢复了儒生的社会地位。当时儒生们与普通百姓一样，也被豪强权贵征发奴役，廉希宪下令释放被虏儒生，并将其编入儒籍给予保护。同时，"暇日从名儒若许衡、姚枢辈谘访治道"③，在州县兴建学校，召名儒许衡出任京兆提学。这些举措有效笼络了知识分子，对关中社会的稳定有积极的促进作用。

中统元年（公元1260年），忽必烈继位为蒙古大汗。他不但要防备窝阔台系宗王，还要防备拥护幼弟阿里不哥的拖雷系宗王，他采取的措施是封皇子出镇，并削弱宗王特权。

忽必烈封北平王那木罕、宁远王阔阔出镇守漠北，安西王忙哥剌镇守京兆，西平王奥鲁赤镇守吐蕃，云南王忽哥赤镇守云南，镇南王脱欢镇守扬州，皇子爱牙赤镇守甘肃等。不过，这些皇子不具有独立的军政财权，都不属兀鲁思分封。

其中，京兆作为忽必烈藩邸所在，深受忽必烈统治集团的重视，"诸将皆筑第京

---

① 《元史》卷四《世祖纪》，第57页。
② 《元史》卷一四六《杨惟中传》，第3468页。
③ 《元史》卷一二六《廉希宪传》，第3085页。

兆"①。忽必烈"念关中重地，风俗强悍"②，而他的嫡长子已亡，嫡次子是真金太子，于是在至元九年（公元1272年）十月封嫡三子忙哥剌为安西王，驻兵六盘山，"赐京兆为分地"③。元世祖至元十年（公元1273年），加封忙哥剌为秦王，使其地位继续提高。当时，出于对南宋作战的需要，安西王忙哥剌实际掌控整个西北、西南，"秦蜀夏陇，悉归控御"④。他被获准仿照忽必烈的上都、大都之制，在蒙古军夏日休憩之所六盘山所在地原州（今宁夏固原原州区）以及京兆两地开府，分别建造宫殿，设置王府属官。《元史·诸王表》载："至元十年诏安西王益封秦王，别赐金印，其府在长安者为安西，在六盘者为开成，皆听为宫邸。"⑤即京兆安西王府所在地称"安西路"，六盘山安西王府所在地称"开成路"，其宫殿称"开成府"⑥——因其地在今宁夏固原原州区开城镇，故今又称"开城王府"。

关于安西王府的创设时间，学者们进行过专门的讨论。先是马得志先生在《西安元代安西王府勘查记》一文中认为，"安西王府最早亦只能是建于至元九年（1272）到至治三年（1323）或更早在大德十一年（1307）阿难答被诛后，似已无王袭居此府，其至李好文时已称为'安西故宫'即可想而知了"⑦。与此同时，夏鼐先生在《元安西王府址和阿拉伯数码幻方》一文中谨慎地推测："安西王府的宫室的修治，大概是至元十年（1273年）开始的。"⑧这比马得志先生认定的时间晚一年。

稍后，章巽先生依据元代骆天骧所撰《类编长安志》"骆引"中的文字，肯定地指出安西王府的修造时间当为至元十年（公元1273年）："圣元皇子安西王胙土关中，至元癸酉创建王府，选长安之胜地，王相兼营司大使赵，以仆长安旧人，相从遍访周、秦、汉、唐故宫废苑，遗踪故迹。"⑨其中"至元癸酉"即为至元十年，"王相兼营司大使赵"指赵炳⑩。据文中所记，骆天骧与主持安西王府修造工程的赵炳"相从"，显

---

① 《元史》卷四《世祖纪》，第59页。
② 《元史》卷一六三《赵炳传》，第3836页。
③ 《元史》卷七《世祖纪》，第143页。
④ 《西安碑林全集》卷三〇《碑刻·安西王盛德碑》，第2983页。
⑤ 《元史》卷一〇八《诸王表·秦王》，第2736页。
⑥ 《元史》卷六〇《地理志三·开成州》，第1428页。
⑦ 马得志：《西安元代安西王府勘查记》，载《考古》1960年第5期，第23页。
⑧ 夏鼐：《元安西王府址和阿拉伯数码幻方》，载《考古》1960年第5期，第25页。
⑨ 《类编长安志·骆引》，第1页。
⑩ 章巽：《西安元代"安西王府"的创建年代》，载《考古》1960年第7期，第56页。

然两人是在考察选址,故修治安西王府的时间,必是从至元十年开始的。

章巽先生所言当是,翻检《元史·诸王表》及《赵炳传》,皆云至元十年(公元1273年)忙哥剌加封秦王,诏命京兆尹赵炳修治王府,"治宫室,悉听炳裁制"①。可见,赵炳确为宫室修治的主持者。清代屠寄《蒙兀儿史记》重申此说:"既而有诏命京兆尹赵炳为治宫室,壮丽视皇居。"②

至于安西王府竣工的时间,推测为至元十四年(公元1277年)以前,因为在这一年,忙哥剌从六盘山领兵讨伐兀剌孩(又作斡罗孩),"十四年……王府冬居京兆,夏徙六盘山,岁以为常"③。这表示,从至元十四年开始,忙哥剌形成了"冬居京兆,夏徙六盘山"的定制,直到至元十五年(公元1278年)冬在京兆去世。

二、选址原因

元代京兆安西王府遗址位于浐河西岸龙首原余脉上。当地至今还遗留着"鞑王殿""斡耳朵"的名称,"斡耳朵"为蒙古语之音译,为"宫殿郭城之意"④,清代作"鄂尔多"⑤。

根据马可·波罗在游记中的描述,他也亲眼得见安西王府的位置和规模,最早的是张星烺先生译《马哥孛罗游记》,其文云"城在西面"⑥,所谓"城"应指京兆府城,表示安西王府位于城东,但没有具体距离。

不过,陈开俊、戴树英等先生合译的《马可波罗游记》中却记为京兆府城与安西王府相距约8公里:"离这座城市约八公里的一片平原上,有一个属于忙哥剌王的漂亮王宫。王宫内外有许多泉源和小溪点缀着,此外还有一个瑰丽的花园,高墙环绕,上面筑有墙垛,方圆八公里。"⑦梁生智先生译《马可·波罗游记》作:"离城五英里的一个

---

① 《元史》卷一六三《赵炳传》,第3836页。
② 《蒙兀儿史记》卷七六《忽必烈汗诸子传·安西王忙哥剌》,第505页。
③ 《元史》卷一六三《赵炳传》,第3837页。
④ [日]箭内亘:《元朝斡耳朵考》,见箭内亘:《元朝怯薛及斡耳朵考》,陈捷、陈清泉译,商务印书馆,1933年,第60页。
⑤ [清]赵翼著,王树民校证:《廿二史劄记校证》卷三六《补遗·蒙古》,中华书局,1984年,第866页。
⑥ 《马哥孛罗游记》,第225页。
⑦ [意]马可·波罗口述、鲁思梯谦笔录:《马可波罗游记》,陈开俊、戴树英等译,福建科学技术出版社,1981年,第136页。

平原上有忙哥剌的一座宏伟的王宫，王宫内外有许多泉水和小溪点缀。此外还有一个美丽的花园，周围高墙环绕，上面还有墙垛。花园面积达五英里。"①

这两段译文中的"八公里""五英里"只是单位不同，实际长度没有区别。问题是《马可波罗游记》的其他译本——如张星烺、冯承钧等先生的译本——并没有京兆与安西王府的距离为8公里或5英里的类似表述，所以推测这两处表述为不审之言，应该是译者误识。

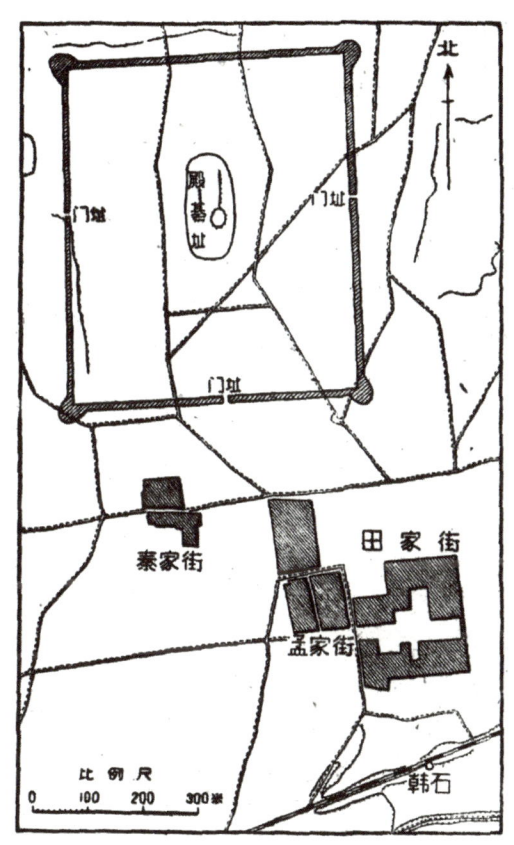

图 8-3　安西王府遗址位置图

（选自马得志：《西安元代安西王府勘查记》，载《考古》1960 年第 5 期，第 20 页）

史料中所载安西王府的位置，见于明清之际顾炎武《肇域志》所述："安西王城，在府城东北二十里。元世祖以子忙哥剌为安西王，开府京兆，镇秦防留凉之地，置城，

---

① ［意］马可·波罗：《马可·波罗游记》，梁生智译，中国文史出版社，1998年，第158页。

今俗名斡耳朵，故址尚存。"①由此可以确定，元代安西王府位于京兆府城以东。据考古勘测，安西王府遗址应在今西安城东北约3公里处。（见图8-3）

实际上，元代安西王府修筑在京兆府城外面，与唐大明宫同在东西一条线上，是一座城外之城。中国古代王朝在建都时无不十分重视都城选址，其所选地方普遍位置颇佳、环境适宜。安西王兼秦王忙哥剌虽非一朝皇帝，但职权甚重，形同一方诸侯，当然也要讲究府址的选择。通过分析，可以发现安西王府的选址注重因地制宜，有着以下三方面的考虑：

首先，府址地势高亢而平坦，位于龙首原东向余脉之上，"包原络野，周四十里"②。如此既可利用龙首原余脉，占据有利的地势，也可借助平坦的地势，获取更多的交通便利条件，比较符合中国古代都城择址时注重地形的原则。

根据史红帅先生的研究，京兆安西王府与六盘山开成王府相比，有两个区别：一是京兆安西王府建有高大的墙垣，王城内建筑相对集中，而开成王府建筑分散，占地广大，规模超过京兆安西王府③；二是两座王府选址的地形条件，京兆安西王府位于浐河下游西岸的平原，呈长方形，有中轴线，而六盘山开成王府位于坡地上，各建筑之间既无规整的分布规律，也无确定的中轴线④。

这体现出京兆安西王府与六盘山开成王府分别作为冬宫、夏宫的不同功能。京兆安西王府选址于浐河西岸的平原地带，旷野平畴，水源充沛，周边有众多川、河、湖、泉等水域，可调节温度、湿度，对于安西王府发挥冬宫的功能大有裨益。

不过，史红帅先生认为，京兆安西王府与六盘山开成王府是同时起建的。此说或可商榷。按照忙哥剌获封的时间线，先在至元九年（公元1272年）封安西王，在六盘山统兵；至元十年（公元1273年）十月加封秦王，在京兆开府。也就是说，应该是六盘山开成王府起建在前。

其次，安西王府近水择址，水源充足。如前所述，京兆安西王府傍水，适合越冬；

---

① 《肇域志·陕西》，第1257页。又校勘记："疑为'镇防秦、凉之地'之误。"第1259页。按笔者认为当作"镇秦防凉之地"，"留"为衍文。
② 〔元〕姚燧：《牧庵集》卷一〇《庙碑·延厘寺碑》，上海古籍出版社，1987年，影印文渊阁四库全书，第1201册，第498页。
③ 马东海、程云霞：《宁夏固原开城元代安西王府建筑遗址调查简报》，载《中国历史博物馆馆刊》2000年第1期，第110—127页。
④ 史红帅：《元代安西王府——曾经辉煌一时的城池》，载《西安晚报》2008年7月31日第20版。

六盘山开成王府依山，适合避暑。元代京兆安西王府"营于素浐之西"，位于浐河西岸。据考古测算，其遗址东距浐河2公里许，十分便于安西王府利用浐河水资源，以满足宫内用水需求。甚至可以认为，引入浐河水，是京兆安西王府的先导工程。据《类编长安志》所言：至元十年（公元1273年），疏导贯通出五代后已经干涸的龙首渠支渠，沿长乐坡西北流入安西王府城："龙首渠，一名浐水渠。……至元十年，复开五季后涸渠，自长乐坡西北流入王城，一渠西流，灌兴庆池，经胜业坊西京城，经少府、钱监、都水监、青莲堂，西入熙熙台，西入城壕。"①

通过龙首渠将浐河水引入安西王府，为王城提供所需水源，其重要性不言而喻。在至元十七年（公元1280年）以后，马可·波罗来到京兆，看到安西王府"宫在一个大平原上，到处有川河湖沼源泉"②，显示出王城内水源丰裕，兽禽众多，生态环境颇佳。这当与至元十年所修龙首渠入城工程有很大关系。这也显示出京兆安西王府在选址上的正确性。

最后，以京兆府东北、浐河西岸的塬上作为府址，在一定程度上与唐末以来西安城的衰落有关。侯甬坚先生认为古国都选址注重因地制宜原则："当朝既克前代，对于前代国都败亡之象耿耿于怀，便多采谋新去故之策相对待。这包括在亡都旧址重建隆新敞丽的宫城和另择新址建城两种情况，还要予以更名。"③无疑，元代安西王府在旧长安城外择址建城，也应具有"谋新去故"之意。

一方面，唐末以来长安城屡遭破坏，直至缩小为五代、宋、金时期的所谓"新城"，整体呈现出衰败颓颓景象，且为前代亡都，故为元朝统治者所厌嫌，而决定另择新址建城。另一方面，从现实角度考虑，在元世祖初年，北有宗王叛乱，南有南宋对峙，而由于五代、宋、金时期京兆府城规模较小，再在其内建安西王府城更显拥挤，势必要迁徙居民，拆除大量民宅、寺宇、商铺等建筑，极易激化汉、蒙及其他各族之间的矛盾。所以，选在城外郊区龙首原上新建安西王府城，可以避免激化京兆府城中的民族矛盾。

同时，对于在元朝初年统御西北、掌握重兵、治权崇高的忙哥剌而言，在郊外建造

---

① 《类编长安志》卷六《泉渠·渠·龙首渠》，第180-181页。
② 《马哥字罗游记》，第225页。
③ 侯甬坚：《中国古都选址的基本原则》，见《中国古都研究》第4辑，浙江人民出版社，1989年，第49页。

安西王府城，可以在王府周边驻扎重兵，并且在王府中附设权力极大的王相府。这样不仅使得安西王府与京兆府城、咸宁县城、长安县城在空间上相互独立，在功能上也保持专属和专一性，可以更好地行使自己作为安西王、秦王所拥有的政治、军事、经济等各项权力，减少行政摩擦和干扰。

显而易见，安西王府城规模宏伟，加上忙哥剌手握重兵，会使人批评宏大华丽的安西王府越制，认为忙哥剌有不臣之心。实际上，安西王府的建造者是京兆路总管兼府尹赵炳，他是忽必烈钦点的"刚鲠旧臣"①，此后他对安西王府属官的不法行为多有揭露，最后还因此丧生，所以他不可能监造一座违制的藩府。安西王府的宏大华丽，主要原因在于京兆是元世祖忽必烈的潜藩旧封。另外，忽必烈对嫡三子忙哥剌器重有加，故此王府规制不同他处。

三、规模布局

京兆安西王府城华丽、雄壮，辉煌一时。至元十二年（公元1275年），许衡的学生姚燧被任命为秦王府文学，他来到关中，亲眼见到安西王府的规模，写道："（忙哥剌）明年（指至元十年）至长安，营于素浐之西。崔殿中峙，卫士环列。车间容车，帐间容帐。包原络野，周四十里。中为牙门，讥其入出。故老望之，眙目怵心，赍咨啧啧，以为有国而来名王雄藩，无有若是吾君之子威仪盛者。"②此处记载安西王府"周四十里"。清代屠寄《蒙兀儿史记》援引姚燧之语，略做变动："关中故老望之，眙目怵心，以为威仪之盛，虽古之大单于无以过也。……赵炳为治宫室，壮丽视皇居。"③

据《马哥孛罗游记》所述，马可·波罗在至元十七年（公元1280年）以后来到京兆，眼见安西王府宫殿建筑的盛况：

> 城外有忙哥剌的宫，宫很华丽。我就要告诉你们了，宫在一个大平原上，到处有川河湖沼源泉。宫的前面有很厚很高的墙，周围五迈耳。建筑极佳，并设有铳眼。墙里有许多野兽飞禽。围墙之中央即王宫，宫很大，并很美丽，比这再好的是没有了。宫里有许多伟壮的殿同美丽的房屋。到处皆油漆绘画，用

---

① 《元史》卷一六三《赵炳传》，第3836页。
② 《牧庵集》卷一〇《庙碑·延厘寺碑》，第498—499页。
③ 《蒙兀儿史记》卷七六《忽必烈汗诸子传·安西王忙哥剌》，第505页。

金叶、蔚蓝和无数的大理石来装饰。忙哥剌治国贤明，公平无私，人民很爱戴他，宫的四周有兵驻防，野禽、野兽，给他们许多娱乐。①

这里"周围五迈"中，"迈"即长度单位"英里"。

再翻检《马可·波罗游记》其他译本，冯承钧先生译《马可波罗行纪》对这段叙事的翻译，文字略有差别：

> 城外有王宫，即上述大汗子国王忙哥剌之居也。宫甚壮丽，在一大平原中，周围有川湖泉水不少，高大墙垣环之，周围约五哩。墙内即此王宫所在，其壮丽之甚，布置之佳，罕有与比。宫内有美丽殿室不少，皆以金绘饰。此忙哥剌善治其国，颇受人民爱戴，军队驻扎宫之四围，游猎为乐。②

此处"周围约五哩"，"哩"与"迈"一样，是今天通行的"英里"的另一种写法，实际长度与张星烺先生译本没有区别。再有陈开俊、戴树英等先生合译《马可波罗游记》和梁生智先生译《马可·波罗游记》，"公里""英里"换算，距离也没有差别。

综上所述，按照1英里等于1.609公里换算，5迈约合8045米。而元代1尺约合34.85厘米③，又根据元代王祯《农书》载"一步五尺"、元末明初陶宗仪《南村辍耕录》载"里二百四十步"，则1里约合418.2米，即5迈约合19.237里。如此一来，安西王府的周长就出现了马可·波罗所谓"五迈"和姚燧所谓"四十里"两种不同数值，到底孰是孰非呢？

最可信的数据，当然是考古发掘资料。从文献角度推测，姚燧、马可·波罗二说都需存疑。姚燧之说不可信，因为唐末韩建修新城，"张祉记云：'周二十五里。'"④另前文第一章"唐末长安'新城'修建及规模"中已经指出：唐长安城皇城，即韩建所修'新城'周围17里150步，约合现代7948.5米。一般来说，安西王府不可能大过京兆府。经过明初拓建之后，西安府城"周四十里"⑤。姚燧所谓"周四十里"，已经达到明清西安府城的周长。至于马可·波罗所谓安西王府周长5迈约合19里，几乎与元代京兆府城同等大小，符合情理，但是否符合史实，还有待考古资料验证。

---

① 《马哥孛罗游记》，第225页。
② 《马可波罗行纪》，第269页。
③ 《中国科学技术史：度量衡卷》，第397页。
④ 《肇域志·陕西》，第1254页。
⑤ 〔清〕黄家鼎：《咸宁县志》卷二《建置·城池》，第2册，第2页a。

1932年6月，为应对日军侵略，国民党政府谋划将西安作为陪都，西京筹备委员会正式成立[①]。委员陈子怡编纂《西京访古丛稿》，其中有一篇《西京斡耳垛考》，这是他对元代安西王府所在的斡耳垛地区村庄街道的考察记录，其中提到安西王府遗址的范围，"大约东、西、南、北当以五六里为度。中间王宫，四外守卫者所居街巷，固皆在于是也"[②]。王宫正殿遗址在秦孟街北120米处，附近的杜家街、尹家街都在安西王宫周围的街址之内。

20余年之后，1956年冬、1957年春，陕西省文物管理委员会、中国科学院考古研究所分别对安西王城遗址进行了勘察，取得了更精确的考古资料。安西王府城垣为版筑夯土，除北墙墙基留有部分遗迹，其余全部在地表以下。东城基宽10米，长603米；西城基宽8.2米，长603米；南城基宽10米，长542米；北城基宽9米，长534米；为不规则长方形（见图8-4），周长2282米，占地面积约为0.3平方公里。而京兆府城区占地约5.2平方公里，安西王府城面积约为京兆府城的6%。

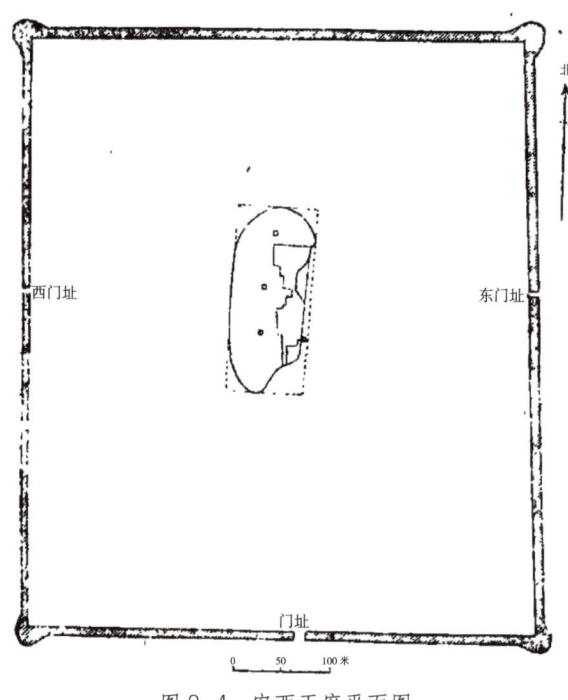

图8-4 安西王府平面图

（选自马得志：《西安元代安西王府勘查记》，载《考古》1960年第5期，第21页）

安西王府有东、西、南3个城门，北面没有城门。东、西两门偏差约2米，基本对称。3座城门门基宽都是14米，皆只开1个门道，南门是正门，门道宽度是东、西门门道宽度的2倍。在门基旁发现很多黄釉琉璃瓦，以及石刻残片等文物遗存，佐证了当年安西王府宫殿建筑的显贵奢华。

安西王府遗址的城垣四角为向外突出的半圆形，借鉴的是西亚风格，与元代京兆城墙半圆形西南城角的形制一样。

[①] 兰璞：《西京筹备委员会成立时间订误》，载《历史档案》1989年第1期，第80页。
[②] 陈子怡：《西京斡耳垛考》，见陈子怡：《西京筹备委员会丛刊·西京访古丛稿》，西京筹备委员会，1935年，第141页。

城中央是由夯土层和瓦砾层交替夯筑而成的台基，高度2~3米，长约185米，宽约90米，台基上散布大量碎砖块，以及黄釉琉璃瓦、黄釉龙纹圆瓦当、龙纹和花叶纹的滴水瓦残片，是王府正殿遗址。

夏鼐先生依据文献记载的元大都正殿大明殿台基数据和宫殿尺寸比例，对照安西王府正殿台基规格，发现二者十分接近，从而推测出安西王府正殿当与元大都大明殿形制相近，"但依照台基的平面和所出奠基石函的位置来推想，这台基上的宫殿，很可能是前后三进，象北京故宫的三大殿"①。坐北朝南，前后三进，前为举行朝会的正殿，中为柱廊或中殿，后为寝殿，呈工字形。

遗憾的是，安西王府城内建筑遗址只有中央正殿台基及其东、西两侧，此外，北面靠近城墙处有若干夯土基址，是小型建筑遗迹，其余建筑皆无迹可寻。

四、废止时间

实际上，安西王府遗址出土的完整文物只有5件阿拉伯数字幻方，剩余皆为瓦片、石雕残片，"所有这些都是元代的遗物，除此别无发现"②。这表示安西王府遗址遭到过人为破坏，"王宫的台基，因为表面堆积层已遭严重破坏，连柱础的痕迹也被毁灭无余"③，并且在明初以前已经遭到损毁，未被明代官民使用。那么，安西王府被废止的原因及其具体情况是怎样的呢？

初代安西王、秦王忙哥剌权责重大，他能够以作战的名义征调辖区内各种资源，包括命令行省官员。难能可贵的是，忙哥剌的能力足以胜任，也没有对抗朝廷的打算和举动，他与忽必烈的治国思路很贴合，比较信任儒臣，任用李德辉、商挺、赵炳等汉族儒臣。正是在忙哥剌治下，京兆及其周边地区逐步恢复了活力。

值得注意的是，（至元九年（公元1272年）十月，忙哥剌封安西王，至元十年（公元1273年）加封秦王，同年四月，罢陕西四川行省。至元十五年（公元1278年）十一月，忙哥剌亡，至元十七年（公元1280年）恢复陕西四川行省。）忙哥剌与陕西等处行省并不是上下级关系，行省不是安西王府附属机构。而且，宗王出镇的权力一直在削

---

① 夏鼐：《元安西王府址和阿拉伯数码幻方》，载《考古》1960年第5期，第25页。
② 马得志：《西安元代安西王府勘查记》，载《考古》1960年第5期，第22页。
③ 夏鼐：《元安西王府址和阿拉伯数码幻方》，载《考古》1960年第5期，第25页。

弱。在忽必烈看来，安西王府的存在与陕西等处行省并没有必然对立，能够有效行使统治权，才是这种体制确立和延续的关键。

元世祖至元十五年（公元1278年）十一月，忙哥剌病死①。史书中未载忙哥剌的年龄，因其二哥真金卒于至元二十二年（公元1285年）十二月，"寿四十有三"②，推知其生年为公元1243年。则忙哥剌必然出生于公元1244年以后，所以他去世时的年龄最大不过35岁。

忙哥剌身兼安西王、秦王，随即出现了王位继承的问题。据《元史·宗室世系表》载：安西王忙哥剌，子"安西王阿难答与按檀不花"，孙"月鲁帖木儿"。③在这段话中，按檀不花、月鲁帖木儿是否继承安西王王位？理解出现了分歧。

马得志先生在《西安元代安西王府勘查记》一文中，引陈子怡《西安墡垣垛考》所言："二世按檀不花无爵位，三世月鲁帖木儿亦不袭爵；其世袭而王安西者，止忙哥剌后一阿难答耳。"即陈子怡认为按檀不花、月鲁帖木儿未袭封安西王。马得志先生指出：陈子怡将安西王、秦王王位继承混淆，事实上，在忙哥剌身后，"除安西王忙哥剌的次子按檀不花袭封秦王外，阿难答及月鲁帖木儿均袭封过安西王（封安西王者仅三世）"④。

安西王、秦王的世系见于《元史·诸王表》，共计三代安西王：忙哥剌、子阿难答、孙月鲁帖木儿，"忙哥剌，至元九年封，出镇长安。阿难答，至元十七年袭封，大德十一年诛。月鲁帖木儿，至治三年封"⑤。共计两代秦王：忙哥剌、按檀不花，"忙哥剌，至元十年诏安西王益封秦王，别赐金印，其府在长安者为安西，在六盘者为开成，皆听为宫邸。十七年（按：此说误，据《新元史·忙哥剌传》《元史·赵炳传》载，忙哥剌卒于至元十五年十一月）薨。廿四年中书奏，王次子按檀不花袭秦王印，诏阿难答既为安西王，其秦王印宜上之。然其后犹称秦王阿难答"⑥。

这是目前通行的看法，不过，这样的认识依然不够准确，遗漏之处在于阿难答的王位。

忙哥剌去世时，忽必烈对忙哥剌的继承人、长子阿难答并不满意，认为他"年少，

---

① 《元史》卷一六三《赵炳传》，第3837页。
② 《元史》卷一一五《裕宗传》，第2893页。
③ 《元史》卷一〇七《宗室世系表》，第2724页。
④ 马得志：《西安元代安西王府勘查记》，载《考古》1960年第5期，第23页。
⑤ 《元史》卷一〇八《诸王表》，第2735页。
⑥ 《元史》卷一〇八《诸王表》，第2736页。

祖宗之训未习",委任商挺辅佐"姑行王相府事"。①同时还恢复了陕西行省,以削弱阿难答的权力。比如安西王忙哥剌有权在陕西等地委任官员征税,但是到阿难答嗣立后,征税权就划归陕西行省了。

据拉施特《史集》记载,大约在元成宗元贞二年(公元1296年)到大德二年(公元1298年)间,"阿难答现今大约有三十岁。他黝黑,黑胡须,高身材,体肥胖。他有一个儿子名叫月鲁-帖木儿"②。反推阿难答生于至元四年(公元1267年)前后,在至元十五年(公元1278年)忙哥剌去世时,他大约10岁。

阿难答与父亲忙哥剌不同,他自幼信奉伊斯兰教,并不亲近汉族儒臣。至元十七年(公元1280年)三月,赵炳被政敌以忙哥剌王妃的名义招到六盘山开成王府予以逮捕,并在忽必烈派出的营救使者赶到前被处死。其后,这个案件又牵连到商挺,他也被抓捕入狱。整个过程,阿难答未有任何表示,一方面是由于他年纪尚小,另一方面显示出他与忙哥剌手下这些汉臣没有过多交集。另外,赵炳被杀时,"时嗣王之六盘"③,而此时才三月,这与忙哥剌冬居京兆、夏居六盘山的惯例也不相同。

需要注意的是,至元二十三年(公元1286年)三月,陕西行省在奏章中称呼阿难答为"秦王阿难答":"辛丑,陕西行省言:'延安置屯田鹰坊总管府,其火失不花军逃散者,皆入屯田,今复供秦王阿难答所部阿黑答思饲马及输他赋。'有旨皆罢之,其不悛者罪当死。"④这表示阿难答在忙哥剌死后同时继承了安西王、秦王双王位,所以此前只提及阿难答继承安西王,并不准确。

结合前引《元史·诸王表》所载:"廿四年中书奏,王次子按檀不花袭秦王印,诏阿难答既为安西王,其秦王印宜上之。然其后犹称秦王阿难答。"⑤这是出于丞相桑哥的建议,时在至元二十四年(公元1287年)十一月,"丁酉,桑哥言:'先是皇子忙哥剌封安西王,统河西、土番、四川诸处,置王相府,后封秦王,绾二金印。今嗣王安难答仍袭安西王印,弟按摊不花(按:即按檀不花)别用秦王印,其下复以王傅印行,一藩而二王,恐于制非宜。'诏以阿难答嗣为安西王,仍置王傅,而上秦王印,按摊不花

---

① 《元史》卷一五九《商挺传》,第3741页。
② [波斯]拉施特主编:《史集》第二卷,余大钧、周建奇译,商务印书馆,1985年,第382页。
③ 《元史》卷一三六《赵炳传》,第3837页。
④ 《元史》卷一四《世祖纪》,第288页。
⑤ 《元史》卷一○八《诸王表》,第2736页。

所署王傅罢之"①。桑哥之语显示，阿难答是安西王、秦王忙哥剌的"嗣王"，其身份自然也是安西王、秦王。由于朝廷内部矛盾及忽必烈对他不满意等因素，在至元二十四年（公元1287年），封其弟按檀不花为秦王，也就是褫夺了阿难答的秦王王位。

阿难答袭封安西王后，蒙古人、色目人开始用事。阿难答大力推行伊斯兰教，下令陕西等地蒙古族儿童都要行伊斯兰教割礼，还破坏佛像、拆毁寺庙。元世祖忽必烈的继承人、真金太子第三子、信奉喇嘛教的元成宗铁穆耳派人去劝说他，被阿难答直接拒绝，气得元成宗铁穆耳将他囚禁。但阿难答依然不改，在监禁解除、重掌军队后，他更是截留陕西行省的税赋用于自己的军队，此时他所辖军队中的大部分人员皈依了伊斯兰教②。

元成宗铁穆耳认为阿难答的宗教信仰有利于维护西北地区的稳定，所以允许他继续统兵。大德十年（公元1306年），六盘山开成王府毁于地震，"开成路地震，王宫及官民庐舍皆坏，压死故秦王妃也里完等五千余人"③。大德十一年（公元1307年），元成宗铁穆耳病死，无嗣。阿难答取得朝中信奉伊斯兰教的大臣支持，来到大都，计划推元成宗皇后伯要真氏称制，自己辅政，"左丞相阿忽台等潜谋推皇后伯要真氏称制，安西王阿难答辅之"④。但是，朝中信奉蒙法、汉法的大臣联合发起抵制，他们联络元成宗铁穆耳的侄子们——真金太子第二子答剌麻八剌之子海山、爱育黎拔力八达，在阿难答起事前一天，赶到大都，囚禁阿难答。后来海山在上都即位，是为元武宗，阿难答被处死。

安西王王位从此空缺，5年后，即元仁宗爱育黎拔力八达皇庆元年（公元1312年），改安西路为奉元路，安西城也随之被称为奉元城了。又过了11年，至治三年（公元1323年）八月，发生"南坡之变"，元仁宗之子元英宗被刺杀。阿难答之子月鲁帖木儿参与拥立真金太子长子甘麻剌之子也孙铁木儿登基，就是泰定帝。

泰定帝赐予月鲁帖木儿安西王王位，但当年十二月，他就被流放云南并被杀。"（至治三年八月）泰定帝即位，欲安反侧，命月鲁帖木儿袭安西王封。后追论逆党，流月鲁帖木儿于云南，按檀不花于海南。至顺三年（公元1332年），月鲁帖木儿坐与畏

---

① 《元史》卷一四《世祖纪》，第302页。
② 《史集》第二卷，第382页。
③ 《元史》卷二一《成宗纪》，第471页。
④ 《元史》卷二四《仁宗纪》，第536页。

兀僧你达八的刺版的、国师必剌忒纳失里沙津爱护持等谋反，伏诛。"①安西王、秦王世系至此中断。

马得志先生认为："阿难答被诛后，似已无王袭居此府，其至李好文时已称为'安西故宫'即可想而知了。"②此语忽略了月鲁帖木儿袭封安西王的时间。夏鼐先生援引《元史·王思诚传》所载，元顺帝至正十七年（公元1357年），陕西行台治书侍御史王思诚"会豫王……及省院官于安西王月鲁帖木儿邸"，提出质疑："如果不是安西王后人仍住在这故宫中，便是由于当时沿用旧称。这王宫成为废址，当在元末农民起义之后。"③

对于马得志、夏鼐两位先生的分歧，当以后者观点为是，即安西王府在元代一直存在。在月鲁帖木儿被泰定帝诛杀后，王府被抄，"安西王阿难答之子月鲁帖木儿，坐与畏兀僧玉你达八的刺板的、国师必剌忒纳失里沙津爱护持谋不轨，命宗王、大臣杂鞫之，狱成，三人皆伏诛，仍籍其家"④。经过这次抄家，安西王府的器物被扫荡一空，所以后世出土文物寥寥。但是安西王府建筑犹在，应该被当作军队驻扎之所。夏鼐先生所引之文，王思诚及省院官来到"安西王月鲁帖木儿邸"会见的人是"豫王阿剌忒纳失里"⑤，他是元世祖忽必烈第七子西平王奥鲁赤之孙云南王老的之子⑥，初封西安王，在天历元年（公元1328年）拥戴元武宗次子图帖睦尔登基，是为元文宗。天历元年十二月，"丁巳，封西安王阿剌忒纳失里为豫王，赐南康路为食邑"⑦。红巾军起义爆发后，他领兵驻守陕西。元顺帝至正十五年（公元1355年）正月"诏豫王阿剌忒纳失里与陕西行省平章政事搠思监从宜商议军事"⑧；四月"壬申，命豫王阿剌忒纳失里与陕西行省官商议军机，从宜攻讨"；九月，两次领兵攻取潼关。⑨豫王阿剌忒纳失里在陕西统兵直到至正十八年（公元1358年），"冬十月丙寅朔，诏豫王阿剌忒纳失里徙居白

---

① 柯劭忞：《新元史》卷一一四《世祖诸子传下·忙哥剌传附月鲁帖木儿》，张京华、黄曙辉总校，上海古籍出版社，2018年，第2633页。
② 马得志：《西安元代安西王府勘查记》，载《考古》1960年第5期，第23页。
③ 夏鼐：《元安西王府址和阿拉伯数码幻方》，载《考古》1960年第5期，第25页。
④ 《元史》卷三六《文宗纪》，第803页。
⑤ 《元史》卷一八三《王思诚传》，第4214页。
⑥ 郭晓航：《元豫王阿剌忒纳失里考述》，载《社会科学》2007年第9期，第176页。
⑦ 《元史》卷三二《文宗纪》，第723页。
⑧ 《元史》卷四四《顺帝纪》，第922页。
⑨ 《元史》卷四四《顺帝纪》，第931页。

海，寻迁六盘"①。所以，豫王阿剌忒纳失里驻兵奉元期间，很有可能以安西王府为居所，但他的分地不在陕西，故不能称"豫王府"，而是沿用旧称。

至于安西王府彻底毁坏的时间，更有可能是在明太祖洪武年间，安西王府被拆除，其中的木石建筑材料用以扩修西安城墙。

---

① 《元史》卷四五《顺帝纪》，第945页。

第九章 元代奉元路城城市管理

进入元朝以后，地方行政建制出现两个变化：一是路下降为二级地方行政区，数量增多，京兆府由此变为安西路总管府、奉元路总管府；二是战乱过后，人口减少，推行政区合并。

在这一过程中，在地理空间上居于奉元城外的长安、咸宁县，是否还具有附郭县的地位？虽然习惯上认为长安、万年（金、元时为咸宁）在五代、宋、金、元时期一直是西安附郭县，但事实上，唐末韩建修筑"新城"时，长安、万年二县衙署留在了原来唐长安外郭城的位置，并没有迁入"新城"。由此就出现了新的问题：既然长安、万年二县县治不在西安城内，这种状况与附郭的基本含义相悖，那么为什么它们还能够作为西安的附郭县呢？也就是说，在五代、宋、金、元时期，长安、万年究竟是不是附郭县就成了一个需要重新审视的问题。

考虑到元代录事司职责从刑狱治安扩大到民事政务，其统辖区域就是城内，录事司正式成为与长安、咸宁县并列的府路下一级行政建制，所以，当时很有可能是以录事司代替了长安、咸宁附郭县。

第一节
元代奉元路建制沿革与附郭县设置

一、元代奉元路建制沿革

至元初年忽必烈调整京兆府路行政区划：桢州复为韩城县，鄜州复为鄜县，恒州复为鏊屋县。京兆府辖县中，好畤县并入醴泉县，云阳县并入泾阳县，栎阳县并入临潼县，美原县并入富平县，下邽县并入渭南县。由此从八州十二县省并为五州十一县，具体包括：华州、同州、耀州、乾州、商州五州，长安、咸宁、临潼、咸阳、蓝田、兴平、高陵、泾阳、鏊屋、鄠县、鄜县十一县。具体到京兆府，辖一录事司及十一县。

元世祖至元十六年（公元1279年），"改京兆为安西路总管府"[①]。据《元史》卷一〇《世祖纪七》载，在至元十五年（公元1278年）七月"改京兆府为安西府"，意即此时京兆府路、安西府并置。下一年，至元十六年十二月，"改京兆为安西路总管府"。《元史·世祖纪》《元史·地理志》都只记为"京兆"，意味着京兆地区，而非京兆府或京兆府路，即京兆府路、安西府合并为安西路总管府。元仁宗皇庆元年（公元1312年），再改安西路总管府为奉元路，依然辖一录事司五州十一县，辖区范围大致为关中东、中部地区。（见图9-1）其中大致位于今西安市辖区范围内的县有长安、咸宁、临潼、蓝田、高陵、鄠县、鏊屋七县。

长安县，金朝旧县，下辖杜角镇，以及义阳、善政、同洛、奉邑、苑西、华林六乡。辖区较金代没有变化，约为今西安市莲湖区全部，未央区、碑林区、雁塔区和长安区西部，及今陕西安康宁陕县东北部。

[①] 《元史》卷六〇《地理志三·奉元路》，第1423页。

咸宁县，金朝旧县，下辖灞桥、义谷、鸣犊三镇，以及洪固、龙首、白鹿、薄陵、东陵、苑东、少陵七乡。元世祖至元二十九年（公元1292年），将咸宁南部的乾祐镇恢复设县，隶商州，至元三十一年（公元1294年）再次撤县。故此辖区范围较金代缩小，大约包括今西安市新城区、灞桥区所有区域，未央区、碑林区、雁塔区、长安区东部。而乾祐镇部分相当于今陕西商洛柞水县（不含东北部）和镇安县，被划出。

临潼县，金朝旧县，下辖新丰镇、零口镇。至元四年（公元1267年），撤销栎阳县并入临潼县。辖区范围较金朝时扩大，大约相当于今西安市阎良区、临潼区全部。

鄠县，金朝旧县，下辖甘河镇，以及宜善、鄠亭、太平、菖阳等乡。辖区没有变化，大约相当于今西安市鄠邑区凤凰山、界河以东部分。

蓝田县，金朝旧县，下辖奉道、玉山、白鹿、卢珍四乡。范围包括今蓝田县及柞水县东北部。

高陵县，金朝旧县，下辖高陵镇、渭桥镇、毗沙镇，以及仁义、奉君、修真、上原、润国五乡。辖区没有变化，大约相当于今西安市高陵区。

盩厔县，金朝时为恒州，至元元年（公元1264年）撤销恒州，复为盩厔县，又将终南县并入。下辖终南镇、哑柏镇，以及望仙、仙游、五柞、长阳、司竹、迁善、睦教、仙檀、神就、凤泉等十七乡。辖区范围较金朝时扩大，大约相当于今西安市周至县，以

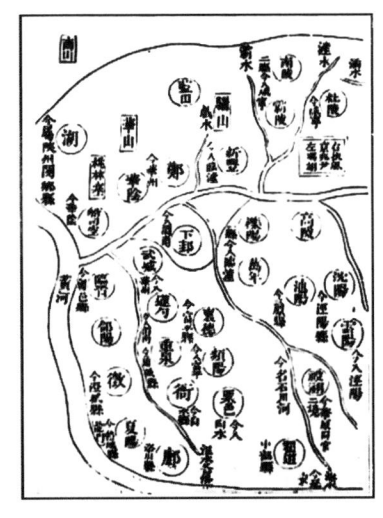 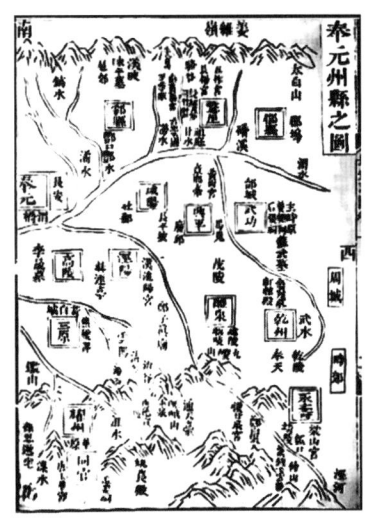

图9-1 《长安志图·奉元州县之图》

（选自李好文：《长安志图》卷上《奉元州县之图》，
辛德勇、郎洁点校，三秦出版社，2013年，第4-5页）

及鄠邑区界河、凤凰山以西部分。

鄠县、咸阳、兴平、泾阳四县不在今西安市所辖区县范围内：

鄠县，元初升为鄠州，分设柿林县，至元元年（公元1264年）降为鄠县，同时将柿林县并入，辖区范围大约为今宝鸡市眉县。

咸阳县，金朝旧县，辖区没有变化，大约相当于今咸阳市渭城区和秦都区。

兴平县，金朝旧县，辖区没有变化，大约相当于今咸阳市兴平市。

泾阳县，金朝旧县，至元元年，撤销云阳县并入泾阳县，至元二年（公元1265年）撤销泾阳县并入高陵县，至元三年（公元1266年）复置泾阳县。辖区范围较金朝时扩大，大约为今咸阳市泾阳县。

二、元代奉元路地方长官及其事迹

蒙古窝阔台汗三年（公元1231年）二月，蒙古军攻破凤翔，迫使金军在当年十月彻底撤出京兆①，蒙古在事实上占领了京兆。

蒙古窝阔台汗五年（公元1233年），将领田雄"授镇抚陕西总管京兆等路事"②。所谓"总管京兆等路事"，应该就是指总管京兆等路事务。田雄是文献中记载的蒙（元）时期第一任京兆地区地方官。

田雄是金朝北京大定府（今内蒙古赤峰市宁城县）将领，在成吉思汗伐金时投降，成为木华黎的部将。在来京兆之前，他曾经去河南招抚民众。别的蒙古将领习惯于纵兵劫掠，田雄却留心保护百姓，甚至拿出自己的财物救助难民，最终吸纳137000余户。正是因为在河南的出色表现，田雄被委以重任，来到京兆，身兼达鲁花赤和京兆路总管。"达鲁花赤"是蒙古语"镇守者"的音译③，作为地方军政长官，设置于路、府、州、县，实际相当于宋、金时的知府、知州、知县。

田雄不仅恢复了战乱过后的京兆地区的社会秩序，还建立了蒙古在京兆的各项统治制度，"时关中苦于兵革，郡县萧然。雄披荆棘，立官府，开陈祸福，招徕四山堡寨之未降者，获其人，皆慰遣之，由是来附者日众。雄乃教民力田，京兆大治。事闻，赐

---
① 《金史》卷一一六《内族承立（一名庆山奴）传》，第2551页。
② 《元史》卷一五一《田雄传》，第3580页。
③ 蔡春娟：《元代汉人出任达鲁花赤的问题》，载《北大史学》2008年第13期，第122页。

金符"①。其中"立官府"就是建立起京兆官府，自上而下包括：达鲁花赤、总管、同知、治中、判官、推官、经历、知事、照磨、司吏、译史、通事、儒学教授、学正、学录、蒙古教授、医学教授等。这些官职不一定都由田雄制定，像儒学教授等，后来杨惟中、廉希宪等贡献更大。

田雄在任期间，更加关键的举措是"招徕四山堡寨之未降者，获其人，皆慰遣之"，采取的是怀柔手段，有别于此前的军事进攻。"教民力田"的举措更加难能可贵。按照习惯看法，"这些官员大多还是以出兵打仗，据守城池为要务，谈不到对地方的治理。帮助镇抚治理陕西的其他官员的性质也差不多"②，认为要等到蒙哥汗三年（公元1253年），忽必烈获封关中地区后，先后任命杨惟中、廉希宪等为宣抚使，才开始在京兆发展生产，恢复农耕。事实上，田雄恢复社会秩序和经济的措施要比杨惟中、廉希宪等早20余年。

田雄在京兆时期，按照成吉思汗确立的蒙古军政制度，分封世袭的3万户、95千户兼任军队、地方长官，另有断事官依据蒙古习惯法"大札撒"行使司法裁判权，所谓"惟以万户统军旅，以断事官治政刑，任用者不过一二亲贵重臣耳"③。在这种体制下，万户、千户其实就是大小部落酋长，而部落成员则为其私有。蒙古部族实行义务兵役制，20岁以上70岁以下男子全部参军，直接听命于千户。正如大札撒的规定：每名壮丁永久隶属于特定万户、千户，离开自己的单位到另外的单位，要处死；反之，万户、千户不接受自己的壮丁，也要处死④。

随着统治区域的扩大，成吉思汗不拘泥于民族、地区，他将大札撒视作面对各族、各地人才的统一赏罚标准。如此一来，在蒙古军将领也就是万户、千户甚至其下的百户、牌子头们看来，征服地百姓就是本部族成员，可以随便驱使，关中地区百姓自然也不例外。所以，田雄"镇抚陕西总管京兆等路事"，其实就是众多千户、百户中为首者，有权对关中地区百姓实行军事监管，"毋致在逃走逸"⑤，可以任意横征暴敛、抽调征发、摧残戕害。特别是宋蒙战争爆发后，关中地区成为蒙古军进军陕南、四川的前

---

① 《元史》卷一五一《田雄传》，第3580页。
② 杜文玉：《陕西简史》，陕西师范大学出版总社，2014年，第383页。
③ 《元史》卷八五《百官志》，第2119页。
④ 赛熙亚乐：《成吉思汗史记》，图日莫黑译，内蒙古人民出版社，2019年，第327—329页。
⑤ 《元史》卷六五《河渠志二·三白渠》，第1630页。

线基地，更是被大肆抽调当地人力、物力资源。所以，田雄恢复农耕，很大的目的在于筹措军粮，与百姓安居尚有不同。

田雄在京兆十余年，到蒙古贵由汗在位时（公元1246—1248年），去哈剌和林（今内蒙古后杭爱省额尔德尼召之北）觐见，之后病卒，"定宗时，入觐于和林。以疾卒，年五十八。后追封西秦王。子八人，大明，袭职，知京兆等路都总管府事"①。田雄死后获封西秦王，儿子田大明继任知京兆等路都总管府事，也就是从窝阔台汗到贵由汗，田雄、田大明父子相继，建立了对京兆地区的统治秩序。

蒙哥汗元年（公元1251年），蒙哥汗委任二弟忽必烈总领"漠南汉地军国庶事"②，授权忽必烈经营中原地区。到蒙哥汗三年（公元1253年），又将京兆封给忽必烈作为世袭分地，"岁癸丑，受京兆分地"③。九月，忽必烈与兀良合台分兵南下，出征大理。

当时，忽必烈驻军六盘山，京兆鄠县大户贺贲前来觐见，献白金5000两，自言是在废墟中建房时挖出。忽必烈说："天以赐汝，焉用献！"意思是上天赐给你白金，不用献我。贺贲回答："殿下新封秦，金出秦地，此天以授殿下，臣不敢私，愿以助军。"④意思是殿下新获封京兆，我从京兆挖出白金，这是上天赐给您的，我不敢保留，希望用这笔白金助军。随后贺贲推荐儿子贺仁杰，忽必烈将其收为卫兵。

然而，贺贲回到鄠县后，"其军帅怒贲不先白己而专献金，下贲狱"。⑤这里的"军帅"，有可能就是田大明。如前所述，田雄是窝阔台任命的，也就是说，田雄、田大明属于窝阔台系的势力。而忽必烈获封京兆，必然要安插、扶植自己的势力。贺贲就是看中这一点，才前去献金。自然，忽必烈不会任由田大明治贺贲的罪，他借这个机会抓捕了田大明，但考虑到他是"勋旧"，故没有杀他。忽必烈以贺贲献金为契机，打击了京兆窝阔台系势力，树立了自己的统治威信。

同年，忽必烈设立京兆宣抚司，以孛兰、杨惟中为宣抚使，实行一系列汉法改革，如将蒙古贵族迁走，在凤翔屯田，实行官员俸禄制，发行纸币，设立儒学，等等。事实

---

① 《元史》卷一五一《田雄传》，第3580页。
② 《元史》卷四《世祖纪》，第57页。
③ 《元史》卷四《世祖纪》，第59页。
④ 《元史》卷一六九《贺仁杰附贺贲传》，第3967页。
⑤ 《元史》卷一六九《贺仁杰附贺贲传》，第3967页。

上,将知京兆等路都总管府事的田大明架空了。

蒙哥汗四年(公元1254年)夏,忽必烈将京兆宣抚司升格为关西道宣抚司,"岁甲寅,世祖以京兆分地命希宪为宣抚使。京兆控制陇蜀,诸王贵藩分布左右,民杂羌戎,尤号难治"①,任命廉希宪为新任宣抚使,商挺为宣抚副使,名儒姚枢为劝农使。廉希宪,字善甫,畏兀儿人,他父亲曾担任蒙古燕南诸路廉访使,接触儒学,遂以官为姓。廉希宪随父亲求学,人称"廉孟子"。廉希宪出任宣抚使后,将汉法的适用范围从京兆扩大到陕西。在忽必烈的支持下,廉希宪等人在关中抚慰百姓,整顿司法,大兴儒学,劝课农桑,确立田赋制度,并减关中常赋之半,募民屯田于凤翔,关中社会趋于稳定,经济逐渐好转。如担任"京兆榷课所长官"的马亨,采取"宽简"的措施,"藩邸分地也,亨以宽简治之,不事掊克,凡五年,民安而课裕"②,对京兆民众起到极大的安抚作用。

当时京兆路达鲁花赤是女真人夹谷唐兀歹,"蒙歌皇帝即位有旨,授公陕西等路打捕户达鲁花赤,兼权京兆、延安、凤翔达鲁花赤"③。待忽必烈在公元1260年继位,便任命贺贲为"总管京兆诸军奥鲁"④。据《元经世大典·政典·军制》载:"军出征戍,家在乡里曰奥鲁。"⑤又《元史》载:"诏各路府、州、司、县长次官兼管诸军奥鲁。"⑥所以奥鲁就是掌管京兆蒙古军后勤给养、辎重家属的负责人。也就是说,贺贲是忽必烈继位后京兆地区的第一任总管。至于在任的达鲁花赤,应该还是夹谷唐兀歹,因为他卒于中统三年(公元1262年)三月⑦。

一般认为,出任京兆府路总管的是汉人,像中统三年,忽必烈任命李毂为京兆路总管,"中统三年,改河东路总管,佩金虎符,移京兆路,加昭勇大将军,未几,转洺磁路"⑧。至元七年(公元1270年),任命谭澄为京兆路总管,"七年,入为司农

---

① 《元史》卷一二六《廉希宪传》,第3085页。
② 《元史》卷一六三《马亨传》,第3827页。
③ 〔元〕李庭:《寓庵集》卷六《墓志铭·故宣授陕西等路达鲁花赤夹谷公墓志铭》,见《藕香零拾》丛书,宣统二年(1910)刻本,第65页a。
④ 《元史》卷一六九《贺仁杰附贺贲传》,第3967页。
⑤ 〔元〕苏天爵:《元文类》卷四一《杂著·政典·军制》,上海古籍出版社,1993年,第540页。
⑥ 《元史》卷一六《世祖纪》,第346页。
⑦ 《寓庵集》卷六《墓志铭·故宣授陕西等路达鲁花赤夹谷公墓志铭》,第65页a。
⑧ 《元史》卷一五〇《李守贤附李毂传》,第3548页。

少卿，俄出为京兆总管"①。至元九年（公元1272年），赵炳出任京兆路总管，"授炳京兆路总管，兼府尹"②。对于达鲁花赤，忽必烈至元二年（公元1265年）二月规定，全国各路以蒙古人为达鲁花赤，以汉人为总管，以木速蛮为同知。

忽必烈至元八年（公元1271年）改国号大元，忽必烈就是元世祖。元世祖至元十五年（公元1278年），改京兆府为安西府，至元十六年（公元1279年）升安西府为安西路。此后出任过安西路总管的有杜思敬、王利用、赵世延等，他们都是元世祖潜邸旧人。

其中，杜思敬之父杜丰原来是金朝谋克，后归附成吉思汗，立有军功。至元十九年（公元1282年），权臣阿合马败亡后，杜思敬"出为安西路总管，金陕西行省事"③。王利用，字国宾，祖上是辽、金旧臣。他幼年学儒，入元世祖潜邸，曾获得名臣廉希宪的称赞："方今文章政事兼备者，王国宾其人也。"④他在元成宗大德二年（公元1298年）出任安西、兴元两路总管。王利用的任职有两点特殊之处：第一个特殊之处是他似乎长期居于兴元路，而不是安西路。他在兴元路主持过减免田租、断狱等具体事务。笔者推测可能与当时第二代安西王阿难答有关。阿难答在安西路推行伊斯兰教，起用蒙古人、色目人，身为儒生的王利用被排斥或主动回避。第二个特殊之处是王利用担任的是安西、兴元两路总管，也就是关中安西路城、陕南兴元路城两座城市的二把手。这种情况的确比较少见，也显示了蒙（元）时期官职的特殊性。

元成宗大德十年（公元1306年），赵世延被调往安西路城，出任安西路总管。赵世延，字子敬，同样是儒生。他到任后发现前任留下的未处理公文达3000件之多，未满3个月他便将其全部处理完毕。当时，陕西发生饥荒，时任陕西行省平章政事贺仁杰及行御史台官员提出请求朝廷赈济。赵世延不同意，替百姓请命说："救荒如救火，愿先发廪以赈，朝廷设不允，世延当倾家财若身以偿。"⑤他最终说服了贺仁杰及行御史台官员，直接开仓济民，因此得以存活的百姓很多。赵世延在安西路任职直到元武宗至大元年（公元1308年）。相比王利用，赵世延之所以能在安西路城发挥实际作用，可能与安

---

① 《元史》卷一九一《良吏传一·谭澄》，第4356页。
② 《元史》卷一六三《赵炳传》，第3836页。
③ 《元史》卷一五一《杜丰附杜思敬传》，第3575页。
④ 《元史》卷一七〇《王利用传》，第3994页。
⑤ 《元史》卷一八〇《赵世延传》，第4164页。

西王阿难答此时将注意力转向朝廷有关。另外，时任陕西行省平章政事贺仁杰是贺贲的儿子，也是当时的能臣。这显示出朝廷实际上注意到了阿难答的动向，也在调配人手，预防可能出现的状况。

到元仁宗皇庆元年（公元1312年），又改安西路为奉元路，安西城也随之被称为奉元城，至此，元代奉元地方官制最终定型。此时距离红巾军大起义爆发只有40年时间了。

三、元代奉元路城附郭县变化

一般认为，长安、万年（北宋改樊川、金代改咸宁）在五代、宋、金、元时期是西安附郭县①，事实上，这种表述似乎还可以进一步精善。

如前所述，五代、宋、金、元时期，长安、万年二县县治不在西安城内，而是位于韩建修筑的"新城"之外，"东、西又有小城二，以为长安、咸宁县治所"②。也就是说，长安、万年二县衙署留在了原来唐长安外郭城的位置，并没有迁入"新城"。由此就出现了新的问题：这种状况与"附郭"的基本含义相悖，是否还算"附郭县"呢？

首先，在《宋史·地理志》中没有标注长安、万年为附郭县。当然，按照该书体例，其他县也没有标注。《金史·地理志》中则直接标注长安县、咸宁县为附郭县："长安_倚……镇一_{子午}。咸宁_{倚。本万年，后更名。泰和四年废，寻复。}镇二_{鸣犊、乾祐}。"③这表示在五代、宋、金时期，长安、万年应该被当作附郭县。

其次，按照《元史·地理志》的体例，附郭县予以标注，如大都路"大兴，_赤。宛平，_{赤。与大兴分治郭下。金水河源出玉泉山，流入皇城，故名金水}。……涿州……领二县：范阳，_{下。倚郭}。房山，_下。"④。事实是，在《元史·地理志》中，长安县、咸宁县却恰恰没有标注："咸宁，_下。长安，_下。"⑤这意味着在元代长安县、咸宁县并不被视为附郭县。

至元二年（公元1265年）闰五月，忽必烈下诏省并州县，散州府户数少者，由府

---

① 李治安、薛磊：《中国行政区划通史·元代卷》，复旦大学出版社，2009年，第146页。
② 《长安志图》卷上，第20页。
③ 《金史》卷二六《地理志下·京兆府路》，第641页。
④ 《元史》卷五八《地理志一·大都路》，第1348页。
⑤ 《元史》卷六〇《地理志三·奉元路》，第1424页。

州官兼领附郭县："诸路州府，若自古名郡，户数繁庶，且当冲要者，不须改并。其户不满千者，可并则并之。各投下者，并入所隶州城。其散府州郡户少者，不须更设录事司及司候司。附郭县止令州府官兼领。括诸路未占籍户任差职者以闻。"①在这一过程中，大量附郭县被合并。

以裁撤录事司、司候司，合并附郭县为背景，长安县、咸宁县很可能就此不再作为安西路总管府城（即金代京兆府）的附郭县。因为安西路总管府城设有录事司，若再有附郭县，有悖于合并州县的政策。按照元代的规定：

> 录事司，秩正八品。凡路府所治，置一司，以掌城中户民之事。中统二年，诏验民户，定为员数。二千户以上，设录事、司候、判官各一员；二千户以下，省判官不置。至元二十年，置达鲁花赤一员，省司候，以判官兼捕盗之事，典史一员。若城市民少，则不置司，归之倚郭县。②

这段话揭示出四种情况：第一种，城市民多，有附郭县；第二种，城市民多，无附郭县；第三种，城市民少，有附郭县；第四种，城市民少，无附郭县。比较之下，元代西安城（即安西路总管府城、奉元路城）属于第二种情况，城市民多，无附郭县。

省并附郭县的政策持续到元朝后期，元顺帝至正十二年（公元1352年），大臣王思诚针对动荡的局势上书言事，提出七项建议，其中第六项是"复倚郭县，以正纪纲"③。这也反映出当时附郭县被省并的事实。

所以元代长安、咸宁县应该不是西安城附郭县。宋亮先生认为：唐代以来城内增设行政管理机构，使得附郭县行使职权的范围逐步移向城外，以至于出现五代、宋、金、元时期西安城附郭县长安县、万年县居于城外的状况，"而从这一现象产生的可能性上来看，当时长安城内的管理制度以及长安、咸宁两附郭县管辖地域及职能范围的变化是不可忽视的。……唐末移二县于城外并且沿用至元代的原因，当是该时段内附郭县管辖范围仅限于城外"④。

细究起来，这种表述并不确切。因为所谓城内行政管理机构，其主要职责是刑狱、治安、防火，并不兼理民政，而且宋代京兆府是否有厢尚存疑问——即便有厢，厢界、

---

① 《元史》卷六《世祖纪》，第107页。
② 《元史》卷九一《百官志七·诸路总管府》，第2317页。
③ 《元史》卷一八三《王思诚传》，第4214页。
④ 宋亮：《城市与政区：元代附郭县相关问题研究》，陕西师范大学硕士学位论文，2018年，第11—13页。

厢巡的职责也很难确定为城内或城外。严格来说，应该是金朝中后期，录事司开始兼理民政，与附郭县职权交叉进而并列。到元代，像安西路总管府城等城市径直以录事司代替了附郭县。换句话说，不是元代安西路总管府城等城市附郭县的管辖范围在城外，而是这些城市不再设附郭县。

到了明初，随着西安城池扩建，长安、咸宁县治迁回城内，"长安县署，在布政司西，唐天祐间韩建筑西郭小城为县治，宋、金、元皆因之。明洪武四年移建今治，明末颓圮。……咸宁县署，在布政司东南三里许，即唐宣阳坊万年旧址。天祐间韩建筑东郭小城为县治，宋金因之。……明洪武初因拓城移建今治"[1]。同时，随着对录事司制度的调整，长安、咸宁县作为附郭县的职能和地位也得以恢复。

---

[1] 〔清〕刘于义：《陕西通志》卷一五《公署·西安府》，第16册，第4页b、第5页a。

第二节
元代奉元路城城市管理制度变化

一、元代奉元路录事司设置及职能

金朝设置警巡院、录事司、司候司的原因之一，是金朝建立之初，通过对辽、宋战争迅速扩张领土，需要加强对新占领城市及其周边村镇的治安管理。时至13世纪初，蒙古崛起，北方形势大变。成吉思汗六年（金卫绍王大安三年、宋宁宗嘉定四年，公元1211年）二月，成吉思汗誓师伐金，持续23年的蒙金战争爆发。

成吉思汗十一年（金宣宗贞祐四年、宋宁宗嘉定九年，公元1216年）六月，成吉思汗命三合拔都攻打关中，这是其第一次进攻关中。此后，到窝阔台汗三年（金哀宗正大八年、宋理宗绍定四年，公元1231年）二月，蒙古军攻取凤翔。随后，兵围京兆。十月，金军放弃潼关以西地区，京兆地区就此转为蒙古所有。丢了关陕地区，金朝就没了屏障。窝阔台汗六年、宋理宗端平元年、金哀宗天兴三年（公元1234年），宋蒙联军发动蔡州之战，金朝灭亡。

战后，南宋与蒙古划定了势力分界线，蒙古获得中原大部分地区，"灭金，得中原州郡"[①]。当时，中原地区经年战乱，残破不堪，当地百姓纷纷逃离家园，去黄河以北或南宋求生。金代末年李俊民描述当时情景："贞祐甲戌二月初一日丙申，郡城失守，虐焰燎空，雉堞毁圮，室庐扫地，市井成墟，千里萧条，阒其无人。"[②]这种状况也影响了蒙古军驻扎布防，因为按照习惯，蒙古军并不携带大量粮草，军粮主要靠就地征

[①]《元史》卷五八《地理志》，第1345页。
[②]《庄靖集》卷八《泽州图记》，第461页。

收。既然现在中原地区无粮可用，蒙古军便撤军回到河北地区，沿黄河两岸布防。中原地区原属金朝的大量州府县乡都交给了金朝投降官员，"大朝始张官署吏"①，恢复金代旧职官，地方行政机构自然也包含其中。

据《元史·地理志》所载："元则有路、府、州、县四等。大率以路领州、领县，而腹里或有以路领府、府领州、州领县者，其府与州又有不隶路而直隶省者。"②这一段话较为简略，实际上元代地方行政区划极为复杂。

按照习惯，划分地方一级政区应该以山川地理为依据，如金章宗泰和年间（公元1201—1208年），全国定为19路。可是，在蒙金战争爆发后，金朝扶植地方军阀，彻底打乱了原来的政区划分制度。金朝覆亡后，北方较为重要的州府往往都有"世侯"占据。蒙古对于"世侯"掌握地方各项军政权力的局面，"皆从宜一切"③，允许他们"尽专兵民之权"④，于是就以地方"世侯"占据州府为基础，进行地方行政区域划分。到窝阔台汗七年（公元1235年），在中原括户，将当时的地方势力分为燕京、顺天等36路，大量州府升为路。如此一来，元代路的数量激增。

元代地方行政区划总体上分为中书省直辖的腹里和行中书省管辖的全国其他地区。"腹里"这一概念来自金朝，指金中都、元大都（今北京）所在的河北，以及周边山东、山西地区。其中又设山东宣慰司、河东山西宣慰司，所谓宣慰司，其实就是朝廷派往地方监督、限制"世侯"的机构。二宣慰司之下有路及直辖州，路之下有府、州，府、州之下有县。另外，在二宣慰司之外，还有中书省管辖的路及直辖州。在腹里之外，则设行中书省，同样有的地区设宣慰司，有的地区直接管辖路及直辖州。

忽必烈中统三年（宋理宗景定三年，公元1262年），山东军阀李璮叛乱。忽必烈开始在地方推行军政分离，各路置总管府管理民政，军权归统军司，又恢复转运司，负责税赋及监察，以期实现"各有所司，不相统摄"⑤。

不过，与宋、金时期路级政区司法、财政诸司分置不同，元代路总管府依然身兼司法、行政、财政等政务。这是因为，元代路数量增多以后，在其上又有中书省、行中书

---

① 《庄靖集》卷八《泽州图记》，第462页。
② 《元史》卷五八《地理志》，第1346页。
③ ［元］同恕：《榘庵集》卷五《墓表·中书左右司郎中李公新阡表》，上海古籍出版社，1987年，影印文渊阁四库全书，第1206册，第701页。
④ 《元史》卷一五六《张弘范传》，第3679页。
⑤ 《元史》卷五《世祖纪》，第89页。

省、宣慰司等机构，路已经下降为二级地方行政区。

元代路总管府下辖府、州、县、录事司等，其中，路总管府兼管路治所在府、州，并管辖下属县。所以元代路与府、州有融合的趋势，到元朝后期，共设置路180余个。其中，"陕西等处行中书省，为路四、府五、州二十七，属州十二，属县八十八"①。五府为：凤翔、巩昌、平凉、临洮、庆阳，无京兆或安西或奉元府之名。具体到西安，先是在元世祖忽必烈至元十六年（公元1279年），改京兆府为安西路总管府；后在元仁宗皇庆元年（公元1312年），改安西路总管府为奉元路。像《陕西金石志》卷二十八《奉元府题名记》一文，撰写于元英宗至治三年（公元1323年）三月，开篇即云"奉元府乃《禹贡》所别之雍州也"，而各人官职却署为"奉元路总管府达鲁花赤"等，反映了路、府混同的事实。

奉元路"领司一、县十一、州五。州领十五县"②。此处"领司一"，就是指录事司。这是元代奉元城市管理机构，"凡路府所治，置一司，以掌城中户民之事"③。元代在地方设置警巡院、录事司，与金代所设警巡院、录事司、司候司相比，出现了两个新的变化：

第一个变化是数量减少，只在"两京"大都（今北京）、上都（今内蒙古自治区锡林郭勒盟正蓝旗多伦县闪电河北）设警巡院，原来金朝大定府、大同府、开封府警巡院降为录事司。司候司被废除，洺州等四州司候司上升为录事司。据李昌宪先生统计，元初警巡院、录事司"总数为二十六个"④。此说不确，因为大都最早有3所警巡院：警巡院和左、右院，后来只留下左、右警巡院，加上上都警巡院，所以实际共有3所警巡院。也就是元代在金代旧地设置院、司当为28或27所。

忽必烈对金代旧地方机构进行了一轮合并。至元二年（公元1265年）闰五月，忽必烈下诏："诸路州府，若自古名郡，户数繁庶，且当冲要者，不须改并。其户不满千者，可并则并之。各投下者，并入所隶州城。其散府州郡户少者，不须更设录事司及司候司。附郭县止令州府官兼领。括诸路未占籍户任差职者以闻。"⑤也就是根据城市居民户数设置录事司。经过省并，有路总管府同时领有府、州、县、录事司，也有路总管

---

① 《元史》卷六〇《地理志三·奉元路》，第1423页。
② 《元史》卷六〇《地理志三·奉元路》，第1424页。
③ 《元史》卷九一《百官志七·诸路总管府》，第2317页。
④ 《金代行政区划史》，第113页。
⑤ 《元史》卷六《世祖纪》，第107页。

府领有州、县、录事司，还有路总管府仅辖县、录事司，更有路总管府只辖县级机构，甚至云南、岭北等边远地区路总管府下没有府、州、县、录事司，统辖的是当地土官。

占领南宋旧地后，全国录事司的数量有所增加。到元世祖至元三十年（公元1293年），"录事司百三，巡院三"①，即全国有警巡院3所、录事司103所。而韩光辉、林玉军先生依据《元史·地理志》和《本纪》统计，元代共置录事司134个，建置录事司的城市达127个。其建置时间主要集中在两个阶段：第一，中统元年（公元1260年）至至元初年（公元1264年），即蒙古国太宗和宪宗时期至元世祖忽必烈即位之初；第二，元世祖至元十二年（公元1275年）至十六年（公元1279年）。②此说与前引《元史·世祖纪》所载司、院之数不合，当是后世又有增加。

第二个变化是警巡院、录事司的职能与县趋同。其实在金代后期，院、司职能已经从单纯的刑狱治安扩大为民事政务。元代时直接规定："大都警巡院领京师坊事"，省并为左、右警巡院后，"分领京师城市民事"③，或者是"领民事及供需"④。至于录事司、司候司，则"领在城民事"⑤。其中"在城"指城区范围，"民事"指民政事务，意即元代警巡院、录事司以及司候司管辖范围为城池以内区域，彻底成为城市行政管理机构。据元代任士林《杭州路重建总管府记》载："旧以两县置城西北隅，以听城以外之治。四录事司分置城四隅，以听城以内之治。"⑥这非常清晰地反映出，当时杭州录事司治城内，钱塘、仁和县治城外。另外，元代县设县尉，负责捕盗，又有巡检司。

除了辖区的区别，录事司的职能与县完全一致，见于元俞希鲁《至顺镇江志》所载："今置录事司以统之，录事之上亦设达鲁花赤，而佐以判官，列曹庶务，一与县等。"⑦只不过与金朝时一样，录事司品秩为正八品，低于上县从六品、中县正七品、下县从七品。正如元代学者吴澄所言："录事职位虽卑，而父母一城之民，其任固不轻也。"⑧

---

① 《元史》卷一七《世祖纪》，第376页。
② 韩光辉、林玉军：《10至14世纪中期京兆府城城市行政管理研究》，载《陕西师范大学学报》（哲学社会科学版）2010年第6期，第54—55页。
③ 《元一统志》卷一《大都路·建置沿革》，第3页。
④ 《元史》卷九〇《百官志六·大都路都总管府》，第2301页。
⑤ 《元一统志》卷八《常州路》，第594页。
⑥ 〔元〕任士林：《松乡集》卷一《杭州路重建总管府记》，上海古籍出版社，1987年，影印文渊阁四库全书，第1196册，第492页。
⑦ 〔元〕俞希鲁：《至顺镇江志》卷一六《宰贰》，杨积庆、贾秀英、蒋文野等校点，江苏古籍出版社，1999年，第629页。
⑧ 〔元〕吴澄：《吴文正集》卷二八《送姜曼乡赴泉州路录事序》，上海古籍出版社，1987年，影印文渊阁四库全书，第1197册，第300页。

录事司的长贰属官，在至元二十年（公元1283年）确定为达鲁花赤、录事、判官、典史，"录事司，秩正八品。凡路府所治，置一司，以掌城中户民之事。中统二年，诏验民户，定为员数。二千户以上，设录事、司候、判官各一员；二千户以下，省判官不置。至元二十年，置达鲁花赤一员，省司候，以判官兼捕盗之事，典史一员。若城市民少，则不置司，归之倚郭县"①。这段话显示出，在至元二十年以前，有司候负责捕盗，此后改为判官负责捕盗。元仁宗时又规定："以中下县主簿、录事司录判掌钱粮捕盗等事。"②其中"录事司录判"一句表示，录事执掌钱粮、判官负责捕盗，那么，达鲁花赤就是总负其责。

元代奉元路录事司的职责自然也是如此。忽必烈至元三年（公元1266年），规定陕西之民食用韦州（今宁夏同心县东北韦州镇）盐池所产红盐，而不许将红盐运往山西，"其咸宁、长安录事司三处未散者，依已散州县，一体斟酌，认纳乾课，与运司已散食盐引价同"③。此句中"咸宁、长安录事司三处未散者"当断句为"咸宁、长安、录事司三处未散者"，意思是咸宁、长安、录事司三处还没有卖给百姓的红盐，与转运司已经卖出的红盐以同样价格卖出。此时，西安地区已然名为京兆府，也就是说，在这道诏令中，京兆府咸宁、长安二县与录事司并列。因为咸宁、长安为下县，也就是从七品，故排在录事司正八品之前。类似的记载还见于元顺帝时《元统元年进士录》，陕西进士赵毅"贯陕西奉元路录事司，军户"④。

在元代李好文编绘的《奉元城图》中，录事司题为"录事局"，位于奉元城中部偏南位置，西门顺义门、东门景风门之间旧景风街以南，通政坊以西，银巷街以东，其北侧为勾栏。⑤

在《西安历史地图集·元奉元路城图》中，录事司位于指挥东街以南，隔街东北方向即为陕西行省、奉元路治，其他衙署如税使司、惠民局、监狱等在录事司东侧。这应该是金代京兆府城形成的布局，因为录事司主管城内事务，所以与路治、府治的距离不能太远。

又据元代李庭所撰《元故三白渠副使郭公墓碣铭》载，元世祖至元十六年（公元

---

① 《元史》卷九一《百官志七·诸路总管府》，第2317页。
② 《元史》卷八二《选举志二·铨法上》，第2052页。
③ 《元史》卷九七《食货志五》，第2493页。
④ 《元统元年进士录》，王颋点校，浙江古籍出版社，1992年，第206页。
⑤ 《长安志图》卷上《奉元城图》，第22—23页。

1279年)三白渠副使郭时中"卒于京兆府景风街之寓居"①。这从侧面显示出当时东门景风门内景风街很有可能是官员聚居区,大概正是因为各种衙署都分布在景风街两侧。

二、元代奉元路城周边交通

元朝定都大都,建立起以大都为中心的全国驿道网络。在这个全国驿道网络中,奉元及陕西行省与大都向西、向西南、向南的主要驿路对接,陕西行省境内各条驿路纵横交错,这里是通向甘肃行省、察合台汗国(今新疆维吾尔自治区)、宣政院辖地(今西藏自治区和青海省)、云南行省等几处地方的中转,也是元代西部地区的交通中枢。

具体到元代奉元路城四周交通路线,依然分布着东、南、西、北四个方向的驿路。

(一)向东的驿路

出奉元城向东北约10公里就来到灞河。忽必烈至元年间,中书省东昌路堂邑县(今山东聊城西北堂邑)人刘斌组织人力物力,在灞河重修起一座石桥,对奉元路向东的交通起到了极大的促进作用。

奉元路儒学教授兼安西王府咨议李庭全程见证了新灞桥的修造过程,他在工程开工时为之写祭神文,大桥落成后又撰写《创建灞石桥记》。"至元十四年,碑尽摧倒。天骧与孟文昌充西府教官,请灞桥堂邑刘斌而复立焉。"②骆天骧在《类编长安志》中详述了刘斌重修灞桥的事迹,并对其赞许有加。后世张养浩写有《安西府咸宁县创建霸桥记》,也记述了相关见闻。

刘斌之所以承担重修石桥的工程,是因为他本身是个商人,来往奉元、山东等地,对于灞河水势之大有直观体验。至元三年(公元1266年),工程开始后,刘斌先去相州(今河南安阳)、卫州(今河南卫辉)等地购买锤、凿等工具700余件,然后推车来到灞河岸边搞起运输,挣到钱后就去华原(今陕西铜川耀州区)采凿石材,在终南山伐木,"于是束装戒行,前抵相、卫市锤凿七百余事,辇运而西,结庐灞上,教人以输为业,敛所得充募工之值,分采华原五攒之石,伐南山之木以为地钉"③。同时,刘斌结交李庭、骆天骧等文人,通过众人写文章宣传,向当地各级官员、百姓募集钱款,甚至

---

① 《寓庵集》卷六《墓志铭·元故三白渠副使郭公墓碣铭》,第73页a。
② 《类编长安志》卷一〇《石刻·石经》,第284页。
③ 《寓庵集》卷五《记·创建灞石桥记》,第50页b-51页a。

还感动了元世祖,他特下诏称赞其义举,由此带动安西王府、行省、路、府、州、县各级地方官吏、富户争相捐献,财资、石材、木料、车辆等陆续运送到工地支援建设,"其操斤执凿、张口待哺者,恒二三百石,米盐柴茹,所费不赀"。可见,刘斌对工程的进行有着通盘考虑。更难能可贵的是,刘斌不只是商人,还是工匠,李庭说"斌之为人,不特智巧多艺,而宽厚诚恳"①。骆天骧也说:"斌能于匠石、工梓、锻冶、斫轮,靡有不解……。斌为人清癯多力,智略巧思,人不能出其右。"②

到至元十五年(公元1278年),石桥终于建成。李庭《创建灞石桥记》记叙建桥的工程量曰:"用石五千余载,铁锭九千,计铁四千秤,地钉木二万条,前后縻楮币八千五百万缗,舆输之值尚不与焉。"③《类编长安志》记叙石桥的规模形制曰:"落成,凡一十五虹,长八十余步,阔二十四尺,中分三轨,傍翼两栏,华表柱标于东西,忖留神镇于南北,海兽盘踞于砌石,狡猊蹲伏于阑杆,鲸头喷浪,鳌首吞云,筑堤五里,栽柳万株,游人肩摩毂击,为长安之壮观。"④

李庭《创建灞石桥记》还记述了这座石桥的修造方法:"两堤隆峙,下为洞门十五以泄水怒。制以铁链,垩以白灰,其趾山固,其面砥平,磨砾之功,黎垒之工,修栏华柱,望之岿然,如天造地设,倍千载之奇,一方之伟观也。由是车不漏轨,人无寒裳,往来坦然无阻。"意思是在石柱中间凿洞,再插入铁柱,与另一石柱相接,将桥墩石柱分节拼装而成。

关于刘斌修桥的工期,骆天骧《类编长安志》记载建桥工程始于至元三年(公元1266年):"能自营石梁,日夜不息,手足胼胝,心劌形瘵,虽祁寒暑雨,而不辍其工,遇患难龃龉,而不改其志,前后历三十寒暑。"⑤一寒暑表示一年,三十寒暑就是三十年。然而据李庭《创建灞石桥记》载:"戊寅岁冬,工始毕。"此处"戊寅"指至元十五年。张养浩《安西府咸宁县创建霸桥记》则记为"溃成于至元二十五年"⑥。三种说法彼此矛盾,无法互相印证。对于建桥的工期,目前普遍采用李之勤先生的观点,他认为是至

---

① 《寓庵集》卷五《记·创建灞石桥记》,第52页a。
② 《类编长安志》卷七《桥渡·桥·灞桥》,第191页。
③ 《寓庵集》卷五《记·创建灞石桥记》,第51页b。
④ 《类编长安志》卷七《桥渡·桥·灞桥》,第191页。
⑤ 《类编长安志》卷七《桥渡·桥·灞桥》,第191页。
⑥ 〔元〕张养浩:《归田类稿》卷五《记二·安西府咸宁县创建霸桥记》,上海古籍出版社,1987年,影印文渊阁四库全书,第1192册,第520页。

元元年（公元1264年）到至元十五年（公元1278年），历时15载。

虽然刘斌的义举被传为佳话，但是这座石桥终究无法抵抗灞河河水，最终还是被冲毁了。后来，明代余子俊重修灞桥，清廷也曾多次维修。清道光十三年（公元1833年）重修石柱木梁桥，长354米，宽7米。同治十三年（公元1874年）对其进行加固。1957年再次整修，撤出木梁，改换为水泥板，直到2004年被爆破拆除。

元代京兆向东的驿道出潼关后，分为两条：第一条可直行到达河南行省河南府路（今河南洛阳），从这里可以进入大都向南驿道；第二条可由华阴东北渡过渭河、黄河，到中书省河中府（今山西永济）、晋宁路（今山西临汾），从这里可以进入大都向西南的驿道。

（二）向南的驿路

北宋时，京兆府万年县以南60里有鸣犊镇，80里有义古镇。鸣犊镇得名的原因，是有牛犊在此地奔跑鸣叫，之后地下涌出泉水，见于《长安志》所载："鸣犊镇。在县南六十里。（镇西原下有鸣犊泉，俗传因犊跑鸣而得泉。武宗略于太白原，即镇之西原也。）"[①]北宋张礼《游城南记》亦载："少陵之东冈下，即樱水之西岸。其地有泉，旧传有犊跑鸣而泉出，今谓之鸣犊镇。"[②]如今鸣犊泉已经水尽泉枯。

宋神宗熙宁十年（公元1077年），鸣犊镇商税额为"五百四十三贯二十七文"[③]。此地是从京兆府去往陕南兴元府的交通要道之一。宋高宗建炎元年（公元1127年）秋七月，宋江余部史斌起义，攻占兴州（今陕西略阳）称帝，接着从兴州进攻四川，"斌遂自武兴谋入蜀"[④]，不胜。建炎二年（公元1128年）十一月，史斌转攻兴元府，依然未胜。这时，金兵退去后，京兆为关中义兵统领张宗谔占据。史斌应张宗谔之邀前来，并散去人马。但是宋军很快展开追捕，先是名将吴玠袭击史斌，史斌退到鸣犊镇，被擒后遭凌迟并斩首[⑤]。同时，张宗谔也被宋军大将曲端袭杀。

从史斌的退却路线分析，他从长安县去往万年县鸣犊镇，应该是想走义谷道去兴元府，很有可能这也是他北上的通道。史斌就是《水浒传》梁山好汉九纹龙史进的原型。

---

① 《长安志》卷一一《县一·万年》，第358页。
② 《游城南记校注》，第151页。
③ 《宋会要辑稿》食货一五之一四，第5069页。
④ 《建炎以来系年要录》卷七，建炎元年七月，第155页。
⑤ 《建炎以来系年要录》卷一八，建炎二年十一月，第288页。

义谷即大义谷，俗名大峪口，从义谷穿过秦岭，行经今柞水、镇安等地，可以到达金州（今陕西安康）。义谷道在宋金对峙期间被封闭，从奉元路去金州，只能绕道兴元路，路途遥远。到元顺帝至正十二年（公元1352年）前，义谷道终于再次开通："金州由兴元、凤翔达奉元，道里回远，乃开义谷，创置七驿，路近以便。"① 由此可以出奉元路向东南，穿过义谷道，抵达金州。如果再由金州向东，经襄阳路（今湖北襄阳）到武昌路（今湖北武汉武昌），可以进入从大都向南通往河南行省、湖广行省的驿路。

子午镇是元代奉元路以南一处著名市镇，因子午谷而得名。从子午镇往西南，穿过子午谷，转入沣峪谷，在沣峪谷河道崖壁上有古子午栈道，如今方形石孔尚存。这条子午道南端就是汉中市西乡县子午镇，也就是南子午。子午道是秦汉至民国时期关中通往陕南的五条通道之一。唐代学者颜师古解释"子午"的意思是："子，北方也。午，南方也。言通南北道相当，故谓之子午耳。今京城直南山有谷通梁、汉道者，名子午谷。"② 又《汉书》记载刘邦由关中迁往汉中："从杜南入蚀中。"③ 南宋程大昌分析道："蚀中之名，地书皆不载。以地望求之，关中南面皆碍南山，不可直达，其有微径可达汉中者，惟子午关。子午关在长安正南，其次向西则有骆谷关。（汉魏之世止有骆谷道，曹爽伐蜀入骆谷道不可行，至高祖始开骆谷道以通梁州）关之又西则褒斜也。此之蚀中，若非骆谷，即是子午也。"④ 由此可知子午谷在秦汉之际名为蚀中。

在这条古道上，发生了众多影响中国古代历史进程的重要事件。楚汉相争时，韩信指挥汉军"明修栈道，暗度陈仓"，还定三秦。此处"栈道"指子午谷栈道。三国时，曹魏与蜀汉多次为争夺子午道交兵，比如魏将钟会率军从子午谷、斜谷等通道进入汉中。还有东晋永和十年（公元354年）桓温第一次北伐期间，司马勋由子午谷进兵长安。到了唐代，四川进贡蜜浸荔枝，便是经由子午道送入长安。唐懿宗咸通八年（公元867年），"东川每年进蜜浸荔枝，道路遥远，劳费至多"⑤，因而又称子午道为荔枝道。

---

① 《元史》卷一三九《朵尔直班传》，第3359页。
② 《汉书》卷九九上《王莽传》，第4076页。
③ 《汉书》卷一上《高帝纪》，第29页。
④ 〔宋〕程大昌：《雍录》卷五《汉高帝入关》，黄永年点校，中华书局，2002年，第92页。
⑤ 〔宋〕宋敏求：《唐大诏令集》卷八六《政事·恩宥四·咸通八年五月德音》，中华书局，2008年，第491页。

毫无疑问，子午镇位于终南山子午道北口，是南向汉中、北通长安的战略要地，具有极其重要的军事、商业价值。北宋仁宗景祐二年（公元1035年），设立子午镇，见于宋敏求《长安志》："子午镇。在县南四十里，至东杜角村。景祐二年置，以南山子午谷为名。"① 关中西安与陕南汉中、巴蜀川东等地的货物流通都要取道子午峪。子午古镇位于子午峪北口，是南北货物的集散地，从南边运来的货物有茶叶、生漆、核桃、桐油等，从北方运走的货物有食盐、棉花、布匹等，均在此地中转。北宋神宗熙宁十年（公元1077年），子午镇商税额为"七百三十七贯五文"②。这种商业繁荣一直持续到现代。子午镇老城街道长四五百米，宽10米，两侧遍布陕、川、鄂商户，是中国古代南北交流的鲜活实例。

图9-2 《南豆角志》

[选自管文娜、雷振东：《地域特征约束下的黄土高原民居院落种植习惯研究——以西安南豆角村为例》，载《西安建筑科技大学学报》（自然科学版）2016年第6期，第902页]

子午镇在元、明两代改名子午里，清朝初年恢复为子午镇。据清嘉庆《长安县志》记载，当时子午镇辖子午村、古城村等19村。而现代子午镇街道有南北豆角村、集贤张村等，其都不见于清嘉庆《长安县志》，有观点认为南豆角村之名来自北宋："长安区南豆角村是长安地区现存历史最为悠久的一处古村落，始建于宋景祐二年（1035），距今有近千年的历史。"③ 此观点显然有误，今日所谓"豆角"，实为北宋"东杜角村"之讹，景祐二年设子午镇，非东杜角村。（见图9-2）

（三）向西的驿路

元代奉元路向西的道路，其实还是关陇道。出京兆西行到兴平，分为两个

---

① 《长安志》卷一二《县二·长安》，第382页。
② 《宋会要辑稿》食货一五之一四，第5069页。
③ 李仙娥等：《黄河流域古村落生态发展模式与政策评价研究——以晋陕为例》，陕西人民出版社，2016年，第185页。

方向：一是走西北方向的驿路，行经邠州、泾州、平凉府、开成路（今宁夏固原原州区开城镇），到达宁夏府路；二是走向西驿路，到达凤翔府路，转而沿麻夫川驿路北行，行经泾州、平凉府、开成路，到达宁夏府路，从这里可以进入宁夏府路河套地区沿黄河北岸通往大都的驿道。如果在凤翔府路转往向南道路，可以出散关，沿栈道到达兴元路以及成都路，乃至西藏、云南等地。

由此可以发现，在奉元路以西，凤翔府路的交通价值极为重要。这是因为元朝完成统一后，开通了凤翔府路、奉元路、秦州（今甘肃天水）、巩昌路（今甘肃陇西）、兰州之间的驿路。也就是说，从奉元路去宁夏府路、兰州等地，都要经过凤翔府路，这是元朝西部地区一条相当重要的驿道。

其实，这条驿路继承于宋、金二朝。在宋金战争、蒙金战争中，各路部队沿着渭河、黄河行进，在陇州、凤翔、京兆、洛阳、开封等城市间往来行军，展开了激烈的角逐。以蒙金战争为例，先是在成吉思汗十七年（公元1222年）冬，蒙古大将木华黎依次进攻韩城、同州、京兆，接着沿京兆向西大道进军凤翔府。金朝调动部队，双方大战。这是蒙古军第一次进攻凤翔。成吉思汗二十二年（公元1227年）四月，成吉思汗亲自率军破德顺、临洮。六月，身在南京开封的金哀宗与朝臣商议，认为陕西、河南大路相通，若凤翔失守，则京兆不能守，若陕西失守，则河南也不能守。金哀宗遣使求和，遭到成吉思汗拒绝。蒙古军沿着关陇道行军，第二次进攻凤翔。到窝阔台汗三年（公元1231年），蒙古军第三次围攻凤翔，终于攻克。金朝在关中的防守瞬间瓦解，主力部队撤出京兆。可见，蒙金战争中的关键，表面是争夺凤翔府，其实是争夺关陇道，蒙古军随后沿关陇道一直向东，不出三年就攻灭了金朝。

（四）向北的驿路

主要是通往察罕脑儿城（今河北沽源东北）的驿路，从大都到察罕脑儿行宫有驿路直接相通。

元代奉元路城周边交通其实是对前代交通路线的保留和扩展，其特色是建立了完备的站赤，即驿站制度。以关陇道为例，基本上在沿途路、州、府、县治所都设站，间隔距离从90里、100里到50里、60里不等。元朝朝廷为保障驿路畅通，制定了完善的条令法规。据《元史·刑法志》记载，元代朝廷规定：各地要趁农隙修治道路桥梁，如果有关官员执行不力，就要受到相应惩罚，"诸有司桥梁不修，道途不治，虽修治而不牢强者，按治及监临官究治之"①。

元世祖至元九年（公元1272年）二月，大司农司上奏："自大都随路州县城郭周围，并河渠两岸，急递铺道店侧畔，各随地宜，官民栽植榆柳槐树，令本处正官提点本地分人护长成树。系官栽到者，营修堤岸、桥道等用度，百姓自力栽到者，各家使用，似为官民两益。"②这得到元世祖批准。据马可·波罗描述："大汗曾命人在使臣及他人所经过之一切要道上种植大树，各树相距二三步，俾此种道旁皆有密接之极大树木，远处可以望见，俾行人日夜不至迷途。盖在荒道之上，沿途皆见此种大树，颇有利于行人也。"③

---

① 《元史》卷一〇三《刑法志·职制下》，第2628页。
② 《通制条格》卷一六《田令·农桑》，黄时鉴点校，浙江古籍出版社，1986年，第187页。
③ 《马可波罗行纪》，第254页。

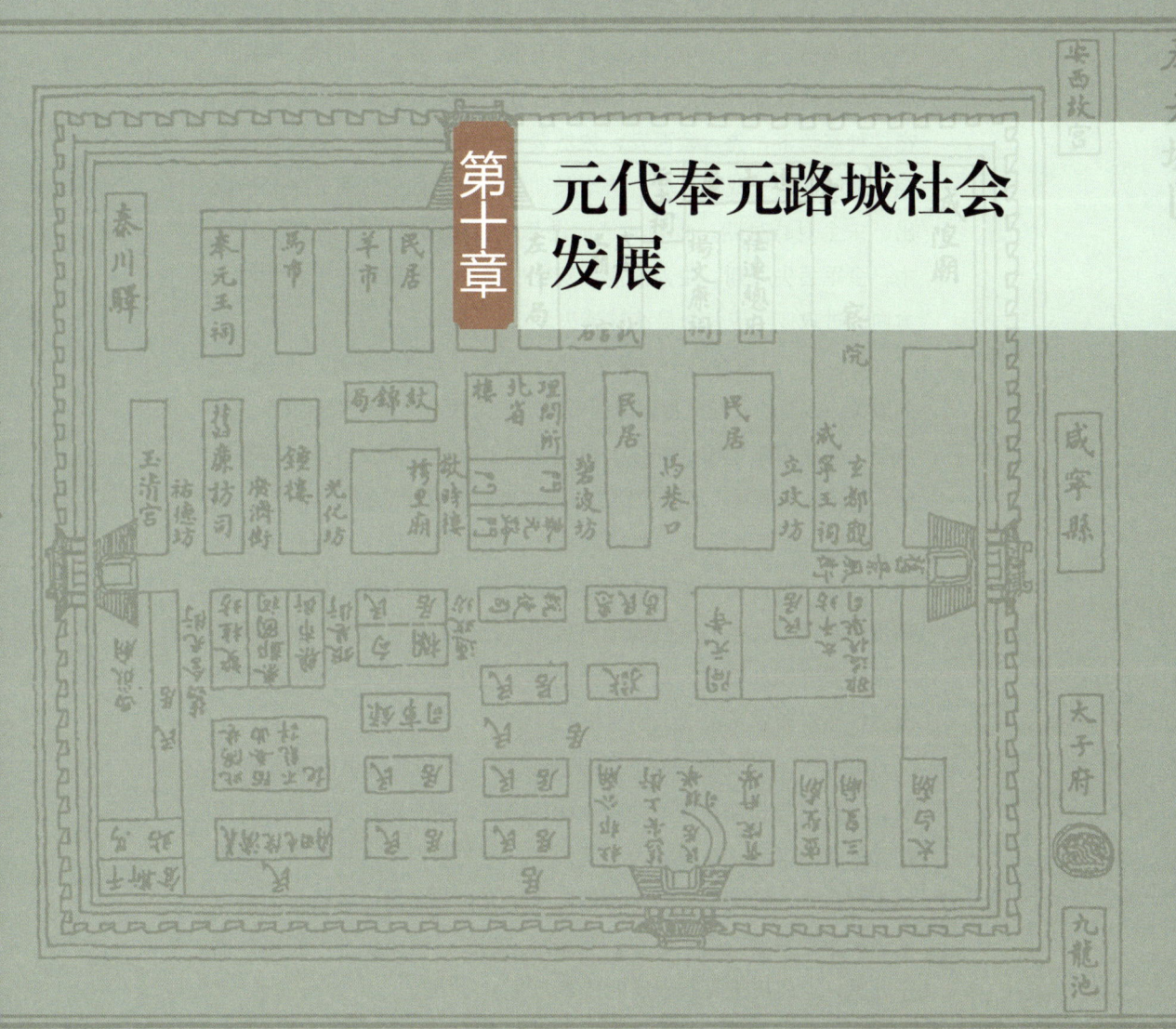

第十章 元代奉元路城社会发展

从唐末李茂贞占据凤翔开始，关中军事地理形势发生了一些新的变化。在以往时代，西安作为关中地区唯一的中心城市，占领西安形同占领整个关中。但是到了五代、宋、金、元时期，凤翔的城市地位得以提升，形成了崭新的西安—凤翔双城军事布防态势。在这种态势下，先占领西安，依然要受到凤翔的威胁；而先攻占凤翔，能够使西安成为孤城，势难长期驻守。正如史念海先生分析指出，宋金对峙时期，金朝的"前进基地设在凤翔"[①]。在蒙金战争中，金军丢失凤翔，主力撤离西安屯驻潼关，对蒙古在南、北两个方向的进攻疲于应付，最终被消灭。

事实上，从宋金战争、蒙金战争、元末战争进程来看，西安以东的潼关、以西的凤翔成为保障西安城市安全的两个重要军事据点，而凤翔、潼关军事地位的加强，也在客观上减弱了西安自身的军事价值，从某种角度看，反而起到了规避或减少发生战乱的风险。

当然，战争并非这一时期的特产，在历史长河中，西安关中之地屡屡成为各方势力的重要争夺目标。所以，比起殿阁楼宇，更加珍贵的是西安关中乃至陕西地区的居民，他们在一次又一次的战乱中依然坚守质朴勤劳、坚忍顽强的本心，从而一次又一次从战乱的废墟中恢复西安关中地区的生机和活力。

在元代，书院官学化。在奉元城内，最知名的书院是鲁斋书院，其得名与长期在陕西关中教学的名儒许衡有密切的关系。许衡是元初著名学者，被尊称为"儒师"，他对陕西儒家经史学问的传承贡献巨大。许衡学有所本，他师承于元初著名儒臣姚枢，而姚枢的老师是南宋德安儒生赵复。正是经由赵复，程朱道学才得以传播于北方，这段历史具有十足的传奇色彩。

---

① 《河山集》四集《陕西省在我国历史上的战略地位》，第72—73页。

第一节
元代奉元路城社会经济及战乱

一、元代奉元路城社会经济

　　金朝末年，京兆及其周边地区军民人口"多至百万"[①]，经过15年兵火洗礼，大批人口被金军迁至河南，"迁京兆民于河南，空其地"[②]，京兆成了空城。在蒙古入主京兆最初的30余年里，存余百姓又经历了一番考验。蒙古起源于草原，并不从事农耕，在他们眼中，"汉人无补于国，可悉空其人以为牧地"[③]。所以，蒙古军占领京兆后，驱赶百姓，抢占耕地，"窃见京兆乃关陕重镇，其居民大半南驱放良归顺等户"[④]。

　　金朝灭亡后，蒙古很快与南宋开战，而蒙古前期的战略是进攻南宋陕南、巴蜀地区，因而关中地区又成为后勤基地，百姓除缴纳粮秣之外，还要从军。蒙古继承金朝的强制征兵制度"签军"，意思是签署命令强制征发某地百姓参军。至元八年（公元1271年）十一月，忽必烈改国号为大元。至元十年（公元1273年）正月，宋军攻成都，元军兵力不够，"拟于京兆等路签新军六千为援"[⑤]，忽必烈同意。当月，在宋蒙襄阳之战前线，元军请求增援，"敕给京兆新签军五千人益之"[⑥]。

　　京兆社会经济发展出现转机，是在公元1253年，忽必烈受封京兆（后改安西、奉元）及关中地区作为自己的领地，建立京兆宣抚司。此时的关中地区，"兵火之余，八

[①]《金史》卷一六《宣宗纪》，第364页。
[②]《蒙兀儿史记》卷四《斡歌歹汗纪》，第5页b。
[③]《元史》卷一四六《耶律楚材传》，第3458页。
[④]〔元〕王恽：《秋涧集》卷八五《论关陕事宜状》，上海古籍出版社，1987年，影印文渊阁四库全书，第1201册，第230页。
[⑤]《元史》卷八《世祖纪》，第148页。
[⑥]《元史》卷九八《兵志·兵制》，第2515页。

州十二县，户不满万，皆惊忧无聊"①。金末战乱时过23年，京兆人口增长缓慢。

忽必烈先后任用杨惟中、廉希宪为宣抚使，还有马亨、商挺、姚枢、贺仁杰、贺胜等人，公元1253年，还派遣董文用邀请金朝旧臣李治来京兆，咨询治乱之理与用人之道。"以宽简治之"，也就是以汉法治理京兆，休养生息。包括制定田赋制度，并将京兆及其周边地区常赋减半，募民在京兆、凤翔等地屯田，"凡五年，民安而课裕"②，京兆及其周边地区的社会生活逐渐恢复稳定。

这些措施为关中农业恢复和发展提供了坚实的政策保障。据《元史·兵志》载，元朝在奉元及周边地区屯田5000多顷③。安西王相李德辉考察泾河流域被用作牧场的土地，组织2000户农家进行屯田，每年收获极丰，"至则视濒泾营牧故地，可得数千顷，起庐舍，疏沟浍，假牛、种、田具与贫民二千家，屯田其中，岁得粟麦刍藁万计"④。奉元城南、渭南、凤翔、盩厔（今陕西西安周至）、栎阳（今陕西西安阎良）等地区普遍种植小麦，是元朝重要的军屯区和军粮供应基地。此外，在元世祖时，棉花等经济作物也在陕西、河南等地得到推广，"近岁以来，苎麻艺于河南，木棉种于陕右，滋茂繁盛，与本土无异。二方之民，深荷其利"⑤。

与此同时，"渠堰缺坏"的各地水利设施得以陆续修复。公元1247年⑥，全真教道士王志谨率领门众，从终南山涝谷开渠引水，向西北方向"连延二十余里"，所过之地"莲塘柳岸，蔬圃稻畦，潇然有江乡风景"，灌溉鄠县耕地，"自时厥后，众集其居，农勤其务，辟荆榛之野，为桑麻之地，岁时丰登，了无旱干之患"⑦。还有北宋丰利渠，也就是三白渠，元初只能灌溉官民田"大约不下七八千顷"⑧。经过不断整修，到元仁宗延祐元年（公元1314年），在三白渠基础上挖凿石渠，历时5年建成，灌溉面积达到45000顷。

---

① 《元史》卷一五九《商挺传》，第3738页。
② 《元史》卷一六三《马亨传》，第3827页。
③ 《元史》卷一〇〇《兵志·屯田》，第2568页。
④ 《元史》卷一六三《李德辉传》，第3816页。
⑤ 石声汉校注：《农桑辑要校注》卷二《论苎麻木棉》，西北农学院古农研究室整理，农业出版社，1982年，第52页。
⑥ 薛平拴先生认为：王志谨开渠时在至元十六年（公元1279年）。见薛平拴：《五代宋元时期古都长安商业的兴衰演变》，载《中国历史地理论丛》2004年第1辑，第57-68页。按：此说误，开渠时间当为"丁未（公元1247年）春"，而薛友谅撰写《栖云王真人开涝水记》是在"至元己卯（公元1279年）"。
⑦ 〔元〕薛友谅：《栖云王真人开涝水记》，武树善：《陕西金石志》卷二七，《历代碑志丛书》，1934年续修陕西通志稿排印本，江苏古籍出版社，1998年，第390页。
⑧ 《长安志图》卷下《用水则例》，第91页。

与金朝时不同，随着元朝统一进程的推进，京兆的政治、军事地位不断提高。在至元九年（公元1272年）、至元十年（公元1273年），忽必烈嫡三子忙哥剌先后获封安西王、秦王，"分治秦、蜀"①，实际掌控着今陕西、四川、宁夏、甘肃、青海等西北、西南广大地区。忙哥剌在六盘山原州、京兆两处开府，意味着京兆是当时整个西北、西南地区两处首府之一，京兆由此改名安西路城。

忙哥剌死后，部分权力划给陕西等处行中书省。此后，第二代安西王阿难答被废，元仁宗皇庆元年（公元1312年），改安西路为奉元路，根据《元史·地理志》所载，此时奉元路辖一录事司、五州、十一县，户口数约为33000余户、271000余口。薛平拴先生评价道："奉元路城（今西安市）的地位并未降低，它仍是元朝统治西北、西南的大本营。总之，奉元路城在元代的地位相当重要，这就使得长安成为西北乃至全国重要的物资集散中心，这显然有利于长安商业的发展。"②此说或不准确，因为早在至元二十三年（公元1286年）已将陕西与四川分治。不过，京兆、安西、奉元作为陕西行省首府，是元朝西北地区统治中心，殆无异议。

奉元作为大一统元朝的一部分，其地位与金朝以及北宋时期大有不同。北宋时宋夏对峙、金朝时宋金对峙，京兆属于前线战略基地，严格来说，京兆不是北宋、金朝的核心统治区域。元朝解决了金朝乃至北宋时制约西安及关中地区社会经济发展的一系列问题。

比如元朝时建起了跨越欧亚大陆的驿站交通网络，甚至五代时中断的陆上丝绸之路也得以恢复。从京兆出发，向东可达中原，向西可达西藏，向西南可达四川，向西北可达甘肃，进而通向西域，进入中亚、西亚、东欧地区。京兆无疑是元朝西北地区陆路交通的枢纽。原属西夏盐州（今陕西定边）出产的青盐便通过京兆行销到了东南地区。

元朝完成统一后，耶律楚材提醒忽必烈吸取金朝滥发纸币的教训："今印造交钞，宜不过万锭。"③所以元政府对纸币的发行比较谨慎。西安碑林博物馆所藏《元故韩城尹张君墓志铭》，刻于元世祖至元二十六年（公元1289年），记载了京兆平准使张翼的事迹："后以廉举京兆平准□（使），总楮币之权，酌市直之宜，在任有年，民皆便之。及代，无豪发之私。"④此处"楮币"即纸币，张翼管京兆纸币发行，符合"市直"，受到百姓赞誉。

---

① 《元史》卷六〇《地理志·泾州》，第1428页。
② 薛平拴：《五代宋元时期古都长安商业的兴衰演变》，载《中国历史地理论丛》2004年第1辑，第67页。
③ 《元史》卷一四六《耶律楚材传》，第3460页。
④ 陈安利：《西安出土〈元故韩城尹张君墓志铭〉考释》，载《考古与文物》1995年第2期，第72页。

然而元中后期也开始发行大额纸币，尤其是元顺帝至正十年（公元1350年），"行之未久，物价腾贵。又值军兴，粮储赏犒，每日印造不计其数。京师钞十定易斗粟不可得。所在郡县，皆以物货相易。公私之钞，积压不行，人视之如废楮焉"①，重蹈金朝末年的覆辙。

大约在至元十二年到至元十五年间，意大利人马可·波罗来到改名前的京兆。根据他的记述，当地手工业、商业十分发达，市场也非常繁荣，社会经济各方面都已走上正轨。

马可·波罗渡过黄河后，走了三天到达澄城（今陕西渭南澄城），他写道：

> 居民都是佛教徒。他们经营的贸易相当广泛，并从事各种制造业。这一带盛产丝、生姜和许多药材。这些药材是我们所在的那个世界几乎不知道的。他们也编织金线织物和各种丝绸织品。

经过澄城，再向西（原书为向西走，实为西南方向）走八天：

> 继续遇到许多城市和商业城镇，并且路过许多果园和耕地。那里有大量的桑树，促进了丝的生产。居民大都信奉佛教，但也有聂斯托利派的基督教徒、突厥族人与撒拉逊人。

就此到达安西王、秦王忙哥刺管辖的京兆府，马可·波罗描述这里以制造丝织品著名，市场商品丰富多样，而且物价合适：

> 这是一个大商业区，工商繁盛，其制造业闻名遐迩。这里盛产生丝、种种金锦丝绢，其他品种的丝绸这里也都有生产。这里照样还能制造各种军需品。各类食品也很丰富，凡人生必需之物，城里都有，并且售价适中。居民大部分是佛教徒，但也有一些基督教徒、突厥族人和撒拉逊人。

过了京兆继续西行（原书为向西走，实为西南方向），又走了三天：

> 一路上有许多美丽的城镇和城堡。那里的居民以经营工商业为生，也生产大量的丝。

之后进入秦岭山区，令人意外的是，这里依然有城镇：

> 穿越这个地带要走20天的路程，道路蜿蜒盘旋在群山、峡谷和密林之中。但是，也有许多城镇，能够为旅客提供便利的膳宿之所。②

元代奉元及其周边地区社会经济之繁荣可见一斑。

---

① 《新元史》卷七四《食货志·钞法》，第1807页。
② 本部分所引《马可波罗游记》以福建科技出版社1981年陈开俊等译本为基础，并参照张星烺、冯承钧、李季等旧译本，择善而从。

元代奉元城内市场和居民区完全混杂，出现了一些以交易商品命名的专门市场，如药市、牛市和羊市。据《长安志图·奉元城图》所示，药市位于银巷街西，与勾栏隔街相对，必是城中繁华之所。因为元代官府重视医学，药市的规模非常大，甚至形成了药市街。牛市和羊市在玄武门（北门）内西侧，距离城西北隅秦川驿很近。此外，还有骡马市、菜市、粮市、油市、米市、鸡鸭市、竹笆市等专门市场。

值得注意的是，现代考古发现的元代耀州窑瓷器数量骤减，而龙泉窑、景德镇窑、钧窑瓷器数量却在增加。如西安市红光巷出土元代龙泉窑、钧窑瓷器77件，耀州窑瓷器12件；高新区刘遫墓中出土龙泉窑、景德镇窑、钧窑瓷器12件，没有耀州窑瓷器。特别是比较之下，出土的耀州窑瓷器质地粗糙，没有外地窑瓷器精美。这表示元代时耀州窑在青瓷的生产工艺上已经落后于龙泉窑等外地窑，转而发展下沉市场，生产普通人家使用的白底黑花瓷器。（见图10-1）

图10-1　元代耀州窑青瓷刻花玉壶春瓶

（选自魏女、王小蒙：《泥火幻影——陕西古代瓷器》，陕西人民出版社，2016年，第243页）

元代依然对盐、茶、酒等商品实行专卖。忽必烈至元五年（公元1268年）规定：

"榷成都茶，于京兆、巩昌置局发卖，私自采卖者，其罪与私盐法同。"①由此京兆就成为茶叶批发中心。当然，茶叶不一定都要运到京兆城中，对于专卖商品，"凡发卖皆给引"②。如贩卖食盐的凭证盐引、盐由，由京兆转运司负责；贩卖竹制品的凭证竹引，由司竹监负责。这表示各地商人必须到京兆领取盐、茶、竹等的专门商品凭证，然后再去各地贩售。这些外地商人来到京兆，自然会产生各种消费需求，甚至很有可能会贩运商品来京兆市场售卖，总之都为京兆带来了资金或商品，促进了社会经济的活跃。

社会经济活跃最直接的表现，就是商税收入增加。据《元史·食货志》载，腹里（含大都、上都、河北、山东等地）、江浙、河南三处商税最多，湖广、江西为六万余锭，陕西为四万余锭，甘肃、四川为一万余锭，辽阳为八千余锭，岭北为四百余锭。③除腹里、江浙、河南三处，陕西商税仅次于湖广、江西，这对地处内陆西北、多次出现人口锐减的奉元等地方来说实属不易。

二、元末奉元及周边地区战乱

元顺帝在位时期，朝政持续恶化，"是时，天下多故日已甚，外则军旅烦兴，疆宇日蹙；内则帑藏空虚，用度不给；而帝方溺于娱乐，不恤政务"④。至正十一年（公元1351年）五月，韩山童、刘福通等发动白莲教徒在颍州（今安徽阜阳）起义，因为他们头裹红巾，故被称为"红巾军"。红巾军以复宋为政治号召，至正十五年（公元1355年）二月，刘福通拥立已故白莲教领袖韩山童之子韩林儿为皇帝，称为小明王，在亳州（今安徽亳州）建立大宋政权，年号龙凤。下一年三月，刘福通派遣李武、崔德率军攻打关中。

至正十六年九月，红巾军两次攻破潼关，又两次被豫王阿剌忒纳失里夺回。李武等率军向东，攻占陕州（今河南三门峡陕州区）、虢州（今河南三门峡灵宝），遭到河南军阀察罕帖木儿、李思齐阻击。察罕帖木儿、李思齐的军队是地主武装，战斗力较强，红巾军与其对峙数月后，向东撤退。

至正十七年（公元1357年）二月，李武等率红巾军绕过潼关，从南面走武关（今

---

① 《元史》卷九四《食货志·茶法》，第2393页。
② 《元史》卷九四《食货志·岁课》，第2382页。
③ 《元史》卷九四《食货志·商税》，第2400—2401页。
④ 《元史》卷二〇五《奸臣传·搠思监》，第4586页。

陕西商洛丹凤）攻进陕西，占领商州、蓝田、同州、华州，威胁奉元。豫王阿剌忒纳失里与陕西行省官员商议对策，治书侍御史王思诚建议邀请去年击败过李武的察罕帖木儿率军入陕："察罕帖木儿，河南名将，贼素畏之，宜遣使求援，此上策也。"然而，陕西当地地主武装张良弼、拜帖木儿、郭择善等纷纷反对，"戍将嫉客兵轧己，论久不决"。①王思诚直接致书察罕帖木儿，察罕帖木儿、李思齐当即率军西入潼关，击败了进攻奉元的红巾军。李武等被迫率领红巾军经终南山退入陕南兴元府。

六月，刘福通决定与元朝决战，分兵三路北伐：东路军由山东进攻河北，直指大都；中路军进入山西，转向河北，向大都迂回；西路军由白不信、大刀敖、李喜喜等率领，从四川北上，与陕南的李武、崔德会合，进攻陕西、甘肃行省，分散元军兵力，配合东路军、中路军。

十月，西路军选择从甘肃行省进兵，向关中迂回，先攻克秦州、陇州、巩昌，逼近凤翔。察罕帖木儿定下计策，先增派部队进入凤翔加强守备，然后派间谍诱导红巾军围攻凤翔。

李武等中计，率军进攻凤翔。察罕帖木儿带领骑兵昼夜奔袭200余里，从奉元赶到凤翔，与凤翔城内守军内外夹击，大败红巾军，"斩首数万级，伏尸百余里，余党皆遁还"②。西路军在陕西汉、蒙武装共同攻击下，最终失败。李喜喜等退往四川，被称为青巾军，大约在至正十八年（公元1358年）被天完政权明玉珍攻灭。李武、崔德率残部转战甘肃、宁夏。

红巾军进攻陕西虽然失败，但彻底改变了陕西军政格局，大元朝廷在陕西势力遭到沉重打击，元朝实际上失去了对陕西的控制权，军阀开始掌控陕西局势。小明王韩林儿龙凤四年（元顺帝至正十八年），红巾军占领汴梁路（即金朝南京开封府，元世祖时改为汴梁路）。元廷下诏调察罕帖木儿率军增援河南，而察罕帖木儿旧部李思齐则留在陕西。紧接着，李思齐与陕西当地地主武装张良弼、拜帖木儿、郭择善等展开内斗，拜帖木儿、郭择善被攻杀。至正二十一年（公元1361年）五月，李武等率西路军残部向李思齐投降。从此，陕西行省在奉元，李思齐在凤翔，张良弼在鹿台（今陕西西安高陵），形成多方对峙的局面。

---

① 《元史》卷一八三《王思诚传》，第4214页。
② 《元史》卷一四一《察罕帖木儿传》，第3385页。

此时，察罕帖木儿与答失八都鲁之子孛罗帖木儿正在山西、河北、河南等地争抢地盘。这一年，孛罗帖木儿派兵进驻延安，意图染指陕西。元廷令张良弼驻军蓝田，接受察罕帖木儿指挥，但是张良弼却驻兵鹿台。此举引起察罕帖木儿警觉，他为了惩戒张良弼以震慑孛罗帖木儿，便与李思齐联兵进攻鹿台，双方展开交锋。元廷遣使调停，调张良弼进攻荆襄、李思齐进攻四川。

至正二十二年（公元1362年），察罕帖木儿被刺杀，其养子扩廓帖木儿（汉名王保保）继立，拥护太子爱猷识理答腊，而孛罗帖木儿支持元顺帝，被任命为中书平章事，节制张良弼。这年三月，李思齐败于张良弼。十月，孛罗帖木儿占据真定。扩廓帖木儿、李思齐面临孛罗帖木儿、张良弼的巨大威胁。

至正二十三年（公元1363年）四月，四人之间的矛盾爆发，展开交战。六月，扩廓帖木儿派兵进驻蓝田，同时，李思齐围攻兴平、占领盩厔。孛罗帖木儿与陕西行省勾结，派兵进驻奉元，意图切断扩廓帖木儿与李思齐之间的联系。扩廓帖木儿、李思齐立刻合兵围攻奉元，俘虏了孛罗帖木儿的部将。

此后，孛罗帖木儿在山西、河北与扩廓帖木儿继续交锋，到至正二十四年（公元1364年），元顺帝、孛罗帖木儿与太子爱猷识理答腊、扩廓帖木儿两派间发生内战，孛罗帖木儿战败。至正二十五年（公元1365年）七月，元顺帝派人刺杀孛罗帖木儿。九月，太子爱猷识理答腊在扩廓帖木儿护送下回到大都，本想逼迫元顺帝退位，但遭到扩廓帖木儿拒绝。闰十月，元顺帝令张良弼等听扩廓帖木儿调遣，"诏封扩廓帖木儿河南王，代皇太子亲征，总制关陕、晋冀、山东等处并迤南一应军马，诸王各爱马应该总兵、统兵、领兵等官，凡军民一切机务、钱粮、名爵、黜陟、予夺，悉听便宜行事"①。扩廓帖木儿出朝，受命统兵南征，"肃清江淮"②。

不过，在至正二十六年（公元1366年）二月，扩廓帖木儿回到河南后，并未发兵南下，而是向李思齐、张良弼等人发出调兵札，意图借机收编陕西各路军阀。张良弼既对扩廓帖木儿怀有敌意，又担心扩廓帖木儿兼并自己的军队，还忧虑自己的地盘被李思齐吞并，因此拒不从命。李思齐则心情复杂，他自恃与扩廓帖木儿的义父察罕帖木儿"齿

---

① 《元史》卷四六《顺帝纪》，第971页。
② 〔明〕权衡：《庚申外史》，商务印书馆，1936年，第31页。

位相等",不愿听命于扩廓帖木儿,"及是扩廓帖木儿总其兵,思齐心不能平"①。他骂道:"乳臭儿,黄发犹未退,而反调我耶!我与尔父同乡里,尔父进酒,犹三拜我然后饮。汝于我前,无立地处,而今日公然称总兵调我耶?"并向自己的部队下令:"一戈一甲,不可出武关,王保保(扩廓帖木儿汉名)来,则整兵杀之。"②其他军阀也不乐意出陕,要求自成一军,不接受扩廓帖木儿调遣。

双方就此结怨,扩廓帖木儿遣将攻打张良弼,李思齐等都派兵帮助张良弼。七月,扩廓帖木儿向陕西增兵,并派人与李思齐结盟,而张良弼则送子弟给李思齐做人质。权衡利害之后,李思齐还是决定与旧日对手张良弼结盟,一面上书请求元顺帝下诏和解,一面统兵对抗扩廓帖木儿。至正二十七年(公元1367年)正月,"李思齐、张良弼、脱列伯自会于含元殿基,推李思齐为盟主,同拒扩廓帖木儿"③。扩廓帖木儿未能取得战场优势,"相持一年,前后百战,胜负未决,而国家大事去矣"④。

八月,元顺帝下诏以太子爱猷识理答腊"总天下兵马",扩廓帖木儿"总领本部军马,自潼关以东,肃清江淮"⑤,意即要求扩廓帖木儿从陕西退兵。但是扩廓帖木儿不执行命令,导致孛罗帖木儿的旧部投向朝廷。十月,元顺帝再下诏,令扩廓帖木儿交出部队。扩廓帖木儿退往山西,李思齐、张良弼引兵追击。

也是在这年十月,吴王朱元璋令徐达、常遇春等率大军25万北伐。常遇春建议直捣大都,朱元璋则提出:"吾欲先取山东,撤彼屏蔽,移兵两河,破其藩篱,拔潼关而守之,扼其户槛。天下形胜入我掌握,然后进兵,元都势孤援绝,不战自克。鼓行而西,云中、九原、关、陇可席卷也。"⑥

至正二十八年(公元1368年)正月,朱元璋在南京称帝,建立明朝,年号洪武,他就是明太祖。而元顺帝还在调集军队进攻扩廓帖木儿,他下诏剥夺扩廓帖木儿爵位,令诸军征讨。二月,李思齐、张良弼得知明军迫近河南,私下遣使诣扩廓帖木儿,"告以出师非本心,乃解兵大掠西归"⑦,撤回潼关驻防。四月,明将冯胜攻打潼关。李思

---

① 《元史》卷一四一《察罕帖木儿传》,第3391页。
② 《庚申外史》,第32页。
③ 《元史》卷四七《顺帝纪》,第977页。
④ 《庚申外史》,第32页。
⑤ 《元史》卷四七《顺帝纪》,第979页。
⑥ 《明史》卷一《太祖纪》,第16页。
⑦ 《元史》卷一四一《察罕帖木儿传》,第3393页。

齐、张良弼分别撤回凤翔、鹿台。冯胜攻入华州，随后接到朱元璋的诏令，退回陕州。七月，扩廓帖木儿击败元军各部队，上表陈情，元顺帝也就赦免了他的罪过。此时，明军已经平定河南、山东，行将进攻河北。闰七月，元顺帝恢复扩廓帖木儿的官职、爵位，令他领兵抵御明军。然而，进攻山东的元军部队很快被明军击溃，扩廓帖木儿、李思齐及元军各路将领眼见"事已不可为矣"，皆未出战。

不久，徐达率明军进攻大都，元顺帝北遁。明太祖洪武元年（元顺帝至正二十八年，公元1368年）八月，明军进驻大都。十二月，明军进攻太原，扩廓帖木儿率军撤往甘肃。

明太祖洪武二年（公元1369年）三月，徐达率明军渡过黄河，攻入陕西。张良弼逃亡庆阳，陕西行省平章政事哈麻图逃跑途中被军民所杀。明军不战而取得奉元、鹿台，徐达将奉元改为西安府，西安城历史进入一个新的阶段。当月，明军逼近凤翔，李思齐逃往临洮。

四月，朱元璋致书李思齐：

> 前者遣使通问，至今未还，岂所使非人，忤足下而留之欤？抑元使适至，足下不能隐而杀之欤？若然，亦事势之常，大丈夫当磊磊落落，岂以小嫌介意哉？夫坚甲利兵，深沟高垒，必欲极力抗我军，不知竟欲何为？昔足下在秦中，人以兵众地险而从之，虽有张思道（按：即张良弼）专尚诈力，孔兴等自为保守，扩廓帖木儿以兵出没其间，然皆非劲敌。足下当时不能图秦自王，已失此机。今中原全为我有，向与足下相为犄角者，皆披靡窜伏。足下以孤军相持，徒伤物命，终无所益厚德者，岂为是哉！朕知足下不守凤翔，则必深入沙漠以图后举。足下初入其地，胡或面从，然非我族类，其心必异。据其地不足以为资，失其势适足以自殒。使兵威常强，尚云可也，倘中原相从之众，以胡地荒凉，或不乐居，其心叵测，一旦变生肘腋，孑然孤弱，妻孥不能相保矣。且足下本汝南之英，祖宗坟墓所在，深思远虑独不及此乎？诚能以信相许，去夷就华，当以汉待窦融之礼相报，否则非朕所知也。①

李思齐既不能抵抗明军，又不信任元顺帝、扩廓帖木儿，读罢朱元璋的信，产生动

---

① 《钞本明实录》第一册《明太祖实录》卷四一《洪武二年四月》，第222页。

摇。但是他的部下建议他退入吐蕃之地,他又陷入了犹豫。

同样在四月,徐达挥师进攻临洮,相继攻克秦州、陇州、兰州、巩昌等地,李思齐开城投降。明军继续进攻庆阳,平定泾州、安定、平凉等地,张良弼远走宁夏,投靠扩廓帖木儿。张良弼弟张良臣在庆阳抵抗明军,直到八月。

其间,扩廓帖木儿先是在七月发兵攻占泾州、原州,被明将冯胜击退。接着在八月分别派部将攻打陕西凤翔、山西大同,凤翔之战持续半个月,直到庆阳被明军占领才撤兵。而进攻大同的元兵被明将李文忠击败。当年十二月,扩廓帖木儿得知徐达班师离开陕、甘,第四次出兵进攻兰州。这一战持续数月,依然没有击败明军。此后,双方再未在陕西、甘肃等地发动战事。

第二节
元代奉元文化成就

一、"儒师"许衡师承与程朱道学北传

蒙(元)初年统治者崇尚武功,但也有一位儒臣跻身庙堂之上,这个人就是姚枢(公元1202—1280年),仕蒙古大汗窝阔台、贵由、蒙哥以及元世祖忽必烈四朝。姚枢,字公茂,祖籍营州柳城(今辽宁朝阳),他的父亲是金朝许州(今河南许昌)官员。蒙古攻破许州后,32岁的姚枢投奔蒙古,得到蒙古大汗窝阔台近臣杨惟中的赏识,以儒生的身份出任翰林学士承旨等职。

蒙古窝阔台汗七年(公元1235年),皇子阔出领兵伐宋,姚枢奉命在战俘中选拔人才,"即军中求儒、道、释、医、卜士,凡儒生挂俘籍者,辄脱之以归"①。就是在这次战争中,蒙古大军攻破了南宋德安府(今湖北孝感安陆),俘虏了当地儒生赵复。

姚枢与赵复对话之后,发现他深得程朱道学真传,心生尊敬,称赞他为"奇士"。当时南北交兵,南宋程朱道学学说、书籍传不到北方。姚枢认可赵复的学识,力邀他北上。可是,赵复秉持儒家忠孝之道,痛恨蒙古屠杀德安数十万生灵,自己其他家人无一幸免,因而只求一死。

姚枢当然不会眼看着赵复自寻短见,他把赵复留在自己帐中安歇。半夜,姚枢醒来,看到赵复的衣服还在,但人已经不见了。姚枢忙骑马追赶,在德安百姓尸体中来回寻找,却找不到。他一路追到河边,看见赵复披散着头发,光着脚,正号啕大哭着要投水自尽。姚枢赶忙劝解说:"你这样死了毫无意义,如果你活着,还可以留下子嗣,福泽有余。跟着我投奔蒙古,一定保你平安无虞。"

---

① 《元史》卷一八九《儒学传·赵复》,第4314页。

"复强从之",勉强答应了姚枢,随之北上。此后,赵复梳理自己所学程朱学说,写下后交给姚枢,"至是,复以所记程、朱所著诸经传注,尽录以付枢"①。姚枢自己学习之余,还拉来好友杨惟中,两人都为程朱道学所折服,"遂通圣贤学,慨然欲以道济天下"②。于是,在窝阔台汗十二至十三年(公元1240—1241年)间,杨惟中、姚枢二人一起推动在燕京(今北京)建立太极书院,"传继道学之绪,必求人而为之师,聚书以求其学,如岳麓、白鹿,建为书院,以为天下标准,使学者归往,相与讲明,庶乎其可"③。太极书院规模闳阔,储书八千余卷,"立周子祠,以二程、张、杨、游、朱六君子配食,选取遗书八千余卷"④,刻周敦颐的《太极图》《通书》与张载的《西铭》等文于墙壁之上。"延儒士赵复、王粹等讲授其间。"⑤学生都经过选拔,"选俊秀之有识度者为道学生"⑥。

据郝经《太极书院记》所述,姚枢、杨惟中的用意就是使南方的程朱道学在北方重新传播和光大,"今建书院以明道,又伊洛之学传诸北方之始也"。关于书院的命名,"书院之名不以地,以'太极'云者,推本而谨始也。书院所以学道,道之端则著于太极"⑦。

书院里最重要的教师,自然是赵复。他为了系统阐述程朱道学,撰写了一系列著作,在学派传承方面,有《传道图》,开列了程朱道学书目,还有《师友图》,列举朱熹门人53人姓名、事迹;在学说宗旨方面,有《伊洛发挥》,深入解释二程学说。另外有《希贤录》,摘取伊尹、颜渊言行,"使学者知所向慕,然后求端用力之方备矣"⑧。

赵复之于姚枢,亦师亦友。姚枢起用了赵复,但反过来他又向赵复问学,"躬行实践,发明授徒,北方经学盖自兹始"⑨。在燕京期间,姚枢的另一项重要贡献是刊刻书籍。他自己出资版印了《小学》《论孟或问》《家礼》,协助杨惟中版印《四书》、田和卿版印《诗折衷》《易程传》《书蔡传》《春秋胡传》等书。姚枢还让自己的弟子杨古将《小学》《近思录》及《东莱经史论说》等著作散布于四方。

---

① 《元史》卷一八九《儒学传·赵复》,第4314页。
② 《元史》卷一四六《杨惟中传》,第3467页。
③ 〔元〕郝经:《郝文忠公陵川文集》卷二六《记·太极书院记》,秦雪清点校,山西人民出版社、山西古籍出版社,2006年,第373页。
④ 《元史》卷一八九《儒学传·赵复》,第4314页。
⑤ 《元史》卷一四六《杨惟中传》,第3467页。
⑥ 《郝文忠公陵川文集》卷二六《记·太极书院记》,第373页。
⑦ 《郝文忠公陵川文集》卷二六《记·太极书院记》,第373页。
⑧ 《元史》卷一八九《儒学传·赵复》,第4314页。
⑨ 〔元〕许有壬:《圭塘小稿》卷六《记·雪斋书院记》,上海古籍出版社,1987年,影印文渊阁四库全书,第1211册,第621页。

姚枢醉心学问，后来干脆弃官隐居，携家带口来到辉州苏门山（今河南新乡辉县西北），过起了耕读生活。苏门山是宋元学者隐居胜地，昔年邵雍也曾在此向李之才问学三年。姚枢来到这里，开垦荒地，搭建茅屋，建家庙供奉自己四世祖先，搭草堂供奉孔子画像，旁边挂设周敦颐、程颢、程颐、张载、邵雍、司马光六君子像，"读书其间。衣冠庄肃，以道学自鸣，……又汲汲以化民成俗为心，自板小学、书、语、孟"①。其间，赵复也曾南下苏门山，与姚枢再会。

姚枢在苏门山的活动，带动了附近求学之风。"携家来辉州，作家庙，别为室奉孔子及宋儒周惇颐等象，刊诸经，惠学者，读书鸣琴，若将终身。时许衡在魏，至辉，就录程、朱所注书以归，谓其徒曰：'曩所授受皆非，今始闻进学之序。'既而尽室依枢以居。"②其中，许衡、刘因等人成就最大。

许衡（公元1209—1281年），字仲平，号鲁斋③。他投身姚枢门下，其实出于偶然。有一次，姚枢来到魏州（今河北邯郸大名）与友人窦默相聚，许衡也来拜访，三人谈话，许衡听姚枢"言义正粹"，大为叹服，就来到苏门山，"尽录是数书以归"。这一来一往，坚定了许衡追随姚枢的决心。他回到魏州，对自己的学生们说："曩所授皆非，今始闻进学之序，必欲相从，当尽弃前习，以从事于《小学》《四书》为进德基。不然，当求他师。"他的学生们都说听从许衡的意见，于是，"鲁斋尽室来辉，相依以居"，成为姚枢的弟子。④

后来许衡与同门刘因以及南方学者吴澄被著名学者黄宗羲称为"元代三先生"。许衡更被认为是接续程朱道学香火之人，被当时人尊称为"儒师""儒宗"。明代学者薛瑄赞誉他："朱子之后，一人而已。"⑤

蒙古蒙哥汗三年（公元1253年），忽必烈获封关中之地，建京兆宣抚司。当时，陕西地区局势稍稍稳定，大量从军者返还故乡，"秦人新脱于兵，欲学无师"，于是，召许衡担任京兆提学，"闻衡来，人人莫不喜幸来学"。⑥许衡言传身教，带动社会风气转变。当

---

① 《元朝名臣事略》卷八《左丞姚文献公》，第156-157页。
② 《元史》卷一五八《姚枢传》，第3711页。
③ 林乐昌先生认为："许衡字仲平，曾以'鲁'署其斋名，学者称鲁斋先生，故鲁斋是许衡之别号，而非其字也。"见林乐昌：《鲁斋书院非许衡所建》，载《人文杂志》1996年第4期，第101页。
④ 《圭塘小稿》卷六《雪斋书院记》，第624页。
⑤ 〔明〕薛瑄：《读书录》卷一，孙浦桓点校，凤凰出版社，2017年，第10页。
⑥ 《元史》卷一五八《许衡传》，第3717页。

时，关中郡县纷纷建立学校，教化乡民，"关陕自许衡倡道学，教多士"①。

蒙古大汗忽必烈中统二年（公元1261年），召许衡至燕京任国子祭酒，但时隔不久，许衡就称病回乡。元世祖至元二年（公元1265年），许衡被再次起用，受命议事中书省。许衡上数万言的奏章，提出以汉法治国的主张。至元四年（公元1267年），他又一次回乡，后又第三次被召回朝。至元六年（公元1269年），他主持制定朝仪、官制。至元八年（公元1271年），被任命为集贤大学士、国子监祭酒，他召集自己的12名弟子，与元世祖挑选的蒙古弟子共同学习。至元十年（公元1273年），因为朝中蒙古权臣反对汉法，许衡第三次回到家乡。至元十三年（公元1276年），第四次被召至燕京，第二次出任集贤大学士兼国子监祭酒，同时负责太史院，参与制定了《授时历》，后因病回乡。至元十八年（公元1281年），卒于家，终年73岁。

许衡先后出任京兆提学、国子监祭酒等职，不仅对程朱道学在元代的传承和推广贡献极大，而且对陕西学术传承、教育发展建树卓著。正是由于许衡的努力，赵复、姚枢所传朱熹的《四书集注》被定为科举考试指定书目，使得朱熹的学说真正在全国范围大行其道。当时各地书院多以朱熹学说为本，学人们也争相以朱熹传人自居，即所谓"群经四书之说，自朱子折衷论定，学者传之。我国家尊信其学，而讲诵授受，必以是为则，而天下之学，皆朱子之书"②。从这个角度看，许衡甚至对元朝行汉化政策亦有推动之功，无怪乎后世盛赞他"辅世祖以不杀一天下"③。

有姓名可查的许衡弟子，不拘于中原汉族，更有蒙古、契丹等族，像陕西宣抚使畏兀儿人廉希宪，也曾跟随许衡学习。许衡去世后依然被各地学子铭记。据史料记载，元代有三处以许衡的号鲁斋为名的书院，分别是奉元路城鲁斋书院、怀庆路河内县（今河南沁阳）鲁斋书院、庆元路鄞县（今浙江宁波）鲁斋书院，并建祠奉祀。

二、奉元鲁斋书院沿革

元世祖至元二十四年（公元1287年），元朝设立了负责掌管全国教育事业的机构——国子学，隶属于集贤院。国子学同时也是元朝最高学府。元仁宗延祐二年（公

---

① 《元史》卷一七六《曹伯启传》，第4099页。
② 〔元〕虞集：《虞集全集》上册《建阳县考亭书院重建朱文公祠堂记》，王颋点校，天津古籍出版社，2007年，第658页。
③ 《元史》卷三八《顺帝纪》，第821页。

元1315年），国子学分为六斋，实行升斋法，每季度考核一次，蒙古、色目学生试明经、策问，汉族学生试经疑、经义、古赋、表章等。成绩分为词理俱优、词平理优两等，年终核算成绩，依次升斋。升至最高斋舍后，可以直接授官，蒙古人授官六品，色目人授正七品，汉人授从七品。国子学以汉语教学，与国子学并行的中央官学，还有以蒙古语教学的"蒙古国子学"和教其他民族语言的国子学。

元朝医学、书学、算学等都归属于中央的专职部门管辖，如医学附设于太医院，兼具教育机构与医疗行政管理机构两重属性，还担负着编辑整理医学著述、试验药材等任务。再如天文学隶属于司天监，是掌管天文历法的专业机构，下设的教学与研究机构有天文科、算历科、漏刻科、三式科、测验科，有75名学生就读。

元代地方官学发展较为完善。忽必烈中统二年（公元1261年），设置诸路提举学校官，之后又设立了儒学提举司，作为地方学校的专门管理机构。儒学是地方官学的主要部分，路、府、州、县都设有儒学，在一段时期还附设了小学。同时，地方官学还设置了蒙古字学、医学和阴阳学，与中央官学中的蒙古国子学、医学和天文学相对应。

就京兆乃至陕西地区来看，除了京兆府学（后改名安西路学、奉元路学）之外，在现今陕北、陕南地区某些偏远州县，到元代中后期也都陆续建立了学校。这些地方上的府学、州学、县学，与京兆府学以及大都的太学等学校性质相同，都是传授朝廷认可的儒学经史知识的官学，既能培养专攻科举的童生、举子，也能通过学校内部的官员选拔考试进入仕途。

另外，元代还有一种基层教育制度——社学，是在县属村庄，以50家为1社，每社立1所学校，选择地方德高望重、通晓农事者为社长，专职教劝农耕，并兼顾扶助贫弱、设学教书。其中的设学教书是指在农闲时教徒授学，"每社立学校一，择通晓经书者为学师，农隙使子弟入学。如学文有成者，申覆官司照验"①。这是元代特有的基层教育制度，属于正规学校教育之外的社会教育。到元世祖至元二十五年（公元1288年），"立学校二万四千四百余所"②，规模空前。不过，由于管理疏漏和客观条件欠缺，社学成效有限，名存实亡。

时至元代，由于忽必烈等统治者的扶助和支持，书院的管理制度较宋、金时期有了很大改进，分布地区也有很大扩展。在元代，书院被官学化，书院山长被列为各

---

① 《新元史》卷六九《食货志二·田制、农政》，第1744页。
② 《元史》卷一五《世祖纪》，第318页。

地儒学提举司下属官员，各府设教授二员，书院山长二员，由行省任免。元世祖至元二十四年（公元1287年）颁布《学官职俸》，规定书院山长待遇与州学学正相等。同时，书院学生和地方官学学生一样，可以通过考核步入仕途。原本自由的书院被纳入官方教育系统，但元代书院没有朝廷的统一编制，也没有生员名额限制。这一措施有利有弊，能够促进书院发展，规范书院建设，但也使书院在学术创造、人才培养等方面质量有所下降。

就陕西行省来看，书院依然集中在关中地区。金、元之际，乾州（今陕西咸阳乾县）有杨奂开设的紫阳书院；奉元路辖县有泰定四年（公元1327年）建于鄠县的横渠书院，高陵县的渭上书院，以及临潼县的居善书院。另外，元仁宗延祐七年（公元1320年），李子敬在耀州三原（今陕西咸阳三原）开设学古书院；元顺帝元统二年（公元1334年）在凤翔府岐山县建岐阳书院。

奉元鲁斋书院系陕西行台侍御史赵世延奏请朝廷，于元仁宗延祐元年（公元1314年）五月所建，"戊寅，京兆为故儒臣许衡立鲁斋书院，降玺书旌之"[①]，延聘知名学者同恕"领教事"[②]。根据清雍正《陕西通志》[③]所载，元代鲁斋书院原址位于咸宁县治东北（今西安市东关长乐坊一带，东接八仙庵，西临文昌庙）。

元初著名文士程钜夫（公元1249—1318年），名文海，字钜夫，号雪楼，避元武宗海山讳，以字行世，文学家。南宋亡后入大都，历仕元世祖、成宗、武宗、仁宗四朝，累官至翰林学士承旨，追封楚国公，谥文宪，著有《雪楼集》30卷。他亲笔写下《谕立鲁斋书院》记述其事：

> 谕陕西行省、行台大小诸衙门官吏人等。中书省奏御史台言："故中书左丞许衡首明理学，尊为儒师。世祖皇帝在潜邸，尝以礼征至六盘山，提举陕右学校，文风大行。西台侍御史赵世延请依他郡先贤过化之地为立书院。前齐哩克琨总管王某献地宅以成之，延请前国子司业某同主领，教生徒。乞降旨拨田养士，将王某量加旌劝。"准奏可，赐额曰"鲁斋书院"。仰所在官司，量拨系官田土入学，奉朔望、春秋之祀，修缮祠宇，廪饩师生。务在作养人材，讲习道义，以备擢用。

---

① 《元史》卷二五《仁宗纪》，第565页。
② 〔清〕黄宗羲原著、全祖望补修：《宋元学案》卷九五《萧同诸儒学案·文贞同榘庵先生恕》，陈全生、梁运华点校，中华书局，1986年，第3143页；〔明〕冯从吾：《关学编》卷二《元·宽甫同先生》，陈俊民、徐兴海点校，中华书局，1987年，第23页。
③ 〔清〕沈清崖、刘于义：《陕西通志》卷二七《学校·西安府》，第28册，第5页a。

从本路正官主领，敦劝行省、行台，常加勉励。其王某，令有司别加旌表。仍禁治过往使臣、官员人等，毋得在内停止、亵渎、饮宴、聚理词讼。造作工役，应赡学产业。书院公事，毋得诸人侵扰。彼或恃此为过作非，宁不知惧！①

文中提到"仰所在官司，量拨系官田土入学，奉朔望、春秋之祀，修缮祠宇，廪饩师生。务在作养人材，讲习道义，以备擢用"，字里行间流露出朝野士庶对鲁斋书院培养人才、涵育士风寄予厚望。

待鲁斋书院建成之后，程钜夫又写下《鲁斋书院记》一文：

> 邠岐、丰镐之间，周之故都也。三代之文莫尚于周，周之文莫盛于文、武、周公。江汉远矣，其化犹存于小夫弱女，况千里之近者乎？无他，圣人之道与天地并立，日月并明，孰有外天地日月而能久其生者？吾意有能复兴文、武、周公之教于其地，特易易焉耳。世祖皇帝经营四方，日不暇给，而圣人之道未始一日不在讲求。观兵陇山，首召河内许仲平先生衡入见，先生亦首谓圣人之道为必可行，嘉言笃论，深契上心。时自陕以西，教道久废，乃命先生提举学事。于是秦中庠序鼎兴，搢绅缝掖，川赴云流，文事翕然以起。其所成就，皆足以出长入治，由是圣人之道乍明。世祖皇帝践阼，先生又以其道入佐皇明，施于天下，卒能同文轨而致隆平，由是圣人之道复著。盖有是君必有是臣，阴阳之消长，日月之晦明，圣贤之用舍，固各有其时也。今天子以天纵之质，继列圣之绪，向用经术，尊礼儒先，彬彬雍雍，著者益彰而且广矣。先圣后圣，顾不同条而共贯与。先是，云中赵侯守长安，尝议建书院如他郡先贤故事，不果。后以西台侍御史复来，因请以先生从祀夫子，且申前议。乃有王氏欲斥居宅为之，得前太子家令薛处敬赞其决，士民承风劝趋，前御史张崇、推官李益、匠府同知韩祐，相与董成之。前为夫子燕居之殿，以颜子、曾子、子思、孟子侍坐；后为讲堂，左右列格物、致知、诚意、正心四斋。以张子厚先生昔讲道于横渠，乃为室东偏，合张、许二先生而祀之。库寝庙厩毕备，屋凡若干楹。事闻，有诏赐名曰"鲁斋书院"，乃谕陕西省给田、命官、设禁如他学院故事。有司既奉诏，而祐等请纪以文。夫文者何也？以西伯周公之圣而止曰"文"。今郡国校官往往而具宫居而师事者，亦无不同。及观其效，则弥阔而逾疏者，

---

① 〔元〕程钜夫：《雪楼集》卷一《制、诏、谕、册文·谕立鲁斋书院》，上海古籍出版社，1987年，影印文渊阁四库全书，第1202册，第6页。

何耶？无亦文非其文而然与？夫子不曰"斯道"而曰"斯文"，学于此者，亦可以深长思矣。古昔儒先自伊洛关辅以来，相望百年，不绝而续。若朱子之立言，使圣人之道复明于简籍。许先生之立事，使圣人之道得见于设施。皆所谓豪杰之士也。观先生之于朱子，信其道，从其言，尊之为父师，敬之如神明。呜乎，殆所谓虽无文王犹兴者欤。终际昌时，出其所学，有以当圣人之志，建不朽之功，可谓开物成务之材矣。《诗》云"亹亹文王，令闻不已"，圣祖有焉。"乐只君子，邦家之基"，先生有焉。侯于先生有慕用之诚而不能忘，凡所以尊先生者，无不为也。然非私也，所以为道也，所以广圣天子之教也，所以使学者知所宗也，所以志先生之志而学先生之学者也。一举而众美具焉，可无述哉？侯名世延，字子敬，今为资善大夫、御史中丞。斥居宅者，王庭瑞，尝为怯连副总管，诏旌其间以褒之。呜呼，圣天子之欲化民成俗，可谓诚且笃矣。承学之士，奚可以不自力乎？自今邠、雍之间，郁郁乎复如文、武、周公之世，吾犹有望。延祐二年十有一月朔记。①

值得注意的是，文中描述了书院的廊庑建筑和院落布局："前为夫子燕居之殿，以颜子、曾子、子思、孟子侍坐；后为讲堂，左右列格物、致知、诚意、正心四斋。以张子厚先生昔讲道于横渠，乃为室东偏，合张、许二先生而祀之。库寝庖厩毕备，屋凡若干楹。"程钜夫提到书院合祀张载、许衡两人。

而年辈较程钜夫稍晚的张养浩撰有一篇《奉元路鲁斋书院三先生祠堂记》，提到鲁斋书院合祀的是张载、许衡、杨恭懿三人："宋横渠先生张公及我潜斋杨元复先生皆奉元家，而鲁斋虽非其乡，以尝主善安西路学，遂于书院中合祠三先生于一室。"同时，张养浩还补充记述了鲁斋书院的藏书规模："以奉元故为皇太后分地，启赐经籍如千卷，学田七十亩。"②特别强调了西安地区在元代的特殊地位，也就是在忽必烈分地创立鲁斋书院，意义更加重大。

明代李东阳也提到书院中合祀的是张载、许衡和杨恭懿三位学者，"合祀横渠、鲁斋及其乡贤杨元甫，而聚徒讲学其间。朝廷赐以经籍，给之学田"③，非是程钜夫《鲁斋书院记》中所谓合祀张载、许衡二人。笔者推测可能是因为程钜夫身在大都，仅览读

---

① 《雪楼集》卷一三《记·鲁斋书院记》，第173-175页。
② 《归田类稿》卷五《记二·奉元路鲁斋书院三先生祠堂记》，第516页。
③ 〔明〕李东阳：《李东阳集》第3卷《文后稿·卷之五·记·重建正学书院记》，周寅宾点校，岳麓书社，1985年，第77页。

陕西行省奏章转述，信息不全，故而漏掉了杨恭懿。

鲁斋书院大约在元末被毁弃。明弘治九年（公元1496年），陕西提学副使杨一清在西安城提学司旁重建书院，名之为正学书院，并请名士李东阳作《重建正学书院记》，文中记载："正学书院，为道学而作也。院在陕之西安，盖宋横渠张子倡道之地。门人吕大钧辈皆得其传，元鲁斋许公来主学事，亦多造就。后省臣建议为书院，合祀横渠、鲁斋及其乡贤杨元甫，而聚徒讲学其间。朝廷赐以经籍，给之学田。"①这段话有两层含义：一是正学书院是鲁斋书院的继承，二是鲁斋书院于元末明初甚至更早时候已经废弃。

此前有学者认为："正学书院：元代书院。设于陕西西安。原为宋儒张载讲学倡道之地，元代许衡主持学事。"②这显然与史实不符。之所以会出现这种误识，是将李东阳"院在陕之西安，盖宋横渠张子倡道之地。门人吕大钧辈皆得其传，元鲁斋许公来主学事，亦多造就"一句，误读为"（正学书）院……张子倡道之地……元鲁斋许公来主学事"，实际上李东阳的意思是正学书院所在地西安是张载、许衡讲学之地，而非正学书院是张载、许衡讲学之地。

明朝初期，各地书院作为理学传播基地，发展态势较好，但随着明朝学校教育系统的日益完备，统治者开始注意游离于官学教育体制之外的书院。尤其是书院自由讲学的学风和结党活动对时局的影响，更为统治者所警惕。到了明朝中后期，分别在明世宗嘉靖十六年（公元1537年）、嘉靖十七年（公元1538年），明神宗万历七年（公元1579年），明熹宗天启五年（公元1625年）四次禁毁书院。笔者推测正学书院正是在这一时期遭到禁废。

清初贾汉复重修正学书院。康熙六十一年（公元1722年），正学书院并入关中书院。光绪十一年（公元1885年），复建鲁斋书院，延聘三原名儒贺瑞麟主持教学，关学风气得以重振。光绪二十九年（公元1903年），因清政府改革学制，推行废书院、办学堂的"癸卯学制"，西安鲁斋书院改为咸宁县立二等小学堂。至此，清代鲁斋书院共存在18年。此后，又在光绪三十年（公元1904年）改制为咸宁县立高等小学堂，宣统二年（公元1910年）再改为实业学堂。公元1912年，实业学堂、陕西大学堂等四所学校合并为西北大学。可惜的是，该书院遗址今已不存。

---

① 《李东阳集》第3卷《文后稿·卷之五·记·重建正学书院记》，第77页。
② 顾明远：《教育大辞典》，上海教育出版社，1991年，第69页。

三、元代奉元学者

元代奉元儒学文化,并非许衡专美。元初,京兆及其周边地区名声最显的学者,其实是乾州人杨奂。杨奂,字焕然,号紫阳,世称紫阳先生。他比许衡年岁略长,"关中号称多士,一时名未有出先生右者"①。著名文学家、史学家元好问称赞他为"关西夫子"。杨奂的学生,同时也是其女婿的姚燧,后来追随许衡,官至翰林学士,亦为名儒。

京兆高陵人杨恭懿(公元1225—1294年)是许衡的同道好友。杨恭懿,字元甫,号潜斋,年少时避祸中原,17岁回到家乡,勤耕力学。他痛感乱世纷纭,有志于经济入世,"耻为章句儒而止",尤其留心史学,"以鉴观古昔兴亡之事"。②他24岁时首次读到了朱熹的《四书集注》《近思录》等书,大喜过望,感叹道:"人伦日用之常,天道性命之妙,皆萃此书。今入德有其门矣,进道有其途矣,吾何独不可及前修踵武哉。"③从此他更加努力钻研学问,修身养德。他充分意识到天理人性的重要,更加认清了自身责任,摒弃积习,不再追求细枝末节,思想境界再上一层楼,"赫然名动一时"④。

其间,许衡来到京兆,两人意气相投,互相欣赏。杨恭懿对于学问非常虔诚,一丝不苟,深受许衡赞许。杨恭懿父亲去世,他5天不吃不喝,丧仪完全采用朱熹《家礼》所载,不用世俗礼仪,即使财资不足,也要借贷举丧。许衡看在眼里,对自己的学生们说:杨恭懿坚持朱熹的主张,补救了被世俗丢弃的礼仪,"其功可当肇修人极"⑤。两个人一共相处6年,直到许衡离陕东归。

蒙(元)朝廷多次征召杨恭懿,他都推辞不去,直到至元十一年(公元1274年),他以教导太子的名义召赴燕京。忽必烈亲自接见他,详细询问他的籍贯、家世。至元十六年(公元1279年),杨恭懿参与制定《授时历》。一年后,《授时历》修成奏上,忽必烈接见郭守敬、许衡、杨恭懿、王恂等人。众人正要下跪,忽必烈对许衡、杨恭懿说:"二老自安,是年少皆受学汝者。"⑥在整个召见过程中,都给予许衡、杨恭懿赐座的"异礼"待遇。修完《授时历》后,杨恭懿就辞官返乡,此后又多次拒绝朝廷征

---

① 《关学编》卷二《元·紫阳杨先生》,第18页。
② 《关学编》卷二《元·元甫杨先生》,第19页。
③ 《元朝名臣事略》卷一三《太史杨文康公》,第265页。
④ 《关学编》卷二《元·元甫杨先生》,第19页。
⑤ 《关学编》卷二《元·元甫杨先生》,第20页。
⑥ 《关学编》卷二《元·元甫杨先生》,第20页。

召，居家终老。

在杨恭懿之后，关中名儒数萧㪺、同恕二人，时人将二人并称"萧同"。萧㪺（公元1241—1318年），字维斗，号勤斋，元代奉元路人。20余岁时出任陕西等处行中书省文吏。一次，他去向上级汇报政务，上级手中的毛笔掉在了地上，上级以目光示意他去拾取，萧㪺佯装不知。上级就直接打断了他的话，开口命令他捡笔。萧㪺回答："某所言者王事也，拾笔责在皂隶，非吏所任。"①上级恼羞成怒，萧㪺遂自请引退，从此隐居终南山30余年。

萧㪺的隐居生活清苦简陋。他居住在土屋之内，自制了一件皮衣，长过膝盖，睡觉时就卷起作为枕头。然内心适意，使他得以专心致志地读书自娱，他把搜罗到的先贤经典以及程朱道学著述排列室中，"于是博极群书，天文、地理、律历、算数，靡不研究"②。萧㪺涉猎广泛，学识渊博，太常博士侯均评价说："今人识字及通六书者，惟萧公为然。"③他在读书过程中自己动手训诂校雠，对书中讹误多有发见，著有《三礼说》《勤斋集》等。萧㪺学自有出，继承孔子、周敦颐、二程、朱熹一派，投到他门下求学问道的弟子非常多，"一以洙、泗为本，濂、洛、考亭为据，关辅之士，翕然宗之，称为一代醇儒"④。

萧㪺撰写过一篇《送王弁序》，颇能体现其对经术学业、官宦仕途的基本态度：

圣上嗣位之三年，诏天下以德行、明经取士。明年，陕西鲁斋书院山长平水王弁，受行中书省荐，辞其职，将进于春官。省余疾南山下，且征鄙言。

询之曰："能无矜乎？能无忮乎？能忘富贵乎？能静乎？能中正乎？能希贤圣乎？知通塞乎？无患得乎？若是，可以言矣。《易》曰：'大观在上，中正以观天下。'此其时也。子之业在夫爻之三矣。"

曰："所谓观光者，非邪。"

曰："非也，四大臣之位近君者，以之而子也，第当观夫繇已出者，随通塞为进退焉，所期不失于道而已。苟通邪，即立事立功，尊所闻，行所知，使民不失其所望；苟塞邪，则仁义忠信，乐善不倦，其孰能御之？知至而至，知

---

① 〔元〕陶宗仪：《南村辍耕录》卷二《萧先生》，李梦生校点，上海古籍出版社，2012年，第30页。
② 《元史》卷一八九《儒学传一·萧㪺》，第4325页。
③ 〔元〕苏天爵：《滋溪文稿》卷八《碑志二·元故集贤学士国子祭酒太子右谕德萧贞敏公墓志铭》，陈高华、孟繁清点校，中华书局，1997年，第117页。
④ 《元史》卷一八九《儒学传一·萧㪺》，第4326页。

终而终，苟不至乎，践形之域无止也。故先正以少年登高科为不幸，岂虚言哉？

子行矣，慎毋使前数可无者，毫末尘吾灵府也。冰雪载涂，敬慎自爱。"①

这篇文章的大意是：

元仁宗即位第三年，即皇庆二年（公元1313年），下诏开德行、明经科取士。下一年，奉元鲁斋书院的王弁得到行中书省推荐，不再担任书院老师，将去礼部任职，参与科举考试事务。出发前，王弁来到终南山下探望我的病情，并征询我的意见。

我问他："能做到不骄矜吗？能做到不逞能吗？能忘掉荣华富贵吗？能沉静内心吗？能中正无私吗？能效法先贤吗？会变通吗？不会患得患失吗？如果你都做到了，就可以给你说了。《周易·观卦》说：'大观在上，中正以观天下。'就是指你现在这个时候。你的前途命运就在六四爻的爻辞：'观国之光，利用宾于王。'"

王弁说："《观卦》六四爻辞说的'观国之光'，意思是与奸邪对抗。"

我说："不对，礼部官员负责科举，是接近皇帝的职位，现在你得到了这个职务，就应该观察自己选拔出来的人才。这些人中有好有坏，你要根据他们的表现采取不同的应对措施，那么你的所作所为就不会偏离正道了。如果能够劝善教导奸邪的人和事，就可以建功立业，提倡、践行自己的学说，使百姓的希望不被辜负；如果能够制止压服奸邪的人和事，就是一个仁义忠信之人，孜孜以求良善正义，还有什么能够阻碍？心中通晓自己的目标、方向，并且能够达到，即便不能达到，也可以随时随地实践自己的理念。所以先贤们认为年少得志考取功名，对这个人并不是好事，难道是假话吗？您现在要走了，切记不要使前面我问您的几个事项，有一丝一毫干扰我们的心灵。您前方的道路有冰雪覆盖，要小心慎重。"

萧𣂏的性情十分温良敦厚，乡亲邻里都很尊敬他，亲切地称他为萧先生。有一次，一个乡人进奉元城晚归，途中遇到强盗，他就谎称自己是萧𣂏。强盗听了十分惊愕，当即释放了他。还有一次，萧𣂏在路上遇到一个妇人遗失了金钗，她怀疑萧𣂏捡到了，因为后面除了萧𣂏再没有别人。萧𣂏并不争辩，叫妇人来到自己的土屋，取出家中的金钗交给妇人。后来，妇人找到了自己丢失的金钗，羞愧地上门道歉。

萧𣂏天性纯良，长期居于终南山中，不离诗书耕读。官宦士庶名士文人乐与之交游，不少人慕名前来拜会。有一次陕西行省官员来萧𣂏家设宴，先遣一属吏去萧𣂏家安

---

① 〔元〕萧𣂏：《勤斋集》卷一《序·送王弁序》，上海古籍出版社，1987年，影印文渊阁四库全书，第1206册，第383—384页。

排。属吏到了萧㪺家，看到一人在担水浇园，这其实正是萧㪺本人。不过属吏不认识萧㪺，就交代萧㪺去给自己饮马。萧㪺也不拒绝，就去饮了马。之后，萧㪺回屋穿上冠带，正式出来相见。属吏一见，十分慌张，萧㪺却不责怪，"㪺殊不为意"①。西台御史大夫巴图说："吾久在京师，屡接贤士大夫，未有若萧先生自然，令人敬爱不舍。"②

萧㪺并不愿为官，数次推辞朝廷征召。直到元武宗初年，他被授予太子右谕德之职，负责教导东宫，这才抱病来到大都。不过萧㪺无法适应朝堂生活，"寻以病力请去职"③。元仁宗延祐五年（公元1318年）七月，萧㪺终于家，享寿78岁，赠集贤学士，赐谥号"贞敏"，谓其"清白守节""好古不怠"。

萧㪺居终南土屋时，每入奉元必去看望同恕，二人交情深厚。同恕（公元1254—1331年）比萧㪺小14岁，字宽甫，号榘庵，奉元人。同恕家世代学儒，他的父亲同继先曾经在陕西宣抚廉希宪手下当差，掌管府库钥匙。同氏宗族200余口，居于一处，彼此和睦，没有挑拨的言语。

同恕家中有书数万卷。他幼年聪慧，进入乡学后，每天能背诵数千言，13岁通《尚书》。乡校老师张器玉、李彦通二人出题"与人不求备，检身若不及"，考查学生功课。这段话出自《尚书·商书·伊训》："居上克明，为下克忠；与人不求备，检身若不及，以至于有万邦，兹惟艰哉！"④商朝开国君主成汤去世后，嫡孙太甲即位，右相伊尹教导太甲，大意是：在上位者能够明察下情，在下位者才能够对上忠诚。对别人不能求全责备，对自己则要自检自查，总觉得像是有某些不足，治理天下就是这样艰难。张器玉批览学生的作品，他最满意的文章就出自最年少的同恕，批语是："义理详明，文辞浏亮，宜为此会之魁。"⑤一时间，学校内外，老师、同学对同恕交口称赞，其声名不胫而走。

同恕治学，同样上承程、朱，远溯孔、孟，应该也向萧㪺请教过学问。他著有《榘庵集》20卷。

他性格严谨，平常起居谨遵礼道。虽暑热天气，也冠带整齐。他的亲生母亲早卒，他孝敬继母一如生母。父亲去世时，他因哀毁过度竟伤了眼睛。他待人接物平易随和，

---

① 《元史》卷一八九《儒学传一·萧㪺》，第4325页。
② 《滋溪文稿》卷八《碑志二·元故集贤学士国子祭酒太子右谕德萧贞敏公墓志铭》，第118页。
③ 《元史》卷一八九《儒学传一·萧㪺》，第4325页。
④ 《尚书正义》，第163页。
⑤ 〔元〕贾仁：《元故奉议大夫太子左赞善榘庵先生同公行状》，见〔元〕同恕：《榘庵集》卷一五《附录》，第809页。

但心中自有定见。他的邻居来借骡子，不想骡子死了。邻居就来赔钱，同恕却不接受，说："物之数也，何以偿为！"①意思是这件事出于意外，不是邻居的责任，不需赔偿。他如此开通达理，自然深得乡人敬重，乡人不称其姓，只称先生。

在他二十几岁时，朝廷设置六部，选拔各地名士入职。关陕地方推荐同恕担任礼部官职，同恕拒绝前往。元仁宗延祐元年（公元1314年）五月，奉元设鲁斋书院，延请同恕担任教师，同恕这才答应，这时他已经60岁了，"先后来学者殆千数"②。其间，元仁宗重开科举，同恕主持了奉元路乡试，参考举子都认可他的公正。延祐六年（公元1319年），同恕升太子左赞善，为太子讲学，"继而献书，历陈古谊，尽开悟涵养之道"③。延祐七年（公元1320年）三月，元英宗即位，同恕辞官回乡。

此后，同恕居家12年，深孚士林公望，"缙绅望之若景星麟凤"④。元明宗至顺二年（公元1331年）卒，追封京兆郡侯，谥"文贞"。

此外，元代关中地区学者还有奉元人韩择，他精于礼学，"士大夫游宦过秦中，必往见择，莫不虚往而实归焉"⑤；蒲城人侯均，勤学40年，精通方言古语，世人不通晓，他却可以"随问而答"，大家都佩服他的博闻；泾阳人第五居仁，先跟随萧㪺问学，后师从同恕，"博通经史"，同样致力于耕读隐居，"游其门者，不惟学明，而行加修焉"⑥。元仁宗延祐七年，李子敬、李子懋兄弟在三原捐资创办学古书院，延请泾阳名儒程瑄，吸引学生百余人。程瑄，字君用，号悦古，著有《辽史》《云阳志》《乐府诗集》等著作。

四、元代奉元文化设施和诗词创作

元代乃至整个五代、宋、金、元时期，西安地区最有代表性的文化教育设施首推孔庙、府学、碑林建筑群。据元世祖至元十三年（公元1276年）《大元国京兆府重修宣圣庙记》记载，金朝覆亡后，京兆孔庙"殿宇倾颓"，先是在"甲辰"，即蒙古乃马真后三年（宋理宗淳祐四年，公元1244年），"即葺正殿，复起二门"。修复的是孔庙正殿和两

---

① 《元史》卷一八九《儒学传一·同恕》，第4327页。
② 《元史》卷一八九《儒学传一·同恕》，第4327页。
③ 《元史》卷一八九《儒学传一·同恕》，第4327页。
④ 《元史》卷一八九《儒学传一·同恕》，第4328页。
⑤ 《元史》卷一八九《儒学传一·韩择》，第4326页。
⑥ 《元史》卷一八九《儒学传一·第五居仁》，第4328页。

道大门。"又十余年,平章廉公、参政商公宣抚陕□,乃构其两庑,绘事未兴,二公入相。"因为廉希宪、商挺入朝拜相分别在忽必烈中统二年(公元1261年)、中统三年(公元1262年),所以这次修复两庑是在中统二年之前。至元七年到八年(公元1270—1271年),陕西等处行省平章政事赛典赤·赡思丁看到孔庙"狼藉若此",决定再次整修,为《石台孝经》和《开成石经》起楼架阁以遮蔽保护:"又作二堂于大门之内,东□先正七贤之祠,西则亭□斋居之次……"①

在此之前,据骆天骧《类编长安志》记述,在蒙古海迷失后二年(宋理宗淳祐十年,公元1250年),进行过一次扶正碑石的工程:"正大辛卯迁徙,悉以摧仆。至庚戌,省幕王公琛奉而起立。"时过27年,在元世祖至元十四年(公元1277年),骆天骧自己也参与了一次树立石碑的工程,"至元十四年,碑尽摧倒。天骧与孟文昌充西府教官,请灞桥堂邑刘斌而复立焉"。②

按照《类编长安志》所载,元代京兆府学主要由成德堂、采芹堂等建筑构成,"长安府学成德堂,七间八椽,高敞雄壮,至今犹存"。采芹堂"在成德堂后,收贮官书文籍"。③现藏于西安碑林博物馆的元世祖至元十三年(公元1276年)《府学公据》碑,列举当时京兆府学房舍财物,提到在成德堂、采芹堂之外,还有西院正堂七间,与采芹堂大小相当。据上推知府学分为两处院落,成德堂、采芹堂在正院,旁边还有西院。

府学公据

皇帝圣旨里

皇子安西王令旨里

王相府据京兆路府学教授孟文昌呈照得先钦奉圣旨节文道与陕西等路宣抚司并达鲁花赤管民官管匠人打捕诸头目及诸军马使臣人等:

宣圣庙,国家岁时致祭,诸儒月朔释奠,宜恒令洒扫修洁。今后禁约诸官员、使臣、军马,无得于庙宇内安下或聚集,理问词讼,及亵渎饮宴,管工匠官不得于其中营造,违者治罪。管内凡有书院,亦不得令诸人骚扰,使臣安下。钦此。卑职切见府学成德堂书院地土四至:东至庙,西至泮濠,南至城巷,北至王通判宅。四至内地土及房舍,诚恐日久官司占作廨宇,或邻右人等侵占,乞给付公据事。相府准呈,今给公据付府学收执,仍仰诸官府并使臣军匠人等,

---

① 《西安碑林全集》卷二九《重修宣圣庙记》,第2961—2968页。
② 《类编长安志》卷一〇《石刻·石经》,第284页。
③ 《类编长安志》卷四《堂宅亭园》,第104页。

钦依圣旨事意，无得骚扰、安下，及邻右人等，亦不得将府学房舍四至地基侵占。须议出给公据者：一成德堂七间，计五十六椽。东廊一十间，计四十椽。西廊九间，计三十六椽。织膳厅三间，计一十四椽。厨房三间，计一十二椽。勃海舍三间，计六椽。门屋三间，计一十二椽。门西舍三间，计六椽。又舍三间，计六椽。土地堂一间，计三椽。门东舍二间，计八椽。又旧舍三间，计一十二椽。一采芹堂七间，计四十二椽。门屋一间，计二椽。一西院正堂七间，计四十二椽。厨房三间，计一十二椽。小舍三间，计六椽。

  右给付京兆路府学收执，准此。①

元顺帝至元二年到五年（公元1336—1339年），对府学、孔庙、石经建筑群进行了一次整体翻修。至正六年（公元1346年）《奉元路重修庙学记》记述其事，文中提到礼殿、仪门、斋宫、石门等建筑，推测分别是明代重修孔庙之后的大成殿、小殿、斋宫、棂星门等。这表示，经过这次整修后，孔庙与碑林的基本格局得以固定，一直延续到明代。

又过了18年，在至正二十四年（公元1364年），单独整修孔庙②。至正二十五年（公元1365年），由于"乱兵屯集庙庭，毁撤户牖，蹂躏阶砌"，地方官员和府学儒户便集资修复，有至正二十六年（公元1366年）《大元重修宣圣庙记》记叙孔庙布局和建筑："正殿、两庑、仪门、神库、七贤，及二处衣堂、石经廊、孝经亭，梁栋榱桷，门窗阶陛，灿然改观。"③这与至正六年《奉元路重修庙学记》所述建筑正好可以两相对照。

至此，在公元1244年、1250年、1261年前、1270—1271年、1277年、1336—1339年、1364年、1365年，元朝先后8次修葺维护府学、孔庙、石经建筑群。而最晚的一次是在至正二十五年，当时元末农民起义席卷全国，3年以后，至正二十八年（公元1368年）闰七月，元顺帝退出大都，明朝取代元朝，开始统治西安地区。

在历史上，京兆府学、孔庙是主体建筑群，众多碑刻即后来由此形成的碑林只是其附属，不过随着时代变迁，时至今日，碑林已成为该处建筑的主体，更展现出无比深厚的学术、书法、文化价值，成为西安独特的历史文化遗产。

一般认为，碑林建立的标志，是北宋时完成唐代石经的迁移和安置，所以碑林建立

---

① 《西安碑林全集》卷三〇《碑刻·府学公据及重立文庙诸碑记》，第2969—2979页。
② 《西安碑林全集》卷三〇《碑刻·大元重修宣圣庙记》，第3020—3022页。
③ 《西安碑林全集》卷三〇《碑刻·大元重修宣圣庙记》，第3023—3025页。

的目的就是保护唐代石经等碑刻。虽然金、元两代都进行过整修，但是唐代碑刻数量没有显著变化。据《类编长安志》所载，金、元两朝京兆府学、孔庙重要唐碑目录基本没有变化，增加的主要是金、元两朝新刻石碑。路远先生对北宋时的藏石情况进行了详细的考证，将北宋时碑林所藏唐宋碑刻分为两种：一是有证据可依、确已入藏或刻立于碑林的；二是经分析推理很可能入藏或刻立于碑林的。共考证出45种唐宋碑刻。其中除了从唐代以来就在孔庙中的《开成石经》《石台孝经》外，还有北宋摹刻秦刻石1种，唐碑15种（含4种宋代翻刻唐碑），宋碑27种。[1]

金、元两代文人吟咏长安的诗词，由于作者背景的复杂性，也有一些作品体现出了不同于以往的新鲜主题和立意。像生活在金末元初的元好问，青少年时随叔父居住于略阳（今陕西汉中略阳）。金章宗泰和八年到卫绍王大安二年（公元1208—1210年），元好问的叔父元格被任命为陇城（今甘肃天水秦安）县令，元好问随之赴任。其间，元好问去京兆府参加秋试，在京兆逗留了八九个月，亲眼得见当时关中风俗："关中风土完厚，人质直而尚义。风声习气，歌谣慷慨，且有秦、汉之旧。"[2]他填过一阕《点绛唇·长安中作》：

沙际春归，绿窗犹唱留春住。

问春何处？花落莺无语。

渺渺吟怀，漠漠烟中树。

西楼暮，一帘疏雨，梦里寻春去。[3]

习惯上认为这首词的主题是伤春，而且是隐忍含蓄的哀伤。"春归""留春住""问春何处"显示了元好问对春天逝去的徒劳追寻，最后只能"梦里寻春去"，通篇语气缓和恬淡。他还写过一首《长安少年行》，写了富家子弟日夜歌舞的情景，"日暮新丰原上猎，三更歌舞灞桥东"。显然，在19岁的元好问眼中，京兆只是他人生的一处落脚地，伤春也是出于自身感受，并没有太多的外延。

入元以后，元好问也感叹过"兴亡事"，见于他写的《木兰花慢·孟津官舍寄钦若、钦用昆弟，并长安故人》：

流年春梦过，记书剑、入西州。

---

[1] 路远：《北宋时期碑林藏石考述》，载《文博》1996年第6期，第65页。

[2] 〔元〕元好问：《元好问全集》卷三七《序引·送秦中诸人引》，姚奠中等编校，山西人民出版社，1990年，第50页。

[3] 《元好问全集》卷四四《新乐府·点绛唇（沙际春归）》，第229—230页。

对得意江山,十千沽酒,著处欢游。

兴亡事,天也老,尽消沉、不尽古今愁。

落日霸陵原上,野烟凝碧池头。

风声习气想风流,终拟觅菟裘。

待射虎南山,短衣匹马,腾踏清秋。

黄尘道、何时了?料故人、应也怪迟留。

只问寒沙过雁,几番王粲登楼。①

元好问怀念的是金朝,而南宋同样被元朝攻灭,类似的情愫也见诸由南宋入元的张炎的笔端。张炎是南宋初年大将张俊的后人,因此从籍贯上讲也可算作陕人。他的一首《蝶恋花·邵平种瓜》,借"邵平种瓜"的典故,表达自己在南宋覆亡后甘于遁世隐居的心情:

秦地瓜分侯已故。

不学渊明,种秫辞归去。

薄有田园还种取。

养成碧玉甘如许。

卜隐青门真得趣。

蕙帐空闲,鹤怨来何暮。

莫说蜗名催及戌。

长安城下锄烟雨。②

"邵平种瓜"的典故出自西汉司马迁《史记》。"召平者,故秦东陵侯。秦破,为布衣,贫,种瓜于长安城东,瓜美,故世俗谓之'东陵瓜',从召平以为名也。"③秦东陵是秦始皇之父秦庄襄王和王后赵姬的陵墓,邵平受封东陵侯,食邑1000户,负责监管东陵。秦朝灭亡,邵平沦为平民,在东陵种瓜为业。长安城东这片地区地下水位高,适合瓜果生长,此处产的瓜味道甜美,被称为东陵瓜。今天西安浐灞地区仍有一处地名为邵平店,就源自这个典故。张炎这首词,借用邵平的典故,其实是在写自己,国已亡,心已死,教人何去何从?唯有"长安城下锄烟雨",与山林田园为伍。

当然,元代奉元及关中地区社会生活最有特点的内容,就是戏曲文化活动。中国

---

① 《元好问全集》卷四四《新乐府·木兰花慢(流年春梦过)》,第224页。
② 〔宋〕张炎:《山中白云词》卷六,葛渭君、王晓红校辑,辽宁教育出版社,2001年,第156页。
③ 《史记》卷五三《萧相国世家》,第2017页。

自古以来有春秋两季祭祀土地神的传统，即春祈秋报，春祈是在仲春月吉日，即社日，于春耕时节举行，祈祷风调雨顺；秋报是在孟秋月吉日举行，秋收后报答神功，也就是秋神报赛，最为盛大。每年立春、立秋后第五个戊日，奉元乃至陕西各地百姓聚集于当地城隍庙、土谷神庙、五岳庙、菩萨庙、娘娘庙、财神庙、龙王庙、文昌阁等，竞技献演，各种艺术形式汇聚一堂，热闹程度不同寻常。

蒙（元）金交战时期，忽必烈曾经纵军劫掠京兆及其周边地区妇女，置于京兆城内行院、勾栏中。行院、勾栏在名义上都是专门的戏曲表演机构和场所。李好文《长安志图》中显示，奉元城通政坊西有勾栏，位于录事局以北，银巷街以东。元杂剧《风雨象生货郎担》也提到"京兆张氏行院"。

元代奉元城的杂剧作家和演员，以红字李二最为知名，他本身是杂剧艺人，还创作有5种《水浒》题材杂剧，不过都已散佚，只有他与马致远等人合撰的《开坛阐教黄粱梦》保留至今。另外还有王爱山，字敬甫，今存小令14首。

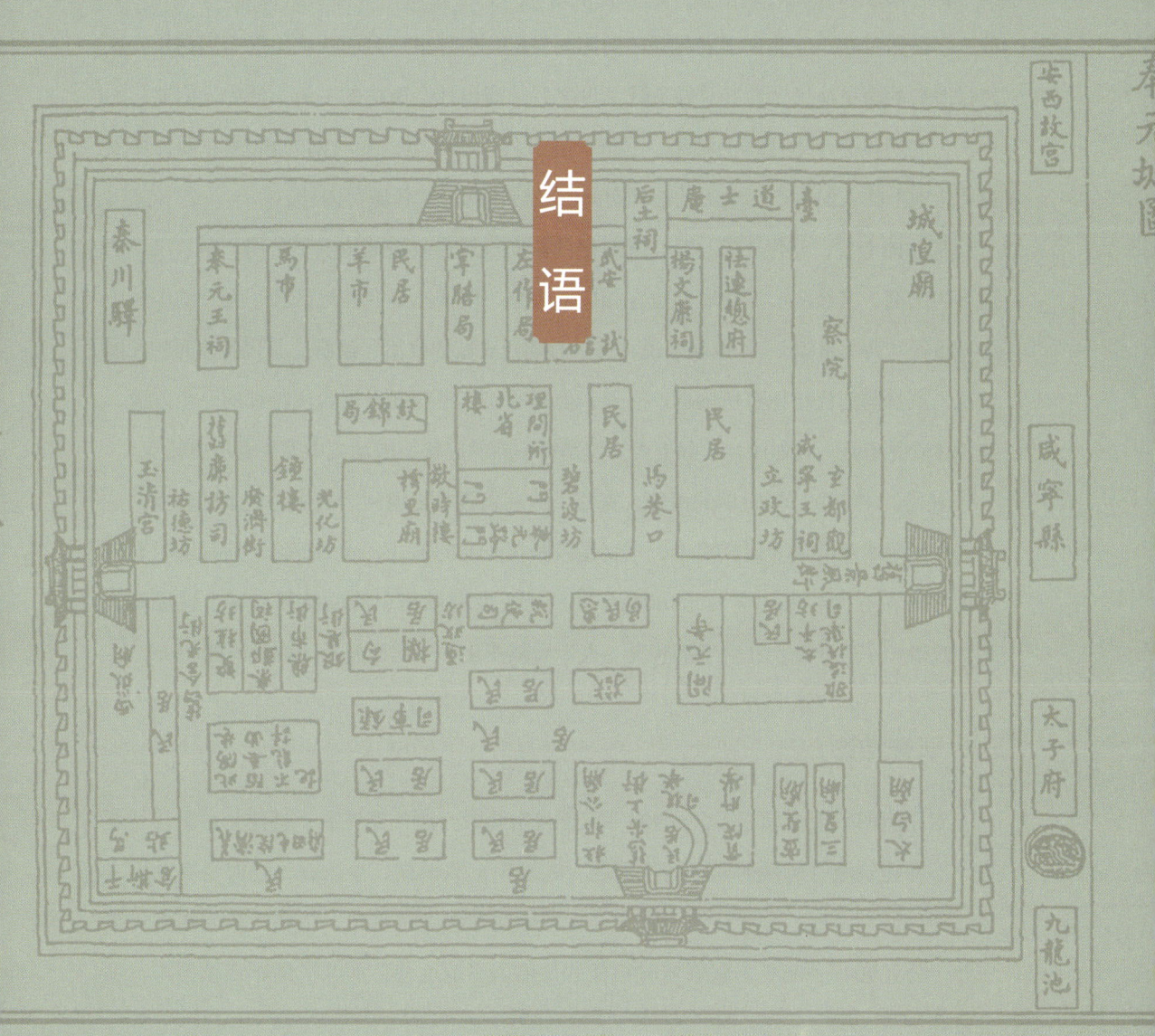

结语

据《宋史》记载,有一次宋仁宗阅读《东观汉记》,向左右询问关于汉长安城的典故史实,"众莫能知,共推师民"。赵师民详细叙说了汉长安城的风貌,"因陈自古都雍年世,旧址所在,若画诸掌"。宋仁宗很高兴,"悦曰:'何其所记如此!'"①这段文字虽然意在凸显北宋学者赵师民的博闻强记,但是也从侧面反映出汉唐国都长安城经过漫长的历史演进,尤其是在五代乱世之后,淡出社会历史的主流,渐为人们遗忘的事实。之所以会产生这样的结果,是因为在五代、宋、金、元时期的460多年间,西安这片土地上的人们生产、生活的地理空间已经转移到了"新城"内外。

从总体上看,五代、宋、金、元时期的西安虽然在政治地位上不若周、秦、汉、唐时贵为国都,其经济、文化职能也在相应地衰减,但依然是西北地区独一无二的区域中心城市暨"西北重镇"②。也就是说,这一时期西安城的政治、经济、文化各方面的发展状况,虽然与前代相比有所削弱、衰退,但是这仅仅是西安发展阶段特征的一个方面,从整体看并不是一直如此。实际上西安城是在不断的起伏、波动之中发生着历史转变。

五代、宋、金、元时期的西安,完成了从京畿腹心之地到区域中心城市的转变,这种转变正是本卷的主要研究内容,也就是以断代研究的形式,着力探讨"后都城时期"的西安城在五代、宋、金、元460余年间的历史发展脉络、阶段特征、城市建设和管理、政治和军事冲突、社会经济状况、人口增减变化、文化设施及成就等情况。

一、研究结论

对于唐昭宗天祐元年(公元904年)正月朱温毁弃唐长安城后,韩建是否重建"新城"、韩建筑城时所任何职这两个问题,古籍中记载模糊,今人在论述时也有相悖之处。经过详细考证,本卷认为唐末长安新城确系韩建主持重建,他在天祐元年到天祐三年(公元904—906年)间修城时担任的是佑国军节度使,而非匡国军或镇国军节度使之职。

唐末佑国军节度使、京兆尹韩建舍弃原唐长安城宫城和外郭城,所谓"重修子城",不是重修唐长安城的子城皇城,而是兴修皇城内的子城衙城,形成内外双重城垣建制,即以原唐长安城尚书省为子城(衙城),以原唐长安城皇城为外城。换句话说,

---

① 《宋史》卷二九四《赵师民传》,第9824页。
② 《古都西安·西北重镇西安》,第1页。

习惯上所说的"新城",实际是原唐长安城皇城,而韩建所修造的,只是其中的衙城。此处"新城"是相对于唐长安城外郭城来说的,是"缩小"了的城墙,而非"新建"的城墙——甚至可以认为,唐长安城城墙都是土墙,朱温没有必要拆毁土墙,所以韩建沿用了原来的皇城城墙。并且在这一过程中,韩建将原唐长安城外郭城中的寺庙、道观移入新城,其中包括唐国子监石经等碑刻。

传统观念认为子城厢为金代京兆城五厢之一,此地正是京兆府衙署之所在。北宋宋敏求《长安志》提到了"府东街""府西街""府城北街""府城西北街",金代《京兆府提学所帖碑》提到"子城厢正街",这些记载都标示了子城即衙城的位置,显示其范围并不是很大,符合在两年时间里修筑完毕的客观实际。现在普遍认为,韩建以原唐长安城皇城旧基改建的新城面积,仅及原唐长安城外郭城面积的1/16。此外,史籍中没有韩建之后及宋、金时期大规模修葺城池的记录。所以推测金代京兆城府衙的子城,就是唐末五代时期的遗存,也就是五代、宋、金、元京兆府(元代又改称安西路、奉元路)衙署。这种城圈规模在五代、宋、金、元时期变化不大。到明太祖洪武初年才又将城垣向东、向北拓展。而清嘉庆《咸宁县志》认为韩建在天祐元年(公元904年)筑城时"已越皇城",新城的规模与清代的西安城一样。这个观点失实,不可采信。

唐末韩建修造新城后,到五代后梁建立,西安从京城京兆府降为大安府,后唐时改回京兆府,此后后晋、后汉、后周各朝再未更改。至于五代时期西安地区的节镇,依次出现了佑国军、永平军、晋昌军、永兴军四个军号。

一方面,由于西安不再是京师之地,其辖区随之减小;另一方面,在唐末五代的战祸中,西安及周边地区沦为战场,人口数量大幅下降,其所辖地方基层组织也在减少。同时,由于韩建营造的新城规模大幅缩小,长安、万年县治被置于新城之外,这就引起后世附郭县设置的变化。附郭县具有一定的管理区域,其中距离大城较近的区域是比较重要的郊区。

在这样的背景下,由于政局动荡、战乱不断、自然灾害频繁,各地区人口减少,劳动力数量和质量下降,不利于农业生产。同时,藩镇割据、乱兵劫掠导致各地交通中断,粮食、财货成为战略物资,很难安全输送周转。五代各朝普遍实行严格的"禁榷",也就是官府垄断商品,具体到西安地区的藩镇,一则扩大官府垄断商品的种类,再则对违犯法令者施以酷刑。这对当时的商品经济发展产生了强烈的负面影响。商品无法正常流通，无法参与正常的市场分配，势必导致物价疯长，严重阻碍商业的发展，对手工业也是一种巨大的伤害。

北宋时期，京兆府城城市建设有诸多内容值得研究，如宋仁宗时范雍知永兴军府事，为了防范西夏侵扰，其曾对长安城墙进行过修葺加固。这次工程只是在原来的基础上加固修补，未扩大或缩小城墙的范围。除了对城墙进行建设，北宋时期京兆府城城内还有许多其他类型的建设工程。最突出的表现，是在京兆府城内城中心、城东南两个区域形成了商业、文化、居民聚集区。在这一过程中，西安南城墙东门安上门与北城门玄武门之间的道路不是南北直线形，而是需要多次转折拐弯，这对建筑布局尤其是商业市场的开设有重要影响。此后，金、元两代都是在此基础上进一步发展。

另外，北宋时龙首渠的渠道及水源的利用情况也是一个值得关注的问题。北宋京兆府城人口增加，必然要考虑供水问题，而如何利用西安周边水源，正是历代西安城市供水问题的关键。本卷论述了北宋京兆龙首渠的开凿原因、时间、过程、路径、渠源及利用、废止等方面情况。引水渠道及其水源开发是城市建设的一个重要部分，其发展、变化情况在一定程度上可以反映城市的布局及相关建筑设施的更迭变化。

就北宋京兆府城近郊市镇的设置、演变来看，其地名、范围、作用等诸方面仍有许多疑问，尚需更多史料予以解释。好在有北宋人张礼及其友人游历京兆府城南郊，考察古迹、观览景物，留下一部《游城南记》，方使后人得窥北宋中期京兆府城南风貌之一斑。书中记述北宋京兆府南郊的自然山水，以及众多的寺观、士绅别墅等，表明其地是具有极强吸引力的游览胜地。

北宋在西安地区设京兆府，由朝廷选派文官出任知府，主管军、政、财、法各方面事务。北宋京兆府辖地最高军政、民政长官本来是牧、尹、知府三种，实际任命的是知府，还设有相当于副职的通判，以及判官等属官。同时，"陕西"一名的正式确立，也是在北宋时期，这是与西安城市史密切相关的一个衍生问题。

从唐代开始，左右金吾将军已经用"厢"来泛指长安城左侧街西54坊、右侧街东54坊，此时其含义是一般的方位名词，用于神策军等禁军接管城市管理之前。此后，由这一泛指衍生出防火治安的机构，也就是城市管理机构及其辖区的"厢"，与军队建制的"厢"并无实质的联系。也就是说，"厢"最开始是用来指代负责治安、防火的军兵的巡察区域，始见于唐代，历经五代藩镇僭越礼法，延续到北宋。五代、北宋城市中的某厢并不是军队建制之名的转称，而是由于厢巡巡察区域逐渐固定而得名的。

并且，从历史传承、面积大小、人口疏密等现实角度分析，北宋时京兆府没有设厢的客观条件。在传世史料、出土墓志等资料中，也不见京兆府有厢的文字记载。由此可知，所谓北宋时京兆府"府—县—厢—坊"的行政管理机制，欠缺材料佐证，尚难以得出结论。

北宋时，社会政治相对稳定，朝廷和地方官府重视农田开垦和水利设施建设。到北宋末年，关中水利设施的灌溉面积已经超过了唐代，粮食产量逐步增加，人口也在增长。当时，普通劳动者的社会地位在一定程度上有所提高，可以自由流动，脱离了土地的束缚，更多劳动力投身其他生产行业，比如手工业。而且此时的手工业作坊内部不再是单一的主人与奴婢的关系，而是出现了师徒关系、雇佣关系，十分有利于社会经济发展。以农业、手工业等方面的恢复和发展为基础，京兆府商业经过五代、宋初的低谷，在宋太宗以后也逐渐发展壮大起来。

北宋京兆代表性文教设施首推京兆府学及其附属的建筑文庙和碑林。其中，碑林在后世影响更大，其创建和整修过程漫长而复杂，本卷系统阐述了碑林的称谓由来、唐石经的迁移经过、北宋时期碑林的创建、碑林建制结构、北宋时期碑林的藏石情况以及金、元时期碑林的整修等重要问题。京兆府学、文庙和碑林历经数次迁移，直至宋徽宗崇宁二年（公元1103年）迁到今址，并最终确定下来。碑林在北宋时已经具有一定建制结构，藏石丰富，在金朝、元朝时屋宇和碑石本身皆得到整修。到明代万历年间，赵崡《石墨镌华》一书中所见"碑林"之名，是目前已知有关这一称谓的最早的文字记载。碑林的创建、发展，是西安城市史文化成就领域的一个标志性符号。

在经济重心东移、再南移的背景下，京兆及周边地区的军事地位和价值整体上较前代大为下降。但是，京兆府城作为北宋重要的区域政治、经济、文化中心城市，依然具有不可忽视的军事战略价值和地位。在宋金战争中，正是因为富平之战吸引了金军主力，才给了南宋政权喘息的机会。这是五代、宋、金、元时期发生在西安及其周边地区的影响王朝命运的典型战例。

《京兆府提学所帖碑》记载了金代京兆府城中18条街、9个巷以及市、镇等的名称，从中可以大致推断出金代京兆府城城内街巷、建筑等的分布状况及特点。金代京兆城东南城区的街巷、房舍、人口都非常多，远超其他城区，是金代京兆城人口最稠密的地区。

金代为加强京城及地方的刑狱治安效果，分别设置警巡院、录事司、司候司。由于京兆府附郭县咸宁、长安不在城区之内，所以京兆府录事司更多地直接承担了京兆府城区范围的政务管理。这种职能转变，大约在金朝后期金章宗在位时期成为共识：录事司主管城池以内，县主管城外乡村。

金代，京兆府只有80余年的和平时期，即从公元1134年宋金仙人关之战起到公元1216年蒙古军开始进攻陕西止。比较而言，京兆及周边地区社会经济发展的空间、时间、条件都不够充足。加上金朝滥发纸币等经济政策失误，总体发展程度不够理想。

在这样的社会环境中，王喆创立了全真道，从而形成了道教教派新格局：南宋流行符箓派天师道，北方道教则形成三大新教派，即符箓派太一教、内丹派真大教、内丹派全真教。其中，以全真道影响最大。

金代以后，西安的名称先后为京兆府、安西路、奉元路。韩建所修"新城"只留五座城门，及至含光门封闭后，所剩只四门。关于含光门封闭的时间，应该以《类编长安志》撰成年代元成宗元贞二年（公元1296年）为时间上限，以《长安志图》撰成年代元顺帝至正二年（公元1342年）为时间下限，即以元贞二年到至正二年最为稳妥。另外，如果考虑到元朝内部社会形势变化，从元顺帝至元四年（公元1338年）白莲教起义开始，局势动荡，因此奉元城封闭含光门也具有一定的可能。故含光门封闭的可能时间，当为至元四年到至正二年间。

至于圆形角台，根据考古发现，西北城角也是圆形角台，可以确定在明城墙之前，至少有西南角台、西北角台两处圆形角台。明初，西安城城墙以元代京兆城西、南两面城墙为基础，向东、北两个方向分别进行了拓伸，而西南角台依然保留了原来圆形角台的建筑形制。由此推测元代奉元城四个城角可能都是圆形角台，这与元代安西王府城的形制相同。不过，对于修造圆形角台的原因和时代，则有唐长安城皇城旧制、唐末韩建改造、元代改造等数种说法，尚无定论。

元代奉元城布局和建筑相比前代显得杂乱无章，这需要考虑到影响五代、宋、金、元时期西安城建筑布局的主要因素，除了行政规划、社会经济等因素外，还有府衙位于城中心区域、浐河水渠从东城墙引入城内等。其中，西安城内水质苦咸，饮用水供给主要依靠龙首渠，渠水还被用作园林用水等。历代西安地方官多次疏浚龙首渠渠道，反映出龙首渠水源对西安城内居民生活的重要影响。

元代奉元安西王府建于元世祖至元十年（公元1273年），地理位置较佳，自然环境优越，是一处十分辉煌的宫殿建筑。通过考古资料可对其城垣范围和形状、城门及城角作出分析，同时也能对中部宫殿进行一定程度的复原：前为朝会的正殿，中为柱廊或中殿，后为寝殿，略呈工字形。遗憾的是，没有发掘出文字材料。如此彻底的破坏，只能是人为造成的，反映了元代统治阶级内部复杂的政治斗争。本卷认为安西王府的废止时间当在明太祖洪武初年，是为扩建明西安府城墙而拆除的。

经过五代至金300余年的时间，元代奉元城基本形成了录事司专管城内区域的局面。一方面，由于韩建"重修子城"，原来万年（即金、元咸宁）、长安二县被隔离到城外；另一方面，宋代形成了厢巡之制，其职能从最初的防火治安逐渐渗透到居民日常生活之中，金代后期职能扩大到民事，到元代被定义为管理城内民政的地方机构，真正成为与县并列的路府下属政区。

当然，五代、宋、金、元时期，西安城市管理制度的继承和变化是由社会经济的发展所决定的。厢巡、录事司等机构的出现及变革，都与社会经济发展的需要相互呼应和彼此协调，代表了这一历史时期西安城市管理的巨大进步。同时，唐末韩建修造新城的另一个重要变化，是长安、万年县治移于城外东、西两侧，在主城基础上进行左右分治，目的是与京兆实现军事防御功能上的呼应，同时让两县直接管理各自辖区。虽然五代、宋、金时依然将长安、万年（金代称咸宁）视作京兆府城的附郭县，但是县治不在城内而依附在城外东西两侧这种格局，使长安、万年失去了作为西安城附郭县的外在形式。元代便取消了长安、咸宁附郭县的地位。明初扩建西安城墙后，长安、咸宁重新被包含进新西安府城之中，随之恢复了附郭县的属性。

相比于金朝，元代奉元城的社会发展有了更好的条件和环境，包括作为忽必烈封地的特殊地位、南北统一、驿道交通线路通畅。元代奉元城周边一些重要古镇，如子午镇、鸣犊镇等，依然在交通、商业、运输方面发挥重要作用。这些因素促成了奉元社会经济的复苏，其商税额稳居全国中游。

在元末战乱中，元代社会的各种矛盾在奉元及其周边地区得到集中反映，蒙古、色目官员与汉族官员之间，本地军阀与外地军阀之间，军功官员与世袭贵族之间，资深官员与新晋官员之间，等等，因为利益、荣誉等方面的诉求不同，难以协调一致，最终造成军阀割据的局面。

虽然相比于汉唐、北宋时期，元代奉元地区文化成就的体量和规模略有下降，但是质量和影响不遑多让，出现了许衡、萧𣂏、同恕等一批有全国影响力的学者。尤其是许衡，在忽必烈获封关中之地后，来到奉元（当时犹名京兆）讲学，为关学传承乃至陕西地区学术文化赓续做出了巨大贡献。

综上所述，五代、宋、金、元时期的西安，城市布局不甚规整，城内建筑颇多，分布多不规则。街巷名称众多，多呈南北、东西走向。城内道路交通状况在不同时期也有所变化。揆诸史料，西安城市行政中心一直位于城市中心区，居民区在东南部，而商业区在不同时期有所移动、变化。同时，依据史料记载，亦可大致探究金朝、元朝城内人口分布的特点。

西安城辖区的行政建制在政权更替过程中发生了一系列变化，与之对应，其管辖范围、隶属关系也有诸多变动。至于西安城的规划和建设，则很少发生明显变化，这体现了中国古代城市在规划和建设方面的滞后性，而城市管理因社会的活跃和人类的进步则在不断革新。大体而言，西安城市管理体制的发展经历了三个阶段：第一阶段，五代、北宋时由附郭县长安、万年管理城市；第二阶段，金朝时不再由附郭县长安、咸宁两县管理城市，而由新置的城市行政管理机构录事司及其所属厢坊和主管军事巡捕的兵马司共同管理；第三阶段，元代录事司及其所属坊巷成为管理城市的完善行政机构，金代兵马司演变为典史官员，主管巡捕，直属于城市录事司。城市行政管理制度的变革和完善是城市管理的巨大进步，反映了城市居民改善城市社会环境的迫切要求。

值得肯定的是，五代、宋、金、元时期的西安，虽然在政治地位上不及周、秦、汉、唐时期，但仍不失为西北军事重镇，对周边地区具有极大的军事价值和作用。像北宋时，经过宋夏战争，陕西各安抚司所辖军队成为北宋末年战斗力最强的劲旅，在南宋建立过程中立下大功的一大批将领，如刘光世、韩世忠、张俊、吴玠、吴璘、刘锜等人，皆出自陕西。元朝时，西安更是西南、西北地区军政中心城市。

然而，唐末以来西安及其周边地区发生多场战乱，西安城市经济、人口都遭到毁灭性的破坏。总体来看，这一时期，西安城市社会经济的突出特征，是唐长安城严格的坊市制度被彻底打破，从传统的行政区、商业区、居民区互相隔离变为彼此融合。一方面，这是西安城市社会经济尤其是商业发展的结果；另一方面也代表了城市居民的社会影响力增强，他们努力构建新的城市内部运行机制。资源、政策、水利、交通等各方面都较9世纪以前有所恶化，好在进入王朝统治稳定时期——比如元代大一统背景给西安城市社会经济的发展提供了稳定的大环境——西安城市经济规模、人口数量有所恢复和增长。比如就商业税来看，在元代尚能达到全国中游偏上水平，虽然难以重现周、秦、汉、唐时的盛况，但是也符合其作为区域中心城市的新定位。

所以在五代、宋、金、元四个半世纪的漫长岁月里，西安不再是王朝的国都，也失去了全国政治、经济、文化中心的地位，但是仍然具有一定的地位。故此，简单地认为："唐末，社会动荡，经济萧条，由于多种原因，长安在历史上的黄金时代一去不再复返。关于长安于五代、宋、金、元时的衰弊状况，许多诗人在诗中曾进行过形象的描述。"[1]其实并不客观、全面。

二、在西安城市史、中国城市史、世界城市史中的地位和影响

五代、宋、金、元时期的西安，在西安城市史中的地位和影响，是从周、秦、汉、唐国都转变为地方城市；在中国城市史中的地位和影响，是从全国政治中心转变为西北地区重镇；在世界城市史中的地位和影响，是从此前两百年间世界最大城市转变为众多规模接近的城市之一。遗憾的是，这种转变属于历史发展的消极面。

首先，就西安城市史的发展过程来看，为什么偏偏是在五代、宋、金、元时期失去了国都的地位？其间有历史、现实两方面原因。

其中，历史原因主要是经济重心南移等，这些因素都是长时间累积形成的，主要发生在宋代以前。按照《西安城市史》整体设计，唐代相关内容归入《西安城市史·隋大兴城、唐长安城卷》，唐以前的变化则归入其他卷中。故此，依照项目体例要求，本卷不再独立、系统地阐述"唐以后西安失去全国政治中心地位的原因"这一问题，而是从断代角度考虑，简略分析历史原因，重点分析现实原因。

随着魏晋南北朝以来对江南地区农业经济的持续开发，到隋唐大一统时，社会各项事业繁荣进步，中国古代经济重心开始南移。20世纪30年代，冀朝鼎、张家驹等学者先后注意到两宋时期长江流域经济发展的史实，由此形成了中国古代经济重心从西向东

---

[1] 朱永杰：《五代至元时期西安城市地理的初步研究》，陕西师范大学硕士学位论文，2002年，第53页。

再向南移的基本认识。虽然关于经济重心南移的具体时间节点尚有分歧，但是也形成了一些基本认识：魏晋南北朝时期为第一个节点。秦汉时期中国的政治重心与经济重心在关中，"关中之地，于天下三分之一，而人众不过什三；然量其富，什居其六"①。经过南朝的建设，南北经济达到平衡，到隋唐时，东南财赋为朝廷所倚重，所谓"扬一益二"。南宋时为第二个节点，长江流域经济生产发展程度最终反超了此前长期领先的黄河流域，经济重心南移完成，南方社会经济发展超过北方。

与这一历史过程互为表里，有中国史学者研究指出：中国古代城镇往往带有强烈的政治属性，先是由王朝朝廷、州县衙门确定所在，接着才衍生出经济、文化等因素。基于这个规律，可以发现，从10世纪中叶到14世纪中叶，也就是五代、宋、金、元时期，中国政治中心从关中京兆东迁至开封、临安、大都等地。

经济重心南移的直接结果是"江、淮田一善熟，则旁资数道，故天下大计，仰于东南"②。除了粮食还有赋税："当今赋出于天下，而江南十九"③。所以安史之乱后，唐朝依靠江南财富才得以延续百年，"今天下以江淮为国命"④。按照历史唯物主义的基本观点，经济基础决定上层建筑，这意味着随着经济重心南移、政治中心东移，京兆乃至整个陕西地区社会发展将发生变化、转型。

造成经济重心南移的原因主要有：南方自然环境的优势，尤其是水资源丰富，对发展农业具有重要价值；从10世纪开始，中国气候变冷，此时相对温度更高的南方就更适宜人居和农耕；唐末百年藩镇割据，战乱迫使北方人口南迁，随之而去的是劳动力、生产技术及经验、生产工具等，直接促进了江南经济社会开发；江南地区得益于隋炀帝开通南北大运河，水运交通刺激了人口流动、商品物资运输，这对于合理调配社会资源具有重要的作用。简单来说，就是北方关中、中原等地，经过两三千年的开发，已接近极限，此消彼长，南方作为待开发区域，拥有相对优势。

在西安作为十三朝都城的时期，长安及关中地区几乎都是当时全国人口最密集的地区。秦朝开始从其他地区征调众多人口充实关中地区。到西汉中期，新增移民的数

---

① 《史记》卷一二九《货殖列传》，第3262页。
② 《新唐书》卷一六五《权德舆传》，第5076页。
③ 《韩愈全集》卷四《序·送陆歙州诗序》，第219页。
④ 〔唐〕杜牧：《樊川文集》卷一六《上宰相求杭州启》，上海古籍出版社，1978年，第248页。

量已经超过了长安粮食产量所能供给的人口数量。①唐朝经过"贞观之治""开元盛世",长安城实现了居民户数的巨幅增长②,是前后200余年时间里,全世界面积最大、人口最多的城市。

所谓"生民之道食为大"③,新增人口势必要求更多粮食供给,除了从外地运输,还必须扩大长安及关中地区的耕地面积,增加粮食产量。然而,从西周到唐末约2000年的时间里,长安及关中地区持续农业垦殖,耕地面积的扩大来自对森林、草地等植被的破坏。植被面积减少,一方面引起气候变化,另一方面导致水土流失。朱士光先生指出:"唐中期以后黄土高原地区的生态环境就明显趋向恶化。……黄土丘陵山原地区的水土流失也严重起来。"④土壤肥力下降,河流中含沙量增加,出现河床升高、河道淤积而直接影响航运等一系列新问题。这是对该地区环境的渐进式破坏,程民生先生总结道:这种现象"在经济地理学中叫做消聚性衰退,即经济活动出现过度的聚集,造成环境破坏和自然资源减少"⑤。

衣食住行是满足居民生存的必需条件。西安人口最多,房屋建造、生火取暖都要用到木材,再加上西安长期作为王朝军政中心,客观上需要建造大型宫殿、祠庙、陵墓、宅邸,由此更会加剧自然生态的失衡。由于中国古代建筑一直采用土木结构,像隋代兴建大兴城、唐代改建长安城,大明宫、兴庆宫等大型工程不断,对木材需求量有增无减。到唐玄宗开元年间(公元713—741年),终南山巨木已经砍伐殆尽,"吾闻开元时,近山无巨木,求之岚、胜间"⑥。即便如此,在唐玄宗天宝二年(公元743年),京兆尹韩朝宗主持开挖漕渠,引渭水入京城,目的依然是运输终南山中的木材。

---

① 葛剑雄、曹树基、吴松弟:《简明中国移民史》,福建人民出版社,1993年,第66页。
② 对于唐长安城人口数量,学界历来看法不一,有五十余万、七十万、八十万、一百万、一百七十八万等多种说法。参见李之勤:《西安古代户口数目评议》,载《西北大学学报》(哲学社会科学版)1984年第2期;郑显文:《唐代长安城人口百万说质疑》,载《人文杂志》1991年第2期;严耕望:《唐长安人口数量之估测》,见(台湾)中国唐代学会编《第二届唐代文化研讨会论文集》,台湾学生书局,1995年;张泽咸:《唐代工商业》,中国社会科学出版社,1995年,第220页;〔日〕妹尾达彦:《唐都长安城的人口数与城内人口分布》,见《中国古都研究》第十二辑,山西人民出版社,1998年;王社教:《论唐都长安的人口数量》,载《中国历史地理论丛》增刊,1999年。
③ 〔宋〕李觏:《平土书》,见朱家桢、吴朝林:《中国经济思想史资料选辑(宋、金、元部分)》,中国社会科学出版社,1996年,第42页。
④ 朱士光:《汉唐长安城兴衰对黄土高原地区社会经济环境的影响》,载《陕西师范大学学报》(哲学社会科学版)1998年第1期,第83—84页。
⑤ 程民生:《中国北方经济史——以经济重心的转移为主线》,人民出版社,2004年,第697页。
⑥ 《新唐书》卷一六七《裴延龄传》,第5107页。

林木，也就是木柴，作为家用日常燃料，更是生活中必不可少的消耗品。白居易《卖炭翁》诗就写道："伐薪烧炭南山中。"有学者研究认为，按50万人计算，唐长安城每人每天平均最低消耗薪炭0.5千克，则长安城一年要消耗91250吨薪柴。如果每株可作为薪柴的中等树木按100千克计算，唐长安城平均每年的薪柴要消耗912500株树木，大约相当于一平方千米的林木数。[1]树木虽然是可再生资源，但是需要一定的生长周期，并且古人养护树林的观念并不浓厚，所以史念海先生说："森林地区即使再为广大，也禁不住这样消耗的。"[2]

简而言之，经过周、秦、汉、唐以来约2000年的开发，人口增长幅度超出了西安及关中地区自然、社会环境的承载能力，导致人口向外迁移，西安也就逐渐失去了往日的繁荣。经济重心的转变，使得政治中心随之改变，这正是唯物主义历史观的基本观点的具体反映。

再从五代、宋、金、元时期社会现实角度分析，导致各朝不再以西安为国都的原因，可分为人为和自然两方面因素。其中，人为因素是直接原因，自然环境恶化是深层原因。

传统上将宋代视作中国历史上的第三个寒冷期，认为这一时期气温下降。而农业生产需要温暖湿润的气候，阴冷干燥的环境则对农业发展不利。满志敏、朱士光、陈家其等先生研究发现，唐代中期以后出现气候波动，气温逐渐下降[3]，必然对农作物生长造成巨大的伤害。

但是，朱士光先生据苏轼《次韵子由岐下诗·杏》"关中幸无梅"一句指出："北宋时期（960~1127年），关中地区气候继续偏凉，梅树已绝迹。"[4]此说恐误，因为梅子本是南方特产，例见北宋梅尧臣《京师逢卖梅花五首》："驿使前时走马回，北人初识越人梅。"[5]至于《诗经·秦风·终南》"终南何有？有条有梅"，此处的梅指的是楠。故此，关中地区自古无酸梅，并不是在北宋时因为气候转冷而绝迹的。

---

[1] 张小明、樊志民：《生态视野下长安都城地位的丧失》，载《中国农史》2007年第3期，第32页。

[2] 史念海：《黄河流域诸河流的演变与治理》，陕西人民出版社，1999年，第252页。

[3] 满志敏：《唐代气候冷暖分期及各期气候冷暖特征的研究》，载《历史地理》第8辑，上海人民出版社，1990年；朱士光、王元林、呼林贵：《历史时期关中地区气候变化的初步研究》，载《第四纪研究》1998年第1期；陈家其、姜彤、许朋柱：《江苏省近两千年气候变化研究》，载《地理科学》1998年第3期。

[4] 朱士光、王元林、呼林贵：《历史时期关中地区气候变化的初步研究》，载《第四纪研究》1998年第1期，第5页。

[5]〔宋〕梅尧臣著，朱东润编年校注：《梅尧臣集编年校注》卷二三《京师逢卖梅花五首》，上海古籍出版社，1980年，第662—663页。

实际上，近年来有学者提出，从唐到五代、北宋前中期依然是"第三个温暖期"[①]，气候并不寒冷。程民生先生考述宋代开封气候变化发现："数据显示，北宋开封的温暖季稍多于寒冷季。"[②]考虑到开封的纬度在北纬34.11°~35.11°之间，西安的纬度在北纬33.42°~34.45°之间，两地温度应该差别不大。可见，至少在北宋末年以前，并没有因温度骤降而影响社会生产甚至王朝定都。同理，有学者统计，从宋太祖建隆三年（公元962年）到宋徽宗宣和五年（公元1123年），共162年时间，关中地区的旱灾次数达38次，频率较前代高出不少[③]。可是，从宋太祖建隆元年（公元960年）到宋钦宗靖康二年（公元1127年），共168年时间，东京开封的干旱季为162次，雨涝季81次[④]。故此干旱并不能被认为是西安不被选作京城的原因。

就关中地区来看，金代前期气温还有回升，年平均温度略高于现代。金朝在京兆府、凤翔府设司竹监，结合前引北宋张礼《游城南记》所载，北宋到金朝前期，京兆及其周边地区都可以种竹，这是气温没有骤降的另一证据。

金代关中地区同样发生了许多次旱灾，严重的像金初熙宗皇统二年（公元1142年）十二月，"陕西不雨，五谷焦枯，泾、渭、灞、浐皆竭"[⑤]。据学者统计，金代关中旱灾发生频率和北宋时接近，且多次发生包括整个关中地区并波及陕西全境的大旱灾。[⑥]有时还伴随蝗灾，对农业危害更大。

金代后期，关中地区气候彻底转寒，直接影响到元代。据《元史·五行志》所载，元代关中地区"陨霜"8次，比金朝时多了7次。另外，关中地区的旱灾达23次[⑦]。其中严重者，如元成宗大德六年（公元1302年）到大德十年（公元1306年）持续干旱五年，泰定帝泰定三年（公元1326年）到元文宗天历二年（公元1329年）持续干旱四年。可见，元代关中地区气候寒冷干燥的程度远甚于宋、金时期。

[①] 张丕远：《中国历史气候变化》，山东科学技术出版社，1996年，第435页；葛全胜等：《中国历朝气候变化》，科学出版社，2011年，第384-386页。
[②] 程民生编：《北宋开封气象编年史》，人民出版社，2012年，第395页。
[③] 朱士光、王元林、呼林贵：《历史时期关中地区气候变化的初步研究》，载《第四纪研究》1998年第1期，第6页。
[④] 《北宋开封气象编年史》，第383页。
[⑤] 《宋史》卷六七《五行志》，第1488页。
[⑥] 朱士光、王元林、呼林贵：《历史时期关中地区气候变化的初步研究》，载《第四纪研究》1998年第1期，第6页。
[⑦] 朱士光、王元林、呼林贵：《历史时期关中地区气候变化的初步研究》，载《第四纪研究》1998年第1期，第6页。

至此，可以认为：由唐至金中期，京兆及其周边地区的气候对当地社会经济有所影响，但是还构不成决定性的伤害。

在气候问题之外，史念海先生提出："促成这样的变化和旱旸灾害以及地震等皆无任何关系，惟一的原因乃是由于秦岭山上森林的破坏。"①由于终南山及关中北部山系森林等植被的破坏，水土流失已经十分严重，河流的水量大为减少。北宋时，有些河流已经干涸，人工河渠水量日益减少，水利灌溉能力大大减弱。宋敏求《长安志》载，唐代兴平县南有升原渠、普济渠，在宋代已经干涸，"（升原渠）凡六十里。溉田七十余顷。……唐垂拱初运岐陇木，今涸"，"（普济渠）凡六十里，溉田七十余顷。……今涸"。②据学者统计，渭河从公元前780年到公元1928年，发生"水清、涸竭、断流"等现象共22次（另外1997年渭河上游引水，也发生过瞬时断流），尤其是从17世纪中叶开始，西安及关中地区河流断流的记录显著增加③。河流含沙量大增，土壤沙化和盐碱化日益严重。气候调节能力下降，旱涝灾害严重，漕运通航能力也受到了很大的影响。

水路航运是粮食等大宗物资运输最快捷、方便的方式，在经济重心南移的背景下，隋朝开通南北大运河，对后世影响巨大。唐朝每年通过通济渠运送到关中的东南漕粮达百万石，所谓："凡东南郡邑无不通水，故天下货利，舟楫居多。转运使岁运米二百万石输关中，皆自通济渠入河而至也。"④

渭河是黄河最大的支流，环绕西安的诸多河流都是渭河的支流。早在春秋时期已经有了渭水航运，其对西安及关中地区经济、社会发展作用斐然。之后，秦、汉、隋、唐历代不断开凿各条漕渠，保障漕运。然而，随着渭河及其支流水量减少、河流两岸植被破坏，到了隋唐时期，渭河及其支流河水含沙量过大，潼关以西漕渠河道淤积严重，迫使隋代投入大量人力、物力开凿漕渠，"渭川水力，大小无常，流浅沙深，即成阻阁。计其途路，数百而已，动移气序，不能往复，泛舟之役，人亦劳止"⑤。到唐中叶，漕渠一度阻塞，对漕运造成致命的危害。

既然用以输送南方物资的大运河已成为唐以后各朝的经济命脉，那么，相比路途

---

① 史念海：《黄土高原历史地理研究》，黄河水利出版社，2001年，第173页。
② 《长安志》卷一四《兴平》，第428页。
③ 张亚平：《陕西水问题研究》，陕西科学技术出版社，2008年，第61-62页。
④ 〔唐〕李肇：《唐国史补》卷下，上海古籍出版社，1979年，第62页。
⑤ 《隋书》卷二四《食货志》，第683页。

遥远、水运不便的西安，位于华北平原和黄淮平原交汇地带、紧临汴水、水运发达的开封就成了各朝定都的首选，"当天下之要，总舟车之繁，控河朔之咽喉，通淮湖之运漕"①。所以五代、北宋直接将首都定在汴河边上的开封，意图以运粮养兵抵消关中四塞之地的地理优势。

最典型的意见来自宋太祖的弟弟晋王赵光义，也就是后来的宋太宗。开宝末年，宋太祖计划先迁都洛阳，再迁都西安，赵光义反对说："京师屯兵百万，全藉汴渠漕运东南之物赡养之，若迁都于洛，恐水运艰阻，阙于军储。"这句话把开封、水运、东南物资等要素之间的关系展露无遗。宋太祖说："吾将西迁者无它，欲据山河之胜而去冗兵，循周、汉之故事以安天下也。"意思是想要依仗山川地貌阻挡敌军，省兵节粮。但现实是即使强盛如唐朝，也并未能依靠关中之地压服天下藩镇。所以赵光义回答："在德不在险。"赵匡胤最后的意见是："晋王之言固善，姑从之，不出百年，天下民力殚矣。"②赵光义所说的"全藉汴渠漕运东南之物赡养之"，道出了开封成为京师的最大优势，同时也是西安失去国都地位的最大因素。

对于关中地区林木资源、水资源减少的现象，需要补充解释的是，这种减少不是消耗殆尽，如前文所述，北宋时陕西依然是重要的林木供给地，再如灞河水量之大，经常淹没桥梁。但是，建都需要大量集中征调粮食、水、木材等资源，以满足突然增加的宫廷、官僚、居民、军队的需求。问题恰恰在于，京兆及其周边地区的各种自然资源可以满足境内现有居民的需求，但是无法满足新增人群的需求。

正如有学者提出，要满足朝廷及百姓的消费需求，必然会采取开垦荒地、兴修水利、革新生产技术和工具等手段。然而这种做法的实质是"生态透支"，遮蔽了过度开垦、消耗资源的事实，由于缺乏生态保护等理念，形成一种恶性循环。一旦王朝迁都，有组织的投资减少，生态资源耗尽的事实暴露，生态环境只会加速恶化，甚至形成以旧都为中心的生态贫困圈。③京兆的林木、水等自然资源被长期"透支"，原有的自然地理区位优势变为劣势，而且每况愈下。

宋太祖、宋太宗兄弟的这番对话，还反映了人与自然环境之间矛盾的对立统一关

---

① 〔唐〕刘宽夫：《汴州纠曹厅壁记》，见〔清〕董诰等：《全唐文》卷七四〇《刘宽夫》，上海古籍出版社，1990年，第4册，第3389页。
② 《邵氏闻见录》卷七，第40页。
③ 张小明、樊志民：《生态视野下长安都城地位的丧失》，载《中国农史》2007年第3期，第36页。

系。所谓人为因素，具体来说，一方面体现在和平时期，人口增加，需要粮食和住房，因此砍伐森林，扩大耕地，森林减少，进而引起水土流失等一系列环境问题；另一方面体现在战争时期，政治社会动荡，人口锐减，社会生产遭到破坏，劳动力不足，无法恢复生产。

简单来说，经过长期战争，京兆乃至陕西人口锐减，在唐代以后其经济总量只能排在全国中游。而战乱的根源可以追溯到唐朝安史之乱，其直接导致了唐朝中晚期100多年间中央朝廷与地方藩镇对立的局面。内有宦官弄权，外有藩镇犯上，唐朝只能苟延残喘。首当其冲的长安城，更是动乱不息，灾祸频生。

从唐玄宗天宝年间（公元742—755年）到唐末，唐长安城遭受的战乱破坏有7次之多，直到被彻底毁弃：第一次是安史之乱时，唐玄宗天宝十四载（公元755年）十一月，安禄山在范阳起兵，先后攻陷洛阳、长安，占据长安一年三个月，"向时之盛扫地矣"[1]。第二次在唐代宗广德元年（公元763年）正月，安史之乱刚结束，吐蕃伺机东犯，十月攻入长安，"吐蕃剽掠府库市里，焚闾舍，长安中萧然一空"[2]。唐代宗逃往陕州（今河南三门峡陕州区）。第三次是唐僖宗广明元年（公元880年）十二月，黄巢起义大军攻克潼关，唐僖宗与宦官田令孜等出开远门，仓皇逃往成都。次年，黄巢率军过昭应县，经灞桥进入长安城，在大明宫含元殿即皇帝位。当时长安城内"九衢三内，宫室宛然"[3]。第四次是唐僖宗光启元年（公元885年）年底，河中节度使王重荣联合李克用，与田令孜大战于沙苑（今陕西渭南大荔洛河南），田令孜败退长安，劫持僖宗逃往凤翔。藩镇大军进城后大肆焚掠，"乱兵复焚，宫阙萧条，鞠为茂草矣"[4]。第五次是唐昭宗乾宁三年（公元896年）七月，凤翔节度使李茂贞兵逼长安，唐昭宗出奔华州，"茂贞遂入长安，自中和以来所葺宫室、市肆，燔烧俱尽"[5]。第六次是唐昭宗天复元年（公元901年）十一月，宦官韩全诲勾结神策军指挥使李继筠等，劫持昭宗去凤翔，纵火烧毁宫室，"全诲等遂火宫城"[6]。第七次是唐昭宗天祐元年（公元904年）正月，宣武、宣义、天平、护国四镇节度使朱温勾结宰相崔胤，劫持昭宗迁都洛阳，拆除长安

---

[1] 〔唐〕姚汝能：《安禄山事迹》卷下，上海古籍出版社，1983年，第36页。
[2] 《资治通鉴》卷二二三，唐代宗广德元年十月，第7152页。
[3] 《旧唐书》卷一九下《僖宗纪》，第722页。
[4] 《旧唐书》卷一九下《僖宗纪》，第722页。
[5] 《资治通鉴》卷二六〇，唐昭宗乾宁三年七月，第8491页。
[6] 《新唐书》卷二〇八《宦者传·韩全诲、张彦弘》，第5898页。

建筑，将建材运往洛阳，"毁长安宫室百司及民间庐舍，取其材，浮渭沿河而下，长安自此遂丘墟矣"①。至此，唐长安城遭到毁灭性破坏。

进入五代乱世，失去国都地位的西安依然处在战乱威胁之中，关中藩镇与中原王朝之间冲突不断。即便是北宋时期，宋夏战争也一度威胁到京兆城中百姓。接着是宋金战争、蒙金战争，京兆及关中地区是交战双方争夺焦点之一，虽然没有发生攻打京兆的直接战争，但对京兆及其周边地区居民生命和生产安全依然产生了巨大的影响。这部分内容详见前文，此不赘述。

战争过后，王朝建立之初，也正是西安城中人口数量处于低谷之时。五代后梁建立之时，朱温已将唐长安城中居民全部迁走，"全忠令长安居人按籍迁居"②。到五代后汉乾祐二年（公元949年），京兆城中"丁口仅十余万"，经过战乱后，"惟余万人而已，其饿毙之数可知矣"。③这应该是有史以来西安城内居民最少的时期之一。在宋金战争中，范致虚、钱盖等文臣率领的号称30万"西兵"被金军打散，待金军兵临京兆城下，"城中兵不满千"④。蒙金战争后期，金朝战略撤退，金军放弃潼关以西，"迁京兆民于河南，空其地"⑤。这些情况都显示出，在五代后梁、北宋、金、元等王朝建立之初，京兆城中人口数量不多、财产设施不全，自然降低了以其作为都城的可能性。

至于金朝、元朝没有选择西安作为国都的现实原因，除了上述与五代、北宋各朝共同的理由之外，还有特殊的理由，就是金朝、元朝分别从东北、北方南下，长期占领河北、山东、山西等地，将这些地区视为核心统治区，与其他地区区别对待。

像金太宗时，"袭辽制，建五京"⑥：上京临潢府、东京辽阳府、中京大定府、南京析津府、西京大同府。金熙宗天眷二年（公元1139年），又增加上京会宁府，上京临潢府改为北京临潢府。海陵王天德二年（公元1150年）废北京。这些京府分布于内蒙古、辽宁、北京、山西、黑龙江等地。相形之下，京兆府只是总管府，规格低于京府。

到元朝时，"遂分天下为十一省，以山东西、河北之地为腹里，隶都省，余则行中

---

① 《资治通鉴》卷二六四，唐昭宗天祐元年正月，第8626页。
② 《旧唐书》卷二〇上《昭宗纪》，第778页。
③ 《旧五代史》卷一〇九《赵思绾传》，第1444页。
④ 《宋史》卷四四七《忠义传·唐重》，第13187页。
⑤ 《蒙兀儿史记》卷四《斡歌歹汗纪》，第5页b。
⑥ 《金史》卷二四《地理志》，第549页。

书省治之"①。京兆虽是忽必烈的封地，但更像是他以汉法治理天下的试验田。

总之，在战乱造成人口减少，林木资源、水资源等不足以保障京师建设，以及金朝以后温度降低等诸多现实因素反复作用下，京兆乃至陕西地区已然不可能追赶或超越东部、南部地区，更不可能恢复周、秦、汉、唐的规模气象。

就中国城市史的发展过程来看，衡量一个城市或地区在全国的地位和影响力，无外乎考察其政治、军事、经济、人口等几方面的状况。总体而言，虽然五代、宋、金、元时期西安城失去了全国政治、经济、文化中心的地位，但是也在起伏波动中发展，始终保持着西北地区领先的水平，毫无疑问地居于区域中心城市的地位。

周、秦、汉、唐皆以西安及其周边地区为帝都京畿之地，将其视为王朝统治中心。对于西安在中国历史上的重要性，历代学者阐述繁多，如清代学者顾祖禹分析西安及关中地区地理形势：

> 陕西据天下之上游，制天下之命者也。是故以陕西而发难，虽微必大，虽弱必强，虽不能为天下雄，亦必浸淫横决，酿成天下之大祸。②

意思是占有西安及关中地区，就能觊觎全国。这种观点虽然过于强调地理形势的作用，但道出了西安所具有的巨大的政治影响力和军事意义。

然而，从10世纪开始，在五代、宋、金、元460余年时间里，西安及关中地区在政治、经济、文化各方面的发展呈现出难以为继的颓势，突出表现在政治、军事等方面。五代、宋、金、元时期西安及其周边地区陷入了多次大规模战乱，对当地人口、经济、设施造成极大破坏。如秦晖先生认为："宋、金、元时期400年间，陕西有1/3的时间处于兵燹之中，加上两个政权对峙、备战并不时发生小冲突的战争间歇期，所余的和平岁月实在有限。"③

在唐末政治动荡中，藩镇将领朱温强迫唐昭宗迁都洛阳，并下令拆毁唐长安城。昔日周、秦、汉、唐的荣光繁华转瞬成明日黄花，百万民庶的生命、财产、尊严遭到严重威胁，被迫背井离乡，西安自此失去了长期以来的都城地位。更由于此后一系列战争等因素的破坏，西安从嘉祥皇都退化为战地边城，关中从京畿重地滑落成拒敌前线。

---

① 《元文类》卷四〇《杂著·都邑》，第498页。
② 《读史方舆纪要·陕西方舆纪要序》，第2449页。
③ 《陕西通史·宋元卷》，第9页。

五代时，后梁、后唐、后晋、后汉、后周政权虽然建都于开封、洛阳，但未忽略西安的军事作用，历代统治者仍将其看作西北地区的重要军事屏障，始终于西安及关中地区设置具备一定权限的军事建制。先是在唐末迁都洛阳时将佑国军节度使移至西安，到后梁开平二年（公元908年）改佑国军为永平军，后晋于京兆府设置晋昌军，后汉乾祐元年（公元948年）三月改晋昌军为永兴军。四个政权皆在西安及关中地区设置节度使，体现了历代朝廷对西安及关中地区军事作用的重视。特殊的是，后唐庄宗同光元年（公元923年）冬十一月辛酉，复以永平军大安府为京兆府，以之为西京，其实是意图恢复唐朝长安—洛阳两京建制，就其实质来看，是建立长安—洛阳大防御军事体系，所以后唐庄宗比后梁等建都开封的政权更加重视西安及关中地区的军事意义。

　　北宋初，太祖赵匡胤认为开封地处平原，无险可守，地理形势不如京兆及关中地区易守难攻："吾将西迁者无它，欲据山河之胜而去冗兵，循周、汉之故事以安天下也。"①可惜的是，考虑到漕运等原因，宋太祖迁都的想法未能成行。不过，定都开封的确成为北宋军事防御的一大软肋。

　　宋夏战争爆发后，出于战争的需要，北宋将陕西各安抚司转为常态化。而且路治所在州知州兼任安抚使，这样，原本"统制军旅"的安抚使开始兼领转运使的民政事务，执掌"一路兵民之事"②，出现军政合一的现象。特别是陕西各安抚使还可以临时决断，事后再向朝廷汇报，拥有便宜行事权。

　　此后，金朝与南宋长期对峙，在陕西以秦岭为界，陕北、关中属金朝，陕南归南宋，京兆依然是金朝威胁南宋陕南、四川地区的军事重地。待到蒙古成吉思汗发兵南下，金朝放弃河北、山东等地，屯集重兵于京兆及关中地区，作为防备蒙古最重要的屏障。蒙古窝阔台汗三年（金哀宗正大八年、宋理宗绍定四年，公元1231年）二月，经过8年时间，3次大战，蒙古攻占凤翔。金朝撤离京兆地区的军民，放弃潼关以西地区，关中地区在被金朝占据近百年之后，转为蒙古所有。丢了关陕地区，金朝就没了屏障，不到3年就灭亡了。

　　蒙哥汗元年（宋理宗淳祐十一年，公元1251年），蒙哥汗委任二弟忽必烈总领"漠

---
① 《邵氏闻见录》卷七，第40页。
② 《宋史》卷一六七《职官志》，第3960页。

南汉地军国庶事"①，开始整顿中原地区。蒙哥汗三年（宋理宗宝祐元年，公元1253年），忽必烈受封京兆为世袭领地。忽必烈即位以后，只设行中书省，性质是"分镇方面"，即负责针对特定目标的军政行动，"凡钱粮、兵甲、屯种、漕运、军国重事，无不领之"②。忽必烈在中统元年（公元1260年）八月设"秦蜀五路四川行中书省"，中统三年（公元1262年）改为"陕西四川行中书省"，后来又频繁更名。至元七年（公元1270年）三月，"改河南等路，及陕西五路西蜀四川、东京等路行中书省为行尚书省"③。至元八年（公元1271年）九月，"罢陕西五路西蜀四川行尚书省"④，京兆路收归都省，即由中央尚书省直辖，单独设"四川行省"；至元九年（公元1272年）正月，"庚辰，改北京、中兴、四川、河南四路行尚书省为行中书省。京兆复立行省"⑤，再设京兆行省，与四川行省并存；至元十六年（公元1279年），取消四川行省，因为安西府（即京兆府，至元十五年改安西府）升为安西路，故安西等路行中书省也改为"安西行省"；至元十七年（公元1280年），将四川归入安西等路行省，改称"陕西四川行省"；至元十八年（公元1281年），单设四川行省；至元二十一年（公元1284年），第三次将陕西、四川合并；至元二十三年（公元1286年），四川最终分出，"陕西等处行省"定型。

陕西行省频繁变更的原因，除了军政形势变化的需要，还有一个因素就是当时关中京兆为忽必烈封地，而在建国号大元的第二年，即至元九年，成为大元皇帝的忽必烈将这块私有土地转封给自己的嫡三子忙哥剌，封其为安西王，到至元十五年（公元1278年）改为安西府，至元十六年定为安西路。至此，京兆这一名称成为历史。所谓安西是取安定西北之意，而忽必烈封嫡三子忙哥剌为安西王，除了体现出对他的宠爱，更重要的是表现出西安的重要性。在至元十一年（公元1274年）忽必烈兵分三路伐宋时，四川一路的行军事务正是归安西王府节制⑥。到忙哥剌子阿难答时，所部兵马达15万之多，兵力雄厚⑦。毫无疑问，安西路就是元廷控制西北的军事重镇。

---

① 《元史》卷四《世祖纪》，第57页。
② 《元史》卷九一《百官志》，第2305页。
③ 《元史》卷七《世祖纪》，第128页。
④ 《元史》卷七《世祖纪》，第137页。
⑤ 《元史》卷七《世祖纪》，第140页。
⑥ 《蒙兀儿史记》卷七六《忽必烈汗诸子传·安西王忙哥剌》，第505页。
⑦ ［瑞典］多桑：《多桑蒙古史》，冯承钧译，中华书局，1962年，第345页。

简而言之，经过五代、宋、金、元460余年，西安完成了从日下京师到前线基地的角色转变，在宋夏战争、宋金战争、宋蒙（元）战争中，西安在军事地理、军队组织、战场调度等方面都发挥了极其重要的作用。

对于宋代农业发展的整体状况，漆侠先生在《宋代经济史》中指出："宋代的农业生产，如果以淮水划界，则北不如南，而以陕州为中轴，南至海南岛，北至秦岭商雒山区，划一南北线，则西不如东。"[①]意指京兆及关中乃至陕西地区城镇发展水平、农业精耕细作程度都落后于东部，尤其是东南诸路地区。农业是国民经济的基础，手工业、商业的繁荣程度，与农业生产提供的粮食多少有密切的关系。可见，京兆乃至陕西地区农业、手工业、商业的整体规模和实力，其实都不乐观。

不过，在北宋时，京兆城市经济还是有所恢复，农业、手工业、商业各有不同程度的发展。就农业来看，在北宋和西夏的长期战争中，京兆及关中地区作为主要后勤补给基地，供给北宋十数万军队粮秣，正是以京兆及关中地区稳定的农业生产为基础的。

北宋时，京兆城内有诸多商行，比较有特色的是京兆城内丧葬店铺茅行的经营状况："制造列肆茅行，俗谓之茅行家事。"[②]这反映出茅行店铺具有手工制造和成品销售的双重特色。值得注意的是，京兆城内发生过两次商人罢市，起因都是城内居民、商户对北宋官府的商业政策不满，显示了京兆商人群体已经形成一股社会力量。

据杨德泉先生研究，在宋神宗熙宁十年（公元1077年）以前，京兆府每年收入商税83375贯，其中"在城"商税为38445贯842文，京兆府所辖各县场务共收商税44929贯。在北宋主要城市中，京兆的商税收入额处于第16位。[③]稍后，李之勤先生指出：马端临《文献通考》加工整理的北宋商税收入分类统计并不准确，应当根据《宋会要辑稿·商税杂录》进行增补，并推算出在宋神宗熙宁十年以前，京兆府每年的商税收入额在全国各州府中实际居于第17位，到熙宁十年时，跃居第8位。[④]

金代京兆城农工商业发展状况，史籍中所记有限，但通过一些资料，仍可窥其大略。金朝与南宋进行榷场贸易时，要从南宋买入米、麦等农产品，这从侧面印证了金朝

---

① 《中国经济通史·宋代经济卷》，第605页。
② 《清异录》卷下，第117页。
③ 杨德泉：《试谈宋代的长安》，载《陕西师范大学学报》（哲学社会科学版）1983年第4期，第106页。
④ 李之勤：《北宋长安城的商税收入及其在全国主要城市中的地位——兼论〈文献通考〉关于北宋全国重要城市商税收入的统计问题》，见《西北历史研究》（1988年号），三秦出版社，1990年，第116页。

农业生产状况不乐观。具体到京兆来看，从《京兆府提学所帖碑》（此碑又名《赠学舍地清册》，刻于金章宗明昌五年，即公元1194年，现藏于西安碑林博物馆）碑文几处细节，可以管窥金代京兆商业发展之一二。

碑文中提到京兆城中的土地买卖："田士安于吴彦处兑到本街东壁地二间，位南北，阔二丈。""兑"的本义是交换，但是文中没有提到田士安用自己的土地与吴彦交换，所以此处应是买的意思，而"本街"指银行街。这段碑文佐证了金代京兆城中土地买卖的情况。此外，碑文中还记载："秦顺佃本街舍二间，计一十椽并地基。……祕荣于王富侄男王永处兑佃到本街西壁地基一间，位东西。"碑文中的"佃""兑佃"，一般指承租，是指以租的方式获得"舍""地基"的使用权。《京兆府提学所帖碑》还记载了金代京兆城中的两处市场，"有市名二，曰东柴，曰漆器"[1]。

元代，奉元城在加强军事职能的同时，仍保持着一方经济都会的地位。安西王相李德辉考察泾河流域被用作牧场的土地，组织2000户农家进行屯田，每年收获极丰，"至则视濒泾营牧故地，可得数千顷，起庐舍，疏沟浍，假牛、种、田具与贫民二千家，屯田其中，岁得粟麦刍藁万计"[2]。据《元史·兵志》载，有元一代在奉元及其周边地区屯田面积近5000顷[3]。根据马可·波罗的描述，当时城内"工商繁盛"，居民制造"种种金锦丝绢"用以交换，城中不仅商品繁多，而且价格较低，"凡人生必需之物，城中皆有，价值甚贱"[4]。金朝、蒙（元）的入侵，破坏了京兆的社会经济秩序。战争过后又有社会经济制度的变化，例如元代阿难答更改了忽必烈制定的"汉法"。

虽然史料记载不够全面，对五代、宋、金、元时期西安城农业、手工业、商业发展状况难以全面细致地进行还原，但是在"新城"面积缩小、辖县减少的情况下，西安农工商业仍取得相当程度的发展，很好地展示了当地社会生产水平和活力（详见第二章"五代京兆府建制沿革与社会发展"、第五章"北宋京兆府城社会发展"、第七章"金代京兆府城布局、城市管理及社会发展"、第十章"元代奉元路城的社会发展"）。相对来说，五代、宋、金、元时期西安城农工商业发展状况，即使无法达到隋唐时期的盛况，却也恢复到了全国中等水准，甚至某些时期或领域犹能居于前列。

---

[1]《西安碑林全集》卷二九《碑刻·京兆府提学所帖》，第2906—2931页。
[2]《元史》卷一六三《李德辉传》，第3816页。
[3]《元史》卷一〇〇《兵志·屯田·陕西等处行中书省所辖军民屯田》，第2567—2568页。
[4]《马可波罗行纪》，第269页。

经济状况与人口之间有密切的关系。总体而言，五代、宋、金、元时期西安及其周边地区战乱多发，导致居民伤亡或逃离，人口减少。后继新王朝统治稳定后，人口数量回升，但能否达到或超过战前人口数量，则取决于农工商业、社会制度、统计方法等多种因素，因此五代、宋、金、元时期西安人口增长并非一直处于停滞状态，而是呈现出复杂的升降变化。

北宋建立以后，社会秩序稳定，人口持续增加。北宋不同时期京兆府所辖各县的户数，主要见于《太平寰宇记》《长安志》《元丰九域志》《宋史·地理志》等史籍。《长安志》中记为北宋初年有52720户[1]。《太平寰宇记》中记载，宋太宗太平兴国年间京兆府13县有主户34450户、客户26276户，合计60726户[2]，到宋神宗元丰初年京兆府14县户数增至223312户，宋徽宗崇宁元年（公元1102年）京兆府14县户数继续增至234699户。

李之勤先生参照唐玄宗时期京兆府下辖23县，计算北宋同样区域内的户口数（包括不属于北宋京兆府所辖的乾州、耀州、华州蒲城县和渭南县、凤翔府盩厔县，另外还去除了乾祐县），在宋太宗太平兴国年间为9万多户，宋神宗熙宁年间为11万多户，元丰年间（公元1078—1085年）达到29万多户，宋徽宗崇宁年间曾达到36万多户。"这说明当时西安地区户口发展的趋势是不断上升的。到北宋末年已经赶上唐朝开元、天宝年间的水平了。"[3]

杨德泉先生从北宋京兆府辖县总户数推算各县平均户数：从纵向角度比较，唐玄宗时京兆府辖23县，县均约15779户，而宋徽宗崇宁元年时京兆府13县，县均约18054户，则北宋京兆府辖县县均户数较唐代多2275户；从横向角度比较，宋徽宗崇宁元年（公元1102年）开封府辖16县，总计261117户，县均16320户，比同期京兆府辖县县均户数少1734户。"可见北宋中期以后，长安地区的人口，不仅达到了历史上的最高纪录，而且也超过了当时的京畿地区。"[4]按崇宁元年京兆府实为14县，则县均约16764户，仍高于唐代京兆、北宋开封。

在宋金战争期间，京兆及关中地区屡遭战火洗礼，人口骤减。随着宋金隆兴和议（宋孝宗隆兴二年，公元1164年）达成，双方关系缓和，金世宗、章宗在位时期（公元

---

[1] 《长安志》卷一《管县·本朝》，第136页。
[2] 《太平寰宇记》卷二五《关西道一·雍州一》，第518页。
[3] 李之勤：《西安古代户口数目评议》，载《西北大学学报》（哲学社会科学版）1984年第2期，第49页。
[4] 杨德泉：《试谈宋代的长安》，载《陕西师范大学学报》（哲学社会科学版）1983年第4期，第106页。

1161—1208年），金朝在北方地区的统治逐渐稳定，京兆及关中地区人口数量也有所回升。据《金史·地理志》所载，金朝京兆府辖12县，户数为98177户①。金章宗泰和七年（公元1207年）金朝总户数为8413164户，人口为53532151人，则平均每户有6.36人②。由此可以算出京兆府居民约为624406人，虽然无法与北宋时期相比，但至少表示在金代中期，京兆府社会经济有了一定程度的恢复。

经过蒙金战争，京兆及关中地区人口又一次锐减。到公元1253年，忽必烈受封京兆及关中地区，"兵火之余，八州十二县，户不满万"③。到皇庆元年（公元1312年），京兆户数只有33935户，人口271399人④，平均每户约为8人。按照梁方仲先生的推算：元代9处中书省、行省人口密度，陕西行省仅约为每平方公里0.29人，略少于辽阳行省（0.33），多于甘肃行省（0.06）⑤，在全国排在第8位。

元代奉元及关中地区户数和人口数远低于金朝，甚至全国户数和人口数也不高，这与其辽阔的疆域似乎并不相称。其中的原因，除了战乱的因素外，主要是依照"大札撒"的规定：每名壮丁永久隶属于特定的千户、万户，离开自己的单位到另外的单位，要被处死。同样，千户、万户不接受自己的壮丁，也要被处死。所以蒙古贵族和将领——也就是千户、万户，以及其下的百户、牌子头们，征服劫掠百姓，使其成为自己部族的成员。当时，京兆及关中地区其实就是由众多百户、千户实行军事监管，他们可以任意抽调征召百姓。这些百姓就此成为这些百户、千户的部族成员，向他们缴纳供奉，而不再受朝廷管控。全真道士丘处机曾经解救中原奴隶俘虏，"毋虑二三万人"⑥。其他还有僧、道、也里可温（基督教士）、答失蛮（伊斯兰教士），"宣政院奏免僧、道、也里可温、答失蛮租税"⑦，他们一度可以不向朝廷纳税。由于这些人都不需要向朝廷纳税，所以就不作为官府管理的人口进行登记。这样一来，元代奉元乃至陕西行省的户数、人口统计必然没有涵盖当时全部人群，也就是《元史·地理志》等史籍中记述的户数和人口数要低于当时的实际户数和人口数。

五代、宋、金、元时期西安在文化方面卓有成就，但是尚难以与开封、临安、大都

---

① 《金史》卷二六《地理志·京兆府路》，第641页。
② 梁方仲：《中国历代户口、田地、田赋统计》，上海人民出版社，1980年，第168页。
③ 《元史》卷一五九《商挺传》，第3738页。
④ 《元史》卷六〇《地理志·奉元路》，第1423-1424页。
⑤ 《中国历代户口、田地、田赋统计》，第185页。
⑥ 《元史》卷二〇二《释老传·丘处机》，第4525页。
⑦ 《元史》卷二三《武宗纪》，第512页。

等地相颉颃，如程颐与张载有一番对话：

> 正叔谓："洛俗恐难化于秦人。"
>
> 子厚谓："秦俗之化，亦先自和叔有力焉，亦是士人敦厚，东方亦恐难肯向风。"①

这番对话的关键在于程颐、张载都认为是用"洛俗"教化"秦人"，这种言论本身就表示，在二程、张载看来，三秦之地的文化教育、风气习俗落后于中原。

在唐代，关陇、山东地区出身的宰相人数远远高于两淮、江南、巴蜀等地，北方士人出任宰相的人数与南方士人出任宰相的人数比例为318：61②。但是，这一状况在北宋发生了逆转。宋太祖、太宗二帝在位时期，刚刚完成南北统一，朝廷和军队的核心领导人物都出自北方，因而对南方割据政权心存猜疑。随着南北统一战争的推进，出身于北方的文武军政大员，出于自己结束唐末五代割据、创建统一的北宋王朝的自豪和信心，把南方视作征服地，在潜意识里抬高自己，贬低南方士人。久而久之，这种不信任转变为忽视和轻蔑。正像宋真宗大中祥符五年（公元1012年），宰相王旦劝阻宋真宗任命临江军新喻（今江西新余）人王钦若为相，他说：

> 臣见祖宗朝未尝有南人当国者，虽古称立贤无方，然须贤士乃可。臣为宰相，不敢沮抑人，此亦公议也。③

在王旦谏言之后三年，宋真宗大中祥符八年（公元1015年）三月进士科取状元，要在山东人蔡齐、江西人萧贯二人中拣选。寇准"尤恶南人轻巧"，他上奏说："南方下国人，不宜冠多士。"劝说宋真宗选择了蔡齐。事后，寇准还对同僚说："又与中原夺得一状元。"④寇准纠结的心理正是根源于他来自永兴军路华州下邽（今陕西渭南临渭区），他亲眼见证着往日人杰地灵的京兆如今人才凋零、南方却英杰辈出这一天翻地覆的转变。

现实情况是，北宋时期，出身北方的状元有35名，而出身南方的状元有30名，北方多于南方，但北方状元集中于北宋前期，中期以后数量逐渐减少，到北宋中期，南方状元数量已然超过北方⑤。金代进行科考约47次，取士约6000人，从金承安二年（公元

---

① 《河南程氏遗书》卷一〇《二先生语十·洛阳议论》，见《二程集》，第115页。
② 关于唐代宰相人数，有多种说法，如《新唐书》载369人，《唐会要》载374人，现代学者傅衣凌先生统计366人，薛贻康先生统计381人，李建华先生统计379人等，参见李建华：《论唐代宰相籍贯的地理分布特征》，载《阴山学刊》2013年第3期，第76-77页。
③ 《宋史》卷二八二《王旦传》，第9548页。
④ 〔元〕佚名：《宋史全文》卷六《宋真宗二》，汪圣铎点校，中华书局，2016年，第267页。
⑤ 程民生：《宋代地域文化》，河南大学出版社，1997年，第236页。

1197年)《进士题名记》中释读出京兆府学考取进士者有34人,少于各京府进士数量,比山西、山东、河北部分府州犹有不足①。

严格来说,科举制度不是教育制度,而是选官考试,但是能够反映当地的社会务学风气。因此,五代、宋、金、元时期西安地区进士数量的变化,是这一时期西安地区社会风气转向重武、重商的真实反映。

所以,从中国城市史角度看,五代、宋、金、元时期的西安从全国政治中心转变为军事前线,从全国经济中心转变为全国中等水平城市,从全国文化中心转变为社会风气趋向实用的普通城市,这不仅是数量、规模的简单变动,更是西安地区士农工商各色人等的世界观、人生观、价值观的转变。

最后,就世界城市史的发展过程来看,五代、宋、金、元时期的西安继承和保留了此前的丰富文化成果,如佛教三论宗祖庭草堂寺、法相宗祖庭大慈恩寺、华严宗祖庭华严寺、净土宗祖庭香积寺、密宗祖庭青龙寺和大兴善寺、律宗祖庭净业寺等。虽然五代、宋、金、元时期的佛教不如唐代兴盛,但是这些佛教宗派在东亚地区传播广泛,拥有大量信众,其中不乏前来中国求学问道者。

元成宗大德十一年(公元1307年),18岁的日本僧人雪村友梅来到中国,经过多年努力,以自己的学识和虔诚获得元朝朝廷认可,在元泰帝泰定四年(公元1327年)被敕封为"宝觉真空禅师",主持终南山翠微寺。雪村友梅留居翠微寺两年,走遍奉元城古迹,留下大量诗篇。他于元文宗天历二年(公元1329年)返回日本,将元代奉元文化介绍到日本,创立日本"五山文学"流派,是中日佛教、书画交流的杰出人物。另外,前文已述,意大利威尼斯人马可·波罗也曾来到奉元,并饶有兴致地在自己的书中记述了奉元城的风土人情。

当然,五代、宋、金、元时期来到西安的外国僧侣、商人、使者数量并不多,一则因为北宋时陆上丝绸之路中断,再则西安已经不是京师,不是必须践履之处。比如宋代日本僧人奝然、成寻,他们都是以开封为活动中心,元代来华日僧220余人,目前已知只有雪村友梅一人来到奉元②,而且还是受元朝朝廷委派,并不是他自己的选择。

值得注意的是,元世祖至元十三年(公元1276年),景教徒巴·扫马和马克西从大都出发去耶路撒冷朝圣,他们走的是从大都到宁夏府路河套地区沿黄河北岸的驿路,从宁夏府路进入河西走廊,穿过白龙堆沙漠,沿丝绸之路南线——塔克拉玛干沙漠南端前

---

① 薛瑞兆:《金代科举》,中国社会科学出版社,2004年,第84—257页。
② 李健超:《终南山翠微寺与日僧雪村友梅》,载《碑林集刊》2006年第12辑,第115—116页。

进，通过塔里木盆地南缘，两个月以后，到达斡端（今新疆和田）①，也就是并没有去往京兆府，个中情形，耐人寻味。

五代、宋、金、元时期的西安，在世界城市史中依然具有一定影响力。元代高丽（今朝鲜）人李齐贤曾填过一阕《木兰花慢·长安怀古》词：

骚人多感慨，况故国、遇秋风。
望千里金城，一区天府，气势清雄。
繁华事，无处问，但山川景物古今同。
鹤去苍云太白，雁嘶红树新丰。
夕阳西下水流东，兴废梦魂中。
笑弱吐强吞，纵成横破，鸟没长空。
争如似犀首饮，向蜗牛角上任穷通。
看取麟台图画，□余马鬣蒿蓬。

李齐贤这阕词，以旁观者的视角，观望西安的历代兴衰变迁，没有了激情澎湃，却多了几分超然冷静，反映出汉唐时代的长安已经成为人们追古怀思的远去虚像，不能再寄托更多的切身感受。遗憾的是，词中对于元代奉元城城内景物风貌却是未着点墨。显然，在李齐贤等来华外国人眼中，唐以后的西安，与汉、唐时作为世界大都市的长安已经不可同日而语。

三、研究展望

对于五代、宋、金、元时期西安城市史这一专题，今后的研究可能会从理论构建、微观实证两个层面深入展开。

理论构建主要是指对五代、宋、金、元时期西安城市的发展阶段和历史特征的结论性认识，目前通行的看法是从全国政治、经济、文化中心转变为西北重镇，并且更多地将这种转变归结为衰落。那么，这种转变过程中是否有增长和升华？从史实看当然有，比如北宋晚期，关中农田灌溉面积超越了唐朝。既然如此，就需要在这种衰落和增长并存的历史转变过程中，对转变的契机、标志、节点进行更全面、系统的抽象概括和理论总结，以期对这一时期西安城市史的认识提供更好的补充。

---

① 邹贺：《丝绸之路行商记》，西安电子科技大学出版社，2016年，第204-205页。

微观实证依托于对旧史料的再解读，以及新史料的发现，比如有学者使用蓝田吕氏家族墓地出土文物和吕氏家族系列墓志，补正了蓝田吕氏兄弟六人排行等问题，这是传世文献无法解决的问题。

其一，对于"城市"的界定。今天西安城市的概念的起源，从行政角度分析，如果以城市与乡村治理的分离为标识，那么在宋金时期西安城市与乡村的行政管理具体细节还需要继续完善，可以通过考察城市、乡村各级官员的活动，反映当时城市和乡村管理制度之间的关系。如果从经济角度分析，还需要继续探讨在这一时期西安城市手工业与乡村农业之间的关系：两者之间呈现的是何种状态？是否出现分离？如果从文化角度分析，还需要关注在这一时期西安城市空间内的人和事，可以通过考察城市各行业居民的活动，反映城市经济、宗教、教育等内容，还可以通过乡村居民的活动反映城乡关系。最主要的是，分析这二者之间的异同，进而探讨"城市"意义上的西安在这一时期具有的历史特征。

其二，唐长安城遭到毁弃后，韩建放弃原唐长安城外郭城，保留皇城，重修子城，成为内外双重的"新城"。对于韩建缩城这一历史事件，已借助传世文献予以论证。但是，尚需进一步给予细化和解释：此"新城"相对于原唐长安城皇城来说，并不是新建之城——韩建新建的是子城，也就是衙城——而是原唐长安城的一部分，既然如此，如何称其为"新城"？目前普遍认可的观点是，长安"新城"是指韩建缩小原唐长安城规模后改筑的一座城，则"新城"实际上是强调"缩小"的含义，而非新旧的含义。

那么，是否还有进一步改良这个认识的可能？也就是在"缩小"的含义之外，为"新城"增加更多的内涵，主要是比较唐长安城与"新城"的差别。

其三，本卷基于城市史的视角，以断代史的形式，聚焦五代、宋、金、元时西安城的政治、经济、文化发展状况，主要分为建筑布局、行政管理、农业商业手工业发展、水利设施、文化成就、周边交通、战乱破坏等专题。

一般而言，这些专题基本可以反映西安城在这一时期的发展状况和历史特征。只不过，历史发展具有多样性，关于西安城在这一时期的历史发展，仍有诸多问题亟待探索，主要是在社会文化方面。文化因素本身包罗万象，并不局限于教育、文学、宗教等内容，如宋夏战争中宋军使用火药等现象，体现出科技与军事、手工业、农业等方面的密切关系。这是本卷关注不足之处，有待今后继续挖掘资料，进行下一步研究。

参考文献

[1] 李思孝,汪道亨.陕西通志[M].刻本.1611（万历三十九年）.

[2] 贾汉复.陕西通志[M].刻本.1667-1668（康熙六年至七年）.

[3] 黄家鼎.咸宁县志[M].刻本.1668（康熙七年）.

[4] 刘于义.陕西通志[M].刻本.1735（雍正十三年）.

[5] 李庭.寓庵集[M]//藕香零拾.刻本.1910（宣统二年）.

[6] 史传远.临潼县志[M].刻本.1776（乾隆四十一年）.

[7] 武树善.陕西金石志[M]//历代碑志丛书.南京：江苏古籍出版社,1998.

[8] 真德秀.西山先生真文忠公文集[M].上海：商务印书馆,1935.

[9] 马哥孛罗.马哥孛罗游记[M].张星烺,译.上海：商务印书馆,1936.

[10] 权衡.庚申外史[M].上海：商务印书馆,1936.

[11] 刘攽.彭城集[M].上海：商务印书馆,1937.

[12] 余靖.武溪集[M].上海：商务印书馆,1946.

[13] 刘锦藻.清朝续文献通考[M].北京：商务印书馆,1955.

[14] 王溥.唐会要[M].北京：中华书局,1955.

[15] 徐松.宋会要辑稿[M].北京：中华书局,1957.

[16] 赵翼.陔余丛考[M].上海：商务印书馆,1957.

[17] 刘献廷. 广阳杂记 [M]. 汪北平, 夏志和, 点校. 北京: 中华书局, 1957.

[18] 康骈. 剧谈录 [M]. 上海: 古典文学出版社, 1958.

[19] 李昉, 等. 太平广记 [M]. 北京: 中华书局, 1961.

[20] 班固. 汉书 [M]. 北京: 中华书局, 1962.

[21] 多桑. 多桑蒙古史 [M]. 冯承钧, 译. 北京: 中华书局, 1962.

[22] 苕溪渔隐丛话 [M]. 北京: 人民文学出版社, 1962.

[23] 张田. 包拯集 [M]. 北京: 中华书局, 1963.

[24] 刘晔. 后汉书 [M]. 北京: 中华书局, 1965.

[25] 孛兰肹, 等. 元一统志 [M]. 北京: 中华书局, 1966.

[26] 令狐德棻, 等. 周书 [M]. 北京: 中华书局, 1971.

[27] 魏徵, 等. 隋书 [M]. 北京: 中华书局, 1973.

[28] 王安石. 王文公文集 [M]. 上海: 上海人民出版社, 1974.

[29] 房玄龄, 等. 晋书 [M]. 北京: 中华书局, 1974.

[30] 李延寿. 北史 [M]. 北京: 中华书局, 1974.

[31] 欧阳修. 新五代史 [M]. 北京: 中华书局, 1974.

[32] 王夫之. 读通鉴论 [M]. 舒士彦, 点校. 北京: 中华书局, 1975.

[33] 刘昫, 等. 旧唐书 [M]. 北京: 中华书局, 1975.

[34] 欧阳修, 宋祁. 新唐书 [M]. 北京: 中华书局, 1975.

[35] 脱脱, 等. 金史 [M]. 北京: 中华书局, 1975.

[36] 薛居正, 等. 旧五代史 [M]. 北京: 中华书局, 1976.

[37] 宋濂, 等. 元史 [M]. 北京: 中华书局, 1976.

[38] 杜牧. 樊川文集 [M]. 上海: 上海古籍出版社, 1978.

[39] 王溥. 五代会要 [M]. 上海: 上海古籍出版社, 1978.

[40] 张载. 张载集 [M]. 章锡琛, 点校. 北京: 中华书局, 1978.

[41] 陆游. 老学庵笔记 [M]. 北京: 中华书局, 1979.

[42] 李肇. 唐国史补 [M]. 上海: 上海古籍出版社, 1979.

[43] 吴曾. 能改斋漫录 [M]. 上海: 上海古籍出版社, 1979.

[44] 朱润东. 梅尧臣集编年校注 [M]. 上海: 上海古籍出版社, 1980.

[45] 王明. 抱朴子内篇校释 [M]. 北京: 中华书局, 1980.

[46] 朱熹. 诗集传 [M]. 上海：上海古籍出版社，1980.

[47] 程颢，程颐. 二程集 [M]. 王孝鱼，点校. 北京：中华书局，1981.

[48] 陈铁民，侯忠义. 岑参集校注 [M]. 上海：上海古籍出版社，1981.

[49] 洪迈. 夷坚志 [M]. 何卓，点校. 北京：中华书局，1981.

[50] 马可·波罗. 马可波罗游记 [M]. 陈开俊，戴树英，等译. 福州：福建科学技术出版社，1981.

[51] 王士禛. 香祖笔记 [M]. 湛之，点校. 上海：上海古籍出版社，1982.

[52] 司马迁. 史记 [M]. 北京：中华书局，1959.

[53] 邓之诚. 东京梦华录注 [M]. 北京：中华书局，1982.

[54] 石声汉. 农桑辑要校注 [M]. 西北农学院古农研究室，整理. 北京：农业出版社，1982.

[55] 刘祁. 归潜志 [M]. 崔文印，点校. 北京：中华书局，1983.

[56] 姚汝能. 安禄山事迹 [M]. 上海：上海古籍出版社，1983.

[57] 李吉甫. 元和郡县图志 [M]. 贺次君，点校. 北京：中华书局，1983.

[58] 熊梦祥. 析津志辑佚 [M]. 北京图书馆善本组，辑. 北京古籍出版社，1983.

[59] 王树民. 廿二史劄记校证 [M]. 北京：中华书局，1984.

[60] 杜佑. 通典 [M]. 北京：中华书局，1984.

[61] 王存. 元丰九域志 [M]. 魏嵩山，王文楚，点校. 北京：中华书局，1984.

[62] 屠寄. 蒙兀儿史记 [M]. 北京：中国书店，1984.

[63] 吴自牧. 梦粱录 [M]. 杭州：浙江人民出版社，1984.

[64] 欧阳忞. 舆地广记 [M]. 北京：中华书局，1985.

[65] 寇准. 忠愍公诗集 [M]. 上海：上海书店，1985.

[66] 脱脱，等. 宋史 [M]. 北京：中华书局，1977.

[67] 郑刚中. 西征道里记 [M]. 北京：中华书局，1985.

[68] 佚名. 新编分门古今类事 [M]. 北京：中华书局，1985.

[60] 李志常. 长春真人西游记 [M]. 北京：中华书局，1985.

[70] 李东阳. 李东阳集 [M]. 周寅斌，点校. 长沙：岳麓书社，1985.

[71] 拉施特. 史集 [M]. 北京：商务印书馆，1983.

[72] 王昶. 金石萃编 [M]. 北京：中国书店，1985.

[73] 陆增祥. 八琼室金石补正[M]. 北京：文物出版社，1985.
[74] 黄宗羲. 宋元学案[M]. 全祖望，补修. 陈金生，梁运华，点校. 北京：中华书局，1986.
[75] 崔文印. 大金国志校证[M]. 北京：中华书局，1986.
[76] 通制条格[M]. 黄时鉴，点校. 杭州：浙江古籍出版社，1986.
[77] 马端临. 文献通考[M]. 北京：中华书局，1986.
[78] 欧阳修. 欧阳修全集[M]. 北京：中国书店，1986.
[79] 张养浩. 归田类稿[M]. 上海：上海古籍出版社，1987.
[80] 姚燧. 牧庵集[M]. 上海：上海古籍出版社，1987.
[81] 任士林. 松乡集[M]. 上海：上海古籍出版社，1987.
[82] 吴澄. 吴文正集[M]. 上海：上海古籍出版社，1987.
[83] 王恽. 秋涧集[M]. 上海：上海古籍出版社，1987.
[84] 许有壬. 圭塘小稿[M]. 上海：上海古籍出版社，1987.
[85] 嵇璜，曹仁虎，等. 钦定续文献通考[M]. 上海：上海古籍出版社，1987.
[86] 苏辙. 栾城集[M]. 曾枣庄，马德富，校点. 上海：上海古籍出版社，1987.
[87] 冯从吾. 关学编[M]. 陈俊民，徐兴海，点校. 北京：中华书局，1987.
[88] 李一氓. 道藏[M]. 天津：天津古籍出版社，1988.
[89] 朱金城. 白居易集笺校[M]. 上海：上海古籍出版社，1988.
[90] 周密. 癸辛杂识[M]. 吴企明，点校. 北京：中华书局，1988.
[91] 叶绍翁. 四朝闻见录[M]. 沈锡麟，冯惠民，点校. 北京：中华书局，1989.
[92] 司马光. 涑水记闻[M]. 邓广铭，张希清，点校. 北京：中华书局，1989.
[93] 高承. 事物纪原[M]. 金圆，许沛藻，点校. 北京：中华书局，1989.
[94] 董诰，等. 全唐文[M]. 上海：上海古籍出版社，1990.
[95] 元好问. 元好问全集[M]. 姚奠中，等编校. 太原：山西人民出版社，1990.
[96] 王应麟. 玉海[M]. 南京：江苏古籍出版社，1990.
[97] 江休复. 江邻几杂志[M]. 北京：中华书局，1991.
[98] 张方平. 张方平集[M]. 郑涵，点校. 郑州：中州古籍出版社，1992.
[99] 李焘. 续资治通鉴长编[M]. 北京：中华书局，1992.
[100] 李心传. 建炎以来系年要录[M]. 上海：上海古籍出版社，1992.

[101] 苏天爵. 元文类[M]. 上海：上海古籍出版社，1993.

[102] 陈俊民. 蓝田吕氏遗著辑校[M]. 北京：中华书局，1993.

[103] 李昉，等. 太平御览[M]. 王晓天，钟隆林，校点. 石家庄：河北教育出版社，1994.

[104] 龚世俊，胡玉冰，陈广恩，等. 西夏书事校证[M]. 兰州：甘肃文化出版社，1995.

[105] 苏天爵. 元朝名臣事略[M]. 北京：中华书局，1996.

[106] 何休，注. 徐彦，疏. 春秋公羊传注疏[G]//十三经注疏. 阮元，校刻. 上海：上海古籍出版社，1997.

[107] 孔安国，传. 孔颖达，正义. 尚书正义[G]//十三经注疏. 阮元，校刻. 上海：上海古籍出版社，1997.

[108] 韩愈. 韩愈全集[M]. 钱仲联，马茂元，校点. 上海：上海古籍出版社，1997.

[109] 邓立勋. 苏东坡全集[M]. 合肥：黄山书社，1997.

[110] 马可·波罗. 马可·波罗游记[M]. 梁生智，译. 北京：中国文史出版社，1998.

[111] 金盈之. 新编醉翁谈录[M]. 周晓薇，校点. 沈阳：辽宁教育出版社，1998.

[112] 佚名. 宣和画谱[M]. 岳仁，译注. 长沙：湖南美术出版社，1999.

[113] 李濂. 汴京遗迹志[M]. 周宝珠，程民生，点校. 北京：中华书局，1999.

[114] 俞希鲁. 至顺镇江志[M]. 杨积庆，贾秀英，蒋文野，等校点. 南京：江苏古籍出版社，1999.

[115] 王称. 东都事略[M]. 孙言诚，崔国光，点校. 济南：齐鲁书社，2000.

[116] 张彦远. 历代名画记[M]. 周晓薇，校点. 沈阳：辽宁教育出版社，2001.

[117] 张炎. 山中白云词[M]. 葛渭君，王晓红，校辑. 沈阳：辽宁教育出版社，2001.

[118] 聂安福. 韦庄集笺注[M]. 上海：上海古籍出版社，2002.

[119] 程大昌. 雍录[M]. 黄永年，点校. 北京：中华书局，2002.

[120] 范仲淹. 范仲淹全集[M]. 李勇先，王蓉贵，校点. 成都：四川大学出版社，2002.

[120] 国家图书馆善本金石组. 辽金元石刻文献全编[M]. 北京：北京图书馆出版

社，2003.

［122］张唐英. 蜀梼杌［M］//朱易安，傅璇琮，周常林. 全宋笔记. 郑州：大象出版社，2003.

［123］毕沅. 关中胜迹图志［M］. 张沛，校点. 西安：三秦出版社，2004.

［124］顾炎武. 肇域志［M］. 上海：上海古籍出版社，2004.

［125］钞本明实录［M］. 北京：线装书局，据红格本影印，2005.

［126］洪迈. 容斋随笔［M］. 孔凡礼，点校. 北京：中华书局，2005.

［127］马钰. 马钰集［M］. 赵卫东，辑校. 济南：齐鲁书社，2005.

［128］顾祖禹. 读史方舆纪要［M］. 贺次君，施和金，点校. 北京：中华书局，2005.

［129］李健超. 增订唐两京城坊考［M］. 修订版. 西安：三秦出版社，2006.

［130］李俊民. 庄靖集［M］. 太原：山西古籍出版社，2006.

［131］骆天骧. 类编长安志［M］. 黄永年，点校. 西安：三秦出版社，2006.

［132］郝经. 郝文忠公陵川文集［M］. 秦雪清，点校. 太原：山西人民出版社，2006.

［133］史念海，曹尔琴. 游城南记校注［M］. 西安：三秦出版社，2006.

［134］王钦若，等. 册府元龟［M］. 周勋初，等校订. 南京：凤凰出版社，2006.

［135］马可波罗. 马可波罗行纪［M］. 冯承钧，译. 北京：东方出版社，2007.

［136］虞集. 虞集全集［M］. 天津：天津古籍出版社，2007.

［137］陆耀遹，董祐诚，等. 嘉庆咸宁县志［M］. 南京：凤凰出版社，2007.

［138］许慎. 说文解字［M］. 徐铉，等校. 上海：上海古籍出版社，2007.

［139］李靖. 唐太宗李卫公问对［M］. 北京：中华书局，2007.

［140］乐史. 太平寰宇记［M］. 王文楚，等点校. 北京：中华书局，2007.

［141］陈师道. 后山谈丛［M］. 北京：中华书局，2007.

［142］赵升. 朝野类要［M］. 王瑞来，点校. 北京：中华书局，2007.

［143］宋敏求. 唐大诏令集［M］. 北京：中华书局，2008.

［144］吕祖谦. 吕祖谦全集［M］. 杭州：浙江古籍出版社，2008.

［145］徐梦莘. 三朝北盟会编［M］. 上海：上海古籍出版社，2008.

［146］司马光. 司马光集［M］. 李文泽，霞绍晖，校点. 成都：四川大学出版社，2010.

［147］司马光. 资治通鉴［M］. 胡三省，注. 北京：中华书局，2011.

[148] 程俊英. 诗经译注 [M]. 上海：上海古籍出版社，2012.

[149] 钱易. 南部新书 [M]. 尚成，校点. 上海：上海古籍出版社，2012.

[150] 邵伯温. 邵氏闻见录 [M]. 王根林，校点. 上海：上海古籍出版社，2012.

[151] 顾炎武. 日知录 [M]. 严文儒，戴扬本，校点. 上海：上海古籍出版社，2012.

[152] 宋敏求，等. 春明退朝录 [M]. 尚成，等校点. 上海：上海古籍出版社，2012.

[153] 陶谷. 清异录 [M]. 孔一，校点. 上海：上海古籍出版社，2012.

[154] 佚名. 道山清话 [M]. 孔一，校点. 上海：上海古籍出版社，2012.

[155] 周密. 齐东野语 [M]. 黄益元，校点. 上海：上海古籍出版社，2012.

[156] 陶宗仪. 南村辍耕录 [M]. 李梦生，校点. 上海：上海古籍出版社，2012.

[157] 宋敏求. 长安志 [M]. 辛德勇，郎洁，点校. 西安：三秦出版社，2013.

[158] 沈德潜. 唐诗别裁集 [M]. 上海：上海古籍出版社，2013.

[159] 沈括. 梦溪笔谈 [M]. 施适，校点. 上海：上海古籍出版社，2015.

[160] 管子 [M]. 房玄龄，注. 刘绩，补注. 刘晓艺，校点. 上海：上海古籍出版社，2015.

[161] 佚名. 宋史全文 [M]. 汪圣铎，点校. 北京：中华书局，2016.

[162] 薛瑄. 读书录 [M]. 孙浦桓，点校. 南京：凤凰出版社，2017.

[163] 柯劭忞. 新元史 [M]. 张京华，黄曙辉，总校. 上海：上海古籍出版社，2018.

[164] 马克思，恩格斯. 马克思恩格斯全集 [M]. 北京：人民出版社，1974.

[165] 箭内亘. 元朝怯薛及斡耳朵考 [M]. 陈捷，陈清泉，译. 上海：商务印书馆，1933.

[166] 陈子怡. 西京访古丛稿 [M]. 西京筹备委员会，1935.

[167] 马正林. 丰镐—长安—西安 [M]. 西安：陕西人民出版社，1978.

[168] 武伯纶. 西安历史述略 [M]. 西安：陕西人民出版社，1979.

[169] 梁方仲. 中国历代户口、田地、田赋统计 [M]. 上海：上海人民出版社，1980.

[170] 陈桥驿. 中国六大古都 [M]. 北京：中国青年出版社，1983.

[171] 王家广. 陕西风物志 [M]. 西安：陕西人民出版社，1985.

[172] 李域铮. 西安碑林 [M]. 西安：陕西人民出版社，1986.

[173] 陕西师范大学地理系. 西安市地理志 [M]. 西安：陕西人民出版社，1988.

[174] 辛德勇. 隋唐两京丛考 [M]. 西安：三秦出版社，1991.

[175] 周宝珠. 宋代东京研究[M]. 开封：河南大学出版社，1992.

[176] 陕西省地方志编纂委员会. 陕西省志·行政建置志[M]. 西安：三秦出版社，1992.

[177] 葛剑雄，等. 简明中国移民史[M]. 福州：福建人民出版社，1993.

[178] 徐兴海，李晓岗. 陕西师范大学历史系学术论文集[M]. 西安：陕西人民教育出版社，1994.

[179] 杨德泉. 杨德泉文集[M]. 西安：三秦出版社，1994.

[180] 李之勤. 西北史地研究[M]. 郑州：中州古籍出版社，1994.

[181] 王曾瑜. 金朝军制[M]. 保定：河北大学出版社，1996.

[182] 史念海. 西安历史地图集[M]. 西安地图出版社，1996.

[183] 卿希泰. 中国道教史[M]. 修订本. 成都：四川人民出版社，1996.

[184] 朱家桢，吴朝林. 中国经济思想史资料选辑：宋、金、元部分[M]. 北京：中国社会科学出版社，1996.

[185] 西安市地方志编纂委员会. 西安市志[M]. 西安：西安出版社，1996.

[186] 辛德勇. 古代交通与地理文献研究[M]. 北京：中华书局，1996.

[187] 张丕远. 中国历史气候变化[M]. 济南：山东科学技术出版社，1996.

[188] 朱玉龙. 五代十国方镇年表[M]. 北京：中华书局，1997.

[189] 秦晖. 陕西通史：宋元卷[M]. 西安：陕西师范大学出版社，1997.

[190] 程民生. 宋代地域文化[M]. 开封：河南大学出版社，1997.

[191] 陈垣. 道家金石略[M]. 陈智超，曾庆瑛，校补. 北京：文物出版社，1988.

[192] 傅熹年. 傅熹年建筑史论文集[C]. 北京：文物出版社，1998.

[193] 高峡. 西安碑林全集[M]. 广州：广东经济出版社，1999.

[194] 漆侠. 中国经济通史：宋代经济卷[M]. 北京：经济日报出版社，1999.

[195] 史念海. 黄河流域诸河流的演变与治理[M]. 西安：陕西人民出版社，1999.

[196] 周绍良. 全唐文新编[M]. 长春：吉林文史出版社，2000.

[197] 吴松弟. 中国人口史：第3卷 辽宋金元时期[M]. 上海：复旦大学出版社，2000.

[198] 李之亮. 宋川陕大郡守臣易替考[M]. 成都：巴蜀书社，2001.

[199] 丘光明，邱隆，杨平. 中国科学技术史：度量衡卷[M]. 北京：科学出版社，

2001.

[200] 毛汉光. 中国中古社会史论[M]. 上海: 上海书店出版社, 2002.

[201] 李令福. 关中水利开发与环境[M]. 北京: 人民出版社, 2004.

[202] 史念海. 黄土高原历史地理研究[M]. 郑州: 黄河水利出版社, 2001.

[203] 阎凤梧. 全辽金文[M]. 太原: 山西古籍出版社, 2002.

[204] 朱士光, 吴宏岐. 西安的历史变迁与发展[M]. 西安: 西安出版社, 2003.

[205] 王树村. 中国民间美术史[M]. 广州: 岭南美术出版社, 2004.

[206] 程民生. 中国北方经济史: 以经济重心的转移为主线[M]. 北京: 人民出版社, 2004.

[207] 薛瑞兆. 金代科举[M]. 北京: 中国社会科学出版社, 2004.

[208] 李令福. 关中水利开发与环境[M]. 北京: 人民出版社, 2004.

[209] 吴宏岐. 西安历史地理研究[M]. 西安: 西安地图出版社, 2006.

[210] 史红帅, 吴宏岐. 西北重镇西安[M]. 西安: 西安出版社, 2007.

[211] 李健超. 汉唐两京及丝绸之路历史地理论集[M]. 西安: 三秦出版社, 2007.

[212] 李昌宪. 中国行政区划通史: 宋西夏卷[M]. 上海: 复旦大学出版社, 2007.

[213] 张亚平. 陕西水问题研究[M]. 西安: 陕西科学技术出版社, 2008.

[214] 李治安, 薛磊. 中国行政区划通史: 元代卷[M]. 上海: 复旦大学出版社, 2009.

[215] 宁欣. 唐宋都城社会结构研究: 对城市经济与社会的关注[M]. 北京: 商务印书馆, 2009.

[216] 谭景玉. 宋代乡村组织研究[M]. 济南: 山东大学出版社, 2010.

[217] 漆侠. 辽宋西夏金代通史: 社会经济卷[M]. 北京: 人民出版社, 2010.

[218] 韩光辉. 宋辽金元建制城市研究[M]. 北京: 北京大学出版社, 2011.

[219] 葛全胜, 等. 中国历朝气候变化[M]. 北京: 科学出版社, 2011.

[220] 程民生. 北宋开封气象编年史[M]. 北京: 人民出版社, 2012.

[221] 费孝通. 乡土重建[M]. 长沙: 岳麓书社, 2012.

[222] 王新英. 全金石刻文辑校[M]. 长春: 吉林文史出版社, 2012.

[223] 陕西省考古研究院, 等. 异世同调: 陕西省蓝田吕氏家族墓地出土文物[M]. 北京: 中华书局, 2013.

[224]顾宏义,李文.宋代日记丛编[M].上海:上海书店出版社,2013.

[225]何忠礼.宋史选举志补正[M].修订本.北京:中华书局,2013.

[226]包伟民.宋代城市研究[M].北京:中华书局,2014.

[227]杜文玉.陕西简史[M].西安:陕西师范大学出版社,2014.

[228]陈国强.黄帝陵碑刻[M].西安:陕西人民出版社,2014.

[229]胡丹.明代宦官史料长编[M].南京:凤凰出版社,2014.

[230]魏女,王小蒙.泥火幻影:陕西古代瓷器[M].西安:陕西人民出版社,2016.

[231]邹贺.丝绸之路行商记[M].西安:西安电子科技大学出版社,2016.

[232]张明,路中康.西安通史:第4卷[M].西安:陕西人民出版社,2016.

[233]田培栋.陕西社会经济史[M].西安:三秦出版社,2016.

[234]李昌宪.金代行政区划史[M].上海:上海古籍出版社,2015.

[235]李仙娥,等.黄河流域古村落生态发展模式与政策评价研究:以晋陕为例[M].西安:陕西人民出版社,2016.

[236]龚延明.宋代官制辞典[M].增补本.北京:中华书局,2017.

[237]中国国家图书馆.中国国家博物馆馆藏文物研究丛书:钱币卷(宋—清)[M].上海:上海古籍出版社,2018.

[238]赛熙亚乐.成吉思汗史记[M].图日莫黑,译.呼和浩特:内蒙古人民出版社,2019.

[239]黄盛璋.西安城市发展中的给水问题以及今后水源的利用与开发[J].地理学报,1958(4).

[240]傅衣凌.关于朱温的评价[J].厦门大学学报(社会科学版),1959(1).

[241]夏鼐.元安西王府址和阿拉伯数码幻方[J].考古,1960(5).

[242]马得志.西安元代安西王府勘查记[J].考古,1960(5).

[243]章巽.西安元代"安西王府"的创建年代[J].考古,1960(7).

[244]武伯纶.西安碑林简史[J].文物,1961(8).

[245]马得志.唐代长安城考古纪略[J].考古,1963(11).

[246]竺可桢.中国近五千年来气候变迁的初步研究[J].考古学报,1972(1).

[247]齐佩芝.西安城墙[J].文史知识,1981(2).

[248]张清常.胡同与水井[J].语言教学与研究,1984(4).

［249］李之勤.西安古代户口数目评议［J］.西北大学学报（哲学社会科学版），1984(2).

［250］中国社会科学院考古研究所西安唐城工作队.唐长安皇城含光门遗址发掘简报［J］.考古，1987(5).

［251］郭声波.隋唐长安的水利［M］//史念海.唐史论丛：第4辑.西安：三秦出版社，1988.

［252］王仲荦，田昌五，等.中晚唐五代兵制探索［J］.文献，1988(3).

［253］辛德勇.隋唐时期长安附近的陆路交通：汉唐长安交通地理研究之二［J］.中国历史地理论丛，1988(4).

［254］兰璞.西京筹备委员会成立时间订误［J］.历史档案，1989(1).

［255］李裕群.宋元买地券研究［J］.文物季刊，1989(2).

［256］侯甬坚.中国古都选址的基本原则［M］//.中国古都学会.中国古都研究：第4辑.杭州：浙江人民出版社，1989.

［257］辛德勇.有关唐末至明初西安城的几个基本问题［J］.陕西师大学报（哲学社会科学版），1990(1).

［258］曹尔琴.张礼和《游城南记》［J］.中国历史地理论丛，1990(3).

［259］杨文秀.略谈唐宋时期长安南郊的园林景观：读张礼《游城南记》［J］.唐都学刊，1990(4).

［260］薛桥.西安发现隋代灞河古桥遗址［J］.中国科技史料，1994(3).

［261］陈安利.西安出土《元故韩城尹张君墓志铭》考释［J］.考古与文物，1995(2).

［262］路远.西安碑林初创时期若干问题的再探讨［J］.文博，1995(3).

［263］路远.宋金时期京兆文庙"七贤堂"考［J］.文博，1996(2).

［264］路远.北宋时期碑林藏石考述［J］.文博，1996(6).

［265］林乐昌.鲁斋书院非许衡所建［J］.人文杂志，1996(4).

［266］史念海，史先智.论十六国和南北朝时期长安城中的小城、子城和皇城［J］.中国历史地理论丛，1997(1).

［267］王维坤.试论隋唐长安城的总体设计思想与布局：隋唐长安城研究之二［J］.西北大学学报（哲学社会科学版），1997(3).

［268］朱士光，王元林，呼林贵.历史时期关中地区气候变化的初步研究［J］.第四

纪研究，1998(1).

[269] 朱士光. 汉唐长安城兴衰对黄土高原地区社会经济环境的影响[J]. 陕西师范大学学报(哲学社会科学版)，1998(1).

[270] 任万平. 金代官印制度述论[J]. 故宫博物院院刊，1998(2).

[271] 西安市文物局. 西安市钟鼓楼广场发现一批金代官印[J]. 考古与文物，1999(3).

[272] 吴宏岐. 论唐末五代长安城的形制和布局特点[J]. 中国历史地理论丛，1999(2).

[273] 王棣. 宋代乡里两级制度质疑[J]. 历史研究，1999(4).

[274] 韩光辉. 金代都市警巡院研究[J]. 北京大学学报(哲学社会科学版)，1999(5).

[275] 马东海，程云霞. 宁夏固原开城元代安西王府建筑遗址调查简报[J]. 中国历史博物馆馆刊，2000(1).

[276] 刘瑞. 西安城墙"团楼"考[J]. 文博，2000(5).

[277] 董鸿闻，刘起鹤，周建勋，等. 汉长安城遗址测绘研究获得的新信息[J]. 考古与文物，2000(5).

[278] 赵力光. 西安碑林历史述略：兼析西安碑林迁移"三次说"[M]//西安碑林博物馆. 碑林集刊：8. 西安：陕西人民美术出版社，2002.

[279] 朱永杰. 五代至元时期西安城市地理的初步研究[D]. 陕西师范大学，2002.

[280] 辛玉璞. 试解西安半圆城角谜[J]. 华夏文化，2003(1).

[281] 刁培俊. 20世纪宋朝职役制度研究的回顾与展望[C]//. 中国宋史研究会：唐宋经济史高层研讨会论文集. 2004.

[282] 薛平拴. 五代宋元时期古都长安商业的兴衰演变[J]. 中国历史地理论丛，2004(1).

[283] 李令福. 北宋关中小城镇的发展及其类型与分布[J]. 中国历史地理论丛，2004(4).

[284] 朱永杰，韩光辉. 五代至元西安城垣范围及建制特点[J]. 中国历史地理论丛，2005(3).

[285] 党顺民. 西安西大街宋铜钱窖藏[J]. 中国钱币，2006(3).

[286] 李健超. 终南山翠微寺与日僧雪村友梅[M]//西安碑林博物馆. 碑林集刊：12. 西安：陕西人民美术出版社，2006.

[287] 郭晓航. 元豫王阿剌忒纳失里考述[J]. 社会科学，2007(9).

[288] 张小明，樊志民. 生态视野下长安都城地位的丧失［J］. 中国农史，2007(3).

[289] 韩光辉，林玉军，王长松. 宋辽金元建制城市的出现与城市体系的形成［J］. 历史研究，2007(4).

[290] 路远. 新出宋《京兆府学新建七贤堂记》残石［M］// 西安碑林博物馆. 碑林集刊：14. 西安：陕西人民美术出版社，2009.

[291] 吴冰. 历史时期西安旧城街巷名称的发展演变［J］. 西安文理学院学报（社会科学版），2008(1).

[292] 史红帅. 元代安西王府：曾经辉煌一时的城池［N］. 西安晚报，2008-7-31（20）.

[293] 蔡春娟. 元代汉人出任达鲁花赤的问题［J］. 北大史学第13期，2008(00).

[294] 陕西省考古研究院隋唐考古研究部. 陕西南北朝隋唐及宋元明清考古五十年综述［J］. 考古与文物，2008(6).

[295] 杜文. 行走在宋人的童趣世界 西安出土的宋金陶塑玩具［J］. 收藏，2010(7).

[296] 韩光辉，林玉军. 10至14世纪中期京兆府城城市行政管理研究［J］. 陕西师范大学学报（哲学社会科学版），2010(6).

[297] 陕西省考古研究院. 西安南郊孟村宋金墓发掘简报［J］. 考古与文物，2010(5).

[298] 史红帅. 西安城郊古镇的分布与形态［N］. 西安晚报，2010-10-10（11）.

[299] 张蕴，刘思哲. 陕西蓝田县五里头北宋吕氏家族墓地［J］. 考古，2010(8).

[300] 赵永军. 金代墓葬研究［D］. 吉林大学，2010.

[301] 路远. 金代京兆府学登科进士辑考：以西安碑林藏金代进士题名碑二种为据［M］. 西安碑林博物馆. 碑林集刊：第17辑. 西安：三秦出版社，2011.

[302] 张虹冰. 一份珍贵的历史地名资料：读金《京兆府提学所帖》碑［M］// 西安碑林博物馆. 碑林集刊：8. 西安：陕西人民美术出版社，2002.

[303] 韩光辉，魏丹，林玉军. 金代城市行政管理机构研究［J］. 中国史研究，2013(1).

[304] 李建华. 论唐代宰相籍贯的地理分布特征［J］. 阴山学刊，2013,26(3).

[305] 张永禄. 隋唐长安城的规划布局与其设计思想［J］. 西北大学学报（自然科学版），2014(4).

[306] 西安市文物保护考古研究院，辽宁师范大学历史文化旅游学院. 西安南郊黄渠头村金墓发掘简报［J］. 文物春秋，2014(5).

[307] 马志祥. 西安孔庙与西安碑林之关系衍变［M］// 西安碑林博物馆. 碑林集刊：

22.西安:三秦出版社,2002.

[308]陕西省考古研究院.陕西西安金代李居柔墓发掘简报[J].考古与文物,2017(2).

[309]薛瑞兆.金人《登科记》勾沉[J].学术交流,2018(10).

[310]宋亮.城市与政区:元代附郭县相关问题研究[D].陕西师范大学,2018.

[311]权敏,辛龙,宁琰.西安西大街古井出土瓷器赏析[J].收藏,2020(11).

大事记

后梁开平元年（公元907年）

- 四月，降京兆府为雍州，设佑国军节度使。不久，又改雍州为大安府，改长安县为大安县，万年县为大年县。

后梁开平二年（公元908年）

- 后梁与凤翔李茂贞、前蜀王建交恶，双方多次交战。

后梁开平三年（公元909年）

- 五月，佑国军节度使王重师入朝被杀，刘捍出任佑国军留后。
- 六月，刘知俊策动王重师旧部逮捕刘捍，投降岐王李茂贞。后梁以杨师厚为西路行营招讨使，率军重夺大安。
- 七月，改佑国军为永平军。刘鄩出任永平军节度使、大安尹。将《开成石经》移入城内。

后梁乾化四年（公元914年）

- 二月，康怀英接替刘鄩任永平军节度使、大安尹。

后梁贞明四年（公元918年）

- 六月，张筠接替卒于任上的康怀英。张筠到任后，对京兆百姓有惠政。

后唐同光元年（公元923年）

- 十一月，废永平军，设西京。复大安府为京兆府，大安县为长安县，大年县为万年县。张筠改任西京留守、京兆尹。

后唐同光四年（公元926年，当年七月改元天成）

- 三月，前蜀降主王衍及其宗族、百官一行数千人被遣送洛阳，路过京兆，全家被张筠杀害于城内秦川驿。张筠趁机霸占王衍财资。

・七月，以诸侯礼葬王衍及其家属于京兆城南三赵村（今陕西西安雁塔区三兆村）。

后唐长兴元年（公元930年）

・北宋张礼《游城南记》载："长兴中"西京留守安重霸修缮大雁塔。按：《旧五代史・安重霸传》载，安重霸任西京留守在后唐末帝"清泰初"（公元934—936年），不是后唐明宗长兴年间（公元930—933年）。存疑待考。

后唐应顺元年（公元934年，当年四月李从珂继位，改元清泰）

・二月，凤翔节度使潞王李从珂反后唐，先后派郝诩、朱廷乂至京兆，与西京留守王思同联络共同举事。王思同扣押来使，具实上奏，后唐加授王思同同平章事知凤翔府。

・三月，后唐诸路大军攻凤翔，大败。王思同、药彦稠等退回京兆，西京副留守刘遂雍关闭城门，不许进入，王思同等退走潼关。潞王李从珂进兵京兆，刘遂雍开城迎谒，竭尽民财以备军粮。

后晋天福三年（公元938年）

・十月，废西京，仍为京兆府，置晋昌军。

后晋天福七年（公元942年）

・发生旱灾、蝗灾，持续一年。关中诸州人民流亡，饿死者十有七八。

后晋天福八年（公元943年）

・旱灾、蝗灾期间，朝廷强征军粮，大失民心。

后晋开运元年（公元944年）

・四月，安彦威任晋昌军节度使，当年发生饥荒，安彦威开仓赈饥，避免了京兆百姓流亡。

后汉天福十二年（公元947年）

・正月，晋昌军节度使赵在礼入朝，留在京兆的裨将叛乱，被副节度使李肃平定。

・十月，新任晋昌军节度使赵匡赞遣使请降于后蜀。

・十二月，后蜀发兵两万出子午谷，支援京兆叛军。

后汉乾祐元年（公元948年）

- 正月，后汉隐帝遣左卫大将军王景崇率禁军出征关中，平定叛乱。赵匡赞复又叛蜀归汉。王景崇等入京兆，随即率军在子午谷击败后蜀军。
- 三月，改晋昌军为永兴军，仍为京兆府。
- 四月，王景崇拒绝调离凤翔，向后蜀投降。唆使永兴军裨将赵思绾夺取兵库，关闭京兆城门，献御衣于李守贞。于是，河中李守贞为盟主，凤翔王景崇、永兴赵思绾响应，宣称"三镇连衡"。后汉朝廷任命郭从义为永兴军节度使，再次出兵讨伐京兆。

后汉乾祐二年（公元949年）

- 四月，京兆城中断粮，赵思绾下令掠杀妇女、儿童作为军食。
- 七月，后汉军入京兆。郭从义诱杀赵思绾等300人。

后周广顺二年（公元952年）

- 正月，遣禁军1000多人戍永兴军。

后周显德五年（公元958年）

- 疏浚白公渠。

北宋建隆元年（公元960年）

- 后周最后一任京兆府地方官永兴军节度使、京兆尹李洪义留任。

北宋建隆二年（公元961年）

- 王彦超接替李洪义，在任期间重修孔庙。

北宋建隆三年（公元962年）

- 春夏不雨，陕西干旱。

北宋乾德元年（公元963年）

- 从这年起至乾德三年（公元965年），按耕地亩数，征调白公渠周边农民1.3万人筑堰，引泾河水入白渠，恢复灌溉。

北宋乾德二年（公元964年）

- 陕西有蝗。

北宋开宝元年（公元968年）

- 陕西干旱，百姓饥荒。

北宋开宝七年（公元974年）

- 十一月，陕西干旱。

北宋开宝八年（公元 975 年）

·关中干旱，百姓饥荒。

北宋太平兴国七年（公元 982 年）

·三月，渭河涨水，冲垮浮桥，溺死者54人。

·七月，关中大水。

北宋淳化元年（公元 990 年）

·正月至四月，关中不雨。

·八月，京兆长安县旱。

·十二月，长安县旱。

北宋淳化二年（公元 991 年）

·渭河涨水，冲毁良田庐舍无数。

北宋淳化三年（公元 992 年）

·陕西旱。

北宋淳化五年（公元 994 年）

·九月，京兆人焦四等聚众起事，不久失败。

北宋至道二年（公元 996 年）

·九月十九日，京兆府夜间地震12次。地震范围为潼关以西，至灵、夏、环、庆等州。死者十余万。

北宋至道三年（公元 997 年）

·置陕西路转运司，这是"陕西"作为正式的地方行政区划，第一次出现在中国历史上。

北宋咸平二年（公元 999 年）

·僧人释梦英撰写《篆书说文目录偏傍字源》，在京兆刻成立碑，现藏西安碑林博物馆。

北宋景德三年（公元 1006 年）

·夏，陕西干旱，百姓饥荒。

·太常博士尚宾主持整修郑白渠。

北宋大中祥符二年（公元 1009 年）

·春夏，陕西干旱。

北宋大中祥符三年（公元 1010 年）

·陕西干旱，百姓饥荒。

北宋大中祥符七年（公元1014年）

- 知永兴军府事陈尧咨疏通龙首西渠，引浐水、秦岭大义峪水入京兆府城，改善城市居民用水。

北宋大中祥符八年（公元1015年）

- 五月，干旱，饥荒，京兆府给贫民贷麦种。
- 改昭应县为临潼县。

北宋天禧元年（公元1017年）

- 夏，干旱。

北宋天禧二年（公元1018年）

- 干旱。

北宋天圣三年（公元1025年）

- 八月，旱灾。

北宋天圣五年（公元1027年）

- 十一月，京兆府干旱、蝗灾。

北宋天圣六年（公元1028年）

- 八月，临潼县山水暴涨，民溺死者甚众。

北宋明道二年（公元1033年）

- 陕西有蝗。

北宋景祐元年（公元1034年）

- 正月，知永兴军府事范雍奏请创建京兆府学，建学舍50间。朝廷赐国子监刊本九经，拨官田5顷供府学支用，招收学生137人。

北宋景祐三年（公元1036年）

- 二月，整修三白渠，灌溉面积由宋初不到2000顷扩大到6000多顷，高陵、栎阳受益。

北宋庆历二年（公元1042年）

- 正月，恢复榷盐法，实行食盐官收官卖，京兆府盐商被禁止。

北宋庆历三年（公元1043年）

- 冬大旱，关中大饥。

北宋至和元年（公元1054年）

- 夏，陕西有蝗。
- 京兆府设提举府学2人，并制定《京兆府小学规》。这是目前已知中国现存最早的学校规章。

北宋治平四年（公元 1067 年）

· 正月，撤销设在京兆府的陕西路盐钞场。

· 十一月，干旱。

北宋熙宁三年（公元 1070 年）

· 陕西干旱，百姓饥荒。

北宋熙宁四年（公元 1071 年）

· 二月，在京兆府设立陕西学官。

· 在京兆府设立陕西钱监，铸造铜钱。

北宋熙宁五年（公元 1072 年）

· 十一月，分陕西路转运司为永兴军路转运司、秦凤路转运司，永兴军路转运司治所仍设在京兆府。

· 在郑白渠上游开凿小郑渠，引泾水灌田。

北宋熙宁七年（公元 1074 年）

· 春夏久旱。

· 九月，干旱。

· 从仲山旁开凿石渠，引泾水东南流与小郑渠会合，再下流与白渠故道衔接。

北宋熙宁八年（公元 1075 年）

· 陕西干旱。夏秋有蝗。

北宋熙宁九年（公元 1076 年）

· 八月，陕西干旱。

· 宋敏求撰《长安志》20卷成书。

· 京兆府始设惠民局，为平民诊病售药，兼理府治卫生事务。

北宋熙宁十年（公元 1077 年）

· 京兆府城区商税年收入38000余贯，在全国主要城市中居第十六位。

北宋元丰二年（公元 1079 年）

· 春，陕西干旱，关中麦收微薄。

北宋元丰三年（公元 1080 年）

· 春，西北皆旱。

- 五月，知永兴军府事吕大防考证唐长安城故图，重新绘制《长安图》刻石立碑，是中国现存最早的碑刻城市地图。

北宋元祐二年（公元1087年）
- 永兴军路转运副使吕大忠把《开成石经》《石台孝经》等，由故唐尚书省西南隅，移置于长安府学北面，目前认为是在京兆府城西南，这是《开成石经》《石台孝经》等碑刻第二次迁移。
- 春秋两季，关中皆旱。

北宋元祐三年（公元1088年）
- 秋，陕西严重干旱。

北宋元符二年（公元1099年）
- 六月久雨，京兆府大水横溢，漂民户庐舍。

北宋崇宁五年（公元1106年）
- 永兴军转运司用银、绢、丝、绸等实物籴购粮食，平衡物价。

北宋大观元年（公元1107年）
- 升京兆府为大都督府。
- 冬无雪，旱。

北宋大观四年（公元1110年）
- 改造郑白渠、开凿小郑渠等全部工程完成，形成丰利渠，灌溉包括高陵在内的5县农田35090余顷。

北宋宣和二年（公元1120年）
- 复大都督府为京兆府。

北宋宣和六年（公元1124年）
- 闰三月初四日，陕西地震，摧塌屋宇。

北宋宣和七年（公元1125年）
- 改万年县为樊川县。

北宋靖康元年（公元1126年）
- 十一月，金军南下，陕西宣抚使范致虚督率西军，入援东京开封。

北宋靖康二年（公元1127年，当年五月，宋高宗即位，改年号为建炎元年）
- 京兆府城穆斯林重修化觉巷清真寺。

南宋建炎二年、金天会六年（公元1128年）
- 正月十三日，京兆地震。

- 金将娄室攻占京兆府城。北宋知京兆府兼经略使唐重战死。
- 娄室率军离开后,北宋王择仁收复京兆府城。
- 九月,金军再犯京兆府城,经略使郭琰弃城退守南山义谷。

南宋建炎四年、金天会八年(公元1130年)
- 七月,金朝册立刘豫建立伪齐,京兆划归其治下。
- 八月,宋将吴玠率军收复京兆府城。

南宋绍兴七年、金天会十五年(公元1137年)
- 十一月,金朝废伪齐。金朝开始对京兆实行直接管理,任命官员。

南宋绍兴八年、金天眷元年(公元1138年)
- 金朝任命第一任永兴军路兵马都总管兼知京兆府庞迪。

南宋绍兴九年、金天眷二年(公元1139年)
- 金朝权臣挞懒(完颜昌)与南宋议和,将陕西、河南归还给南宋。

南宋绍兴十年、金天眷三年(公元1140年)
- 五月,金将兀术(完颜宗弼)率军四路侵宋,南宋权知永兴军事郝远开京兆府城门迎降。
- 七月,永兴军统领辛镇在京兆府城下击败金军。
- 金军再次进攻,在骆谷东被南宋军击退。

南宋绍兴十二年、金皇统二年(公元1142年)
- 八月,宋金达成和议,宋高宗向金称臣,割陕西秦岭大散关以北之地给金朝。
- 十二月,陕西大旱,五谷焦枯,泾、渭、灞、浐诸水断流。百姓无粮流散,金人挑选购买壮者,城邑遂空。
- 金改永兴军路为京兆府路,设总管府,治所在京兆府。

金皇统三年(公元1143年)
- 三月,陕西干旱,百姓饥荒。

金皇统六年(公元1146年)
- 灞河、浐河皆干竭。

金贞元三年(公元1155年)
- 京兆少尹韩希甫建议重修孔庙、府学。

金正隆二年(公元1157年)
- 京兆府尹完颜活女重修京兆府学。

金正隆五年（公元1160年）
· 王喆（也作嚞）在甘河镇（今陕西西安鄠邑区甘河镇）遇仙人传授口诀，就此辞官归隐，号重阳子。

金大定七年（公元1167年）
· 四月，王喆离开京兆，远赴山东沿海地区传道。

金大定九年（公元1169年）
· 道教全真派祖师王喆率弟子马钰等返回京兆，卒于开封，弟子扶灵归葬京兆终南山刘蒋村。弟子马钰等在此结庐守墓，名为"祖庵"。元代改为重阳宫，为全真道三大祖庭之一。

金大定十一年（公元1171年）
· 冬，陕西干旱。

金大定十二年（公元1172年）
· 春，陕西干旱。

金大定十六年（公元1176年）
· 五月，陕西干旱，有蝗。

金大定十九年（公元1179年）
· 秋，久旱，伤民田437700余顷。

金大定二十一年（公元1181年）
· 是年，改樊川县为咸宁县。

金大定二十四年（公元1184年）
· 四月至八月，不雨。
· 冬，不雨。

金大定二十五年（公元1185年）
· 去冬不雨，至于今年二月。

金承安元年（公元1196年）
· 整修鄠县成国渠。

金大安三年（公元1211年）
· 陕西旱灾。

金崇庆元年（公元1212年）
· 七月，陕西干旱。

金贞祐元年（公元 1213 年）

- 五月，陕西大旱。
- 七月，陕西干旱。
- 冬燠。京兆斗米至 8000 钱。

金贞祐四年（公元 1216 年）

- 七月，陕西干旱，有蝗。

金兴定三年（公元 1219 年）

- 四月十八日，陕西大地震，刮黑风，有声如雷。

金兴定五年、蒙古成吉思汗十六年（公元 1221 年）

- 十二月，蒙古军攻克潼关，进入关中。

金正大二年、蒙古成吉思汗二十年（公元 1225 年）

- 六月，陕西严重干旱。

金正大三年、蒙古成吉思汗二十一年（公元 1226 年）

- 三月，陕西干旱。

金正大八年、蒙古窝阔台汗三年（公元 1231 年）

- 四月，金朝迁徙京兆军民于河南。
- 六月，蒙古军攻克京兆府城。

金天兴二年、蒙古窝阔台汗五年（公元 1233 年）

- 蒙古将领田雄镇抚陕西，总管京兆等路事。他是蒙（元）时期，文献中记载的京兆地区第一任地方官。

金天兴三年、蒙古窝阔台汗六年（公元 1234 年，当年正月，金朝灭亡）

- 蒙古军在京兆府各州县征耕牛、农具，开荒种田，作为供给基地。

蒙古蒙哥汗三年（公元 1253 年）

- 皇弟忽必烈受封关中，建京兆宣抚司，以孛兰、杨惟中为正、副使，减征常赋一半。
- 分遣诸将屯田、转运。
- 设立交钞提举司，印行纸币以佐军用。

蒙古蒙哥汗四年（公元 1254 年）

- 正月，忽必烈从大理回京兆府城。以姚枢为劝农使，奖励农耕。升京兆宣抚司为关西道宣抚司，以廉希宪为宣抚使。

- 禁止掠取儒生为奴，将已掠得的儒生释放，编入儒籍。

蒙古蒙哥汗五年（公元 1255 年）
- 二月，以许衡为京兆提学，建立州县学校。
- 十二月，遣董文用邀请金朝旧臣李治来京兆，咨询治乱之理与用人之道。

蒙古中统元年（公元 1260 年）
- 以夹谷唐兀歹担任京兆达鲁花赤，贺贲担任总管京兆诸军奥鲁。
- 八月，设秦蜀五路四川行中书省。

蒙古中统三年（公元 1262 年）
- 设立陕西四川行中书省，以京兆府城为治所，京兆府属之。

蒙古中统四年（公元 1263 年）
- 六月，重修大河西巷清真寺。

蒙古至元元年（公元 1264 年）
- 陕西、四川行中书省平章政事赛典赤·赡思丁疏浚龙首渠西渠，引泸水入京兆府城，并以支渠注入兴庆池。

蒙古至元三年（公元 1266 年）
- 十月，京兆干旱。
- 十二月，京兆干旱。
- 山东堂邑人刘斌开始着手重修灞桥。

蒙古至元四年（公元 1267 年）
- 是年，撤销栎阳县，辖地并入临潼县。

蒙古至元七年（公元 1270 年）
- 三月，改陕西四川行中书省为行尚书省。

元至元八年（公元 1271 年）
- 九月，罢陕西五路西蜀四川行尚书省，京兆路由中央尚书省直辖。

元至元九年（公元 1272 年）
- 正月，改北京、中兴、四川、河南四路行尚书省为行中书省。复设京兆行省。
- 十月，封皇子忙哥剌为安西王，赐以京兆府封地。在京兆府城设立王相府，京兆府属之。
- 在京兆府城附近安置大批南驱、放良、归顺等户，使当地人口增加一多半。

元至元十年（公元1273年）

- 安西王忙哥剌加封秦王。在京兆府城东北河西岸营建安西王府。并疏浚龙首东渠，引浐河水自长乐坡西北流入安西王府。

元至元十二年（公元1275年）

- 意大利威尼斯人马可·波罗来京兆府城，他将相关见闻收录在《马可·波罗行纪》一书中。

元至元十五年（公元1278年）

- 改京兆府为安西府。
- 刘斌修造新灞桥完工，长80余步，宽24尺，中分三轨，旁翼两栏，筑堤5里，植柳万株。
- 是年，安西王忙哥剌卒，其子阿难答袭封，以商挺"行王相府事"。

元至元十六年（公元1279年）

- 升安西府为安西路，安西路总管府下设录事司，主管府城内户民之事。安西等路行中书省改为"安西行省"。

元至元十七年（公元1280年）

- 将四川并入安西等路行省，称陕西四川行省，安西路总管府属之。

元至元十八年（公元1281年）

- 单设四川行省。

元至元二十一年（公元1284年）

- 第三次将陕西、四川两行省合并。

元至元二十三年（公元1286年）

- 四川最终分出，陕西等处行省定型。

元至元二十七年（公元1290年）

- 终南山大雨不断，田禾无收。

元元贞元年（公元1295年）

- 六月，陕西干旱，百姓饥荒。

元元贞二年（公元1296年）

- 六月，咸宁县下雨雹。

- 骆天骧以北宋宋敏求《长安志》为底本，补充金、元资料，编纂《类编长安志》10卷，全书分30类目。

元大德三年（公元1299年）
- 陕西有蝗。

元大德六年（公元1302年）
- 正月，陕西干旱，禁民间粮食酿酒。

元大德十年（公元1306年）
- 春夏大旱，二麦枯死。安西路城饥荒，陕西行省上报朝廷请准赈灾。安西路总管赵世延力主立即开仓放粮，万一朝廷不准，愿以家产补赔。许多百姓因此免于饿死。

元大德十一年（公元1307年）
- 七月，安西路干旱，百姓饥荒。
- 是年，安西王阿难答争夺皇位失败，以谋逆罪被杀。

元至大二年（公元1309年）
- 安西王关中封地和赋税全部被朝廷收回。

元至大四年（公元1311年）
- 六月，陕西水旱伤稼。

元皇庆元年（公元1312年）
- 改安西路为奉元路。

元延祐元年（公元1314年）
- 五月，为纪念名儒许衡，元仁宗颁赐玺书，在奉元路城建立鲁斋书院，以奉元名儒同恕主持教学管理事务。

元至治元年（公元1321年）
- 七月，终南山景谷小高山僧圆明与刘志先等起义反元，圆明称皇帝。
- 十月，枢密判官章台带兵捕杀圆明等。

元至治二年（公元1322年）
- 三月，陕西干旱，百姓饥荒。

元至治三年（公元1323年）
- 关中干旱。
- 五月，奉元路行宫正殿火灾，被焚毁。

元泰定元年（公元 1324 年）

- 六月，渭水、黑水暴涨，淹没房舍。
- 九月，长安县暴雨，沣水涨溢。

元泰定二年（公元 1325 年）

- 撤销永兴银场，允许民间开采，以所得2/10上缴官府。
- 六月，奉元等路暴雨伤稼。

元泰定三年（公元 1326 年）

- 七月，奉元路干旱，百姓饥荒。

元泰定四年（公元 1327 年）

- 奉元路有蝗。

元致和元年（公元 1328 年，当年九月，改元天顺，又改元天历）

- 八月，大旱导致饥荒，饥民相食。

元天历二年（公元 1329 年）

- 二月，临潼、咸阳两县和畏兀儿800多户告饥，陕西行省以纸币1.3万锭赈济咸阳，麦5450石赈济临潼，100多石赈济畏兀儿。
- 四月，关中大旱，人相食。六月始雨。《元史·乃蛮台传》："天历二年，迁陕西行省平章政事。关中大饥，诏募民入粟予爵。四方富民应命输粟，露积关下。初，河南饥，告籴关中，而关中民遏其籴。至是吏乃河南人，修宿怨，拒粟使不得入。乃蛮台杖关吏而入其粟。京兆民掠人而食之，则命分健卒为队，捕强食人者，其患乃已。"
- 自泰定三年（公元1326年）至天历二年（公元1329年），陕西久旱，百姓饥荒。

元至顺元年（公元 1330 年）

- 奉元路有蝗。

元至顺二年（公元 1331 年）

- 奉元路有蝗。

元元统元年（公元 1333 年）

- 六月，泾河水溢，关中水灾。

元至元二年（公元 1336 年）

- 三月，暴风、旱，麦无收。
- 六月，泾水溢。

- 十一月，旱。

元至元六年（公元1340年）
- 七月，关中各河涨水，漂没庄稼，淹死百姓无数。
- 八月，陕西行省在开元寺北设惠民药局，以本钞240锭购置药物，选良医主持，为贫民治病。

元至正二年（公元1342年）
- 陕西行台治书侍御史李好文为北宋宋敏求《长安志》补绘地图，合成《长安志图》。

元至正十二年（公元1352年）
- 冬，无雪，麦苗旱。

元至正十七年（公元1357年）
- 二月，红巾军李武、崔德兵逼奉元城。河南地主武装察罕帖木儿率元军入潼关，李武等战败。

元至正十八年（公元1358年）
- 二月，在奉元路设局印制纸币，以供军用。

元至正十九年（公元1359年）
- 五月，关中蝗灾。《元史·顺帝纪》："蝗飞蔽天，人马不能行，所落沟堑尽平，民大饥。"

元至正二十三年（公元1363年）
- 六月，陕西行省各路元朝将领互相混战。孛罗帖木儿遣竹贞进奉元城。扩廓帖木儿遣貊高与李思齐合兵进攻奉元城，竹贞降。

元至正二十七年（公元1367年）
- 正月，李思齐、张良弼、脱列伯会盟于含元殿遗址，推李思齐为盟主，合谋抵抗扩廓帖木儿。

明洪武二年（公元1369年）
- 三月，明军渡过黄河，攻入陕西。李思齐、张良弼西撤，陕西行省平章政事哈麻图逃跑途中被军民所杀。明军不战而取得奉元路城，徐达将奉元路城改为西安府。五代、宋、金、元时期西安城市历史，至此告一段落。

索引

A

阿剌忒纳失里 / 279, 312

阿难答 / 250, 276—279, 289—290, 309, 356, 358

安上门 / 029, 034—038, 087, 094, 245, 255, 261

安审琦 / 047

安西王府遗址 / 249, 268, 270, 274—275

安彦威 / 047, 380

安重霸 / 047, 090, 380

B

灞河石桥 / 081—082

灞桥镇 / 081—082

罢市 / 140—141, 357

C

北市 / 035—036, 136—138, 261

菜市 / 040, 137—138, 311

草场 / 040, 137—138

柴禹锡 / 108—109

浐水 / 071—075, 101, 200

钞盐法 / 144—145

陈尧咨 / 074, 076, 111—112

陈尧佐 / 111, 114

《重修文宣王庙记》 / 023—024, 106, 179

D

大安府 / 041—042, 044—045, 355

大安县 / 041, 050, 379

大年县 / 041, 379

大义峪水 /075，383

杜思敬 /289

E

讹里也 /205

F

范昊 /108，140

范祥 /144—145

范雍 /115，182

范致虚 /151—153，353

丰利渠 /132，308

附郭 /048—049，282，290

附郭县 /048—050，099，282，
290—292，339，343—344

富平之战 /155，211，223，341

阜头山 /080—081

G

关学 /161，166—167，170—172

郭从义 /048，057—058

过税 /063，139

郭威 /048，057—059

H

含光门 /035，087，094，245—248，
255，342

韩建 /013—024

韩缜 /081—082

贺贲 /287—288

贺仁杰 /287，289，308

横渠书院 /167，323

横渠四句教 /167

化觉巷清真寺 /070

黄胖 /226

惠民药局 /257

J

夹谷清臣 /205—206

夹谷唐兀歹 /288

姜遵 /082，113—114

解试 /188—189

晋昌军 /042，047，105—106，355

禁榷 /063—064，143—144，339

《进士题名记》/215—216

景风街 /034—036，067，069，199

景风门 /029，034—035，067，245

《京兆府提学所帖碑》/193—200，358

《京兆府小学规》/180

京兆府学 /167，179—180，185，193，
200，322，332，341

K

康怀英 /45

寇准 /070—071，112—113，
174—175，361

扩廓帖木儿 / 314—317

L

李从珂 / 046, 380

李存勖 / 041, 045, 054

李德辉 / 275, 308, 358

李好文 / 022—023, 246—248, 254, 263, 267, 279, 336

李洪信 / 048

李居柔墓 / 225, 234—235

李茂贞 / 015—018, 020, 044—046, 053—054, 148

李士衡 / 111, 143

李守贞 / 056—058, 381

李思齐 / 312—316

李庭 / 297—299

李显忠 / 156

李周 / 047

廉希宪 / 266, 286, 288—289, 308, 321, 332

刘斌 / 298—300, 332

刘敞 / 116

刘锡 / 154—155

刘鄩 / 041, 045, 053, 179

刘知俊 / 041, 044—045, 053—054, 379

龙首西渠 / 073—074, 076, 261—264, 383

楼炤 / 081—082

陆海 / 059

鲁斋书院 / 323—326, 328, 331

骆天骧 / 022, 332

吕大防 / 168—169, 181—182

吕大钧 / 168, 170, 326

吕大临 / 161, 168—172, 185

吕大忠 / 168—170, 181—182

M

马亨 / 288, 308

马可·波罗 / 261, 268, 272—273, 304, 310, 358, 362

马头埪 / 072—075, 262

马钰 / 224, 232—233, 236

忙哥剌 / 004, 249—250, 252, 262, 267—273, 275—278, 309, 356

明德门 / 094

鸣犊镇 / 075, 080, 100, 203, 300

摩睺罗 / 225

木华黎 / 083, 207—208, 231, 237—239, 285, 303

P

庞迪 / 204

Q

青苗钱 / 143，145

庆山奴 / 208，210，231，240

曲端 / 153—155

S

赛典赤·赡思丁 / 262，332

三合拔都 / 207，237，293

三镇连衡 / 057，381

莎城镇 / 078—079

善感禅院 / 037，070

陕西路 / 104—105

商挺 / 266，277，288，308

史斌 / 300

蜀口三战 / 156

水磨 / 133

顺义门 / 034—035，067—068，245

司马光 / 093，116，146—147，166，176

缩城 / 013，019，026，245

T

唐重 / 153

田大明 / 287

天书 / 113

田雄 / 210，285—287

同恕 / 328，330—331

徒单镒 / 207

W

完颜合达 / 208，238—240

完颜活女 / 205

完颜娄室 / 152—153，205

完颜宗弼 / 211

完颜宗道 / 206

王建 / 045，052—054

王景崇 / 056—058，381

王峻 / 057

王利用 / 289

王仁镐 / 048

王思诚 / 279，291，313

王思同 / 046—047

王嗣宗 / 109—111

王彦超 / 037，048，106，108

王喆 / 231—233，342

王志谨 / 308

王重师 / 023，043—045，053

文庙 / 341

文彦博 / 140，150

吴玠 / 154—157

吴廷祚 / 108

X

西兵 / 005，151

《西征道里记》 / 081

萧勰 / 328—330

新城 / 002，004，009，012，019—025，030—035

《兴庆池禊宴》 / 177

许衡 / 306，318，320—321，325—327

Y

牙城 / 028

盐引 / 085，144

杨恭懿 / 325，328

杨奂 / 327

杨师厚 / 053—054

杨惟中 / 266，288，318—319

药市 / 261，311

姚枢 / 266，288，318—321

姚燧 / 272—273

义古镇 / 079

尹玉羽 / 045

永平军 / 041，045，339，355

永兴军 / 042，048，055，071，082，097，105—106，115

《游城南记》 / 059，086，094，138，247，300，340

佑国军 / 019—023，041—045，339

元好问 / 327，334

圆形角台 / 248—253，342

月鲁帖木儿 / 276，278—279

芸阁书院 / 188

Z

站赤 / 303

张海 / 148—149

张礼 / 059，066，086—088，090—094，246—247，300，340

张良弼 / 313—317

张齐贤 / 109

张翼 / 309

张筠 / 045—046

张载 / 161—163，165—167，188，325

张中孚 / 069，262—263

赵炳 / 249，253，262，267—268，272，277

赵复 / 306，318—319

赵匡赞 / 048，056—057，148

赵世延 / 289，323

赵思绾 / 048，057—058，125，381

赵莹 / 047

赵在礼 / 047

郑刚中 / 081—082

郑戬 / 005

种放 / 109—111

竹林大王祠 / 071，194，258

朱能 / 113

住税 / 063，139

朱温 / 004，013—015，017—021，036，
　　　041，044—045，052—054，120，
　　　338，353—354

子城 / 022，025，027—029，338—339

子城厢 / 027—028，193—194，339

资圣寺 / 033—034

子午镇 / 080，100，203，301—302

宗印 / 152—153

祖庵 / 233

后记

　　《西安城市史·宋金京兆城、元奉元城卷》一书系邹贺、朱永杰共同撰写完成，先是朱永杰撰写初稿，接着邹贺遵照主编侯甬坚教授及审稿专家意见，重新确定了全书章节体例，撰写大部分章节内容并负责全书修改，核对史料、厘正观点、增删行文，直至定稿成书。

　　此前，邹贺长期开设"陕西地方史"课程，撰有《史说长安·宋元卷》，也曾发表关于西安城墙、肉夹馍、黑撒等陕西地方文化等方面的论文，并开展相关讲座。朱永杰2002年陕西师范大学历史地理学专业硕士毕业论文为《五代至元时期西安城市地理的初步研究》，与吕卓民教授合撰《五代北宋金元时期的城市变迁》（即朱士光、吴宏岐主编《西安的历史变迁与发展》第八章），也发表有相关论文。二人合作撰成本卷，虽然囿于自身才、学、识、德之不堪，致使文意支离、瑕瑜互见，但是撰者对古城西安的热爱出于赤诚，冀望通过此书抛砖引玉，更有后来者能够真正参透这一历史时期西安的风骨。

　　在书稿撰写过程中，最大的挑战不是史料不足，而是五代、宋、金、元时期的西安，与前（隋唐长安）、后（明清西安）时代相比之落差，难免令人唏嘘嗟叹。幸得主编侯甬坚教授释疑：仅与隋唐长安比较，五代、宋、金、元时期的西安的确是衰落，然而，站在三千多年城市史角度看，这一时期西安的最显著特征是转变。

确乎其言，这一时期的西安，发生了数次大规模人口迁移，比如唐昭宗天祐元年（公元904年）朱全忠拆毁长安，迁移城内居民去洛阳。还有五代后汉隐帝乾祐元年到二年（公元948—949年）赵思绾占据西安引起的叛乱，使城内居民从十余万锐减至万人。以及蒙古窝阔台汗三年（宋理宗绍定四年、金哀宗正大八年，公元1231年），完颜合达撤离京兆军民等。可以想见，五代、宋、金、元时期西安城内居民，其实已非隋唐长安旧人，大都是从左近之地新迁入城的，这一点在出土墓志中亦有反映。这些新居民必然带来新的风俗习惯，甚至新的语言文化，所思所为皆与旧时不同。北宋时张载与程颢、程颐讨论以"洛俗"教化"秦人"；金朝时全真道第二代掌教马钰感慨："满城人半做经商，半修炼真气。"可见此一时期的西安与前后时代社会风气有别。

西安城变小了，是否也失去了承担历史重任的器量和资格？金宣宗元光元年（公元1222年）十月，蒙古军进攻，西安百万军民奔入终南山避难，人与城共存亡的场景并未出现。这是因为此时西安与凤翔、潼关，形成了新的军事战略布局：调动有生军事力量在三者之间机动，是关中平原的有效防御态势。

从这个意义上论，这一时期的西安城变小了，但是也变大了，随着人口迁移、经商活动、宗教传播、兵力调整……关中平原城市群逐渐兴起并发生联动。西安变了，从此前一家独大，变成关中平原城市群的一分子，这不是败落，而是新的城市生命样态，甚至在一定程度上体现了现代城市的发展趋势。

以上正是本书各章节贯彻的写作主旨，成立与否，听凭读者评断。

本卷书稿从空谈臆说到落笔成文，再到付诸梨枣，首先要感谢主编侯甬坚教授，全程监督书稿写作，给予具体而细致的指导。其次要感谢诸位审稿专家：李健超、朱士光、王子今、韩光辉、辛德勇、孙家洲、安介生、黄留珠、胡戟、李裕民、李浩、徐卫民、甘晖、萧正洪、王社教、李令福、郭雪妮等先生。特别是李裕民先生不畏疲累，数次面谈，提携后学。还要感谢丛书作者团队：尹盛平、尹夏清、王学理、王双怀、史红帅、任云英、梁克敏、杨恒显等老师，请教切磋，获益良多。最后要感谢陕西师范大学出版总社文史出版中心侯海英主任、曹联养主任、赵荣芳编辑等，鼓励包容，功莫大焉。

邹贺

2021年夏于西安